Frauke Sill

Controllerbereichserfolg aus Sicht des Managements

AF820451

GABLER EDITION WISSENSCHAFT

Schriften des Center for Controlling & Management (CCM), Band 33

Herausgegeben von
Universitätsprofessor Dr. Dr. h.c. Jürgen Weber
WHU – Otto Beisheim School of Management, Vallendar

Die Schriftenreihe präsentiert Ergebnisse betriebswirtschaftlicher Forschung im Bereich Controlling und Führung. Sie basiert auf einer akteursorientierten Sicht des Controlling, in der die Rationalitätssicherung der Führung einen für die Theorie und Praxis zentralen Stellenwert einnimmt.

Frauke Sill

Controllerbereichserfolg aus Sicht des Managements

Eine empirische Analyse

Mit einem Geleitwort von Prof. Dr. Dr. h.c. Jürgen Weber

GABLER EDITION WISSENSCHAFT

Bibliografische Information der Deutschen Nationalbibliothek
Die Deutsche Nationalbibliothek verzeichnet diese Publikation in der Deutschen Nationalbibliografie; detaillierte bibliografische Daten sind im Internet über <http://dnb.d-nb.de> abrufbar.

Dissertation WHU – Otto Beisheim School of Management Vallendar, 2008

1. Auflage 2008

Alle Rechte vorbehalten
© Gabler | GWV Fachverlage GmbH, Wiesbaden 2008

Lektorat: Frauke Schindler / Stefanie Loyal

Gabler ist Teil der Fachverlagsgruppe Springer Science+Business Media.
www.gabler.de

Das Werk einschließlich aller seiner Teile ist urheberrechtlich geschützt. Jede Verwertung außerhalb der engen Grenzen des Urheberrechtsgesetzes ist ohne Zustimmung des Verlags unzulässig und strafbar. Das gilt insbesondere für Vervielfältigungen, Übersetzungen, Mikroverfilmungen und die Einspeicherung und Verarbeitung in elektronischen Systemen.

Die Wiedergabe von Gebrauchsnamen, Handelsnamen, Warenbezeichnungen usw. in diesem Werk berechtigt auch ohne besondere Kennzeichnung nicht zu der Annahme, dass solche Namen im Sinne der Warenzeichen- und Markenschutz-Gesetzgebung als frei zu betrachten wären und daher von jedermann benutzt werden dürften.

Umschlaggestaltung: Regine Zimmer, Dipl.-Designerin, Frankfurt/Main
Gedruckt auf säurefreiem und chlorfrei gebleichtem Papier
Printed in Germany

ISBN 978-3-8349-1327-2

Geleitwort

Die Frage, welchen Nutzen Controller im und für das Unternehmen stiften, wurde in der Vergangenheit primär in der Praxis aufgebracht. Die Motivation hierfür entstammte nicht selten einem Abwehrreflex: Wer als Manager immer von Controllern nach der Effektivität und Effizienz seiner Handlung gefragt wird und wer sich zudem häufig von Controllern in seiner Handlungsfreiheit eingegrenzt fühlt, ist versucht, die Frage als Instrument gegen ungeliebte Controller einzusetzen. Der Nachweis von Effektivität und Effizienz resultiert aber auch aus generellen Bemühungen der Unternehmen, nicht direkt wertschaffende Bereiche zu reduzieren. Controller sind oft in derartige Anstrengungen eingebunden oder sogar deren Treiber. Sie können es sich deshalb nicht leisten, den eigenen Bereich hermetisch gegen solche Analysen abzuschotten.

In der Theorie ist die Frage nach der Erfolgswirkung von Controlling dagegen sehr stiefmütterlich behandelt worden. Wenige und zudem zumeist normativ ausgerichtete Beiträge kennzeichnen den Forschungsstand. Grundsätzliche Messprobleme sind hierfür ebenso als Begründung anzuführen wie die starke Fokussierung der Controllingforschung auf Funktionen und Instrumente des Controllings statt einer Betrachtung der Controllership bzw. des Controllerbereichs. Der Blick auf andere betriebswirtschaftliche Funktionen – wie z.B. Marketing oder Innovationsmanagement – zeigt, dass derartige Messprobleme grundsätzlich überwunden werden können. Die aktuelle Entwicklung der Controllingforschung in Richtung einer empirischen Analyse der Instrumente und Tätigkeiten von Controllern bereitet das Feld, auch die Erfolgswirkungen der Controllerbereiche zu untersuchen. Exakt dieses ist die Aufgabe und der Inhalt der vorliegenden Dissertation.

Die Arbeit fügt sich in ein breites Forschungsprogramm des Instituts für Management und Controlling (IMC) an der WHU – Otto Beisheim School of Management ein. Fragen des Erfolgs von Controllerbereichen wurden hier erstmals in der Arbeit von Bauer statistisch dem state of the art entsprechend behandelt. Eine Reihe weiterer Arbeiten – z.B. von Sorg, Spatz oder Schlüter – nahmen diese Frage ebenfalls in ihre Untersuchung auf. Intensiver wurde sie schließlich von Spillecke behandelt, der auch eine wesentliche Grundlage für die Arbeit von Sill liefert und auf dessen Skalen sie häufig aufbaut. Dennoch war bis dato eine wesentliche Forschungslücke festzustellen. In keiner der genannten Arbeiten wurde versucht, den Erfolg der Controllerarbeit umfassend abzubilden und seine Wirkung auf den Unternehmenserfolg zu messen. Es ist der große Verdienst von Sill, hier einen wesentlichen Erkenntnisfortschritt geleistet zu haben. Das von ihr entwickelte Erfolgskonstrukt ist geeignet, als Standard der weiteren empirischen Controllershipforschung verwendet zu werden. Dass darüber hinaus ihre empirische Studie sehr belastbare Aussagen über die genaue Struktur der positiven Wirkung guter Controllerarbeit geliefert hat, wird auch den Controller in den Unternehmen freuen. Der Arbeit ist damit ein breiter Leserkreis in Theorie und Praxis zu wünschen!

Prof. Dr. Dr. h.c. Jürgen Weber

Vorwort

-Je größer die Schwierigkeit, die man überwand, desto größer der Sieg-
Cicero

Das Verfassen meiner Dissertation ist für mich ein ganz besonderer, ein persönlicher Sieg. Daher verzichte ich an dieser Stelle im Vergleich zu vielen anderen Arbeiten darauf die Notwendigkeit und die Ergebnisse meiner Arbeit aufzuzeigen Der interessierte Leser kann dies gerne auf den folgenden Seiten nachvollziehen. Vielmehr möchte ich das Vorwort meiner Dissertationsschrift nutzen, um ein paar persönliche Gedanken über die Jahre, die ich am Lehrstuhl verbracht habe festzuhalten und mich bei den Menschen zu bedanken, die mich auf dem Weg zu meinem Sieg auf die unterschiedlichsten Arten unterstützt haben.

Im Zentrum meiner Erfahrungen am Lehrstuhl von Prof. Dr. Dr. h.c. Jürgen Weber stehen die Menschen, die mich in den Jahren begleitet und das Leben am Lehrstuhl maßgeblich gestaltet haben. Die Zusammenarbeit mit den Lehrstuhlkollegen war immer konstruktiv und von einer bemerkenswerten Wissbegierde gekennzeichnet. Neben der Arbeit blieb aber auch stets noch Zeit für persönliche Gespräche und die Möglichkeit für gemeinsame Unternehmungen. All dies wäre nicht möglich gewesen, hätte Herr Weber nicht die Rahmenbedingungen dafür geschaffen. Er hat ein Umfeld bereitgestellt, das auf Vertrauen basiert und jedem Mitarbeiter große Freiheitsgrade zugesteht. Als mein Doktorvater hat er meine Arbeit ermöglicht, begleitet und maßgeblich gefördert; nicht zu letzt indem er sich im Rahmen meiner Forschungsgruppe intensiv mit der Arbeit auseinander gesetzt und so zum Gelingen beigetragen hat. Dafür möchte ich Ihnen, lieber Herr Weber, an dieser Stelle herzlich danken.

Herrn Prof. Dr. Andreas Hoffjan danke ich für die Übernahme des Zweitgutachtens.

Ebenfalls möchte ich meiner oben erwähnten Forschungsgruppe danken, die neben Herrn Weber, aus Herrn Prof. Dr. Bernhard Hirsch, René Rambusch, Hendrik Schlüter und Almuth Spatz bestand. Ohne unsere unermüdlichen Diskussionen über Konstrukte, Konzeptualisierungen und Operationalisierungen wäre meine Dissertation sicher nicht so „rund“ geworden.

Darüber hinaus gilt mein Dank dem Sekretariat des Lehrstuhls und hier insbesondere Fotini Noutsia, die mich unterstütz hat, wo sie nur konnte.

Neben der Arbeit an der Dissertation war es auch die Arbeit am Lehrstuhl, die einen Großteil des Lehrstuhllebens ausgemacht hat. Hier möchte ich mich insbesondere bei meinen beiden Kollegen des Team Telekoms – Marc Lesch und Hendrik Grieshop – bedanken. Sie sind nicht nur Kollegen gewesen, sondern auch Freunde geworden.

Stellvertretend für alle Lehrstuhlkollegen, die immer wieder für die notwendige Abwechslung vom Forscheralltag gesorgt haben, möchte ich nur ein paar von ihnen nennen und mich bei ihnen für die schöne Zeit bedanken: Mascha Sorg, Eric Zayer, Anne Paefgen, Guido Pieroth, Roman Müller, Ramon Knollmann, Carsten Sieber, Christian Pfennig, Christian Busse, Martina Bender, Matthias Mahlendorf, Heiko Icks und Tina Goldau.

Aber auch alte Freundschaften haben mich während des wissenschaftlichen Lebens begeleitet und mich von Anfang an in meinem Beschluss zur Promotion unterstützt. Hier möchte ich mich besonders bei Ingo Rössing, Michaela Hofheinz und Oliver Ratzel bedanken.

Von den vielen genannten Personen sind jedoch zwei Personen aus meiner Lehrstuhlzeit besonders hervorzuheben:

Zunächst möchte ich Hendrik Grieshop für seine Freundschaft danken.

Darüber hinaus danke ich dir, René für deine Geduld, deine Unterstützung, deine kritischen Anmerkungen und nicht zu letzt für deine Liebe, die du mir immer wieder entgegenbringst.

Letztlich möchte ich meinen Eltern und meinem Bruder danken, die mich stets unterstützt haben. Meine Eltern haben mir den Weg für alles geebnet und standen mir stets mit gutem Rat, Tat und Liebe beiseite – euch ist diese Arbeit gewidmet.

Frauke Sill

Inhaltsübersicht

Inhaltsverzeichnis

Abbildungsverzeichnis

Tabellenverzeichnis

Abkürzungsverzeichnis

a. M.	am Main
AGFI	Adjusted Goodness of Fit Index
Aufl.	Auflage
Bd.	Band
bzgl.	bezüglich
bzw.	beziehungsweise
CB	Controllerbereich
CBE	Controllerbereichserfolg
C. R.	Critical Ratio
CFI	Comparative Fit Index
d. h.	das heißt
DEV	durchschnittlich erfasste Varianz
E	explorative Fragestellung
e.g.	exempli gratia
e. V.	eingetragener Verein
EM	Expectation Maximization
et al.	et alii
f.	folgende
ff.	fortfolgende
GFI	Goodness of Fit Index
ggf.	gegebenenfalls
H	Hypothese
H.	Heft
Hrsg.	Herausgeber
i. d. R.	in der Regel
i.e.	id est
ICV	internationaler Controller Verein
Jg.	Jahrgang
k. A.	keine Angabe
KI	Konditionsindex
MIMIC	Multiple-Indicators-Multiple-Causes
ML	Maximum Likelihood
NFI	Normed Fit Index
no.	number
OE	organizational effectiveness
o. Jg.	ohne Jahrgang
o. S.	ohne Seitenangabe
PLS	Partial Least Squares
RC	reverse coded
RMSEA	Root Mean Square error of Approximation
ROI	return on investment
ROVA	return on value added
S.	Seite
SERVQUAL	Service Quality

TLI	Tucker Lewis Index
U.	Unternehmen
u. a.	unter anderem
VAF	Variance Accounted For
vgl.	vergleiche
VIF	Variance Inflation Factor
vol.	volume
WHU	Wissenschaftliche Hochschule für Unternehmensführung
z. B.	zum Beispiel

1 Einführung

Das erste Kapitel gibt einen Überblick über den Ausgangspunkt und die der Arbeit zugrunde liegende Problemstellung. Im Anschluss daran wird die Zielsetzung der Arbeit dargelegt, bevor abschließend die Vorgehensweise zur Erreichung der deklarierten Ziele vorgestellt wird.

1.1 Ausgangspunkt der Arbeit und Problemstellung

Der steigende Wettbewerbsdruck, der auf Unternehmen lastet, und die immer dynamischere und komplexere Umwelt zwingen Unternehmen dazu, sich noch stärker auf ihr finanzielles Erfolgsziel zu fokussieren. Nicht selten wird zur Erreichung dieses Ziels die altbewährte Methode des „cost cutting“ angewendet.[1] Diese Entwicklung hat der betriebswirtschaftlichen Disziplin Controlling und den Controllern, die für solche „cost cutting“-Projekte traditionell eingesetzt werden, ein „Konjunkturhoch“ beschert.

Allerdings ist auch ein immer stärkerer Rechtfertigungsdruck von Controllerbereichen in der Unternehmenspraxis festzustellen. Controllingsysteme und Controllerbereichsleistungen werden aufgrund gestiegener Informationsbedarfe und höherer Anforderungen im Allgemeinen immer weiter ausgebaut. Damit einhergehend werden sie aber auch kostenintensiver.[2] Erkenntnisse hinsichtlich der Wirksamkeit bzw. des Nutzens, die von Controllerbereichen, insbesondere bezogen auf den Unternehmenserfolg, ausgehen, sind allerdings nur in begrenztem Umfang vorhanden.[3] Die aufgezeigte Entwicklung in der Unternehmenspraxis wird von WEBER (2005) mit folgenden Worten beschrieben „...[A] aus Jägern werden schnell Gejagte“[4], da „der wirtschaftliche Beleg des Nutzens der eigenen Aktivitäten [...] bislang für Controller in den meisten Unternehmen kein Thema [war]“.[5]

Darüber hinaus machen interne Wettbewerber der Controllerbereiche wie beispielsweise das externe Rechnungswesen, angetrieben durch die immer stärkere Ausrichtung der Unternehmen am Shareholder-Value-Ansatz und die Internationalisierung der Rechnungslegung, dem Controllerbereich „Marktanteile“ in Unternehmen streitig.[6] Diese Entwicklung schwächt die bisher in weiten Teilen unangefochtene Stellung der Controllerbereiche zusätzlich. Aufgrund des nicht vorhandenen respektive nicht greifbaren Wissens um den „value added“, den Controllerbereiche für Unternehmen zu leisten vermögen, gewinnen Stimmen, die ein Outsourcing von Controllerbereichen oder Controllertätigkeiten fordern, immer mehr an Bedeutung.[7]

---

1 Vgl. Weber (2005), S. 1.

2 Vgl. Exner-Merkelt/Keinz (2005), S. 15. Einen empirischen Beleg gibt es, nach Kenntnisstand der Autorin, hierfür nicht.

3 Vgl. Exner-Merkelt/Keinz (2005), S. 15.

4 Weber (2005), S. 1.

5 Weber (2005), S. 1.

6 Vgl. Weber/David/Prenzler (2001), S. 9 f.; Weber (2002), S. 499 f.

7 Vgl. beispielsweise Sierke (2000); Müller/Fickel (1997); Wullenkord/Kiefer/Sure (2005); Albe (1996).

Diese Entwicklung hat auch die Controllingforschung beeinflusst. So kann eine Fokusveränderung attestiert werden. Der Trend geht von ausschließlich wissenschaftlichen Abhandlungen hin zu weitaus praxisrelevanteren Fragestellungen.[8] Erste Arbeiten, die sich der Rechtfertigungsproblematik angenommen haben, betrachten vornehmlich Effektivitätsaspekte[9] der Controllerbereichsleistung und versuchen „Controllingerfolg" dadurch abzubilden.[10]

Die Messung von Erfolg ist allerdings sehr komplex.[11] Zum einen ist die Anzahl der möglichen Aspekte, die in die Erfolgsbestimmung einfließen, sehr groß. Zum anderen sind die möglichen Aspekte des Erfolgs in Teilen interdependent.[12] Ein wesentlicher Aspekt ist die Festlegung der Personen(gruppe), die zur Beurteilung des Erfolgs herangezogen werden sollte.[13] So kann Erfolg prinzipiell als Eigen- oder Fremdwahrnehmung konzeptualisiert werden. Die Eigenwahrnehmung birgt immer die Gefahr einer Verzerrung durch eine zu positive Selbsteinschätzung.[14] Daher wird im Allgemeinen zur Messung von Erfolg Fremdeinschätzungen herangezogen. Im Kontext dieser Arbeit soll der intraorganisationale Controllerbereichserfolg gemessen werden, und somit stellt sich die Frage, welche Personen(gruppen) innerhalb des Unternehmens den Controllerbereichserfolg am besten einschätzen können.[15] Da die Möglichkeit der Selbsteinschätzung ausgeschlossen wurde, können Personen(gruppen), die dem Controllerbereich hierarchisch unter-, gleich- oder übergeordnet sind, zur Beurteilung ausgewählt werden.[16] Die Beurteilung des Controllerbereichs durch hierarchisch untergeordnete Bereiche beinhaltet das Risiko einer systematischen negativen Verzerrung. Für eine Beurteilung durch Personen(gruppen) aus hierarchisch gleichgestellten Bereichen müsste gewährleistet sein, dass diese die Leistung des Controllerbereichs tatsächlich, d. h. aus eigener Erfahrung, beurteilen können. Dieser Aspekt ist bei Personen(gruppen), die dem Controllerbereich übergeordnet sind und für die die Dienstleistungen erbracht werden, als sicher anzusehen. Daher soll diese Personen(gruppe) befragt werden. In Organisationen nimmt vornehmlich das Management die Dienstleistungen des Controllerbereichs in Anspruch. Sie sind daher als die Hauptkunden des Controllerbereichs anzusehen. Um den Fokus der Untersuchung einzugrenzen und die Homogenität hinsichtlich des Controllerbereichserfolgsverständnisses zu erhöhen, werden im Folgenden nur unternehmensinterne

---

8 Vgl. Exner-Merkelt/Keinz (2005), S. 15.

9 In den relevanten Arbeiten wird allerdings meist von Effizienz gesprochen, vgl. zur Begriffsdefinition von Effektivität und Effizienz Abschnitt 2.2.1.

10 Hier sei auf die Arbeiten von Sathe (1982); Günther (1991); Bauer (2002) und Spillecke (2006) verwiesen.

11 Vgl. hierzu die Ausführungen in Abschnitt 2.2.

12 Vgl. Hofer (1983).

13 Vgl. Van de Ven/Ferry (1980); Lasslop (2003), S. 12.

14 Vgl. Abschnitt 4.1.1.

15 Prinzipiell könnten auch unternehmensexterne Kunden zum Controllerbereichserfolg befragt werden, vgl. Mosiek (2002), S. 151 ff.; Weber/Paefgen/Spillecke (2004), S. 21. Für unternehmensexterne Kunden wie beispielsweise Analysten, für die der Controllerbereich nur eine mittelbare Lieferantenrolle übernimmt, spielen bei der Bewertung des Controllerbereichserfolgs allerdings andere Aspekte eine Rolle, als dies für interne Kunden der Fall ist.

16 Die Einteilung dieser drei Gruppen basiert auf der Analogie zur intraorganisationalen Mitarbeiterbewertung des 360-Grad-Feedbacks, vgl. Neuberger (2000).

Kunden zur Beurteilung des Controllerbereichserfolgs berücksichtigt.[17] Da diese Eingrenzung immer noch einen großen und durchaus heterogenen Personenkreis umfasst[18], wird die Fokussierung noch einmal geschärft und auf die „Kernkunden" der Controllerbereiche – die Unternehmensleitung und -führung – begrenzt.

Um den Controllerbereichen den Rechtfertigungsdruck von Controllerbereichen zumindest in Teilen zu nehmen, gilt es, den Erfolg von Controllerbereichen messbar zu machen und die Wirkung, den er auf das gesamte Unternehmen ausübt, aufzuzeigen.

1.2 Zielsetzung, Typus der Aussagen und grundlegende Verfahrensweise der Arbeit

Die Betrachtung eines jeden Forschungsvorhabens wirft unweigerlich die Frage nach seinen Zielen und angestrebten Aussagen sowie nach den grundlegenden Verfahrensweisen auf.[19] Im Folgenden werden daher zunächst die Ziele der Arbeit dargestellt. Eng mit den Zielen verknüpft ist der Typus der Aussagen,[20] die im Rahmen der Arbeit getroffen werden können. Schließlich ist auch noch die grundlegende Verfahrensweise der Arbeit zu betrachten, die eine wissenschaftstheoretische Einordnung und Orientierung beinhaltet.

Das wesentliche Ziel dieser Arbeit besteht darin, ein grundlegendes Verständnis des Konzeptes des Controllerbereichserfolgs zu schaffen und einen Beitrag zur Messung des Konzeptes zu leisten. Zudem soll zur Erklärung der Wirkung von Einflussfaktoren sowie zur Klärung der Wirkung des Controllerbereichserfolgs auf den Unternehmenserfolg beigetragen werden. Zur Erreichung der formulierten Ziele wird im Rahmen der Untersuchung ein zweistufiges Vorgehen gewählt, das sich aus einer konzeptionell-sachanalytischen Phase und einer empirischen Erhebung zusammensetzt. Die empirische Erhebung folgt dabei einem konfirmatorischen Design. Dieses Design zeichnet sich insbesondere dadurch aus, dass Hypothesen über Wirkungszusammenhänge theoretisch hergeleitet und diese im Anschluss statistisch überprüft werden.[21] Die dargestellten Ziele der Arbeit können in konkrete Forschungsfragen gegliedert werden, die nachfolgend erläutert werden.
Erste Forschungsarbeiten zum Controllerbereichserfolg[22] weisen sehr unterschiedliche Auffassungen sowohl bezüglich des zugrunde gelegten Erfolgs- als auch des zugrunde gelegten Controllingverständnisses auf. Grundlegende Analysen hinsichtlich verschie-

[17] Vgl. zur Abgrenzung von internen Kunden auch Neuhaus (1996), S. 6-9 und die dort angegebene Literatur.
[18] So liefert der Controllerbereich auch Informationen an andere unterstützende Unternehmensbereiche wie das externe Rechnungswesen.
[19] Vgl. Homburg (2000), S. 61.
[20] Aussagen in wissenschaftlichen Arbeiten können vom Typus her prinzipiell deskriptiver, explikativer und/oder instrumenteller Art sein, vgl. Fritz (1992), S. 59 f.
[21] Auch konfirmatorisch angelegte Untersuchungsdesigns lassen deskriptive oder auch explorative Aussagen zu.
[22] In diesen Arbeiten wird häufig auch von Controllingerfolg oder einfach von Effizienz oder Effektivität von Controlling(-abteilungen) gesprochen.

dener Erfolgskonzepte und Anforderungen zur Messung von Erfolg fehlen in diesen Arbeiten gänzlich. In der Literatur wird lediglich, in Abhängigkeit vom zugrunde gelegten Controllingverständnis, Controllingerfolg definiert. Entsprechend lassen sich die ersten beiden Teilforschungsfragen wie folgt formulieren:

Forschungsfrage 1a: Was bedeutet Controllerbereichserfolg und welchen Anforderungen muss ein Konstrukt zur Messung des Controllerbereichserfolgs genügen?

Forschungsfrage 1b: Kann das Konstrukt Controllerbereichserfolg vom Controllingverständnis unabhängig konzeptualisiert und operationalisiert werden?

Es ist davon auszugehen, dass das Ausmaß des Controllerbereichserfolgs von Unternehmen zu Unternehmen nicht konstant ist, sondern vielmehr variiert. Somit stellt sich die Frage, welche Faktoren grundsätzlich den Controllerbereichserfolg beeinflussen können. Die bisherigen Forschungsarbeiten zum Controllerbereichserfolg weisen eine starke Orientierung an Einflussfaktoren auf, die die organisatorische Umgebung als maßgeblichen Einflussfaktor verstehen. Entsprechend stellt sich die Frage, wie weitere Einflussfaktoren, die systematisch ausgesuchten Einflussfaktorbereichen entstammen, eine Wirkung auf die Ausprägung des Controllerbereichserfolgs aufweisen. Die zweite Forschungsfrage lautet somit wie folgt:

Forschungsfrage 2: Wie wirken controllerbereichsinterne und -externe Einflussfaktoren sowie Aspekte der Interaktion zwischen Controllerbereich und Kunden auf den Controllerbereichserfolg?

Neben der Erfassung des Controllerbereichserfolgs und dem Wissen um die ihn beeinflussenden Faktoren ist es von Bedeutung festzustellen, ob der Erfolg des Controllerbereichs auch eine Auswirkung auf den Erfolg des Unternehmens auszuüben vermag und, wenn ja, auf welche Bestandteile des Unternehmenserfolgs der Controllerbereichserfolg wirkt. Ein solcher Nachweis in der vorliegenden Arbeit könnte einen wesentlichen Beitrag zur Reduzierung des Rechtfertigungsdrucks leisten, dem sich Controllerbereiche in der heutigen Unternehmenspraxis ausgesetzt sehen. Die abschließende dritte Forschungsfrage lautet daher wie folgt:

Forschungsfrage 3: Welchen Einfluss übt der Controllerbereichserfolg auf den Unternehmenserfolg aus?

In wissenschaftlichen Untersuchungen wird generell zwischen deskriptiven, explikativen und instrumentellen Aussagen unterschieden.[23] Entsprechend der formulierten Ziele der vorliegenden Arbeit werden Aussagen aller drei Kategorien angestrebt. Die Konzeptualisierung und Operationalisierung des Controllerbereichserfolgs beinhaltet im Wesentlichen deskriptive Aussagen. Zugleich wird durch die Konzeptualisierung und Operationalisierung die Entwicklung eines Messinstrumen-

[23] Vgl. Fritz (1992), S. 59 f.

tariums des Controllerbereichserfolgs angestrebt und entsprechend werden instrumentelle Aussagen getroffen. Die Untersuchung der Einflussfaktoren auf den Controllerbereichserfolg sowie die Betrachtung der Erfolgsauswirkung des Controllerbereichserfolgs sollen explikative Aussagen erzeugen.

Die grundlegende Verfahrensweise der Arbeit kann auf der Basis wissenschaftstheoretischer Überlegungen und einer wissenschaftstheoretischen Grundausrichtung verdeutlicht werden.[24] Die betriebswirtschaftliche Forschung ist positivistisch orientiert, da der Kern dieser Sichtweise sich in der Überzeugung ausdrückt, dass Beobachtungen und Erfahrungen als wesentliche Quelle des Wissens dienen.[25] Somit gewinnt auch die empirische Forschung in der Betriebswirtschaftslehre zunehmend an Bedeutung. Im Rahmen wissenschaftstheoretischer Überlegungen darf der kritische Rationalismus, der auf POPPER (1989) zurückgeht und „eine der wichtigsten Säulen positivistischer Wissenschaftstheorie ist",[26] nicht außer Acht gelassen werden, übt er doch auch einen nicht unwesentlichen Einfluss auf die wissenschaftstheoretische Ausgestaltung der Betriebswirtschaftslehre aus.[27] Allerdings besteht keine Einigkeit darüber, inwieweit die empirische betriebswirtschaftliche Forschung sich an den Prinzipien des kritischen Rationalismus orientieren kann und soll.[28] Schließlich wird dem kritischen Rationalismus folgend eine rein deduktive Vorgehensweise verlangt und damit ausschließlich eine Falsifikation, aber keine Verifikation von Hypothesen möglich.

Als Alternative zum positivistisch orientierten kritischen Rationalismus steht der empirischen betriebswirtschaftlichen Forschung auch der wissenschaftlichen Realismus[29] als wissenschaftstheoretische Orientierung zur Verfügung. Dieser zeichnet sich insbesondere dadurch aus, dass nicht beobachtbare Konstrukte als Objekte der Erkenntnis anerkannt sind. Diese zu erfassen, kann nur anhand beobachtbarer Indikatoren erfolgen, die ihrerseits fehlerbehaftet sind. In diesem Zusammenhang ist auch anzuführen, dass der wissenschaftliche Realismus geprägt ist von der Überzeugung der Unvollkommenheit von Messinstrumenten.[30] Entsprechend weist der wissenschaftliche Realismus wie von BAGOZZI (1984) verdeutlicht, eine hohe Affinität zur Kausalanalyse auf, da diese Methode explizit ermöglicht Messfehler zu berücksichtigen.[31] Des Weiteren wird die Induktion im Sinne eines wissenschaftlichen Erkenntnisfortschritts akzeptiert. Die Logik dahinter erlaubt es, mithilfe vieler Einzelbeobachtungen wissenschaftliche Gesetzmäßigkeiten herzuleiten.[32] Dementsprechend ist eine theoriegeleitete schrittweise Annäherung an die objektive Wahrheit möglich, die sogar eine Bestätigung von Hypothesen erlauben würde.[33] Allerdings

[24] Vgl. Homburg (2000), S. 61.
[25] Vgl. Homburg (2000), S. 61 und die dort angegebene Literatur.
[26] Homburg (2000), S. 62.
[27] Vgl. Albach (1993), S. 9.
[28] Vgl. Homburg (2000), S. 63.
[29] Vgl. Greenwood (1989); Hunt (1990).
[30] Vgl. Homburg (2000), S. 67
[31] Vgl. Bagozzi (1984), S. 26 f.
[32] Vgl. Raffée (1984), S. 15.
[33] Vgl. Hunt (1984), S. 33. Im Rahmen dieser Arbeit wird davon allerdings Abstand genommen.

geht auch der wissenschaftliche Realismus nicht davon aus, dass absolut sicheres Wissen durch eine wiederholte Prüfung an der Realität generiert werden kann. Folglich ist auch im Sinne des wissenschaftlichen Realismus kein Beweis von Forschungsmodellen durch einzelne empirische Untersuchungen möglich.[34]

Im Rahmen dieser Arbeit wird mittels der empirischen Untersuchung versucht werden, sich nicht beobachtbaren Konstrukten durch die Erfassung von Indikatoren zu nähern, um aus den gewonnenen Ergebnissen Schlüsse zu ziehen. Damit deckt sich die Vorgehensweise der vorliegenden Arbeit mit den zwei elementaren Charakteristika des wissenschaftlichen Realismus. Entsprechend wird er dieser Arbeit zugrunde gelegt.

1.3 Aufbau der Arbeit

Der Aufbau der Arbeit orientiert sich an der Erreichung des grundlegenden Forschungsziels und somit an den Forschungsfragen. Die Arbeit ist in sechs Kapitel unterteilt.

Im Anschluss an dieses erste, einleitende Kapitel werden im *zweiten Kapitel* die Grundlagen der Arbeit dargelegt. Dabei werden zuerst die für diese Arbeit relevanten grundlegenden Controllingbegrifflichkeiten erörtert und definiert. Danach werden die Begrifflichkeit von Erfolg und die Erfolgsforschung an sich und die für diese Arbeit wichtigen zwei Stränge der Erfolgsforschung – die Unternehmenserfolgs- und die Controllerbereichserfolgsforschung – betrachtet. Im Rahmen dieser Abhandlung erfolgt die Beantwortung der Teilforschungsfrage 1a. Daran anschließend werden die theoretischen Bezugspunkte dargelegt und sowohl hinsichtlich ihres Erklärungsgehalts für die Arbeit als auch hinsichtlich ihrer Kompatibilität diskutiert.

Das *dritte Kapitel* widmet sich der Ableitung und Konzeptualisierung des Controllerbereichserfolgs und ist somit elementar für die Beantwortung der Forschungsfrage 1b. Darüber hinaus wird in diesem Kapitel das gesamte Forschungsmodell mit seinen Einflussfaktoren und Wirkungsbeziehungen abgeleitet und veranschaulicht. Es werden ebenso die hypothetisierten Zusammenhänge zwischen den einzelnen Konstrukten theoriebasiert hergeleitet.

Im Rahmen des *vierten Kapitels* werden die methodischen Grundlagen der empirischen Untersuchung dargelegt. Dabei werden die Untersuchungsmethode und der Untersuchungsbereich erläutert sowie der Ablauf der Untersuchung vorgestellt. Anschließend wird die Datengrundlage, auf der die weiteren Untersuchungen und Auswertungen basieren, veranschaulicht. Abschließend werden sowohl die in dieser Arbeit angewendete Auswertungsmethodik als auch die Verfahren zur Überprüfung der Güte von Messmodellen und Dependenzanalysen dargestellt.

Das *fünfte Kapitel* stellt die Ergebnisse der empirischen Untersuchung dar. Dabei werden die Operationalisierung und die Gütebeurteilung der Konstrukte beleuchtet.

---

[34] Vgl. Hunt (1990), S. 8 ff.

Somit führen diese Abschnitte des fünften Kapitels zur abschließenden Beantwortung der Forschungsfrage 1b. Des Weiteren werden auch die Ergebnisse der Dependenzanalyse vorgestellt, die der Prüfung der hypothetisierten Zusammenhänge dienen. Die Forschungsfragen 2 und 3 können dadurch beantwortet werden.

Abschließend werden im *sechsten Kapitel* die wesentlichen Erkenntnisse der Arbeit zusammengefasst und Implikationen für die Forschung und auch für die Unternehmenspraxis dargelegt.

2 Grundlagen der Arbeit

Um sich dem Forschungsgegenstand „Controllerbereichserfolg“ annähern zu können, wird zunächst definiert, was unter dem Begriff des „Controllerbereichs“ verstanden werden soll, welche Aufgaben er im Unternehmenskontext wahrnimmt und inwieweit diese für die Arbeit von Bedeutung sind. Des Weiteren beinhaltet der Forschungsgegenstand das Konzept des Erfolgs, so dass das hier relevante wirtschaftswissenschaftliche Konzept des Erfolgs einer Analyse zu unterziehen ist. Dazu werden sowohl die grundlegenden Erkenntnisse als auch die Kritik an der Unternehmenserfolgsforschung diskutiert, da die Unternehmenserfolgsforschung als Ursprung des wirtschaftswissenschaftlichen Zweigs der Erfolgsforschung gilt. Daran anschließend wird ein Überblick über die Erfolgsforschung im Controllingkontext gegeben. Den Abschluss dieses Kapitels bildet die Darlegung der theoretischen Grundlagen, auf denen die anschließende Konzeptualisierung des Controllerbereichskonstruktes und seiner Einflussfaktoren beruht.

2.1 Controllerbereich und Controllership

Der Begriff Controllerbereich ist eng mit dem Forschungsgebiet des Controllings verbunden. „Controlling“ ist wie viele andere Begriffe in der Betriebswirtschaftslehre ein nicht fest definierter Begriff, der von vielen gebraucht aber meist unterschiedlich verstanden wird. So kommentiert PREISSLER (1998) die Uneinheitlichkeit hinsichtlich des Verständnisses von Controlling: „Jeder hat seine eigene Vorstellung darüber, was Controlling bedeutet oder bedeuten soll, nur jeder meint etwas anderes.“[35] Im Mittelpunkt dieser Arbeit steht aber nicht das Controlling als Funktion, sondern als Institution.

Zur Abgrenzung zwischen dem funktionalen und dem institutionalen Controlling wird im Folgenden für die Institution „Controlling“ der Begriff *Controllerbereich* verwendet. Dieser wird der Definition von DAVID (2005) folgend als „diejenige organisatorische Einheit innerhalb eines Unternehmens, die die Mitarbeiter mit der Bezeichnung „Controller“ umfasst, d.h. [sic!] alle diejenigen Mitarbeiter, die in einer Abteilung „Controlling“ organisiert sind“ verstanden.[36] Der Controllerbereich ist somit eine organisatorische, abgegrenzte Abteilung im Unternehmen. Der Leiter der Abteilung besitzt entsprechend disziplinarische Rechte gegenüber seinen Mitarbeitern (Controllern) und die Abteilung ist für Aufgaben innerhalb des Unternehmens verantwortlich. Aufgrund der organisatorischen Abgrenzung sind andere Personen, die zwar auch Aufgaben der Funktion Controlling ausüben, jedoch nicht zum Controllerbereich gehören, nicht Gegenstand der Betrachtung dieser Arbeit. Nach der gewählten Definition ist die Spannweite von Controllerbereichen in deutschen Unternehmen sehr groß. Sie reicht „vom Fehlen eines Controllerbereichs infolge fehlender Controllerstellen his hin zu einer der Unternehmensorganisation angepassten mehrstufigen *Controllerbereichsorganisation*“.[37] Das Fehlen von Controllerbereichen

[35] Preißler (1998), S. 12.
[36] David (2005), S. 12; ähnlich auch Stoffel (1995), S. 19.
[37] David (2005), S. 13.

ist in kleineren Unternehmen häufiger zu beobachten als in großen. In solchen Fällen können andere Bereiche mit den Aufgaben des Controllerbereichs betraut sein, ohne dass diese so benannt werden.[38] In Großunternehmen hingegen kann es vorkommen, dass Controllerbereiche sich aufgrund der vielfältigen Aufgaben und der Größe des gesamten Unternehmens spezialisieren oder dass divisionale oder (produkt-) spartenabhängige Aufteilungen des Controllerbereichs vorgenommen werden.[39]

Controllerbereiche dienen in Unternehmen zur Wahrnehmung von Controllingaufgaben. Die Aufgaben, die ein Controllerbereich im Unternehmen wahrnimmt, werden in der Controllingliteratur als „Controllership" bezeichnet. Sie stellt ebenso wie der Controllerbereich ein institutionales Charakteristikum des Oberbegriffs „Controlling" dar. Die Controllership ist allerdings unmittelbar mit einem dazugehörigen Controllingverständnis verknüpft, das als Gliederungsschema für eine funktionale Betrachtung des Controllings dient.[40] Denn der Charakter des jeweiligen Controllingverständnisses wird stark durch die Aufgaben, die die Controller wahrnehmen, bestimmt.[41] Nach WEBER/SCHÄFFER (2006) können vier verschiedene Definitionstypen, basierend auf dem jeweils grundsätzlichen Fokus des funktionalen Controllingverständnisses, unterschieden werden. Hierbei gilt es zu beachten, dass die Controllingverständnisse in den meisten Fällen nicht überschneidungsfrei zugeordnet werden können.[42] Im Folgenden werden die vier Controllingkonzeptionen[43] in aller Kürze vorgestellt, da sie bei der Betrachtung und Analyse der bestehenden Controllerbereichserfolgsforschung von Bedeutung sind.

Die erste Controllingkonzeption rückt die *Informationsversorgung* in den Mittelpunkt der Controllingfunktion. HOFFMANN (1972) und HEIGL (1989) seien stellvertretend für die Vielzahl von Autoren genannt, die die Informationsversorgungssichtweise des Controllings in all ihren Facetten als maßgeblich betrachten. Nach HOFFMANN (1972) ist Controlling als „Unterstützung der Steuerung der Unternehmung durch Information"[44] zu verstehen. Ähnlich versteht HEIGL (1989) Controlling als „Beschaffung, Aufbereitung und Koordination von Informationen für deren Anwendung zur Steuerung der Betriebswirtschaft durch die Unternehmensleitung auf deren Ziel hin".[45]

Die zweite Controllingkonzeption kann zusammenfassend als Konzeption verstanden werden, die für die *erfolgszielbezogene Steuerung* des Unternehmens steht.[46] Dieses Erfolgsziel präzisierend, spricht MANN (1973) von der „Gewinnsteuerung".[47] Die

38 Vgl. hierzu Herzog (1999), S. 419.
39 Vgl. zu einer ausführlichen Diskussion der Organisation von Controllerbereichen Horváth (2006), S. 799-885; Küpper (2005), S. 492-512.
40 Vgl. Weber/Schäffer (2006), S. 1-13.
41 Vgl. Weber/Schäffer (2006), S. 30 f.
42 Vgl. Weber/Schäffer (2006), S. 18.
43 Konzeption und Verständnis werden hier synonym verwendet.
44 Hoffmann (1972), S. 85.
45 Heigl (1989), S. 3.
46 Vgl. Weber/Schäffer (2006), S. 20.
47 Mann (1978), S. 11.

Betrachtung weiterer Werke der Vertreter dieser Controllingkonzeption wie beispielsweise SIEGWART (1986), KRÜGER (1979) oder HAHN (1987) zeigen, dass die Ausführungen von MANN (1973) dahingehend zu interpretieren sind, dass stärker als das Erfolgsziel an sich die Art und Weise der erfolgszielbezogenen Steuerung des Unternehmens den Fokus der Konzeption bildet.

Die dritte Controllingkonzeption versteht Controlling als *Koordination* der verschiedenen existierenden Teilsysteme der Unternehmensführung. Als erste Verfechter dieser Controllingkonzeption gelten HORVÁTH und KÜPPER. Der Ansatz von Horváth wurde im Verlauf der Jahre von verschiedenen Wissenschaftlern ausgeweitet oder detailliert. SCHMIDT (1986) bezog beispielsweise das Organisationssystem mit in diesen Ansatz ein.[48] KÜPPER (1987) plädierte dafür, daneben auch das Personalführungssystem zu integrieren.[49]

Die vierte Controllingkonzeption stammt von WEBER/SCHÄFFER (1999), die Controlling als *Rationalitätssicherung der Führung* verstanden sehen wollen. Diesem Ansatz liegt ein spezielles Verständnis hinsichtlich der Perspektive des Terminus Führung zugrunde. Führung wird nach WEBER/SCHÄFFER (2006) durch „eigenständige Ziele verfolgende ökonomische Akteure (insbesondere Manager) vollzogen, die hierfür kognitive Fähigkeiten besitzen“.[50] Weiter ist für die postulierte Controllingkonzeption wesentlich, dass ein verhaltenstheoretisches Menschenbild zugrunde gelegt wird. Aus dieser Annahme erwächst die Notwendigkeit zur Rationalitätssicherung, da die Akteure aufgrund von Könnens- (fehlendes Wissen und Know-how) oder Wollensdefiziten (von den Zielen des Unternehmens abweichendes Wollen) nicht immer für das Unternehmen rationale Handlungen aus- und Entscheidungen herbeiführen. Rationale Entscheidungen zeichnen sich dadurch aus, dass sie einer angestrebten Zweck-Mittel-Relation entsprechen.[51] Rationalitätssicherung umfasst somit Handlungen, die die Wahrscheinlichkeit erhöhen, dass trotz dieser Defizite die Akteure die richtigen i. S. v. rationalen Führungshandlungen ausführen.[52]

Die Ausführungen zu den unterschiedlichen Controllingkonzeptionen lassen eine Vielzahl verschiedener potenzieller Controllingaufgaben vermuten. Die Unterschiedlichkeit der Aufgaben, die sich im Controllingumfeld ergeben, ist für diese Arbeit allerdings nicht von Relevanz. Denn es stehen nicht die einzelnen Aufgaben und der Erfolg, mit dem sie erfüllt werden, im Mittelpunkt der Betrachtung, sondern der Erfolg des Controllerbereichs insgesamt. Hierzu zählt auch die Güte der Aufgabenerfüllung, allerdings ist es unerheblich welche spezifischen Aufgaben der Controllerbereich dabei ausführt. Die Einschränkung auf konkrete Controllingaufgaben ent-

48 Vgl. Schmidt (1986), S. 56 f.
49 Vgl. Küpper (1987), S. 97 f.
50 Weber/Schäffer (2006), S. 24.
51 Vgl. hierzu auch die Ausführungen in Abschnitt 2.2.3.
52 Vgl. Weber/Schäffer (2006), S. 24. Dieses Verständnis ist nicht neu, es korrespondiert mit der Auffassung von Anthony (1965), S. 17, der unter „management control“ „...the process by which managers assure that resources are obtained and used effectively and efficiently in the accomplishment of the organization's objectives“ versteht.

spräche einer Festlegung hinsichtlich einer spezifischen Controllingkonzeption, die aber gerade nicht angestrebt wird. Diese Arbeit konzentriert sich daher auf die Gemeinsamkeiten der verschiedenen Controllingaufgaben und -konzeptionen. WEBER (2008) folgend können die vielfältigen Aufgaben der Controller wie folgt zusammengefasst werden: „Sie dienen allesamt dazu, zu ermöglichen und sicherzustellen, dass die Manager ihre Führungsaufgabe betriebswirtschaftlich „richtig" und im vom Unternehmen gewünschten Maße durchführen."[53] Folglich sind die Aufgaben der Controller in Gänze darauf ausgerichtet, den Manager in seiner Aufgabenerfüllung zu unterstützen. Controllerbereiche erbringen somit, ungeachtet der spezifischen Ausprägung der eigentlichen Aufgaben, dem Manager eine Dienstleistung. Somit ist im Rahmen dieser Arbeit lediglich die Dienstleistungsfunktion[54], die allen Controllerbereichsaufgaben gemein ist, von Bedeutung. Folglich ist es möglich, losgelöst von einer konkreten Controllingkonzeption den Erfolg des Controllerbereichs zu untersuchen. Künftige Arbeiten können dann ggf. auf den Erkenntnissen dieser Arbeit aufbauen und in Abhängigkeit von der Controllership und damit der jeweiligen Controllingkonzeption den Erfolg des Controllerbereichs bestimmen.
Der nächste Abschnitt widmet sich dem zweiten, elementaren Bestandteil des zugrunde liegenden Forschungsgegenstands; dem Erfolg und dessen Erforschung.

2.2 Erfolg und Erfolgsforschung

Das Ziel der Erfolgsforschung kann zusammengefasst werden als das Bestreben, Erfolg zu definieren und messbar zu machen. Dieser Forschungszweig kann auf eine lange und komplexe Geschichte zurückblicken. Die ersten Bestrebungen, Erfolg zu erforschen, sind in der Betriebswirtschaft in der Organisationsforschung auszumachen, die sich mit dem organisationalen Erfolg, der auch als Unternehmenserfolg bezeichnet wird, auseinandersetzt.[55] Die Erfolgsforschung ist streng genommen die Erforschung der Faktoren, aus denen sich Erfolg zusammensetzt.[56] Die Forschung durchlief und durchläuft noch immer eine Entwicklung, deren wichtigste Stationen betrachtet werden, um die der Arbeit zugrunde liegende Erfolgskonzeption zu begründen.

Die frühen Ansätze der Definition von Unternehmenserfolg beschäftigten sich intensiv mit den Themen Effektivität und Effizienz, die auch heute noch als Grundlagen des Erfolgs gelten und dem Grundsatz der Zielerreichung verpflichtet sind. Entsprechend werden diese Konzepte im folgenden Abschnitt betrachtet, bevor die Erfolgsforschung als Forschungszweig insgesamt beleuchtet wird. Dabei wird auf die beiden für diese Arbeit essenziellen Strömungen der Erfolgsforschung eingegangen, zum einen die Unternehmenserfolgsforschung – als Ursprung der Erfolgsforschung – und zum anderen die Controllerbereichserfolgsforschung. Sie werden in ihren grundlegenden Elementen vorgestellt und es wird ein Überblick über die bisherigen Forschungsarbeiten auf den einzelnen Gebieten gewährt. Darüber hinaus werden

---

[53] Weber (2008), S. 53.
[54] Vgl. Abschnitt 3.2.2.2 hinsichtlich der Definition von Dienstleistungen.
[55] Vgl. Thorndike (1949).
[56] Im Folgenden wird einfachheitshalber nur von Erfolgsforschung und nicht von Erfolgsfaktorenforschung gesprochen. Die Begriffe sind als Synonyme zu verstehen.

sowohl die Kritik an der Erfolgsforschung als auch Gegenargumente thematisiert. Anschließend wird anhand elementarer Erkenntnisse aus beiden Forschungszweigen dargestellt, welche Auswirkungen diese auf die weitere Erforschung des Controllerbereichserfolgs haben.

2.2.1 „Effektivität" und „Effizienz" als Basis der Erfolgsforschung

Die Erforschung der Effektivität und Effizienz kann als Grundlage der Erfolgsforschung angesehen werden. So beschäftigten sich die frühen Arbeiten der Erfolgsforschung vornehmlich mit diesen beiden Aspekten, die prinzipiell an dem Grundsatz der Zielerreichung ausgerichtet sind, und lange galten Effektivität und Effizienz als die einzigen Bestandteile des Erfolgs.[57] Ähnlich wie bei dem Begriff des „Controllings" besteht allerdings wieder in der wissenschaftlichen Literatur noch in der Praxis Einigkeit darüber, was Effektivität und Effizienz genau sind.[58] Zuweilen wird sogar diskutiert, ob Effektivität und Effizienz nicht ein und dasselbe sind.[59] Es ist auch keine geschlossene Theorie der Effizienz oder Effektivität in der betriebswirtschaftlichen Literatur nachzuweisen.[60] Auch andere wissenschaftliche Bereiche, in denen die Frage nach Effizienz und Effektivität eine zentrale Position einnimmt, können nicht zur Klärung beitragen.[61] Vielmehr wird in der Vielfalt der Anwendungsgebiete auch ein Grund gesehen, warum die eindeutige Definition der Begriffe (fast) unmöglich ist.[62] Deshalb ist es umso wichtiger, terminologische Abgrenzungen vorzunehmen.[63] Es folgen daher ein kurzer Überblick über die Vielfalt der Definitionsansätze und eine Abgrenzung der Begriffe sowie eine Definition, die der Arbeit zugrunde liegt.

Nach KOTARBINSKY (1965) lässt sich *Effizienz* in zwei grundlegende Kategorien unterteilen.[64] Zum einen kann Effizienz im *universellen Sinn* verstanden werden. In diesem „Sinne ist Effizienz die Bezeichnung für jede praktische Valenz".[65] Sie kann somit sowohl eine Vielzahl positiv zu bewertender Verhaltensprädikate als auch eine Vielzahl von Charakteristika guten Funktionierens beinhalten. Die universelle Effizienz eignet sich daher als Effizienzbegriff in den Naturwissenschaften.[66] Zum anderen kann Effizienz im Sinne einer *synthetischen Effizienz* verstanden werden. Diese umfasst die Gesamtheit aller Valenzen. Daraus folgt, dass die Effizienz größer ist, „je mehr eine Handlung alle Valenzen der guten Arbeit in möglichst hohem

---

57 Vgl. die Ausführungen in Abschnitt 2.2.2.1.

58 Vgl. Ahn (2003), S. 89-94.

59 Vgl. Wagner (1974); Guzk (1975).

60 Vgl. Benz (1998), S. 48-52; Ahn/Dykhoff (1997), S. 2.

61 So beschäftigen sich die Soziologie, die Psychologie und auch die Naturwissenschaften mit Effizienz und Effektivität.

62 Vgl. Fessmann (1980), S. 25.

63 Vgl. Welge (1988), S. 450. Erstaunlich ist, dass einige Schriften, die sogar im Titel das Wort „Effizienz" tragen, sich nicht die Mühe machen, diese zu erklären oder zu definieren, vgl. hierzu beispielsweise Nüchter (1999) oder Waniczek (2004).

64 Vgl. Kotarbinsky (1965), S. 82-86.

65 Benz (1998), S. 48.

66 Vgl. Gasparski (1969), S. 86; Fessmann (1980), S. 25-26; Benz (1998), S. 48.

Ausmaße enthält".[67] Wird synthetische Effizienz konkreter angewendet, so kann sie mit der organisationalen Effizienz der betriebswirtschaftlichen Organisationslehre in Einklang gebracht werden.[68]

Die organisationale Effizienz, wie sie hier im Weiteren betrachtet wird, ist maßgeblich von der angloamerikanischen Forschung zu Beginn und Mitte des letzten Jahrhunderts geprägt, ausgehend vor allem von den Arbeiten BARNARDs (1938). Die häufigsten Begrifflichkeiten, die in der englischsprachigen Literatur in diesem Kontext verwendet werden, sind „efficiency", „effectiveness" neben „performance" und „worth" sowie „success". Hier wird schon auf sprachlicher Ebene die Nähe bzw. der Ursprung gedanklicher Übereinstimmung zwischen Effizienz, Effektivität und Erfolg deutlich. Im Deutschen werden zumeist die Begriffe „Effizienz", „Effektivität" und „Erfolg" verwendet. Neben den nicht ganz eindeutigen begrifflichen Abgrenzungen im Englischen haben auch semantische Schwierigkeiten bei der Übersetzung englischsprachiger Texte und/oder deren Interpretation die Vielfalt an Begrifflichkeiten und Verständnissen im deutschen Sprachgebrauch noch gefördert.

Die beiden Tabellen Tabelle 1 und Tabelle 2 veranschaulichen einige der frühen Verständnisse und Interpretationen der Begriffe „effectiveness" und „efficiency" in der angloamerikanischen respektive der Begriffe „Effizienz" und „Effektivität" in der deutschsprachigen Forschung.

Autor	**Definition von**	
	„effectiveness"	„efficiency"
Barnard (1938, S. 55 ff.)	„effectiveness" und „efficiency" bedeuten Zielerreichung oder Zielerreichungsgrad	
	Erfüllung anerkannter Ziele der kooperativen Aktion (Erfüllung des objektiven Zwecks der Organisation)	Erfüllung der individuellen und sozialen Ziele der Organisationsmitglieder
Simon (1957 [a], S. 180)	Bis fast zum Ende des 19. Jahrhunderts waren die Begriffe „effectiveness" und „efficiency" nahezu mit derselben Bedeutung gebraucht worden. Definition: Eignung oder Macht, den angestrebten Zweck zu erreichen bzw. Erfolg im Erreichen dieses Zweckes	
		In jüngster Zeit hat „efficiency" eine zweite Bedeutung erhalten: Output
Thompson (1967 [b], S. 86)	„instrumentalness" = Erreichung eines definierten Zieles	Erreichung eines definierten Ziels mit möglichst geringem Aufwand, Erreichung eines möglichst hohen Zielerreichungsgrades mit gegebenem Aufwand

[67] Fessmann (1980), S. 26; vgl. auch Kotarbinsky (1965a) S. 65; Gasparski (1969), S. 86.
[68] Vgl. Fessmann (1980), S. 26.

Steers (1977, S. 51 ff.)	Grad, mit dem tatsächlich und operational definierte Ziele erreicht werden	Kosten-Nutzen-Verhältnis, das bei der Verfolgung von Zielen realisiert wird, Ausmaß, in dem Ressourcen rational im Hinblick auf die Verfolgung von organisatorischen Zielen genutzt werden

Tabelle 1: Die Verwendung der Begriffe „effectiveness" und „efficiency" im angloamerikanischen Sprachraum

Quelle: Fessmann (1980), S. 27

Autor	**Definition von**	
	„Effizienz"	„Effektivität"
Wagner (1974, S. 4 f.)	Effizienz und Effektivität sind Synonyme. Der Begriff Effizienz wird allerdings nicht verwendet, weil er „künstlich" erscheint	Möglichst niedriger Einsatz bei möglichst hoher Leistung sowie gleichzeitig hohem Wirkungsgrad
Gzuk (1975, S. 12 ff.)	E. bedeutet das Ausmaß der Zweckerreichung einer Entscheidung unter zwei Nebenbedingungen: Die Zweckerreichung ist mit einem Mindestmaß an Wirtschaftlichkeit des Ressourceneinsatzes zu erzielen und sie soll nicht nur vorläufiger Natur sein, sondern Aussicht auf langfristigen Bestand durch entscheidungsbegleitende Vorsorgemaßnahmen für eine adäquate Realisation der Problemlösung versprechen	(synonym mit Effizienz gebraucht)
Joost (1975, S. 11)	Relative Größe, die ein Ergebnis zu dem Aufwand, der zur Hervorbringung des Ergebnisses getätigt wurde, in Beziehung setzt	Erreichung eines Ergebnisses per se, welches der Erfüllung eines Zieles dient
Bohme/König (1976, S. 22)	E. kennzeichnet Zweck-Mittel-Relationen	Verwendung für Soll-Ist-Vergleiche im Bereich eines einzelnen Programmelements; E. ist dabei der Oberbegriff für Vergleiche zwischen dem geplanten und dem erreichten Ziel, dem geplanten und dem erreichten Ergebnis sowie

		dem geplanten und dem tatsächlichen Ressourceneinsatz
Budäus/Dobler (1977, S. 2)	E. dient der Erfassung von Input-Output-Relationen	E. kennzeichnet die Erreichung langfristiger Ziele einer Organisation

Tabelle 2: Die Verwendung der Begriffe „Effizienz" und „Effektivität" im deutschsprachigen Raum

Quelle: Fessmann (1980), S. 29

In späteren deutschsprachigen Arbeiten,[69] die sich u. a. mit Effizienz und Effektivität auseinandersetzen, ist eine ähnlich große Vielfalt an Definitionen auszumachen. Eine Verständigung hinsichtlich einer einheitlichen Definition ist noch nicht erfolgt. So versteht beispielsweise JENNER (1999) unter Effizienz „die Eignung einer Maßnahme zur Erreichung eines bestimmten Ziels mit dem erforderlichen Aufwand in Beziehung gesetzt"[70] und Effektivität als die „grundsätzliche Eignung einer Maßnahme zur Erreichung eines vorgegebenen Ziels".[71] AMSHOFF (1993), NIEDERMAYR (1995) und auch GLEICH (1997) verstehen wie JENNER (1999) unter Effektivität die grundsätzliche Eignung einer Maßnahme zur Zielerreichung und unterstreichen, dass nur eine Effizienzbetrachtung die Möglichkeit eröffnet, die bestmögliche Alternative ausfindig zu machen.[72] WEBER/SCHÄFFER (2006) sprechen von Effektivität, wenn mit gegebenen Mitteln ein anzustrebender Zweck möglichst weitgehend erreicht wird. Unter Effizienz hingegen wird verstanden, diesen gegebenen Zweck mit möglichst geringen Mitteln umzusetzen.[73] AHN/DYCKHOFF (1997) vertreten die Auffassung, dass alle bisherigen Konzepte von Effizienz und Effektivität insofern kritisch gesehen werden müssen, weil ihnen ein theoretischer Unterbau fehlt. Sie vertreten daher einen entscheidungstheoretischen Ansatz, der Effizienz und Effektivität als verschiedene Stufen der Anwendung des Dominanzprinzips der Entscheidungstheorie interpretiert.[74] Da gemäß den Ausführungen keine eindeutige oder beste Definition für die Begriffe ableitbar ist, soll für die Arbeit *Effizienz* als Größe verstanden werden, *die die Eignung einer Maßnahme zur Erreichung eines bestimmten Ziels mit dem erforderlichen Aufwand in Beziehung setzt.*[75] Diese Beziehung kann als Quotientenbildung, aber auch

[69] Aufgrund der angesprochenen semantischen Probleme wird im Folgenden auf deutschsprachige Arbeiten zurückgegriffen.

[70] Jenner (1999), S. 241.

[71] Jenner (1999), S. 241.

[72] Vgl. Amshoff (1993), S. 439; Niedermayr (1995), S. 332-334; Gleich (1999), S. 349.

[73] Vgl. Weber/Schäffer (2006), S. 39.

[74] Vgl. Ahn/Dyckhoff (1997), S. 3-5. Hierzu ist anzumerken, dass viele Effektivitäts- oder auch Effizienzdefinitionen ebenfalls auf einer theoretischen Basis fußen. Häufig wird dabei auf einen zielorientierten- oder auch systemorientierten Ansatz zurückgegriffen, vgl. hierzu beispielsweise Gzuk (1975) S. 115-179; Staehle/Grabatin (1979); Bünting (1995), S. 73-90. Weitere Erläuterungen werden in Abschnitt 2.2.2 vorgenommen, da den Konzepten der Effizienz von Organisationen Managementtheorien und Theorien über das Verhalten von Organisationen zugrunde liegen, die in der Erfolgsforschung ebenfalls verankert sind, vgl. hierzu Mahoney/Weitzel (1978), S. 176.

[75] Im Sinne dieser Definition von Effizienz entspricht Effizienz dem Begriff der Wirtschaftlichkeit.

als Differenzbildung ausgestaltet sein.[76] Effizienz bildet somit eine Größe zur Bestimmung der Wirtschaftlichkeit ab. *Effektivität* hingegen soll definiert werden als die *grundsätzliche Eignung einer Maßnahme zur Erreichung eines Ziels unter Berücksichtigung der vorgegebenen Mittel.* Effektivität beurteilt somit die Wirksamkeit einer Maßnahme.[77] Beide Größen werden als gleichwertig und gleich wichtig erachtet. Zusammenfassend heißt dies, dass Effektivität und Effizienz gemeinsam bedeuten: „Doing the right things right".

Aus den beiden Definitionen wird die eingangs erwähnte Zielorientierung deutlich, an der beide Begriffe ausgerichtet sind, und die die Grundlage der Erfolgsforschung beinhaltet.[78]

Nachdem die Begriffe Effektivität und Effizienz eingehend beleuchtet wurden und eine Definition für die Arbeit festgesetzt wurde, ist auch der Begriff Erfolg zu definieren.

2.2.2 Unternehmenserfolgsforschung

Erfolg im wirtschaftlichen Sinne ist, wie die zuvor betrachteten Begriffe, nicht einheitlich definiert.[79] In der Literatur wird bis heute darüber diskutiert, welche Elemente essenzielle Bestandteile des Erfolgs darstellen, welche Elemente dahingegen „nur" als Einflussfaktoren zu verstehen sind und welches Modell zur Konzeptualisierung des Erfolgs Anwendung finden sollte. Die Frage „Erfolg aus welcher/wessen Perspektive?" zeigt einen weiteren beispielhaften Aspekt auf, der bei der Definition von Erfolg zu berücksichtigen ist.[80]

Für diese Arbeit wurde die Perspektive, aus der der Erfolg betrachtet werden soll, bereits festgelegt.[81] Nun gilt es, den Unternehmens- und den Controllerbereichserfolg hinreichend genau durch die jeweiligen relevanten Bestandteile zu erfassen und in ihren verschiedenen Ausprägungen eingehend zu betrachten.

Wie im letzen Abschnitt ausgeführt, sind Effektivität und Effizienz eng an das frühe Verständnis des Erfolgs geknüpft. Allerdings sind nach Erkenntnissen der heutigen Unternehmenserfolgsforschung Effektivität und Effizienz nicht die einzigen Bestandteile des Erfolgs. Um sich einem aktuellen Verständnis von Erfolg zu nähern, das auch dieser Arbeit zugrunde liegt, wird im Folgenden die Entwicklung der

---

[76] Vgl. Jenner (1999); zur Differenzierung und den Vor- und Nachteilen der Quotienten- und Differenzbildung sei auf die Ausführung bei Fessmann (1980), S. 83-87, verwiesen.

[77] Vgl. Lasslop (2003), S. 12.

[78] Im Rahmen der englischsprachigen Erfolgsforschung wird in diesem Zusammenhang von „goal-orientation" gesprochen.

[79] Seibert (1987), S. 53, definiert Erfolg als „positives Ergebnis zweckvollen Handels", wohingegen andere Autoren Zielerreichungsgrade in den Mittelpunkt der Erfolgsdefinition rücken, vgl. hierzu beispielsweise Nöcker (1999), S. 54; Degner (2004), S. 15.

[80] Studien zeigen, dass Erfolg in Abhängigkeit von Interessensgruppen unterschiedlich bewertet werden kann. Vgl. für eine Übersicht über verschiedene Erfolgsmaße unterschiedlicher Interessensgruppen Schenk (1998), S. 64.

[81] Vgl. Abschnitt 1.1.

Erfolgskonzeption und damit der Unternehmenserfolgsforschung dargestellt. Hierbei wird zwischen konzeptionellen und empirischen Forschungsarbeiten unterschieden. Eine repräsentative Auswahl an Ansätzen und Arbeiten zu dem jeweiligen Teilgebiet wird in chronologischer Reihenfolge vorgestellt. Eine Diskussion der Kritik an der Unternehmenserfolgsforschung schließt sich daran an. Im Rahmen der Betrachtung des Unternehmenserfolgs und der zur Messung des Erfolgs eingesetzten Erfolgsmaße, wird hauptsächlich englischsprachige Literatur Berücksichtigung finden, die zum Thema „organizational effectiveness" veröffentlicht wurde, jedoch trotz ihres irreführenden Namens über reine Effektivitätsbetrachtungen hinausgeht.[82]

2.2.2.1 Konzeptionelle Forschung

Forschungsarbeiten, die sich der Erforschung von Unternehmenserfolg widmen, beginnen fast ausnahmslos mit der Feststellung, dass das Konstrukt[83] des Unternehmenserfolgs von methodologischer Mehrdeutigkeit geprägt ist und dass konzeptionelle Verwirrung bezüglich des Konstruktes herrscht. Diese Uneindeutigkeit hat Forscher sogar dazu bewogen, sich für den Ausschluss des Konstruktes aus der Forschung auszusprechen.[84] So hat beispielsweise GOODMAN (1979) angeführt, dass „there should be a moratorium on all studies of organizational effectiveness, books on organizational effectiveness, and chapters on organizational effectiveness".[85] CAMERON/WHETTEN (1983) sagten allerdings voraus, dass die Forderung von Goodman aus theoretischen, empirischen und praktischen Gesichtspunkten unbeachtet bleiben würde, und sie sollten, zumindest bis zum heutigen Zeitpunkt, Recht behalten.[86]

Die konzeptionelle Unternehmenserfolgsforschung ist im Allgemeinen von der Suche nach Konzepten und Modellen geprägt, die den Unternehmenserfolg erklärbar und greifbar werden lassen. Modelle sind als Abstraktion der komplexen Realität zu verstehen und somit als Aussagensystem selektiv, da sie nicht alle Merkmale der Realität abbilden können, sondern sich auf wesentliche Zusammenhänge beschränken und als unbedeutend eingestufte Eigenschaften außer Acht lassen.[87] Allerdings bestimmt auch die Diskussion über sinnvolle Maße zur Messung von Erfolg und deren Charakteristika die konzeptionelle Forschung. Hierbei geht es um konzeptionell abgeleitete Eigenschaften der Maße, die Erfolg messbar machen sollen und in Kohärenz mit dem jeweiligen Modell stehen. Im Folgenden werden daher drei elementare Charakteristika von Erfolgsmaßen und ihre Entwicklung im Laufe der

[82] Häufig wird auch von „(organizational) success" oder „(business) performance" gesprochen oder es werden andere Termini verwendet, vgl. hierzu beispielsweise Venkatraman/Ramanujam (1986) oder auch Henri (2004), S. 94 f. Im Folgenden wird immer von „organizational effectiveness" gesprochen, auch wenn die jeweiligen Autoren andere Worte für Erfolg gewählt haben. Es fließen auch Erkenntnisse aus deutschsprachigen Arbeiten ein.

[83] Konstrukte sind nicht direkt messbare Phänomene, vgl. hierzu auch Abschnitt 4.3.2.

[84] Vgl. Cameron/Whetten (1983), S. 1, vgl. hierzu auch Abschnitt 2.2.2.3, der sich mit der Kritik an der Unternehmenserfolgsforschung auseinandersetzt.

[85] Zitiert nach Cameron/Whetten (1983), S. 1; Goodman (1979) S. 4.

[86] Vgl. Cameron/Whetton (1983), S. 1.

[87] Vgl. hierzu Grochla (1972) S. 28-32; Albert (1964).

Jahre vorgestellt.[88] Dabei handelt es sich um die *Anzahl*, die *Ausrichtung* und die *Beschaffenheit* von Erfolgsmaßen. Anschließend werden verschiedene grundlegende Modelle des Unternehmenserfolgs erörtert, die sehr eng mit der Entwicklung der Charakteristika von Erfolgsmaßen zusammenhängen.[89]

Anzahl der Maße

Die Unternehmenserfolgsforschung hat ihren Ursprung in der Forschungsarbeit von THORNDIKE (1949). Er stellt fest, dass ein Trend unter Organisationswissenschaftlern auszumachen ist, der sich der Erforschung eines „ultimativen Kriteriums" hinsichtlich der Messung von Effektivität in Unternehmen widmet.[90] Die Suche nach einem ultimativen Kriterium ist kennzeichnend für den Beginn der Unternehmenserfolgsforschung. Nahezu alle Forschungsansätze folgten einem *univariaten Design*. Dieses wurde jedoch bald stark kritisiert, nicht zuletzt, weil es aufgrund der Vielzahl an möglichen Erfolgsfaktoren unwahrscheinlich ist, dass exakt eine Variable den Unternehmenserfolg erklären kann. Die Kritik richtet sich aber auch dahingehend, dass innerhalb kurzer Zeit eine Vielzahl an Studien veröffentlicht wurde, die alle das eine ultimative Kriterium gefunden haben wollten, nur immer ein anderes. Schließlich wurde auch bemängelt, dass die jeweils identifizierten Kriterien kaum noch objektiv und wissenschaftlich abgeleitet, sondern eher Ausdruck der „Steckenpferde" der jeweiligen Forscher waren.[91] Spätere Forschungsarbeiten widmeten sich Metaanalysen, um den vorhandenen „organizational effectiveness jungle"[92] zu ordnen und dadurch Erkenntnisfortschritte zu erlangen.[93] So konnte CAMPELL (1977) 30 verschiedene Kriterien herausarbeiten, die in Studien genannt oder ernsthaft als Indices des Unternehmenserfolgs diskutiert wurden.[94] In einer späteren Studie gelang es QUINN/ROHRBAUGH (1983), diese Liste auf 17 Kriterien zu reduzieren.[95]

Im Zuge der Metaanalysen und der Kritik, der sich die univariaten Modelle stellen mussten, gewannen *multivariate Modelle* zur Erforschung des Unternehmenserfolgs immer mehr an Bedeutung. Multivariate Modelle sind eine Weiterentwicklung der univariaten Modelle, da sie versuchen, Erfolg als Summe aus einer Kombination relevanter Kriterien zu messen und nicht mehr von einem alles erklärenden Faktor ausgehen.

---

[88] Die Auswahl basiert darauf, dass eine Fokussierung in der Literatur auf die Ausgestaltung dieser drei Charakteristika zu verzeichnen ist.

[89] Dies ist in der oben angesprochenen Kohärenz von Modell und Erfolgsmaß begründet, da anhand der Kritik an den Erfolgsmaßen, die als Manifestation der jeweiligen Modelle zu verstehen sind, diese Modelle und damit wiederum die Erfolgsmaße weiterentwickelt wurden.

[90] Vgl. Thorndike (1949).

[91] Vgl. Steers (1975), S. 547.

[92] Miles (1980), S. 355.

[93] Vgl. hierzu beispielsweise die Arbeiten von Campell (1977) und Miles (1980) oder auch Capon/Farley/Hoenig (1990), die sich in ihrer Metaanalyse ausschließlich mit den Einflussfaktoren der finanziellen Leistung von Unternehmen beschäftigen.

[94] Vgl. Campell (1977), S. 36-39.

[95] Vgl. Quinn/Rohrbaugh (1983), S.363-377.

Ausrichtung der Maße
Im Rahmen dieser Forderung nach Mehrdimensionalität fand eine weitere Veränderung der Erfolgsforschung statt. Diese zeichnet sich durch die Abkehr von der Verwendung ausschließlich *finanzieller Kennzahlen* und damit einhergehend durch die Integration *nichtfinanzieller Maße* in die Erfolgsfaktorenforschung aus.[96] Allerdings werden auch heute noch Forschungsarbeiten auf ausschließlich finanziellen Erfolgsmaßen aufgebaut,[97] obwohl in der Literatur auf die Notwendigkeit der Integration nichtfinanzieller Maße hingewiesen wird.[98] In der jüngsten Literatur werden sogar Forderungen laut, noch einen Schritt weiter zu gehen und auch immaterielle Erfolgsmaße wie beispielsweise Managerwissen oder Kernkompetenzen des Unternehmens in Erfolgskonzepte aufzunehmen.[99]

Beschaffenheit der Maße
Erfolgsmaße können als objektive oder subjektive Erfolgsmaße erhoben werden. Unter *objektiven Erfolgsmaßen* versteht man alle Erfolgsmaße, die anhand öffentlich zugänglicher Informationen überprüfbar sind. Meist handelt es sich hierbei um quantitative Daten, die beispielsweise im Rahmen von Jahresabschlüssen veröffentlicht werden. Prinzipiell sind aber auch qualitative Größen als objektive Erfolgsmaße darstellbar. *Subjektive Erfolgsmaße* hingegen zeichnen sich durch die Abfrage subjektiver Einschätzungen von Unternehmensmitarbeitern, insbesondere von Managern, aus.[100] Bei subjektiven Erfolgsmaßen wird entweder eine relative Einordnung des eigenen Unternehmens im Vergleich zum Wettbewerb durch den befragten Probanden vorgenommen oder eine subjektive Leistungsbeurteilung des eigenen Unternehmens abgefragt.[101]

Modelle der Erfolgsforschung
Wie bereits ausgeführt, bilden Modelle, als Elemente von Theorien verstanden, die Basis für die Erfolgsforschung,[102] in die sich die verschiedenen Erfolgsmaße mit ihren unterschiedlichen Ausprägungen einbetten. Entsprechend werden, abhängig vom Modell, Forderungen an die oben angeführten Charakteristika der Erfolgsmaße gestellt.[103]

---

[96] Vgl. Venkatraman/Ramanujam (1986), S. 802-803. Die Autoren sprechen bei Ansätzen, die rein finanzielle Kennzahlen zur Messung von Unternehmenserfolg verwenden, von „financial performance“. Diese werden durch die Erweiterung nichtfinanzieller operativer Maßzahlen zur „business performance“ und erst in einem letzten Schritt durch die Integration geeigneter Maße, die auch die strategische Perspektive eines Unternehmens berücksichtigen, zur „organizational effectiveness“. Vgl. auch Bryant/Jones/Widener (2004), die die Notwendigkeit nichtfinanzieller Kennzahlen hervorheben, um ein umfassendes Bild der Unternehmen zu erhalten und diese steuern zu können.

[97] Vgl. Bassen et al. (2006).

[98] Vgl. Said/HaasabElnaby/Wier (2003).

[99] Vgl. Rangone (1997), S. 207-219. Empirisch sind diese Erfolgsmaße noch nicht überprüft.

[100] Vgl. Venkatraman/Ramanujam (1986), S. 804.

[101] Vgl. Dehler (2001), S. 208.

[102] Vgl. Campell (1977), S. 18-19.

[103] Die Betrachtung der Modelle primär nach der Anzahl der Variablen ist nur eine Möglichkeit der Systematisierung, andere Herangehensweisen sind beispielsweise die Unterscheidung in induktive

Univariate Modelle

Die Beschreibung der Erfolgsmaße zeigte, dass das den ersten Erfolgsmaßen zugrunde liegende Modell sehr einfach konzipiert war. Es wurde davon ausgegangen, dass der Erfolg des Unternehmens sich ausschließlich anhand des Zielerreichungsgrades des (finanziellen) Unternehmensziels bestimmen lässt. Diese Fokussierung auf die Zielerreichung wird in der Literatur „goal-orientation" genannt.

Die ausschließliche Zielorientierung in den Anfängen der Erfolgsforschung lässt sich auf die Wurzeln der Organisationstheorie zurückführen. Denn „[i]n fast allen Definitionen von „Organisation" wird die Eigenschaft der *Zielgerichtetheit* oder *Zweckbezogenheit* hervorgehoben".[104] Ziele bilden somit einen, wenn nicht den zentralen Bestandteil von Organisationen und Unternehmen. Sie lassen einen Zusammenschluss verschiedener Personen, die ihre Aktivitäten gemeinsam und koordiniert ausrichten, erst zu einer Organisation und Unternehmen werden.[105] Insofern ist die „goal-orientation" der Erfolgsforschung als theoriekonforme Deduktion zu verstehen.

Die Begründung für die Fokussierung auf finanzielle Ziele kann ebenfalls aus der frühen Organisationstheorie abgeleitet werden. Sie versteht Unternehmen als zielgerichtete Systeme, die durch Sach- und Formalziele charakterisiert werden. Das Sachziel kann als das konkrete Handlungsprogramm des Unternehmens verstanden werden. Es beschreibt die Art, die Menge und den Zeitpunkt für die Produkt- oder Dienstleistungserstellung. Das Formalziel hingegen verweist auf die Kriterien, die zur Entscheidungsfindung im Unternehmen anzuwenden sind. Die traditionelle Theorie geht von sehr stark vereinfachten Annahmen aus und betrachtet dabei u. a. das ausschließliche und maximale Gewinnstreben der unternehmerischen Tätigkeit.[106] Anzumerken ist, dass im Rahmen der Entwicklung der „goal-orientation" auch sehr bald Modelle erarbeitet wurden, die nicht die finanziellen Ziele des Unternehmens in den Mittelpunkt der Betrachtungen stellen. Tendenziell gilt, dass mit der Ablehnung des finanziellen Ziels als einzigem Kriterium zur Bestimmung der „organizational effectiveness" die Ausrichtung zu multivariaten Modellen einherging.[107]

Multivariate Modelle

Die Kritik an den univariaten Erfolgsmaßen stieß eine Weiterentwicklung der Modelle zur Erfassung des Unternehmenserfolgs an. Es wurden multivariate Modelle entwickelt, die den Unternehmenserfolg zunächst weiterhin nur aus dem Blickwinkel der „goal-orientation" betrachteten, dabei allerdings mehrere Erfolgsmaße integrierten. Im Rahmen dieser Integration wurden schon Bestrebungen angestellt, die der Überprüfung hinsichtlich der Kompatibilität und des Ergänzungsgrads der Maße

und deduktive oder normative und deskriptive Arbeiten, vgl. hierzu beispielsweise Steers (1975) S. 548 und S. 550-551.

[104] Kieser/Walgenbach (2003), S. 7, vgl. hierzu beispielhaft Barnard (1938), Cyert/March (1963), Porter/Lawler/Hackman (1975) und Aldrich (1999).

[105] Vgl. Steers (1977), S. 10-15.

[106] Vgl. Grochla (1972), S. 38-44. Auch wenn Organisationen als zielgerichtete Systeme verstanden werden, ist dies nicht mit der Systemtheorie als solcher gleichzusetzen.

[107] Vgl. Steers (1972).

galten.[108] Diese Entwicklung lässt sich auch an den verschiedenen Varianten der „goal-orientation" nachvollziehen, die in der Literatur zu verzeichnen sind.[109]

Darüber hinaus wurden zu diesem Zeitpunkt weitere Modelle entwickelt, die andere Merkmale und Charakteristika als die (finanzielle) Zielorientierung von Unternehmen in den Mittelpunkt ihrer Betrachtung stellen. Ein Grund für die Abkehr von der „goal-orientation" kann in der vergangenheitsbezogenen Perspektive des Ansatzes gesehen werden, der in der Literatur häufig als Nachteil aufgeführt wird. Denn die Erfassung von Zielerreichungsgraden kann per Definition nur geschehen, wenn etwas, das vorher festgelegt wurde, im Nachhinein auch überprüft wird.

Einer der ersten Versuche, eine andere Sichtweise als die „goal-orientation" zur Annäherung an die „organizational effectiveness" zu verwenden, wurde von GEORGOPOULOS/TANNENBAUM (1957) durchgeführt. Sie argumentieren in ihrer Studie für die Verwendung eines „system view"[110] im Rahmen der Betrachtung der „organizational effectiveness". „For theoretical reasons, however, it is preferable to look at the concept of organizational effectiveness from the point of view of the system itself – of the total organization in question rather than from the standpoint of some of its parts or the larger society. Furthermore, proposed criteria should be system-relevant as well as applicable across organizations."[111]

Des Weiteren wurden Modelle entwickelt, die die internen Prozesse in Organisationen als grundlegend für die „organizational effectiveness" interpretieren („internal process model"). Andere Ansätze rücken den Menschen in der Organisation in den Mittelpunkt und sehen Aspekte wie Mitarbeiterzufriedenheit, Fluktuation und Krankenstand als Grundlage der „organizational effectiveness" („human relations model").[112] Auch wurde die Frage nach der „organizational effectiveness from whose perspective" gestellt. VAN DE VEN/FERRY (1980) zeigen mit ihrem Ansatz, dass es durchaus eine Rolle spielt, wer die „organizational effectiveness" einer Organisation beurteilen soll, da diese Beurteilung hinsichtlich der als wichtig erachteten Bestandteile und auch in der Ausprägung je nach Interessengruppen stark unterschiedlich ausfallen kann.[113]

MILES (1980) identifiziert aus all diesen Ansätzen fünf Hauptströmungen in der Organizational-Effectiveness-Forschung: die des Scientific-Managements, des Human Relations-Ansatzes, des Socio-Technical-Ansatzes, des „development" und der

[108] Vgl. Steers (1977), S. 42.

[109] Beispielhaft seien hier die „cost-benefit-analysis", das „behavioral model" und das „management by objectives model" genannt. Eine überblicksartige Darstellung ist bei Campell (1977), S. 19-29, zu finden.

[110] Der „system view" ist nicht gleichzusetzen mit der organisationstheoretischen Systemtheorie, besitzt aber Grundzüge der allgemeinen Form der Systemtheorie.

[111] Georgopoulos/Tannenbaum (1957), S. 535. Eine weitere Variante, um „organizational effectiveness" zu beschreiben und zu erfassen, ist der „system resource view" von Seashore/Yuchtman (1967), der sich stark an den Ansatz von Georgopoulos/Tannenbaum (1957) anlehnt.

[112] Vgl. hierzu beispielsweise Beckford (2002), S. 44-49.

[113] Vgl. Van de Ven/Ferry (1980).

klassischen „economic theory of the firm“ im Sinne einer „goal-orientation“. Die fünf Hauptrichtungen konnten wiederum zu zwei Kategorien verdichtet werden, der „goal-orientation“ und des „system model“.[114]

Offen bleibt hier zunächst die Frage, warum es zu dieser Entwicklung kam, die die Wissenschaft immer weiter weg von einem universellen Lösungsansatz der „organizational effectiveness“ trägt. CAMERON/WHETTEN (1983) sehen drei Aspekte als Herzstück der Problematik an, die die Erforschung der „organizational effectiveness“ den Wissenschaftlern auferlegt und zu einer Vielfalt an Modellen führt.

Als erstes sind die multiplen Ansätze der Organisationstheorie zu nennen, die Organisationen zu beschreiben und zu definieren versuchen. Die Fülle an Konzeptualisierungen hinsichtlich des Wesens von Organisationen ist mittlerweile nicht mehr überschaubar. So wurden sie, wie bereits erwähnt, als zielgerichtete Einheiten oder als informationsverarbeitende Einheiten,[115] als offene Systeme,[116] als soziale Verträge,[117] als garbage can,[118] als Netzwerke[119] und noch vieles mehr bezeichnet. Jede dieser Konzeptualisierungen stellt einen anderen Aspekt von Organisationen heraus und beschreibt Phänomene, die in anderen Konzeptualisierungen vernachlässigt oder außer Acht gelassen wurden, so dass jede auf ihre Weise ihre Existenzberechtigung besitzt. Entsprechend wurde darüber diskutiert, welche Konzeptualisierung die beste und damit die überlegene sei.[120] In diesem Zusammenhang wurde als Untermauerung der Güte zu nahezu jeder Konzeptualisierung von Organisationen ein entsprechendes Modell der „organizational effectiveness“ entwickelt und in vielen Fällen auch empirisch überprüft.
Der zweite Aspekt, der zu der Vielfalt an Modellen führt, ist nach CAMERON/ WHETTEN (1983) das Fehlen eines abgegrenzten Konstruktraumes der „organizational effectiveness“.[121] Es steht also nicht fest, welche verschiedenen Dimensionen und Facetten zum Konstrukt der „organizational effectiveness“ gehören und welche nicht. Denn Konstrukte sind abstrakte Gebilde, die durch die Gedanken der Wissenschaftler geformt werden, jedoch keine objektive Realität besitzen. Da Konstrukte nicht objektiv, sondern immer nur subjektiv betrachtet werden, und Konzepte[122] und Modelle die subjektive Realität lediglich versuchsweise annähernd abbilden können, ist eine derartige Vielfalt an Modellen erst möglich und sogar unweigerlich notwendig. Denn kein von begrenzt kognitiven Wissenschaftlern entworfenes Modell ist imstande, den kompletten Konstruktraum abzubilden.

---

[114] Vgl. Miles (1980) oder auch Campell, der eine solche Kategorisierung mit ähnlichen Ergebnissen bereits 1977 veröffentlichte, vgl. Campell (1977), S.19 f.
[115] Vgl. Galbraith (1977).
[116] Vgl. Thompson (1967).
[117] Vgl. Keenley (1980).
[118] Vgl. March/Olsen (1976).
[119] Vgl. Tichy/Fombrun (1979).
[120] Vgl. Cameron/Whetten (1983), S. 4 f.
[121] Vgl. Cameron/Whetten (1983), S. 7-11.
[122] Konzepte sind konkrete, abgrenzbare und objektiv beobachtbare Ereignisse. Vgl. Cameron/Whetten (1983), S. 7.

Damit ist auch der dritte Aspekt, den CAMERON/WHETTEN (1983) als Grund für die Vielfalt an Modellen anführen, eng verknüpft. Er bezieht sich auf die Subjektivität von Konstrukten, die auf individuellen Werten und Präferenzen basiert.[123] Bei der Verwendung von Werten und Präferenzen als Kriterien der „organizational effectiveness" treten vier grundlegende Probleme auf:

- Individuen sind häufig nicht in der Lage, ihre Präferenzen für eine/innerhalb einer Organisation zu definieren.
- Präferenzen sind nicht zeitkonstant.
- Eine Vielzahl gegensätzlicher Präferenzen wird in Organisationen zeitgleich verfolgt.
- Präferenzen hängen von Personenkreisen ab und sind selbst innerhalb dieser Personenkreise nicht immer kohärent.[124]

Dennoch trägt jedes Modell zum Erkenntnisfortschritt bei, da es unterschiedliche Aspekte aufwirft, die in anderen Modellen vergessen, vernachlässigt oder bewusst nicht betrachtet wurden.[125]

Multivariate integrierte Modelle

Auf diesen Erkenntnissen basierend, wurden Modelle entwickelt, die sich die Vorteile der Mannigfaltigkeit der „organizational effectiveness" Forschung zunutze machen, indem sie das vorhandene Wissen um die verschiedenen Modellansätze in ein Modell integrieren. So formulierte CAMPELL (1977) die Notwendigkeit, die verschiedenen Modelle zu integrieren, wie folgt: „If both types of analysts [„goal model" and „system model" analysts] took their logical second steps, their efforts should tend to converge. That is, the goal-oriented analyst seeking to explain the organization's success or lack of success in meeting its goals will soon have to investigate the system variables."[126]
Auch MILES (1980) postuliert in seinem „ecology model" die Konvergenz zwischen „goal model" und „system model". Ebenso stellen CONNOLLY/CONLON/DEUTSCH (1980) fest, dass „T[t]he multiple-constituency approach to effectiveness treats both goal and system theories as valuable, though partial, insights into the linkages between the organization's activities and its constituencies."[127]
SCOTT (1977), SEASHORE (1979) und CAMERON (1979) als weitere wichtige Vertreter des Integrationsansatzes stellen Modelle vor, die aus je drei respektive vier Basismodellen bestehen.
Das Modell von SCOTT (1977) umfasst hierbei ein „rational system model", das dem allgemein gültigen „goal model" entspricht, ein „natural system model", das auf die Systemerhaltung ausgerichtet ist, sowie ein „open system model", das den Fokus sowohl auf eine Systemvervollkommnung als auch eine Systemerhaltung legt.[128]
SEASHORE (1979) verfolgt mit seinem Ansatz eine ganz ähnliche Ausrichtung, fügt dem Modell aber ein „decision process model" hinzu. Dieses Modell stellt die Gewinnung und das Management von Informationen in den Vordergrund. Unter dem

---

[123] Vgl. Cameron/Whetten (1983), S. 13-19.
[124] Vgl. Cameron/Whetten (1983), S. 12-19.
[125] Dies war auch schon bei den Konzeptualisierungen von Organisationen zu beobachten.
[126] Campell (1977), S. 21.
[127] Connolly/Conlon/Deutsch (1980), S. 216.
[128] Vgl. Scott (1977), S. 63 ff.

Management von Informationen ist u. a. auch die Entscheidungsfindung im Unternehmen zu verstehen, die als Basis aller unternehmerischen Tätigkeiten und damit auch als Basis des Erfolgs angesehen wird. Die Integration des „decision process model" bezieht, ähnlich wie das „system model", eine zukunftsgerichtete Perspektive in die Betrachtung von Unternehmenserfolg mit ein. Schließlich beruht das Treffen von Entscheidungen immer darauf, dass im Anschluss an die Entscheidung etwas getan oder auch gelassen wird, das wiederum die weitere Zukunft des Unternehmens beeinflusst. Darüber hinaus bildet SEASHORE (1979) das von SCOTT (1977) unterteilte „system model" wieder als Einheit ab und verleiht der Zielorientierung als „goal model" Ausdruck.[129]
Das Modell von CAMERON (1979) baut auf dem von SEASHORE (1979) auf, fügt aber das Modell, der „participant satisfaction" hinzu, das als Ausarbeitung und Weiterentwicklung des systemerhaltenden Gedankens zu verstehen ist.[130]

Die drei zuletzt vorgestellten Modelle sind Ausgangspunkt der Studie von QUINN/ROHRBAUGH (1981/1983), die zu einem „shared construct of organizational effectiveness" führen sollte.[131] Die Studie entwickelt ein Modell, das auf der Basis von bisheriger Forschungsarbeiten und Einschätzungen von Wissenschaftlern und Forschern hergeleitet wurde.[132] Insofern kann das abgeleitete Konstrukt tatsächlich als eine Art „gemeinsamer Nenner" für ein Konstrukt der „organizational effectiveness" angesehen werden. Das Modell umfasst drei (Wert-)-Dimensionen, wie in Abbildung 1 zu sehen ist.

[129] Vgl. Seashore (1979); Lewin/Minton (1986), S. 520.
[130] Vgl. Cameron (1979); Lewin/Minton (1986), S. 520.
[131] Vgl. Quinn/Rohrbaugh (1981); Quinn/Rohrbaugh (1983); Lewin/Minton (1986), S. 520-522.
[132] Zur Herleitung des Modells vgl. Quinn/Rohrbaugh (1983), S. 365 und S. 368.

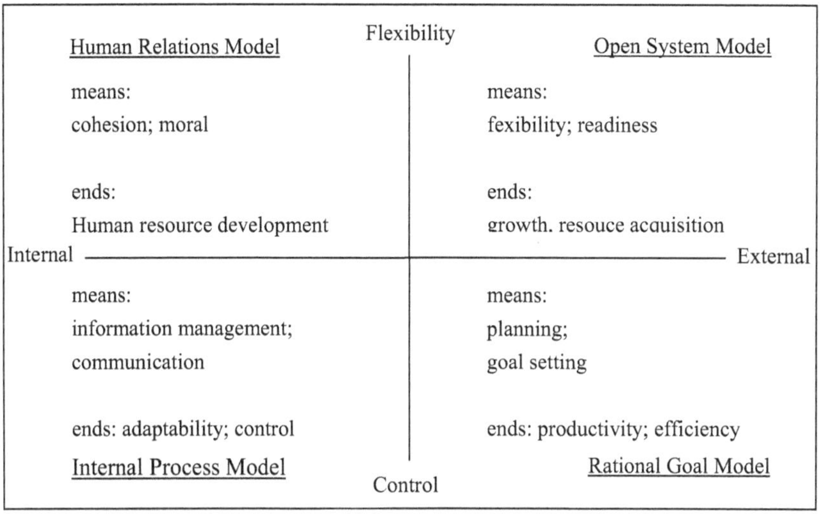

Abbildung 1: Darstellung des „Competing Values Approach"[133]

Die erste Dimension (auf der Abszisse abgebildet) stellt den organisationalen Fokus dar, der sich „internal", also auf einer Mikroebene, mit dem Wohlbefinden und der Entwicklung der Personen in der Organisation beschäftigt und sich bis hin zu „external" erstreckt. An diesem Pol des Kontinuums befasst es sich mit der Organisation als Ganzem und deren „Wohlbefinden" und Entwicklung. Die zweite Dimension (auf der Ordinate) bildet die organisationale Struktur ab und erstreckt sich auf einem Kontinuum von Flexibilität bis hin zu Stabilität oder auch Kontrolle. Die dritte Dimension, in der Abbildung durch die Begriffe „means" und „ends" dargestellt, beschreibt, ob das Hauptaugenmerk auf Prozesse („means") oder auf Ergebnisse („ends") gelegt wird. Wie aus der Abbildung ersichtlich wird, liegen dem gesamten Modell vier einzelne Modelle, jeweils durch einen Quadranten repräsentiert, zugrunde. Deutlich wird hierbei, dass, wenn alle Aspekte gleichzeitig verfolgt werden, es zwischen den Modellen zu Widersprüchen kommen muss, da die verschiedenen Modelle in Teilen gegensätzliche Ziele verfolgen, die nicht unweigerlich miteinander zu vereinen sind. Augenscheinlich wird dies besonders bei der Betrachtung, dass Unternehmen nach Flexibilität streben, aber auch gleichzeitig um Stabilität und Kontrolle bemüht sind und alles beides tun, um erfolgreich zu sein.[134] Die Modelle konkurrieren somit untereinander um eine Vormachtstellung.

---

[133] In Anlehnung an Quinn/Rohrbaugh (1986), S. 369.

[134] In einer weiteren Studie konnten Quinn/Cameron (1983) feststellen, dass die Dominanz der einzelnen Mo delle in ihrem integrierten Modell von der Position des Unternehmens im Lebenszyklus abhängt die vier zugrunde gelegten Modelle allerdings immer Gültigkeit besitzen, vgl. hierzu auch Faerman/Quinn (1985). Darüber hinaus stellte Rojas (2000) fest, dass das beschriebene Modell auch für Non-Profit-Organisationen valide ist.

Allerdings kann nach der Kritik von LEWIN/MINTON (1986) auch dieses Modell nicht alle bestehenden Auffassungen von „organizational effectiveness" in sich vereinen.[135] Dennoch zählt das Modell von QUINN/ROHRBAUGH (1981/1983) zu den umfassendsten Modellen, das vor allem auch die scheinbare Widersprüchlichkeit der Ziele und Aufgaben, die Unternehmen verfolgen, abbildet.

Bis heute sind Modelle, die versuchen, verschiedene Ansätze und Perspektiven des Erfolgs durch Integration abzubilden, die meistbeachteten Ansätze. Sie gelten als „richtiger Weg" und State-of-the-Art bei der Messung von Erfolg.[136] Dies beinhaltet, dass bezüglich der Anzahl der zu verwendenden Maße ein multivariater Ansatz als „richtig" anerkannt ist. Bezüglich der Beschaffenheit der Maße wird in der Literatur eine Mischung aus finanziellen und nichtfinanziellen Maßen als erstrebenswert angesehen.[137] Hinsichtlich der Beschaffenheit der Maße sind sowohl subjektive als auch objektive Ansätze in der Literatur gleichermaßen verbreitet und anerkannt.[138] Allerdings sind viele der heute als State-of-the-Art anerkannten und verwendeten Ansätze nicht annähernd so umfassend wie der von QUINN/ROHRBAUGH (1981/1983). Dies ist vor allem der Komplexitätsreduktion geschuldet oder aber auch dem spezifischen Fokus von Studien. Ein Ansatz, der vor allem in der empirischen Forschung großen Anklang gefunden hat[139], ist der von RUEKERT/ WALKER/ROERING (1985), der noch ausführlich betrachtet wird.

Nach diesem Abriss über die Entwicklung und den Stand der Forschung hinsichtlich der konzeptionellen Erfolgsforschung wird im Folgenden ein Überblick über die empirische Erfolgsforschung gegeben.

---

[135] Vgl. Lewin/Minton (1986), S. 522-523. Allerdings ist, den Anmerkungen von Lewin/Minton (1986) hinzuzufügen, dass insbesondere die Kritik der Nicht-Zuordenbarkeit des Aspekts des „organizational learning" nach Kanter (1983) in das Modell von Quinn/Rohrbaugh nicht uneingeschränkt bestehen bleiben kann, denn dieser Aspekt könnte ebenso gut in den Quadranten der „adaptive function" (wie er bei Lewin/Minton aufgeführt wird) eingeordnet werden. Ungeachtet dessen ist es richtig, dass nicht alle „effectiveness criteria", die jemals in Forschungspapieren genannt wurden, in das Modell von Quinn/Rohrbaugh (1986) eingeordnet werden können.

[136] Zu den bekanntesten multivariat-integrierten Modellen zählen die Balanced Scorecard von Kaplan/Norton (1996) und das Pyramiden Modell von Lynch/Cross (1995). Weitere Forschungsarbeiten zeigen, dass auch in speziellen betriebswirtschaftlichen Disziplinen wie z. B. dem Marketing, dem Operations Management und dem Human Resource Management sich multivariat-integrierte Ansätze zur Erfolgsmessung entwickelt haben und mittlerweile eine dominante Stellung einnehmen: „As this discipline [operations management] has matured, more complex approaches have recognized the interdependencies between the production, marketing, HRM and finance functions and have attempted to build performance measurement systems that capture these interdependencies", Chenhall/Langfield-Smith (2007), S. 268. Vgl. darüber hinaus die bei Chenhall/Langfield-Smith (2007) angegebene Literatur sowohl zu der Entwicklung der multivariat-integrierten Ansätze in den jeweiligen betriebswirtschaftlichen Disziplinen als auch zur dominanten Stellung von multivariat-integrierten Modellen in der Unternehmenserfolgsmessung.

[137] Vgl. für jüngere Literaturbeiträge beispielsweise Kistensen/Westlund (2004); DeBusk/-Killough/Brown (2005); Chenhall/Langfield-Smith (2007); Wiersma (2008) und die jeweils angegebene Literatur.

[138] Vgl. Teharni/Noubary (2005).

[139] Vgl. Irving (1995), Krohmer (1999), Schäffer/Willauer (2003), Spiellecke (2006), Sorg (2007).

2.2.2.2 Empirische Forschung

Die empirische Forschung orientiert sich stark an den konzeptionellen (Vor-)Arbeiten. Denn die empirische Forschung dient der konzeptionellen Forschung häufig dazu, die jeweiligen konzeptualisierten Modelle zu „beweisen“. Daneben finden die Ergebnisse der empirischen Forschung aber auch ihrerseits wiederum Eingang in die konzeptionellen Arbeiten; beide Stränge der Erfolgsforschung beeinflussen sich somit gegenseitig. Bei den empirischen Arbeiten ist daher eine sehr ähnliche Entwicklung zu verzeichnen wie sie in Abschnitt 2.2.2.1 vorgestellt wurde. Im Folgenden werden daher auch hier die drei Charakteristika der Erfolgsmaße (Anzahl, Ausrichtung, Beschaffenheit) als Strukturierung verwendet, in ihren Ausprägungen beleuchtet und mit Beispielen unterlegt. Anschließend werden die verschiedenen Modelle der Erfolgsforschung gemeinsam betrachtet und die Erkenntnisse der empirischen Forschung zusammengefasst.

Anzahl

Bereits die ersten Ansätze in der Erfolgsforschung, die noch univariate Modelle verwendeten, versuchten mit empirischen Befunden zu belegen, dass das eigene Modell den anderen Modellen überlegen ist. An dieser Stelle ist jedoch zu konstatieren, dass die ersten empirischen Arbeiten der Erfolgsforschung eher deskriptiver Natur waren und dass lediglich auf der Basis von Anwendungshäufigkeiten eine Maßzahl einer anderen als überlegen galt; über die eigentliche Güte der Maßzahl sagt dies nichts aus.[140]

Das Untersuchungsdesign der multivariaten Modelle unterscheidet sich dahingegen von Anfang an. Bereits zu Beginn werden Hypothesen aufgestellt, wie die Variablen zueinander im Verhältnis stehen[141] und im weiteren Verlauf der Erfolgsforschung statistisch durch Regressionen und/oder Faktorenanalysen überprüft. Hier ist anzumerken, dass insgesamt eine beachtliche Entwicklung hinsichtlich der verwendeten Methoden in der empirischen Forschung stattgefunden hat.[142]

Ausrichtung

Hinsichtlich der Ausrichtung können als populäre *finanzielle* Erfolgsmaße der ROI (return on investment),[143] die Umsatzrendite (return on sales),[144] das Umsatzwachstum (growth in sales)[145] oder auch seit neuerer Zeit die Steigerungsquote des Unternehmenswertes[146] genannt werden. Die Liste könnte durch weitere finanzielle Maßzahlen beliebig verlängert werden. Metastudien[147] zeigen allerdings, dass die hier

---

[140] Vgl. Stratmann (1968), S. 72.
[141] Vgl. Steers (1975) S. 546-547.
[142] Vgl. Woywode (2004), S. 31-37. Zur Methodik, die in dieser Arbeit zur Anwendung kommt, sei auf die Ausführungen in Kapitel 4 verwiesen.
[143] Vgl. u. a. Ansoff (1965), S. 50.
[144] Vgl. u. a. Pearce/Robbins/Robinson (1987); Robinson/Pearce (1988); Dehler (2001); Schäffer/ Willauer (2002); ähnlich auch Dalton et al. (1980).
[145] Vgl. u. a. Ansoff (1965); Hart/Banbury (1994).
[146] Vgl. Schäffer/Steiners (2005), S. 321.
[147] Vgl. Hofer (1983), S. 48-50.

genannten Maßzahlen lediglich jene darstellen, die am häufigsten verwendet werden. Hinsichtlich der Verwendungshäufigkeit von Maßzahlen stellt CAMERON (1983) dies als Zeichen dafür dar, dass ein gemeinsames Grundverständnis der „organizational effectiveness“ bei verschiedenen Wissenschaftlern vorliegt.[148] Die Kritik an der ausschließlichen Verwendung finanzieller Maße führte auch in der empirischen Forschung zu einem Wandel hin zur Integration *nichtfinanzieller* Erfolgsmaße. Es ist festzustellen, dass diese zunehmend verwendet werden, häufig als Ergänzung zu finanziellen Maßen. Als Beispiele für nichtfinanzielle Erfolgsmaße seien hier die Anpassungsfähigkeit des Unternehmens an die Umwelt, der kundenbezogene Erfolg, die Entscheidungsqualität bzw. die Zufriedenheit mit dem Entscheidungsprozess in Unternehmen genannt.[149]

Beschaffenheit

Erfolgsmaße können, wie oben ausgeführt, im Hinblick auf ihre Beschaffenheit subjektiv oder objektiv ausgerichtet sein. *Objektive Maße* sind traditionell Rechnungswesen basierte Daten, die aufgrund der Veröffentlichungspflicht für Unternehmen relativ leicht zu beschaffen sind. Häufig werden hier Daten wie return on investment, return on equity oder return on sales als Erfolgsmaß herangezogen. Die Kritik an diesen Zahlen beanstandet vornehmlich, dass sie historische Werte darstellen und retrospektiv ausgerichtet sind. Darüber hinaus wird angeführt, dass sie lediglich als Indikatoren eines kurzfristigen Unternehmenserfolgs dienen sowie eine strategische Perspektive ausgeschlossen wird.[150] Des Weiteren wird die Beeinflussungsmöglichkeit des Managements auf diese Zahlen bemängelt, die deshalb die wahre Erfolgslage im Unternehmen nicht darstellen können.[151]

Daher wurden „(finanz-)marktbasierte“ objektive Erfolgsmaße entwickelt, die den langfristigen und strategischen Unternehmenserfolg abbilden, weniger beeinflussbar und zukunftsgerichtet sein sollen. Hierzu werden Daten wie Kursgewinne (market index return, daily stock market return) als Erfolgsmaße verwendet.[152]

Subjektive Erfolgsmaße sind in einer ebenso großen Anzahl empirischer Arbeiten[153] zu verzeichnen wie objektive Maße. Subjektive Maße basieren auf den Einschätzungen von Unternehmensmitarbeitern, meist Managern oder Vorständen, da diese Personen vermutlich einen guten Überblick über und valide Aussagen bezüglich der Situation ihres Unternehmens haben.[154] Als subjektive Erfolgsmaße wurden bisher häufig die Anpassungsfähigkeit des Unternehmens an die Umwelt, der Markterfolg und der wirtschaftliche Erfolg (oft in Form der Umsatzrendite) abgefragt.[155] An den genannten Beispielen ist ersichtlich, dass bei der Verwendung subjektiver Erfolgsmaße auch

---

148 Vgl. Goodman/Atkins/Schoorman (1983), S. 181.

149 Vgl. Frank/Reitmeyer (2003), S. 130; Spieker (2003), S. 55 f.

150 Vgl. Tehrani/Noubary (2005), S. 202-203; Rowe/Morrow (1999); Hoskisson et al. (1993).

151 Vgl. Tehrani/Noubary (2005), S. 202-203; Rowe/Morrow (1999); Watts/Zimmerman (1990).

152 Vgl. Baysinger/Hoskisson (1989); Amit/Livant (1988).

153 Vgl. beispielsweise im angloamerikanischen Bereich Dess (1987); Capon/Farley/Hoenig (1990); Reger/Duhaime/Stimpert (1992); Lumpkin/Dess (1995).

154 Vgl. Powell (1992a), S.125.

155 Vgl. Ruekert/Walker/Roering (1985); Bhargava/Dubelaar/Ramaswami (1994); Sandt (2004); Spillecke (2006); Schäffer/Willauer (2003).

quantitative Daten abgefragt werden können. Kritik an subjektiven Erfolgsmaßen wird vornehmlich dahingehend geäußert, dass Manager eine verzerrte Wahrnehmung der Realität hinsichtlich ihres Unternehmens haben können, ihr Wissensstand nicht ausreichend ist, um die Fragen zu beantworten,[156] oder sie in Fragebögen, wie oben angesprochen, absichtlich ein verzerrtes Abbild der Realität zeichnen[157], damit das Unternehmen einen positiven Eindruck hinterlässt. Dies wird in der Literatur als soziales oder erwünschtes Antwortverhalten diskutiert. Bei subjektiv abgefragten quantitativen Daten besteht zudem die Gefahr, dass die Antwortbereitschaft signifikant zurückgeht.[158] Diese Gefahr kann allerdings abgeschwächt werden, indem Anonymität und Vertraulichkeit der Daten zugesichert werden.[159]

Eine abschließende Aufzählung aller – subjektiven wie auch objektiven – Erfolgsmaße ist nicht zielführend und hier wegen des begrenzten Rahmens der Arbeit auch nicht möglich.[160] Aufgrund der Verschiedenartigkeit der Ansätze der Unternehmenserfolgsmessung ist die Debatte, welche Maße die besseren sind, respektive, ob und inwiefern subjektive Erfolgsmaße mit objektiv ermittelten Daten korrelieren, nicht verwunderlich. Insbesondere wird der letzte Punkt in der angloamerikanischen Literatur seit längerer Zeit diskutiert. Bezüglich dieses Aspekts konnte die empirische Forschung einen großen Beitrag für die Erfolgsforschung insgesamt leisten. Bereits frühe empirische Untersuchungen,[161] darunter die von DESS/ROBINSON (1984), konnten nachweisen, dass eine hohe Korrelation zwischen objektiven und subjektiven Erfolgsmaßen besteht und somit die Ergebnisse beider Ansätze zu ähnlichen Ergebnissen führen.[162] Es ist anzumerken, dass die Debatte um diesen postulierten Zusammenhang nicht annähernd als abgeschlossen betrachtet werden kann. So wurden in jüngerer Zeit wieder vermehrt Beiträge veröffentlicht, die sich diesem Thema annehmen.[163] Die Ergebnisse dieser empirischen Untersuchungen stützen jedoch in großen Teilen die Erkenntnisse der früheren Forschung.

Modelle der Erfolgsforschung

Alle drei Varianten der Modellbildung in der Erfolgsforschung (univariat, multivariat, multivariat-integriert) sind mit empirischen Studien unterlegt, einige wurden auch schon erwähnt. Tabelle 3 gibt einen auszughaften Überblick über multivariate empirische Studien und die zugrunde gelegten Modelle.

---

[156] Vgl. Venkatraman/Grant (1986).

[157] Vgl. Venkatraman/Ramanujam (1986), S. 808.

[158] Vgl. Sandt (2004), S. 189 f. und die dort angegebene Literatur.

[159] Vgl. Powell (1992a), S. 125. Das ist auch die Vorgehensweise in der vorliegenden Arbeit, vgl. Abschnitt 4.1.2 und den Anhang.

[160] So identifiziert Campell (1977) beispielsweise 30 „Kriterien der Effektivität“; in einer Studie von Quinn/Rohrbaugh (1983) wurden diese 30 auf 17 reduziert.

[161] Vgl. beispielsweise Dess/Robinson (1984); Venkatraman/Ramanujam (1986); Dess (1987); Pearce/Robbins/Robinson, Jr. (1987); Robinson/Pearce (1988); Powell (1992a); Powell (1992b); Hart/Banburry (1994).

[162] Vgl. Dess/Robinson (1984), S. 269 f. Allerdings gibt es Kritiker, denen die nachgewiesenen Korrelationen in einigen der Arbeiten zu gering sind, vgl. Rowe/Morrow (1999).

[163] Vgl. Harris (2001); Wall et al. (2004); Moers (2005); Tehrani/Noubary (2005); Schoenberg (2006); Haugland/Myrtveit/Nygaard (2007).

Autor (Jahr)	verwendete Modelle/	Anzahl (N) und Art der Untersuchungsobjekte	Methodik	Ziel/ Ergebnis
Georgopoulos/Tannenbaum (1957)	Open System/ Social System multivariat	N = 32 Standorte eines Industrieunternehmens à 38 Teilnehmer	Regressionsanalyse	Untersuchung und Definition der OE sowie einiger der operativen Aspekte; Test im industriellen Umfeld/ Produktivität, interorganisationale Anstrengung, Flexibilität der Organisation identifiziert als Bestandteile von OE[164]
Seashore/ Yuchtman (1967)	Open System multivariat	N = 75 Versicherungsgesellschaften	Faktoranalyse	Identifizierung von „Performance Factors"/ 10 Faktoren wurden identifiziert, die in Teilen zeitkonstant sind
Cameron (1978)	130 Variablen aus verschiedenen Modellen multivariat-(integriert)	$N_1 = 191$; $N_2 = 134$ Administration und Akademische Leiter von Colleges/ Universitäten in USA	Clusteranalyse, Faktoranalyse, Regressionsanalyse	Identifizierung von OE in Institutionen höherer Bildung/ 9 Dimensionen der OE konnten identifiziert werden
Quinn/ Rohrbaugh (1983)	Open System Human Relations Internal Process Rational Goal multivariat-integriert	N = 45 Wissenschaftler verschiedener Universitäten in den USA	Expertenpanel/Inhaltsanalyse, Kategorisierung und Reduzierung von bestehenden OE-Kriterien	Identifizierung von vier Modellen und den Kriterien, die OE abbilden können, sowie Identifizierung eines Modellrahmens

[164] OE steht für organizational effectiveness

Autor (Jahr)	verwendete Modelle/	Anzahl (N) und Art der Untersuchungsobjekte	Methodik	Ziel/ Ergebnis
Rangone (1997)	Fuzzy linguistics framework multivariat-(integriert)	N = k. A. Manager	Mathematisch -analytisches Modell	Integration von immateriellen Faktoren in die Bewertung von OE
Walton/ Dawson (2001)	Open System Human Relations Internal Process Rational Goal multivariat-integriert	N = 39 Manager	Multi-dimensional scaling	Überprüfung des Modells von Quinn/Rohrbaugh (1983) an der Realität-/Modell hält weitgehend stand
Sowa et al. (2004)	Management effectiveness Program effectiveness multivariat-integriert	N = k. A. k. A.	Struktur-gleichungs-modell	Ableitung eines OE-Modells für Non-Profit-Organisationen/ OE als Management effectiveness und Program effectiveness sowie der Zusammenhang zwischen den beiden
Parhizgari/ Gilbert (2004)	Open System Goal attainment Client satisfaction multivariat-integriert	N =11.352 aus 28 privatwirtschaft-lichen und 41 öffentlichen Organisationen	Faktor-analyse	Vergleich von OE-Maßen in privatwirtschaftlichen und öffentlichen Organisationen/ 9 Komponenten der OE wurden identifiziert sowie Unterschiede zwischen privatwirtschaftlichen und öffentlichen Organisationen festgestellt

Tabelle 3: Überblick über empirische Studien der Unternehmenserfolgsforschung

Insgesamt ist festzustellen, dass sich in der Wissenschaft multivariat-integrierte Modelle durchgesetzt haben.[165] Darüber hinaus zeichnet sich eine allgemeine

[165] Dies gilt auch für andere Bereiche der Erfolgsforschung und nicht allein für die Betrachtung des Unternehmenserfolgs allein. Vgl. hierzu beispielhaft die Marketingforschung bzgl. des

Entwicklung in der betriebswirtschaftlichen empirischen Forschung ab,[166] die verschiedenartige Themen in den unterschiedlichen Disziplinen der Betriebswirtschaft (Marketing, Controlling, Logistik, Personal etc.) beleuchtet und den Bezug zum respektive die Wirkung auf den Unternehmenserfolg untersucht.[167] Dabei werden allerdings zuweilen die Erkenntnisse der Grundlagenforschung der „organizational effectiveness“ vernachlässigt und univariate und/oder nur finanzielle Maßzahlen verwendet.[168]

Nachdem die konzeptionelle und empirische Forschung zum Themengebiet Unternehmenserfolg vorgestellt wurde, soll die Kritik an der Unternehmenserfolgsforschung betrachtet werden.

2.2.2.3 Kritische Auseinandersetzung mit der Unternehmenserfolgsforschung

Einige der kritischen Aspekte, die im Zusammenhang mit der Erfolgsforschung stehen, wurden schon in den vorangegangenen beiden Abschnitten beschrieben. Da diese Kritik die konzeptionelle Erfolgsforschung stark beeinflusst und die beschriebene Entwicklung angestoßen hat, werden diese Aspekte hier nicht noch einmal dargestellt. Vielmehr werden im Folgenden die in der jüngeren Literatur am häufigsten diskutierten Kritikpunkte aufgegriffen und dahingehend betrachtet, wie sie entkräftet werden können.[169] Zudem wird gezeigt, welche Maßnahmen hinsichtlich der aufgeführten Kritik im Rahmen dieser Arbeit ergriffen wurden.

Die Kritik an der Erfolgsforschung lässt sich in zwei Untergruppen aufteilen. Zum einen wird die *Methodik* der Forschung kritisiert, zum anderen die *Inhalte* der Forschung.[170] Hinsichtlich der methodischen Kritik ist festzuhalten, dass diese im Wesentlichen auf alle (großzahligen) empirischen Arbeiten zutrifft.[171] Keine Beachtung wird hierbei der Kritik geschenkt, die vollkommen berechtigt als „eklatante Form- bzw. Methodenfehler“[172], wie die Anwendung unangemessener Verfahren oder die unangemessene Skalenbildung zur Messung von Konstrukten, einzustufen sind. Die inhaltliche Kritik richtet sich dahingegen auf erfolgsforschungsspezifische Aspekte. Diese beiden Aspekte der Kritik lassen sich in den größeren Kontext der Diskussion um „rigor“ und „relevance“ und hier insbesondere in die Diskussion um den Trade-off zwischen diesen beiden einordnen.[173] Zunächst werden die methodischen und die inhaltlichen Aspekte der Kritik beleuchtet, mögliche Gegenmaßnahmen aufgezeigt und dann in den größeren Kontext eingebettet.

Kundenerfolgs i. S. v. Kundenzufriedenheit oder Kundenorientierung; vgl. beispielsweise Bei/Chiao (2001).

166 Nicht aus der oben angeführten Tabelle 3 ersichtlich.

167 Vgl. beispielsweise Zellars/Fiorito (1999); Spillecke (2006).

168 Vgl. als ein jüngstes Beispiel Bassen et al. (2006).

169 Die Liste ist ein Auszug der bestehenden Kritik. Eine abschließende Liste der Kritik an der Erfolgsforschung würde den Rahmen dieser Arbeit sprengen.

170 Vgl. Ahlert/Evanschitzky/Hesse (2005), S. 362.

171 Einige der genannten Aspekte sind daher auch in Abschnitt 4.1 wiederzufinden.

172 Ahlert/Evanschitzky/Hesse (2005), S. 362.

173 Vgl. Varadarajan (2003); Nicolai (2004).

Methodische Aspekte der Kritik
Die folgenden methodischen Kritikpunkte sind grundlegender Natur und/oder wurden in der jüngeren Erfolgsforschungsliteratur besonders häufig hervorgehoben und werden daher als diskussionswürdig angesehen. Entsprechend werden sie kurz beleuchtet, mögliche Gegenmaßnahmen aufgezeigt und dargelegt, wie im Rahmen dieser Arbeit diese Aspekte behandelt werden.

- Zurechnungsproblem
  Das Zurechnungsproblem schildert die Schwierigkeit, den Beitrag einzelner Wirkungen an einer übergeordneten Größe festzumachen.[174] Dem Problem der Zurechnung kann nur begegnet werden, indem Ersatz- oder Untergrößen (Dimensionen/Faktoren/Kriterien) der übergeordneten Größe definiert werden. Hierbei ist es von elementarer Bedeutung, dass die Herleitung der Ersatz- oder Untergrößen auf einem sinnvollen Theorie- oder Konzeptgerüst fußt. In dieser Arbeit wird das verwendete Theoriegerüst in Abschnitt 2.3 vorgestellt.

- Konkretisierungsproblem
  Das Konkretisierungsproblem schließt an das Zurechnungsproblem unmittelbar an. Es beschreibt die Schwierigkeit der inhaltlichen Präzisierung der Ersatz- oder Untergrößen. Bei einem unzureichenden Konkretisierungsgrad besteht die Gefahr, dass nur noch komplexe Wirkungszusammenhänge und keine Einzelwirkungen mehr zu erkennen sind.[175] Besonders der Versuch, menschliches Verhalten zu konkretisieren, macht dieses Problem sichtbar. Eine Lösungsmöglichkeit besteht darin, die jeweiligen Sachverhalte auf Zählgrößen zu reduzieren, in denen die Verhaltensannahmen implizit enthalten sind.[176] Diese Vorgehensweise wird in dieser Arbeit gewählt.

- Problem der Subjektivität
  Das Problem der Subjektivität, bezogen auf den Kontext dieser Arbeit, liegt darin, dass die Trennung zwischen Effizienz (oder auch Erfolg) und Ineffizienz (oder auch Misserfolg) eine subjektive Bewertung darstellt. Was Manager x noch als erfolgreich einstuft, ist für Manager y vielleicht schon ein Misserfolg. Dieses Problem setzt sich bei der Skalierung der Erfolgskriterien weiter fort.
  Hinsichtlich der Unternehmenserfolgsforschung werden subjektive Bewertungen verwendet, da die Forschung zeigt, dass subjektive und objektive Maße einander in hohem Maße entsprechen.[177] Da auf der Ebene des Controllerbereichserfolgs keine objektiven Effizienz- oder Erfolgsmaße existieren, müssen subjektive Bewertungen verwendet werden. Allerdings

---

[174] Aus einer anderen Perspektive betrachtet, wäre das Problem als Selektionsproblem zu identifizieren, im Sinne von Reflexion der Schwierigkeit bei der Auswahl und Festlegung einzelner, relevanter Kriterien aus der Menge der möglichen Kriterien. Vgl. hierzu Fessmann (1980), S. 70-73.
[175] Vgl. Fessmann (1980), S. 73-75.
[176] Als Beispiel können hier Fluktuationszahlen, Abwesenheit, Krankenstand oder Beschwerdezahlen aufgeführt werden.
[177] Vgl. hierzu die Ausführungen in Kapitel 2.2.2.

sollten die Erfolgsdimensionen und -kriterien möglichst gut zugeordnet und konkretisiert sein. Das beinhaltet vor allem eine solide Konzeptualisierung auf der Basis von Theorien oder Konzepten und eine Erfassung als Multi-Item-Konstrukt.[178]

- Theorielosigkeit oder nicht ausreichender Theoriegehalt
  Theorielosigkeit oder nicht ausreichender Theoriegehalt bergen bei quantitativen konfirmatorischen Studien die Gefahr der Generierung vermeintlicher Erkenntnisse, die lediglich auf zufälligen Beobachtungen basieren. Denn ohne theoretisches Gerüst ist insbesondere bei komplexen Fragestellungen eine willkürliche Verknüpfung von Variablen möglich. Eine theoriegeleitete Hypothesenformulierung kann, wie in dieser Arbeit vorgenommen, dieser Gefahr entgegenwirken.[179]

- Nicht valide Operationalisierung der Erfolgsfaktoren
  Das Problem hinter diesem Aspekt ist, dass ungeeignete Operationalisierungen von Konstrukten zu Verzerrungen der Messung und somit zu falschen Schlüssen führen können.[180] Das Problem kann auf zweifache Weise gelöst werden: Erstens können Operationalisierungen bereits verwendeter und/oder getesteter Konstrukte herangezogen werden. Zweitens können (empirische) Vorstudien zur Absicherung von Operationalisierungen durchgeführt werden. Im Rahmen der vorliegenden Arbeit wurde dem Problem durch Anwendung des erstgenannten Aspekts Rechnung getragen.

- Störgrößenproblematik
  Hierbei wird der Aspekt von Störgrößen, die nicht erhoben wurden, aber die unabhängigen Variablen beeinflussen, angesprochen.[181] Als Lösungsansatz für dieses Problem gibt es zum einen die Möglichkeit, Störgrößen in statistischen Programmen abzubilden, zum anderen kann auf Kosten der Allgemeingültigkeit der Fokus von Studien so eingegrenzt werden, dass die relevanten Störgrößen identifiziert und somit kontrolliert werden können.[182] Diese Untersuchung greift auf statistische Methoden zurück, die Störgrößen berücksichtigen.[183]

- Kontextabhängigkeit
  Kontextabhängigkeit betrachtet den Aspekt, dass die Erfolgsmessung abhängig ist vom Kontext, in dem sie vorgenommen wird. Es geht hierbei somit nicht um die Erfolgsmessung an sich, sondern um die Betrachtung der Rahmenbedingungen und der Einflussfaktoren des Erfolgs. Maßnahmen, die den Erfolg beeinflussen sollen, können unterschiedlich stark wirken, je

[178] Vgl. Abschnitt 4.3.2.
[179] Vgl. Ahlert/Evanschitzky/Hesse (2005), S. 362-363.
[180] Vgl. Backhaus et al. (2006).
[181] Nicolai/Kieser (2002), S. 584, sprechen hier von dem Problem der „Endogenität".
[182] Vgl. Ahlert/Evanschitzky/Hesse (2005), S. 363.
[183] Vgl. Abschnitt 4.3.

nachdem, in welchem Kontext sie stattfinden.[184] Hierzu lässt sich sagen, dass diese Kritik berechtigt ist. Allerdings bedeutet auch schon die Erkenntnis über die Wirkung an sich einen wissenschaftlichen Fortschritt, auch wenn er in seiner Ausprägung verzerrt sein mag oder auch nur für einen bestimmten Kontext definiert sein kann.

- Problematik des key informant bias
  Dieser Kritikpunkt betrachtet die Problematik, dass die befragten Personen die Antworten absichtlich oder auch unabsichtlich verzerren können, und dies besonders dann ins Gewicht fällt, wenn nur eine Person je Unternehmen befragt wird und somit über abhängige und unabhängige Variablen gleichermaßen Auskunft erteilt. Dies kann durch Befragung mehrerer Personen je Unternehmen und/oder die Aufteilung der Fragebogen in abhängige und unabhängige Variablen vermieden werden.[185] Eine weitere Möglichkeit, die in dieser Arbeit zur Anwendung kommt, besteht darin, sicherzustellen, dass die befragte Person imstande ist, die Fragen richtig zu beantworten, um eine unbeabsichtigte Verzerrung auszuschließen.[186]

- Problematik des non response bias
  Der non response bias steht für eine Verzerrung des Antwortverhaltens, die dadurch gekennzeichnet ist, dass besonders erfolgreiche oder auch besonders wenig erfolgreiche Unternehmen an der Umfrage nicht teilnehmen. Um einen solchen bias auszuschließen, kann ein Vergleich der früh und spät antwortenden Unternehmen vorgenommen werden. Dieses Verfahren basiert auf den Erkenntnissen von ARMSTRONG/OVERTON (1977), die feststellen, dass sehr spät antwortende Teilnehmer ein sehr ähnliches Antwortverhalten an den Tag legen wie nicht antwortende Unternehmen.[187] In dieser Arbeit kommt ein statistischer Test (t-Test) zur Anwendung, der den Ausschluss dieses Problems gewährleistet.[188]

- Problematik des survival bias
  Die Problematik des survival bias besagt, dass aufgrund der ausschließlichen Möglichkeit der Befragung noch existierender Unternehmen eine systematische Nicht-Repräsentativität von Studien vorliegt.[189] Diesem Argument ist entgegenzuhalten, dass es ein Selektionskorrekturverfahren aussagekräftige Schätzungen für diesen Sachverhalt liefern kann.[190] Eine andere Argumentationsmöglichkeit, der hier gefolgt wird, basiert auf einem grundlegend anderen Verständnis von Erfolg und dessen Erforschung.

---

184 Vgl. Nicolai/Kieser (2002), S. 584.
185 Vgl. Nicolai/Kieser (2002) S. 584; Ahlert/Evanschitzky/Hesse (2005), S. 363.
186 Vgl. Abschnitt 4.1.
187 Vgl. Armstrong/Overton (1977).
188 Vgl. Abschnitt 4.1.
189 Vgl. Nicolai/Kieser (2002), S. 585.
190 Vgl. Woywode (2004), S. 36 f. Diese Methode wurde aufgrund ihrer Komplexität nicht angewendet.

AHLERT/SCHRÖDER (2001) folgend wird in dieser Arbeit unter einem Erfolgsfaktor eine Größe verstanden, die exzellente von weniger exzellenten Unternehmen unterscheidet, die alle im Markt vertreten sind.[191]

Neben den methodischen Kritikpunkten, die, wie aufgezeigt, durch sachlich richtiges Arbeiten zu weiten Teilen entschärft werden können, werden im Folgenden auch inhaltliche Kritikpunkte aufgeführt. Diese sind nach NICOLAI/KIESER (2002) „grundsätzlicher Natur. Sie lassen Zweifel aufkommen, ob die Schwächen dieses Ansatzes [Studien oder Analysen, in denen Performance als abhängige Variable verwendet wird] durch methodische Verfeinerungen überwunden werden können."[192]

Inhaltliche Aspekte der Kritik

Ebenso wie bei der Betrachtung der methodischen Kritikpunkte werden die grundlegenden bzw. jüngsten inhaltlichen Aspekte der Erfolgsforschungskritik diskutiert und aufgezeigt wie ihnen entgegnet werden kann und wie sie in der vorliegende Arbeit behandelt werden.

- Verlust der Wirksamkeit durch Bekanntmachung der Erfolgsfaktoren
  Auf diesen Aspekt haben schon MARCH/SUTTON (1997) hingewiesen.[193] Es gilt entgegenzuhalten, dass dies jedoch nur dann zutrifft, wenn die ermittelten Erfolgsfaktoren handelbar im Sinne von an einem Markt verkaufbar, leicht kopierbar und implementierbar sind, was nicht für alle Erfolgsfaktoren zutrifft. Aber selbst wenn dies für alle Erfolgsfaktoren zutreffen würde, gälte dennoch weiterhin die Unvollkommenheit der Märkte, so dass von einer Wirksamkeit bekannter Erfolgsfaktoren auszugehen ist.[194] Darüber hinaus lässt sich in der Privatwirtschaft beobachten, dass Unternehmen die Erfolgsfaktoren anderer Unternehmen übernehmen, um von ihnen am Markt nicht „abgehängt" zu werden.[195] Folglich helfen bekannt gemachte Erfolgsfaktoren einiger Unternehmen anderen, erfolgreich zu werden. Daher kann nicht von einem Verlust der Wirksamkeit der Erfolgsfaktoren durch deren Bekanntmachung gesprochen werden.

- Willkür bei der Auswahl zugrunde liegender Theorien
  Diesem äußerst wichtigen Kritikpunkt kann begegnet werden, indem Vorstudien durchgeführt werden, beispielsweise in Form von Experteninterviews (wie in dieser Arbeit[196]), oder empirischen Vorstudien erhoben werden, so dass die zugrunde gelegten Theorien im Vorfeld der Untersuchung überprüft werden können. Dieser Idee entsprechend können auch Replikationsstudien vorgenommen werden, die eine empirische Überprüfung

---

[191] Vgl. Ahlert/Schröder (2001), S. 1.
[192] Nicolai/Kieser (2002), S. 585.
[193] Vgl. March/Sutton (1997), S. 699.
[194] Vgl. Ahlert/Evanschitzky/Hesse (2005), S. 364.
[195] Vgl. Woywode (2004), S. 30.
[196] Vgl. Abschnitt 4.1.2.

der in der Grundstudie hinterlegten Theorien ermöglichen.[197] Des Weiteren können zusätzlich, wie in dieser Arbeit,[198] die verwendeten Theorien einer Kompatibilitätsanalyse unterzogen werden, die Klarheit über die Vereinbarkeit der Theorien bringt. Zusätzlich wird in dieser Arbeit die Auswahl dadurch abgesichert, dass auf Theorien eines ähnlichen, weit erforschten und theoriebasierten Forschungsfeldes verwendet werden.

- Willkür bei der Bestimmung und Operationalisierung der Faktoren
  Dem ersten Aspekt dieses Kritikpunkts kann ebenfalls durch Vorstudien, Experteninterviews oder auch Pre-Tests begegnet werden, so dass von allen potenziellen Faktoren nur die für den Kontext relevanten Faktoren in die Untersuchung einfließen und die Operationalisierung vorab getestet ist.[199] Eine Möglichkeit, insbesondere dem zweiten Aspekt des Kritikpunkts entgegenzutreten, die in der vorliegenden Arbeit eingesetzt werden, ist zum einen die strikte Orientierung an der einschlägigen Literatur zur Entwicklung von neuen Konstrukten und Messskalen und zum anderen die Nutzung bereits verwendeter und validierter Messskalen.[200]

- Vergangenheitsorientierung
  NICOLAI/KIESER (2002) bemängeln, dass gerade dann, wenn man der „fast allgegenwärtigen Rede von den stetig steigenden Umweltturbulenzen Glauben schenkt",[201] die Vergangenheitsorientierung der Forschung keinen Nutzen bringt, da die Gültigkeit der potenziellen Ergebnisse für die Zukunft ungewiss ist. Dem lässt sich entgegenhalten, dass Innovation und Weiterentwicklung immer auch davon abhängen, dass solide Standortbestimmungen vorhanden sind. Darüber hinaus gilt, dass Umwälzungen nicht schlagartig geschehen, sondern ein Prozess sind, so dass eine Orientierung an den identifizierten Erfolgsfaktoren für Unternehmen durchaus profitabel sein kann. Dies gilt gerade für schwächere Unternehmen, die mit diesem Wissen zur stärkeren Konkurrenz aufschließen können,[202] so dass der Marktnachfrage, die selten von nur einem Unternehmen befriedigt wird, gemeinschaftlich entsprochen werden kann.[203]

Nachdem in den obigen Passagen grundlegende methodische und inhaltliche Kritikpunkte angeführt wurden, findet in den nachfolgenden Absätzen die Einordnung der Kritik in den größeren Kontext der Diskussion um „relevance" und „rigor" statt.

---

[197] Vgl. Ahlert/Evanschitzky/Hesse (2005), S. 364.
[198] Vgl. Abschnitt 2.3.3.
[199] Vgl. Ahlert/Evanschitzky/Hesse (2005), S. 364.
[200] Vgl. Rossiter (2002), der das C-OAR-SE Verfahren zur Skalenentwicklung vorstellt und die Kernprobleme der Neukonzeption von Konstrukten beleuchtet.
[201] Nicolai/Kieser (2002), S. 587.
[202] Vgl. Woywode (2004), S. 30.
[203] Vgl. Barney (2002).

Die wissenschaftliche Diskussion um „relevance“ und „rigor“ beschäftigt sich primär mit dem Trade-off, der zwischen diesen beiden Aspekten der Forschung gesehen wird. Unter „rigor“ ist die wissenschaftliche Ausrichtung der Forschung zu verstehen und unter „relevance“ ihre praktische Relevanz. Einige Wissenschaftler gehen davon aus, dass eine wissenschaftliche Ausrichtung der Forschung unter Beachtung aller wissenschaftlichen Auflagen und Standards nicht in Einklang zu bringen ist mit einer praktischen Relevanz und umgekehrt.[204] Der Trade-off besteht somit in der Entscheidung, wissenschaftlich oder praxisrelevant zu arbeiten. Die angeführte methodische Kritik kann somit als Forderung nach „rigor“ und die inhaltliche Kritik als Ruf nach „relevance“ verstanden werden. Die häufig postulierte Unvereinbarkeit der beiden Aspekte wird allerdings nicht von allen Wissenschaftlern geteilt.[205] Stellvertretend seien hier die Arbeiten von VARADARAJAN (2003) und AHLERT/EVANSCHITZKY/HESSE (2005) genannt, die in ihren Beiträgen zeigen, dass die Forderung nach „rigor“ durch sachlich richtiges empirisches Arbeiten erfüllt werden kann und dennoch die Relevanz für die Praxis darunter nicht leidet.

Zusammenfassend kann festgehalten werden, dass die vorgebrachte Kritik in Teilen berechtigt ist. Allerdings wurde auch aufgezeigt, dass sachlich-richtiges empirisches Arbeiten viele Kritikpunkte, insbesondere die der allgemeinen empirischen Forschung, entschärfen kann. Dies allein ist allerdings nicht ausreichend. Der Vorwurf der Theorielosigkeit bzw. der willkürlichen Theorieauswahl muss entsprechend berücksichtigt und die Untersuchung auf ein valides Fundament gestellt werden.

Nach diesem Überblick über die Unternehmenserfolgsforschung wird in den folgenden Abschnitten die Erforschung des Controllerbereichserfolgs betrachtet.

2.2.3 Controllerbereichserfolgsforschung

Controllerbereichserfolgsforschung ist im Vergleich zur Unternehmenserfolgsforschung eine junge Disziplin. Ein Grund dafür liegt vor allem darin, dass „Controlling“ ein relativ neuer Zweig der deutschsprachigen Betriebswirtschaft ist[206] und in der bisherigen wissenschaftlichen Diskussion die Betrachtung und Definition des Fachs selbst stand.[207] Somit rücken andere Themen erst nach und nach in den Fokus der Wissenschaftler. Im Folgenden wird in Analogie zur Unternehmenserfolgsforschung die Forschung zum Controllerbereichserfolg ebenfalls konzeptionell und empirische betrachtet. Abschließend wird eine kritische Würdigung der bisherigen Erkenntnisse der Forschung vorgenommen.

Für die Bestandsaufnahme der Controllerbereichserfolgsforschung wird hauptsächlich deutschsprachige Literatur herangezogen, da „Controlling“ eine sehr stark

---

204 Vgl. Varadarajan (2003); Nicolai (2004); Ahlert/Evanschitzky/Hesse (2005).
205 Vgl. Hunt (2002).
206 Für eine kurze Einführung in die Geschichte des „Controllings“ vgl. Weber (2006); David (2005); ausführlich vgl. Binder (2006).
207 Vgl. hierzu die Ausführungen in Kapitel 2.1.

national/regional geprägte[208] Erscheinung ist[209] und sich diese Arbeit auf den deutschsprachigen Raum beschränkt.

2.2.3.1 Konzeptionelle Forschung

Grundlegende konzeptionelle Arbeiten, die versuchen das Wesen des Controllerbereichserfolgs zu erfassen, wie sie in den Anfängen der Unternehmenserfolgsforschung durchgeführt wurden, sind in der Controllingliteratur nur vereinzelt auszumachen. Dies kann auf drei wesentliche Gründe zurückgeführt werden. Erstens lag der Forschungsfokus zunächst noch verstärkt auf der Definitionsfindung von Controlling. Zweitens bestand bislang noch nicht die Notwendigkeit, sich mit der Leistung des Controllerbereichs auseinanderzusetzen. Schließlich wurde dem Controllerbereich lange eine „komparative[n] geringe[n] kostenmäßige[n] Bedeutung“[210] attestiert. Drittens ist es um ein Vielfaches schwieriger, die Leistung einer internen Dienstleistungseinheit wie des Controllerbereichs zu beurteilen als die einer produktiven Einheit, die beispielsweise einer Renditeprüfung unterzogen werden kann.[211] Bereits die Erfassung der Effizienz des Controllerbereichs, die der Erfassung einer Renditegröße entspräche, erfordert eine gleichzeitige Betrachtung von Output und Input des Controllerbereichs. Die Abgrenzung des Inputs als auch des Outputs führt zu einer sehr hohen Komplexität.[212] Dies soll am Beispiel der Abgrenzung der relevanten Kosten für Managementinformationssysteme verdeutlicht werden. Die entstehenden Kosten der Managementinformationssysteme könnten aufgrund der Hoheit über diese dem Controllerbereich vollständig zugeordnet werden. Allerdings profitieren von solchen Systemen auch andere Bereiche, wie beispielsweise das externe Rechnungswesen oder aber Investor Relations. Entsprechend ist die Frage nach einer begründeten Kostenaufteilung gerechtfertigt, die sich auch auf die Kosten für Wartung und Weiterentwicklung des Systems erstreckt.

Erste Ansätze zur Erfolgsmessung des Controllerbereichs wurden dennoch unternommen. Im Mittelpunkt der Beiträge steht die Erfassung der Effektivität und/oder der Effizienz von Controllerbereichen („Controllingeffizienz“). Anzumerken ist, dass die Begriffe teilweise synonym verwendet werden oder inhaltlich vertauscht sind im Vergleich zur Definition, die in Kapitel 2.2.1 für diese Arbeit festgelegt worden ist. Häufig wird in der Controllingliteratur von „Controllingeffizienz“ gesprochen und Bezug auf WELGE (1988) genommen, der „Effizienz“ als ein Maß für die Zielerreichung versteht.[213] Im Folgenden und im Abschnitt zu den empirischen Arbeiten werden die verwendeten Begriffe der jeweiligen Autoren beibehalten. Eventuelle Abweichungen zur Definition der Begriffe im Sinne dieser Arbeit werden kenntlich gemacht.

---

[208] Regional geprägt insbesondere im Sinne von Deutschland, Österreich und der Schweiz.

[209] Vgl. Weber (2002), S. 15-17.

[210] Weber/Hamprecht/Goeldel (1995), S. 15; Weber (1994), S. 86.

[211] Vgl. Gleich (1997), S. 347; vgl. zur Erfassung von Erfolg in produktiven Einheiten Dyckhoff/Gilles (2004).

[212] Vgl. Bauer (2002), S. 138 und die dort angegebene Literatur.

[213] Vgl. Welge (1988), S. 450-451. Bauer (2002), S. 138, kritisiert die uneinheitliche Verwendung der Begrifflichkeiten, die auch schon Einzug in die Controllingliteratur gehalten hat. Welges Effizienzverständnis entspricht dem für diese Arbeit definierten Effektivitätsverständnis.

Unter den wenigen rein konzeptionellen Arbeiten zum Thema Controllerbereichserfolg, Controllingeffizienz oder Effektivität des Controllings sind die Arbeiten von LIEDTKE (1991) und GLEICH (1997) hervorzuheben. LIEDTKEs Arbeit (1991) zeichnet sich dadurch aus, dass erstmalig ein Strukturierungsrahmen zur Erfassung von Controllerbereichserfolg vorgestellt wird. GLEICHs (1997) Arbeit ist nennenswert aufgrund der expliziten Verwendung eines multivariat-integrierten Ansatzes zur Messung von Controllerbereichserfolg. Neben den beiden genannten Arbeiten wird im Folgenden auch auf Praxisberichte zurückgegriffen. Des Weiteren ist auch die Arbeit von FESSMANN (1980) von Relevanz, die sich zwar nicht explizit auf den Controllingkontext bezieht, sich aber u. a. mit der Effizienz von Unternehmensteilbereichen auseinandersetzt. Es werden daher zuerst die relevanten Kernstücke der konzeptionellen Arbeiten in chronologischer Reihenfolge dargelegt, um im Anschluss die Ausgestaltung und Erkenntnisse der empirischen Arbeiten zu betrachten.

Nach FESSMANN (1980) gestaltet sich die Betrachtung von Effizienz in Unternehmensteilbereichen nach den gleichen Aspekten, die auch für die Betrachtungsebene Unternehmen gelten. FESSMANN (1980) stellt, auf Erkenntnissen der organisationalen Effizienzforschung aufbauend, in seiner Arbeit einen Ansatz zur Klassifikation von Effizienzkriterien vor. Diese Systematisierung dient der Komplexitätsreduktion von Effizienzbetrachtungen. FESSMANN (1980) gruppiert dabei die Gesamtheit der Effizienzkriterien, die die Effizienz einer Organisationseinheit beschreiben, in (1) sachliche Kriterien wie Quantitäten, Qualitäten und Kosten, (2) zeitliche Kriterien wie Termintreue, (3) flexibilitätsbezogene Kriterien wie Innovationsbereitschaft und (4) soziale[214] Kriterien wie die Zufriedenheit von Personen oder Gruppen innerhalb der Unternehmung.
Die genannten Kriteriengruppen weisen zwar gewisse Interdependenzen auf,[215] ermöglichen aber eine kontextunabhängige „Vierteilung der Gesamtheit von Effizienzwirkungen“[216] einer Organisationseinheit. FESSMANN (1980) stellt somit einen Katalog auf, der durch die Segmentierung der Summe an Effizienzkriterien in vier Gruppen eine Effizienzbetrachtung von Organisationseinheiten handhabbar werden lässt in dem Sinne, dass die Komplexität von Effizienzbetrachtungen reduziert wird. Dabei kann das Segmentierungsschema als Strukturierungsrahmen bei der Auswahl der Effizienzkriterien eingesetzt werden. Unklar bleibt jedoch, nach welchen Aspekten FESSMANN (1980) die Segmentierungskriterien auswählt. Fraglich ist auch, ob mit diesen vier genannten Kriterien tatsächlich die Gesamtheit der Effizienzkriterien zur Bestimmung der Effizienz von Organisationseinheiten abgedeckt werden kann. Für die vorliegende Arbeit liefern die Ausführungen von FESSMANN (1980) dennoch eine wichtige Erkenntnis: Es ist davon auszugehen, dass die Erkenntnisse der Effizienzforschung für Unternehmen auch auf einzelne

---

[214] Nach Fessmann (1980), S. 150, zählt zu den sozialen Kriterien mit Einschränkungen auch die Zufriedenheit von Personen oder Gruppen außerhalb der Unternehmung.

[215] So kann beispielsweise hohe Innovationsbereitschaft zu erhöhten Kosten führen.

[216] Fessmann (1980), S. 150.

Organisationseinheiten anwendbar sind. Zu prüfen bleibt im Rahmen dieser Arbeit jedoch noch, ob dies auch speziell für Controllerbereiche gilt.[217]

Der Beitrag von LIEDTKE (1991) zum Thema Effizienzmessung besteht in der Formulierung eines expliziten, mehrere Bezugsebenen umfassenden Strukturierungsrahmens zur Bestimmung und Messung von Controllingeffizienz.[218] Leider bleibt LIEDTKE (1991) eine Erklärung hinsichtlich der Ableitung des gesamthaften Strukturrahmens schuldig, er erläutert lediglich die einzelnen identifizierten Bezugsebenen und die dazugehörigen Ausprägungen. Dennoch ist die Arbeit einer näheren Betrachtung wert, da sie als erste einen konkreten Strukturierungsrahmen zur Messung von Controllingeffizienz vorstellt. Die verschiedenen Bezugsebenen und die entsprechenden Ausprägungen des Gliederungsschemas sind Tabelle 4 zu entnehmen.

<table>
<tr><th>Bezugsebene</th><th colspan="4">Ausprägung</th></tr>
<tr><td>Untersuchungsgegenstand</td><td colspan="2">Anteil an der Gesamteffizienz</td><td colspan="2">Wirksamkeit des Subsystems Controlling</td></tr>
<tr><td>Untersuchungsinhalt</td><td>Funktionale Effizienz</td><td colspan="2">Institutionale Effizienz</td><td>Instrumentelle Effizienz</td></tr>
<tr><td>Betrachtungsebene</td><td colspan="2">Prozeßeffizienz</td><td colspan="2">Ergebniseffizienz</td></tr>
</table>

Tabelle 4: Bezugsebenen im Rahmen einer Bestimmung der Controlling-Effizienz

Quelle: Liedtke (1991), S. 97

Aus der obigen Tabelle wird ersichtlich, dass auf der obersten Bezugsebene, die des Untersuchungsgegenstands, unterschieden wird, ob lediglich das „Subsystem Controlling“ und dessen Effizienz betrachtet wird, oder ob untersucht werden soll, welchen Anteil „Controlling“ an der Gesamteffizienz, also an der Effizienz des Unternehmens, ausmacht. LIEDTKE (1991) beschränkt sich in seiner Arbeit auf die Betrachtung der Effizienz des Controllingsubsystems, da er Bezug nehmend auf WELGE (1988) davon ausgeht, „daß das Controlling die Gesamteffizienz einer Unternehmung tendenziell positiv beeinflußt“[219] und dieser Aspekt deshalb nicht weiter betrachtet werden muss. Auf der zweiten Ebene, die des Untersuchungsinhalts, werden drei Untersuchungsbereiche identifiziert. Zum einen kann die *funktionale Effizienz* betrachtet werden, die zum Inhalt hat zu untersuchen, inwieweit die Controlling-Funktion von einem Controllerbereich erfüllt wird. Hier steht der Aspekt

[217] Vgl. hierzu die Ausführungen im Abschnitt 2.2.4.

[218] Liedtke (1991) versteht unter Controllingeffizienz einen Zielerfüllungsgrad des Controllings und folgt somit dem Ansatz von Welge (1988) und nicht dem Effizienzansatz, der dieser Arbeit zugrunde liegt.

[219] Liedtke (1991), S. 98.

der Messung von Zielerfüllungsgraden im Mittelpunkt. Zum anderen kann auch die *institutionale Effizienz* in den Fokus der Betrachtung gerückt werden. Hierbei werden die Auswirkungen auf die Controllingeffizienz durch die organisatorische und strukturelle Gliederung des Controllerbereichs respektive die Eingliederung des Controllerbereichs in den Unternehmenskontext untersucht. Zum dritten kann auch die *instrumentelle Effizienz* gemessen werden. Diese versucht die Effizienz einzelner Controllinginstrumente, die bei der Erfüllung der Controllertätigkeit zum Einsatz kommen, zu ermitteln. Auf der dritten Ebene, der Betrachtungsebene, wird unterschieden, ob die Effizienzbetrachtung auf der Basis von *Ergebnissen* oder *Prozessen* stattfinden soll.

Neben der Entwicklung dieses Bezugsrahmens zur Bestimmung und Messung von Controllingeffizienz leitet LIEDTKE (1991) explizite Kriterien der funktionalen Effizienz ab. Diese unterteilt er, seinem Grundschema folgend, in Prozess- und Ergebniseffizienzkriterien. LIEDTKE (1991) merkt hierzu an, dass die Prozesseffizienz sich letztendlich auch in der Ergebniseffizienz niederschlägt, weshalb nur noch erstere erläutert wird.[220] Die Kriterien der Prozesseffizienz gliedert er nach FESSMANN (1980) in sachliche, zeitliche, flexibilitätsbezogene und soziale Kriterien. Darüber hinaus betrachtet LIEDTKE (1991) auch die institutionale Effizienz von Controllerbereichen. Hierbei greift er auf Kriterien zurück, die von FUCHS-WEGNER/WELGE (1974)[221] für Gesamtorganisationen erarbeitet wurden und weist, wie die letztgenannten Autoren, der Anpassungsfähigkeit[222] eine besondere, übergeordnete Bedeutung zu.

LIEDTKE (1991) entwickelt in seiner Arbeit erstmalig einen mehrere Ebenen umfassenden Bezugsrahmen zur Erfassung von Controllingeffizienz und leitet darüber hinaus auf diesem Schema basierend Effizienzindikatoren ab. Es gilt aber festzuhalten, dass das von LIEDTKE (1991) aufgestellte Gliederungsschema zur Messung von Controllingeffizienz auch Schwächen aufweist. So bleibt unklar, warum er gerade diese Bezugsebenen wählt. Darüber hinaus geschieht die Ableitung des Ansatzes und damit der Effizienzindikatoren ausschließlich aus Sicht des Koordinationsansatzes des Controllings, wodurch der Ansatz an Allgemeingültigkeit einbüßt und nur bedingt für die in dieser Arbeit zu beantwortende Forschungsfrage nach einem vom Controllingverständnis unabhängigen Controllerbereichserfolgskonstrukt Verwendung finden kann. Auch wird die Controllingeffizienz (funktionale Effizienz) von LIEDTKE (1991) lediglich aus dem Blickwinkel der Zielerreichung betrachtet, weitere Aspekte des Controllerbereichserfolgs, wie beispielsweise der der Wirtschaftlichkeit des Controllerbereichs und damit der Effizienz im Sinne dieser Arbeit,[223] bleiben unberührt. Es ist daher festzuhalten, dass ein multivariates, aber nicht integriertes Modell entwickelt wurde.

WEBER (1994) stellt in seiner Arbeit zur „Effizienzsteigerung im Controlling" fest, dass die Leistungen des Controllings „sich einer unmittelbaren, gleichsam natürlichen

---

[220] Vgl. Liedtke (1991), S. 97-99.

[221] Vgl. Fuchs-Wegner/Welge (1974), S. 72.

[222] Anpassungsfähigkeit, wie bei Fuchs-Wegner/Welge (1974) definiert, kann mit Flexibilität, wie von Fessmann (1980) verstanden, gleichgesetzt werden.

[223] Vgl. Abschnitt 2.2.1.

Messung“[224] entziehen. Soll dennoch eine Messung der Leistungen stattfinden, so können nur Ausschnitte der Realität erfasst werden. Hierbei unterteilt WEBER (1994) die möglichen Messgrößen in Output- und Inputindikatoren. Die Outputindikatoren sind darauf ausgerichtet, eine Zufriedenheitsmessung der Kunden mit ihren Controllern abzubilden. Hierzu gilt es, nach WEBER (1994), die erreichte Bedarfsadäquanz bezüglich der Leistungen, die die Controller bereitstellen, die Flexibilität der Controller, sich auf neue Bedarfe schnell und anforderungsgerecht einzustellen, und die Interaktivität der Controller mit ihren Kunden hinsichtlich der Art und der Häufigkeit zu erfassen. Die Indikatoren des Inputs sollen sich an den erbrachten Leistungen wie beispielsweise der Anzahl der Berichte, an den Leistungserstellungsprozessen und an der Art und Anzahl der eingesetzten Produktionsfaktoren orientieren. Diese sind jedoch im konkreten Anwendungsfall situationsspezifisch anzupassen. WEBER (1994) stellt ein Konzept vor, das in jedem Fall als multivariat interpretiert werden kann. Allerdings betrachtet er nur eine Facette der Anforderungen an Controllerleistungen, nämlich die der Kundenorientierung. Andere Aspekte wie beispielsweise die Effizienz von Controllerbereichen bleiben unberücksichtigt.

Einen anderen Weg, die Effizienz und Effektivität des Controllerbereichs zu messen und zu verbessern, wählen WEBER/HAMPRECHT/GOELDEL (1995),[225] die durch das Konzept des Benchmarkings Effizienzsteigerungspotenziale identifizieren.[226] Allerdings ist diese Methode sehr praxisorientiert und kann daher zur Entwicklung eines allgemeingültigen Controllerbereichserfolgskonstrukts nur sehr wenig beitragen. Darüber hinaus ist die Methode des Benchmarkings meist extern ausgerichtet, da der explizite Vergleich mit anderen Unternehmen gesucht wird.[227]

GLEICH (1997) hingegen wählt einen Ansatz, um die Effizienz und Effektivität von Controllerbereichen zu bestimmen, der als naheliegend zu bezeichnen ist. Er greift auf ein im englischsprachigen Raum als Performance Measurement bekanntes Konzept zurück. Das Konzept beinhaltet die Verwendung mehrerer Messgrößen, die verschiedene Dimensionen wie Kosten, Qualität, Kundenzufriedenheit u. Ä. abdecken und auf die unterschiedlichsten Bereiche in Unternehmen angewendet werden können. Eines der wohl bekanntesten Performance-Measurement-Systeme ist das von KAPLAN/NORTON (1996) entwickelte und unter dem Namen „Balanced Scorecard“ bekannte Konzept.[228] Als naheliegend ist der Rückgriff auf solch ein Performance-Measurement-Konzept deshalb anzusehen, da häufig Controllerbereiche mit der Entwicklung und Einführung eines Performance-Measurement-Systems für ein Unternehmen beauftragt werden,[229] dies allerdings selten im eigenen Bereich

---

[224] Weber (1994), S. 87 f.

[225] Vgl. hierzu auch Weber/Weißenberger/Aust (1997).

[226] Vgl. Weber/Hamprecht/Goeldel (1995), S. 15-19.

[227] Internes Benchmarking kann zu (Interessens-)Konflikten innerhalb eines Unternehmens führen, da in diesem Fall zwischen den einzelnen Bereichen/Abteilungen des Unternehmens bewertende Vergleiche angestellt werden.

[228] Vgl. Kaplan/Norton (1996).

[229] Vgl. hierzu beispielsweise die Untersuchung von Chenhall/Langfield-Smith (1998a), zu den Einflussfaktoren, die die Rolle des Management Accounting bei der Entwicklung von Performance-Measurement-Systemen bestimmen.

eingesetzt wird. Die Umsetzung der Balanced Scorecard für den Controllerbereich soll nach GLEICH (1997) anhand der gleichen Dimensionen erfolgen, wie das Grundkonzept der Balanced Scorecard es vorsieht. Dementsprechend sind vier Dimensionen relevant: Die erste bildet die Kundenperspektive ab, die zweite gewährleistet die Prozesssicht, die dritte betrachtet die Lern- und Innovationsfähigkeiten und die vierte, übergeordnete beleuchtet die wirtschaftliche Perspektive.[230] GLEICH (1997) stellt mit dem Ansatz der Übertragung der Balanced Scorecard auf den Controllerbereich ein Modell zur Messung des Controllerbereichserfolgs vor, das als multivariat-integriertes Modell zu verstehen ist. Allerdings wird durch die reine Übertragung des Konzeptes auch die Wertigkeit und Wichtigkeit der einzelnen Perspektiven übernommen, so dass die finanzielle allen anderen Perspektiven übergeordnet wird.[231] Alle weiteren Perspektiven sind somit auf sie ausgerichtet. Diese Annahme ist für Unternehmen, die am Markt Gewinne erwirtschaften wollen, nachvollziehbar, wenn auch eine nicht unumstrittene Annahme.[232] Bezogen auf den Controllerbereich, der i. d. R. als Cost-Center und nicht als Profit-Center organisiert ist, ist diese Annahme nicht intuitiv, da der Controllerbereich i. d. R. keinen Gewinn ausweisen kann.[233]

Einer der neuesten Beiträge zum Thema mit dem Titel „Leistungsmessung und Leistungssteigerung des Controlling" stammt von HARTUNG (2002). In diesem Beitrag werden die Ursachen von Leistungsunterschieden im Controlling und Möglichkeiten zur Leistungssteigerung aufgezeigt. Allerdings blickt HARTUNG (2002) auf die Problemstellung in einer sehr praxisorientierten Sicht. Die Leistungssteigerung im Controlling soll durch Prozessanalysen, die die Dimensionen Kosten, Qualität und Zeit umfassen, sichergestellt werden. Auch hier wird der Einsatz von Scorecards oder aber auch Prozessdarstellungen in Form von Ablaufdiagrammen und Prozesskostenberechnungen empfohlen. Es bleibt festzuhalten, dass diese Herangehensweise verschiedene Facetten der Bestimmung des Controllerbereichserfolgs beinhaltet und implizit empfiehlt, verschiedene Variablen in die Betrachtung aufzunehmen; allerdings fehlt ein umfassender Strukturierungsrahmen.
Die konzeptionelle Forschung zum Thema Controllerbereichserfolg ist nicht sehr umfassend. Auch sind konkrete Modelle zur Annäherung an die Thematik nicht eindeutig zu identifizieren. Eine grundlegende Diskussion der Themenstellung ist nicht auszumachen. Allerdings lassen sich in den vorgestellten Arbeiten Tendenzen feststellen, die als ein multivariat-integriertes Modellverständnis interpretiert werden können. Insbesondere ist in diesem Kontext die Arbeit von GLEICH (1997) zu nennen. Auch ist die Arbeit von HARTUNG (2002) in diese Richtung interpretierbar.

Nachfolgend wird die empirische Forschung betrachtet und untersucht, ob sich dort eindeutigere Entwicklungen und Modelle identifizieren lassen, als es in der konzeptionellen Forschung möglich war.

---

[230] Zur Beschreibung, wie ein solches Konzept in der Praxis angewendet werden kann, vgl. Gleich (1997), S. 352-36,3 und auch Gleich/Haindl (1996), S. 262-271.
[231] Vgl. Kaplan/Norton (1996).
[232] Vgl. Abschnitt 2.2.2.1.
[233] Vgl. zu den Begriffen Cost-Center und Profit-Center Abschnitt 3.2.3.

2.2.3.2 Empirische Forschung

Es gibt eine Reihe empirischer Arbeiten, die Konzeptualisierungen des Controllerbereichserfolgs in unterschiedlichem Umfang den Erhebungen voranstellen. Im Folgenden wird eine Auswahl an Arbeiten vorgestellt. Hierbei wird zunächst auf deutschsprachige Arbeiten eingegangen und dann die empirische Forschung im angloamerikanischen Raum betrachtet. Vorab ist zu den folgenden Arbeiten zu konstatieren, dass alle als (mehr oder weniger) konstruktbezogene Forschungsarbeiten klassifiziert werden können.[234] Entsprechend folgen sie einem groben Stufenschema[235] zur Erlangung konkreter Messwerte, das bei der Konzeptualisierung eines Konstrukts beginnt und immer weiter in übersichtlichere Elemente aufgespalten wird.[236] Daher wird insbesondere Augenmerk auf diesen Prozess gelegt, der sich in der Konzeptualisierung und Operationalisierung des Controllerbereichserfolgs oder ähnlicher Konstrukte niederschlägt.

FESSMANN (1980) stellt in seiner Arbeit fest, dass durch die Vielzahl und die „wenig reflektierte Rezeption von Methoden der empirischen Sozialforschung sowie des statistischen Instrumentariums [hat] insbesondere im anglo-amerikanischen Raum zu einer Fülle von singulären Aussagen geführt [hat], deren Zusammenhangslosigkeit in hohem Maße desillusionierend wirkt“.[237] Des Weiteren konstatiert er, dass die deutschsprachige Forschung mit einer zeitlichen Verzögerung diesem Trend folgt, sich allerdings um eine bessere konzeptionelle Fundierung der Arbeiten bemüht, um damit den „besonders problematischen Aspekten der anglo-amerikanischen Effizienzforschung“[238] entgegenzuwirken.[239] Zur Strukturierung der konstruktbezogenen Effizienzforschung nimmt er eine dreiteilige Untergliederung des Konstrukts in Effizienzdimensionen, Effizienzkriterien[240] und Effizienzindikatoren vor.[241]

Die empirische Untersuchung von FESSMANN (1980) ist explorativ ausgerichtet. Die Datenbasis wurde mittels fragebogengestützter Interviews erhoben, die Operationalisierung des Effizienzmodells wird nicht vorgenommen. Die Ergebnisse sind rein deskriptiver Natur und beleuchten Aspekte wie das in der Praxis vorhandene Effizienzverständnis, wahrgenommene Effizienzkriterien, ausgeprägte Effizienzgrade sowie identifizierte Effizienzeinflussfaktoren. Das Ergebnis der Untersuchung umfasst somit nicht viel mehr als eine Auflistung von Faktoren und Kriterien, die im Rahmen der Effizienzbetrachtung eine wichtige Rolle spielen.[242] Die empirische Untersuchung

---

[234] Hierzu im Gegensatz stehen Arbeiten, die vornehmlich oder rein deskriptiver Natur sind und die Messung anhand direkt abgefragter Items vornehmen.

[235] Vgl. hierzu beispielsweise Lazarsfeld (1967), S. 106-109; Gzuk (1975), S. 54 f.; Knopf et al. (1976), S. 24.

[236] Vgl. Fessmann (1980), S. 63.

[237] Fessmann (1980), S. 59.

[238] Fessmann (1980), S. 59.

[239] Unter die besonders problematischen Aspekte fallen vornehmlich die häufig in der empirischen Forschung angewandte „Methode“ der „Konzeptualisierung durch Operationalisierung“, vgl. Fessmann (1980), S. 54.

[240] Häufig wird in der heutigen empirischen Literatur anstelle von Kriterien von Faktoren gesprochen.

[241] Vgl. Fessmann (1980), S. 61.

[242] Vgl. Fessmann (1980), S. 254 ff.

und deren Ergebnisse bleiben hinter der Erwartung zurück, die aufgrund der profunden Konzeptualisierung von Effizienz geweckt wurde.

Eine gleichfalls ältere Arbeit im deutschsprachigen Raum stammt von OFFERMANN (1985). In seiner Arbeit überprüft er die Wirkung eines systematischen Projektcontrollings auf den Innovationsprozess und den Innovationserfolg in Unternehmen. Die Controllingeffizienz wird aus acht Items gebildet und betrachtet die Zufriedenheit mit dem Projektablauf.[243] Hinsichtlich der Konzeptualisierung ist anzumerken, dass OFFERMANN (1985) von einer koordinationsgeprägten Controllingkonzeption ausgeht[244] und sich dies in der Operationalisierung niederschlägt.[245] Als Ergebnis kann OFFERMANN (1985) festhalten, dass die „wahrgenommene Effizienz des Innovationsprozesses [...] um so größer [ist], je stärker das Projekt-Controlling in die Projekt-Kontrolle einbezogen wird."[246] Darüber hinaus kann festgestellt werden, dass die wahrgenommene Controllingeffizienz tendenziell davon abhängt, welcher Controllingtyp[247] in Unternehmen vorherrscht. Insgesamt ist der Ansatz von OFFERMANN (1985) als sehr spezifisch aufgrund des Untersuchungsgegenstands und der Konzeptualisierung der Controllingeffizienz als Prozesszufriedenheit zu bezeichnen und ist damit als wenig hilfreich für die in dieser Arbeit verfolgten Fragestellungen zu charakterisieren.

Ein Jahr später entstand die Arbeit von DÖPKE (1986), deren Ziel es ist, die Messung der Effizienz der strategischen Marketing-Controllership vorzunehmen. Die Konzeptualisierung basiert auf den von ihm identifizierten Aufgaben des Marketing-Controllings und den identifizierten drei Subprozessen: strategische Marketing-Planung, Marketing-Informationswesen und strategische Marketing-Kontrolle. Zur Operationalisierung wurden die vier Effizienzkriterien nach FESSMANN (1980)[248] herangezogen. Die angewendete Faktorenanalyse ermittelte vier Faktoren im Effizienzkonstrukt: Effizienz der Informationsversorgung, Effizienz der Marketing-Kontrolle, Effizienz der Koordination und Zufriedenheit mit dem Planungsprozess. Als Ergebnis seiner auf dem situativen Ansatz basierenden Forschung stellt DÖPKE (1986) fest,[249] dass durch die Institutionalisierung einer strategischen Marketing-Controllership die ermittelten vier Effizienzindikatoren positiv beeinflusst werden und damit auch die Effizienz der strategischen Marketing-Controllership insgesamt gesteigert werden kann.[250] Wiederum ist festzustellen, dass ein sehr spezifischer Forschungsgegenstand betrachtet wurde, der aufgrund seiner Spezifität und der

---

[243] Vgl. Offermann (1985), Anhang 1, S. 8, vgl. auch S. 440.

[244] Vgl. Offermann (1985), S. 34 f., 89, 99

[245] Vgl. Offermann (1985), Anhang 1, S. 8.

[246] Offermann (1985), S. 441.

[247] Offermann (1985) hat mittels einer Clusteranalyse vier verschiedene Controllingtypen identifiziert: „Maximal Controlling", „Budgetierungs-Controlling", „Minimal-Controlling" und „Informations-analyse-Controlling". Die Unterteilung der Controllingtypen basiert auf den Aufgaben des Controllings. Diese wurden aus den für den Koordinationsansatz typischen Aufgaben abgeleitet, vgl. Offermann (1985), S. 436-439.

[248] Vgl. Fessmann (1980), S. 150.

[249] Vgl. Döpke (1986), S. 114 ff.

[250] Vgl. Döpke (1986), S. 275-277.

begrenzten statistischen Tiefe der Vorgehensweise wenig Raum für die Verallgemeinerung und damit die Übertragung von Erkenntnissen auf das in dieser Arbeit betrachtete Forschungsobjekt lässt.

WITT/WITT (1990) versuchen in einer ersten, explorativ ausgerichteten Studie mittels Fragebogeninterviews und Tiefeninterviews, unter Verwendung der Faktorenanalyse bei der Datenauswertung den Nutzen zu erfassen, den Controller in den Augen der Manager stiften. Sie identifizieren vier Komponenten des Controllernutzens: 1) Transparenzschaffung (von den Autoren als indirekte Wirtschaftlichkeit interpretiert), 2) direkte Wirtschaftlichkeitseffekte in Form von Kostenorientierung, 3) Klimaveränderung u. a. durch höhere Entscheidungssicherheit aufgrund der Controllerleistungen und 4) das Erkennen neuer, konkreter Aufgabengebiete, wie beispielsweise das Personalcontrolling, Steuerrecht und Ähnliches.[251] Über die Konzeptualisierung und Operationalisierung der in der Studie verwendeten Konstrukte werden in dem Beitrag keine Aussagen gemacht, so dass eine Verwendung der gewonnenen Erkenntnisse für weitere Forschungsvorhaben nicht möglich ist.

Auch die zweite Studie von WITT/WITT (1991) bedient sich der Methode der Fragenbogeninterviews mit nachgeschalteten einzelnen Tiefeninterviews. Wiederum sind keine Angaben über die Konzeptualisierung oder Operationalisierung der Konstrukte auszumachen, die die „Controllerperformance" messen sollen, entsprechend gelten die Anmerkungen der oben vorgestellten Studie von WITT/WITT (1990) hinsichtlich der Verwendbarkeit der Ergebnisse für weitere Forschungsbemühungen. Das Ergebnis der Studie ist darüber hinaus recht ernüchternd. Die Einzelkriterien, die als Bestimmungsgrößen der Controllerperformance dienen sollen, lassen sich nicht zu einem übergeordneten Faktor verdichten; selbst Kriterien, die, wie die Autoren feststellen, intuitiv zusammengehören, konnten nicht verdichtet werden.[252] So bleibt als Ergebnis lediglich eine Rangfolge der 25 identifizierten Einflussgrößen, auf die im Rahmen der Literaturanalyse zur Identifizierung von Einflussgrößen für die vorliegende Arbeit allerdings zurückgegriffen werden konnte.

Die Arbeit von GÜNTHER (1991) legt den Fokus zwar auf den Unternehmenserfolg, gemessen an einer Anzahl unterschiedlicher finanzieller Maße (Eigenkapitalrendite, Gesamtkapitalrendite, Umsatzrendite, Cashflow-Rendite, Umsatzwachstum)[253], stellt aber zusätzlich die Erfolgswirkung eines strategischen Controllings dar. GÜNTHER (1991) misst dabei das strategische Controlling anhand der seiner Intensität. Das strategische Controlling umfasst nach GÜNTHER (1991) „eine Vielzahl von Einzelkomponenten wie die Zielplanung, die strategische Frühaufklärung, die Bildung strategischer Geschäftseinheiten, strategische Anreizsysteme oder die Schnittstelle zwischen strategischer und operativer Planung".[254] Entsprechend ist „[D]die strategisches Planung selbst [...]demnach nur ein Teilmodul des strategischen

[251] Vgl. Witt/Witt (1990), S. 250-254.
[252] Vgl. Witt/Witt (1991), S. 45.
[253] Vgl. Günther (1991), S. 74.
[254] Günther (1991), S. 63.

Controlling".[255] Trotz dieser Erkenntnis wurden im weiteren Verlauf der Arbeit die aus einer Fragebogenerhebung gewonnenen Einzelinformationen über eine Vielzahl strategischer Controllingkomponenten zur der Komplexitätsreduktion auf 45 Thesen zur strategischen Planung verdichtet.[256] Aus den verdichteten Daten konnten mittels einer statistischen Analyse (Average Linkage within Group Methode) sechs Klassen von Planern identifiziert werden.[257] Die Klassen reichen von „exzellenten Planern" bis zu „Nichtplanern".[258] Es konnte festgestellt werden, dass die Planungsintensität einen Einfluss auf den Unternehmenserfolg hat. Allerdings unterliegen auch Planungsaufgaben den klassischen Kosten-Nutzen-Erwägungen, denn „exzellente Planer" schnitten, bezogen auf den finanziellen Unternehmenserfolg, schlechter ab als alle anderen und „gute Planer" am besten.[259] Leider wird lediglich die Anzahl der abgefragten Merkmale zur Erfassung der Controllingintensität angegeben und nicht, wie die Konzeptualisierung und die Operationalisierung erfolgten. Darüber hinaus ist die Arbeit durch die Reduktion auf die alleinige Betrachtung der strategischen Planung wiederum als sehr spezifisch zu kategorisieren und kann entsprechend nur als Denkanstoß für die vorliegende Arbeit Verwendung finden.

Die Arbeit von AMSHOFF (1993) ist als eine der umfangreichsten auf dem Gebiet der Controllingeffizienz anzusehen. AMSHOFF (1993) versteht im Kontext seiner Arbeit Controllingeffizienz als Zielerreichungsgrad des Controllings hinsichtlich der Controllingziele.[260] Die Konzeptualisierung der Controllingeffizienz basiert entsprechend auf den identifizierten Controllingzielen, die AMSHOFF (1993) in einem ersten Schritt einer „gedanklichen Faktorenanalyse"[261] unterzieht, um so die Gemeinsamkeiten und Bündelfähigkeit der vielfältigen Ziele herauszuarbeiten. Kritisch anzumerken gilt, dass dieses Vorgehen der „gedanklichen Faktorenanalyse" nicht annähernd einem empirischen Forschungsdesign entspricht, sondern vielmehr den Anschein von Willkür erweckt. Im Rahmen der Konzeptualisierung konnte AMSHOFF (1993) auf Basis seines Vorgehens acht primäre Ziele der Controller ableiten: 1) Sicherung der Planung, 2) Sicherung der Kontrolle, 3) Integration von Planung und Kontrolle, 4) Sicherung der Steuerung, 5) Sicherstellung der Informationskongruenz, 6) Beitrag zur Harmonisierung (Integration von Information und Koordination), 7) Beitrag zur Sicherung der Entscheidungsqualität und 8) Beitrag zur Sicherung der Flexibilität.[262] Diese Controllingziele überträgt AMSHOFF (1993) anschließend direkt und ohne Anpassungen vorzunehmen auf den Effizienzkontext.[263] Seiner Konzeptualisierung liegt die Controllingsichtweise der Koordination zugrunde. Die Operationalisierung erfolgt jeweils in einzeln aufgeführten Schritten entsprechend den jeweiligen Ziel/Effizienzkriterium. Die empirische Erhebung erfolgt „quasi-

[255] Günther (1991), S. 63.
[256] Vgl. Günther (1991), S. 70 f.
[257] Vgl. Günther (1991), S. 73 f., insbesondere Fußnote 42 und 43.
[258] Vgl. Günther (1991), S. 73 f.
[259] Vgl. Günther (1991), S. 78 und 81.
[260] Somit misst er, dem Verständnis der vorliegenden Arbeit folgend, nicht Effizienz, sondern Effektivität.
[261] Amshoff (1993), S. 181.
[262] Vgl. Amshoff (1993), S. 184-206.
[263] Vgl. Amshoff (1993), S. 470.

dyadisch“, da zwar sowohl Controller als auch Manager befragt wurden, allerdings nicht die jeweils zusammengehörigen „Pärchen“ in die Untersuchung aufgenommen wurden. Als Ergebnis der Untersuchung ist festzuhalten, dass „bezüglich der aufgestellten Hypothese, daß unterschiedliche Controlling-Typen alternative Effizienzgrade aufweisen werden, [...] die vorliegenden empirischen Befunde zumindest tendenziell darauf hindeuten, daß tatsächlich unterschiedliche Controllingsysteme verschiedene Effizienzniveaus bedingen....“.[264] Eine Auswirkung auf den Unternehmenserfolg wurde indes nicht nachgewiesen. Das Effizienzkonstrukt von AMSHOFF (1993) ist insgesamt aufgrund der verschiedenen einfließenden Ziele/Effizienzkriterien als multivariat zu bezeichnen. Dennoch baut dieser Ansatz, wie die anderen vorgestellten Ansätze auf einer spezifischen Controllingsichtweise auf, so dass die Allgemeingültigkeit des Ansatzes darunter leidet, da die herausgearbeiteten Ziele spezifisch für die zugrunde liegende Sichtweise sind.

Controllingeffizienz als Zielerreichungsgrad hinsichtlich der Controllingziele ist der Ansatz, den auch NIEDERMAYR (1994) wählt. Sie konzeptualisiert Controllingeffizienz ebenfalls unter Berücksichtigung der Controllingsichtweise der Koordination. Hieraus leitet sie zwei Dimensionen der Controllingeffizienz als Bestandteile der Koordination ab: die der Koordination und die der Informationsversorgung.[265] Die Operationalisierung geschieht anhand sachlicher, zeitlicher und sozialer Effizienzkriterien. Warum das vierte Kriterium (flexibilitätsbezogenes Effizienzkriterium), wie von FESSMANN (1980) vorgestellt, nicht berücksichtigt wird, bleibt offen.[266] Festzuhalten ist, dass die operationalisierten Kriterien sich auf einen Faktor zur Effizienz des Controllings verdichten lassen, obwohl die Konzeptualisierung zwei Faktoren plausibel erscheinen lässt. Des Weiteren wurde mithilfe einer stufenweisen Diskriminanzanalyse eine Rangfolge unabhängiger Einflussvariablen bestimmt, die als Maß für die Stärke des Einflusses einer Variablen auf die Effizienz des Controllings angesehen werden können.[267] Dabei beschränken sich die Einflussvariablen ausschließlich auf sachliche oder materielle Merkmale von Controllingsystemen. Personenbezogene oder verhaltensorientierte Merkmale wie beispielsweise die Interaktion zwischen Controllerbereich und internem Kunden werden außer Acht gelassen.[268] Damit ist der Ansatz von NIEDERMAYR (1994) aufgrund der Spezifität der Konzeptualisierung sowohl hinsichtlich der zugrunde gelegten Controllingsichtweise als auch hinsichtlich der ausschließlichen Betrachtung von Zielerreichungsgraden als nicht ausreichend allgemeingültig und umfassend im Hinblick auf die Fragestellung der vorliegenden Arbeit zu interpretieren.
Der Ansatz von KURRLE (1995), die Controllingeffizienz zu messen, basiert ebenso wie die anderen vorgestellten Arbeiten auf der Messung von Zielerfüllungsgraden der vom Autor identifizierten Controllingziele. KURRLE (1995) untersucht in der Feldstudie, die er in einem Unternehmen durchführt, alle der Koordinationssichtweise

[264] Amshoff (1993), S. 470.
[265] Vgl. Niedermayr (1994), S. 169.
[266] Vgl. Niedermayr (1994), S. 169.
[267] Vgl. Niedermayr (1994), S. 322.
[268] Vgl. Niedermayr (1994), S. 326.

von SCHMIDT (1986)[269] bzw. KÜPPER (1987)[270] zugrunde liegenden Führungsteilsysteme auf ihren Beitrag zur Controllingeffizienz. Hierbei ist anzumerken, dass die Operationalisierung auf der Basis von Single-Item-Konstrukten geschieht.[271] Darüber hinaus konzeptualisiert und operationalisiert KURRLE (1995) Controllingeffizienz in Anlehnung an die von FESSMANN (1980) vorgestellten Kriterien, allerdings unter Auslassung einiger und unter Hinzunehmen anderer, ohne seine Vorgehensweise zu erläutern. Als Ergebnis seiner Untersuchung ist festzuhalten, dass die Koordinationssichtweise des Controllings in dem untersuchten Unternehmen gelebt wird. Darüber hinaus konstatiert er, dass die unterschiedlichen Führungsteilsysteme unterschiedliche Effizienzgrade aufweisen und dass noch „Effizienzreserven" vorhanden sind, die vom Controlling zu nutzen seien.[272] Die Ergebnisse der Studie sind aufgrund der geringen Fallzahl (N=1) allerdings nur als Einzelaussagen im Sinne einer Tendenz interpretierbar. Darüber hinaus sind die Ergebnisse rein deskriptiver Natur und statistisch nicht weiter analysiert, es wurde entsprechend auch kein gesamthaftes Effizienzkonstrukt entwickelt. Die Arbeit von KURRLE (1995) gewährt einen interessanten Einblick in ein Unternehmen, erweist sich im Hinblick auf die statistischen und konzeptionellen Anforderungen dieser Arbeit allerdings als nicht anwendbar. Lediglich einige der formulierten Single-Item-Konstrukte finden im Rahmen der Operationalisierung der Multi-Item-Konstrukte dieser Arbeit Eingang.

BENZ (1998) konzeptualisiert in seiner Untersuchung Controllingeffizienz in drei Dimensionen.[273] Die erste umfasst den Zielerreichungsgrad hinsichtlich der von ihm identifizierten Controllingziele. Zur Identifikation zieht er das Controllingverständnis von BECKER (1996) heran, das als eine Kombination aus Koordinations- und Informationssicht zu verstehen ist.[274] In diesem Verständnis ist das oberste Ziel des Controllings die Unsicherheitsreduktion[275], die durch die Effizienzkriterien Sicherung der Planung, Sicherung der Kontrolle, Sicherung der Steuerung, Sicherung der Entscheidungsqualität und der Abstimmung zwischen den Systemen gewährleistet wird. Die zweite Dimension beinhaltet als ersten Teilaspekt die Aufgabenträger des Controllings, die Mitarbeiter selbst, sowie als zweiten Teilaspekt die Führung des Controllerbereichs. Zum ersten Teilaspekt ist die Zufriedenheit der Controller mit den Gegebenheiten im Unternehmen zu nennen, ebenso die Partizipation der Controller an der Entscheidungsfindung innerhalb des eigenen Controllerbereichs, die Leistungsfähigkeit und -bereitschaft der Controller, ihre Weiterbildungs- und Aufstiegschancen und ihre Innovationskraft.[276] Den zweiten Teilaspekt umfassen Effizienzkriterien, die sich mit der Controllingleitung und ihren Fähigkeiten zur Vermittlung eines Leitbildes, zum Interessenausgleich, der Schaffung eines „Team Spirit", der Planung und

[269] Vgl. Schmidt (1986), S. 56 f.
[270] Vgl. Küpper (1987), S. 82-116.
[271] Vgl. zu der Unterscheidung und den Vor- und Nachteilen von Single-Item- und Multi-Item-Konstrukten die Ausführungen in Kapitel 4.3.2 oder auch Churchill Jr. (1979), S. 66.
[272] Vgl. Kurrle (1995), S. 252 f.
[273] Vgl. hierzu auch die Arbeiten von Becker/Benz (1997) und Becker/Benz (1996).
[274] Vgl. Becker (1996).
[275] Vgl. Benz (1998), S. 113-122.
[276] Vgl. Benz (1998), S. 122-130.

Organisation, der Delegation sowie des „Staffings" auseinandersetzen.[277] Die dritte Dimension der Controllingeffizienz betrachtet die Interaktion des Controllings mit dem Management und anderen Fachbereichen. BENZ (1998) stellt hierbei die Umsetzung des Controllinggedankens, die Anpassungsfähigkeit des Controllerbereichs auf interne und externe Veränderungen, die Produktivität, die Zufriedenheit der Leistungsempfänger, die Termintreue, die Relevanz der Information, die Vermeidung unnötiger Informationsbeschaffungsaktivität und die Förderung der Selbstständigkeit anderer Fachbereiche heraus.[278] Die Arbeit von BENZ (1998) ist von der Konzeptualisierung her sehr umfangreich. Sie umfasst eine Vielzahl verschiedener Perspektiven der Controllingeffizienz und ist somit als erste empirische Arbeit, die einen multivariat-integrierten Ansatz wählt, einzustufen. Allerdings erfolgt die Konzeptualisierung allein auf Basis eines Controllingverständnisses und der damit einhergehenden Controllership, weitere theoretische Elemente fehlen. Darüber hinaus erfolgt die Operationalisierung der Kriterien meist durch Single-Items.[279] Dies schränkt die Auswertbarkeit mittels statistischer Methoden sehr ein. Die Auswertungen, in die nur eine geringe Anzahl an Antworten (91)[280] einflossen, sind explorativ ausgerichtet und die Ergebnisse meist deskriptiver Natur.[281] Ein gesamthaftes Effizienzkonstrukt wurde nicht entwickelt. Weiter ist anzumerken, dass in der Umfrage Controller zu ihrer eignen Effizienz befragt wurden, was die Aussagekraft der Ergebnisse einschränken kann.[282] Positiv ist anzumerken, dass durch die Abfrage der Eignung der verschiedenen Items zur Ermittlung der Controllingeffizienz interessante Ergebnisse gewonnen werden konnten, die in die Konzeptualisierung dieser Arbeit einfließen.

BAUER (2002) wählt einen anderen Ansatz zur Bestimmung des Erfolgs der Controllerarbeit, der von ihm explizit als Effektivität und nicht Effizienz der Controllerarbeit deklariert wird.[283] Er wählt im Rahmen des Rationalitätssicherungsansatzes des Controllings die Dienstleistungsqualität der Informationsversorgung als Konzeptualisierungsrahmen und bedient sich u. a. der Marketingforschung. Als Effizienzkriterien kommen somit die Potenzial-, die Prozess- und die Ergebnisqualität der Informationsversorgung zum Einsatz. Die dyadisch angelegte großzahlige Erhebung, für die die Kriterien in Multi-Item-Konstrukte operationalisiert wurden, kann allerdings die abgeleitete Konzeptualisierung nicht bestätigen. Darüber hinaus ist hinsichtlich der Konzeptualisierung kritisch anzumerken, dass lediglich die Informationsversorgung Berücksichtigung fand und keine weiteren Facetten der Controllertätigkeiten eingingen.

Die Arbeit von EXNER (2003) baut auf der Arbeit von NIEDERMAYR (1994) auf und versteht dementsprechend Controllingeffizienz als Zielerreichungsgrad der

---

277 Vgl. Benz (1998), S. 130-135.

278 Vgl. Benz (1998), S. 135-149.

279 Vgl. zu der Unterscheidung und den Vor- und Nachteilen von Single-Item- und Multi-Item-Konstrukten die Ausführungen in Kapitel 4.3.2 oder auch Churchill, Jr. (1979), S. 66.

280 Vgl. Benz (1998), S. 168.

281 Vgl. Benz (1998), S. 150-151.

282 Vgl. Abschnitt 1.1.

283 Vgl. Bauer (2002), S. 137-139.

Controllingziele der Koordinationssichtweise. Auch EXNER (2005) unterteilt die Controllingeffizienz in zwei Dimensionen, die Informationseffizienz und die Koordinationseffizienz. Allerdings nimmt sie lediglich sachliche und zeitliche Effizienzkriterien in die Konzeptualisierung der Controllingeffizienz auf.[284] Die Operationalisierung erfolgt anhand von Multi-Item-Konstrukten, die sich in der Auswertung mittels einer explorativen Faktoranalyse auf zwei Faktoren – gemäß der Konzeptualisierung – verdichten lassen. Eine anschließende Clusterbildung ermöglicht es, drei Controllingeffizienztypen zu identifizieren, die mit dem Entwicklungsstand des Controllings statistisch signifikant verknüpft sind.[285] Da die Arbeiten von EXNER (2003) und NIEDERMAYR (1994) einander sehr ähneln, gilt entsprechend auch hier, dass die Verwendung des vorgestellten Ansatzes für die Fragestellungen dieser Arbeit zu eng gewählt ist.

SPILLECKE (2006) zieht die Sichtweise der Rationalitätssicherung als Grundlage seiner Arbeit heran. Ziel der Rationalitätssicherung ist es, Könnens- und Wollensdefizite im Führungszyklus[286] zu verringern oder ganz zu vermeiden. Entsprechend konzeptualisiert SPILLECKE (2006) den Controllingerfolg als Qualität des Führungszyklus. Dies beinhaltet, dass die Manager die Willensbildung, die Willensdurchsetzung, die Ausführung und die Kontrolle als qualitativ hochwertig erachten und deshalb mit dem Entscheidungsfindungsprozess zufrieden sind. Die Operationalisierung erfolgt anhand eines Multi-Item-Konstrukts. Anzumerken ist, dass auch diese Arbeit von einem Controllingerfolgskonstrukt ausgeht, das auf einem Zielerfüllungsgrad des Controllings anhand der identifizierten Ziele fußt. Weitere den Controllerbereichserfolg betreffende Aspekte werden nicht in die Betrachtung integriert.[287]

Nach der Übersicht über die deutschsprachige empirische Forschung zum Gegenstand des Controllerbereichserfolgs[288] werden im Folgenden wesentliche internationale Arbeiten betrachtet.

Als erste Arbeit ist die von SIMON ET AL. (1954) zu nennen, die versuchen, Kriterien für eine möglichst effiziente Organisation von Controllerbereichen herauszuarbeiten. Dabei untersuchen sie, wie die Controllerleistungen, die vornehmlich als Informationsdienstleistung verstanden werden, von ihren Kunden genutzt werden. Sie stellen fest, dass Controller als Informationslieferanten für eine generelle Übersicht der Unternehmenslage, für die Lenkung des Fokus auf bestimmte Sachverhalte und auch für die Problemlösung konkreter Fälle genutzt werden. SIMON ET AL. (1954) unterscheiden auch, inwieweit Effektivität und Effizienz eines Controllerbereichs beurteilt werden können, und stellen mit als Erste dar, dass Controlling einen Einfluss

---

284 Vgl. Exner (2005), S. 178-181.

285 Vgl. Exner (2003), S. 252 f.

286 Vgl. Weber/Schäffer (1998), S. 15.

287 Weitere Arbeiten, die diesem Ansatz folgen, sind beispielsweise Reitmeyer (2000), S. 77; Spieker (2004), S. 197; Sandt (2004), S. 193.

288 In jüngerer Zeit sind nach Kenntnisstand der Autorin keine weiteren deutschsprachigen, empirischen Beiträge, die über deskriptive Aussagen hinausgehen, zu dem Thema „Controllingerfolg" veröffentlicht worden.

auf den Unternehmenserfolg hat, sowohl indirekt[289] über die Informationen, die dem Management bereitgestellt werden, als auch direkt durch die Kosten, die der Controllerbereich verursacht.[290] Darüber hinaus weisen die Autoren auf die Notwendigkeit hin, dass die Leistungen der Controller zu minimalen Kosten zu erstellen sind und dabei die Qualität der Controllerleistungen nicht zu vernachlässigen ist.

Die zweite Arbeit, die hier vorgestellt wird, ist die von SATHE (1982). Die Studie definiert den finanziellen Erfolg eines Unternehmens als Gesamteffizienz und verknüpft diese mit der Beteiligung von Controllern im Entscheidungsprozess des Unternehmens. Insgesamt argumentiert SATHE (1982) aus einer stark rollen- und kontingenztheoretischen Sicht heraus und attestiert dem Controller besondere Fähigkeiten, das Management bei der Entscheidungsfindung zu unterstützen. Die zwei grundlegenden Fragen, die SATHE (1982) in diesem Kontext zu beantworten versucht, sind zum einen, warum manche Controller mehr in den Entscheidungsprozess im Unternehmen eingebunden sind als andere (sogar im selben Unternehmen), und zum anderen, ob diese Einbindung der Controller einen positiven Effekt auf den Unternehmenserfolg hat. Dabei analysiert er die dargelegten Fragestellungen sowohl auf Unternehmensebene als auch auf Spartenebene der untersuchten Unternehmen. Als Ergebnis der Untersuchung SATHEs (1982) ist festzuhalten, dass Controller hauptsächlich aufgrund von Kontextfaktoren, die das Management/den Manager selbst betreffen, in den Entscheidungsprozess involviert respektive nicht involviert werden. Hier ist insbesondere die starke Wirkung der Rollenerwartung des Managements gegenüber der Controller zu nennen. Die Einbeziehung der Controller in den Entscheidungsprozess hängt dagegen nur in geringen Maß von Faktoren der unternehmensexternen Umwelt und von Faktoren des Unternehmens selbst ab.[291] Die Ergebnisse der Studie erweisen sich somit als weniger relevant für die geplante Konzeptualisierung eines umfassenden Controllerbereichserfolgskonstruktes im Rahmen dieser Arbeit als vielmehr für die Überlegungen hinsichtlich möglicher Einflussfaktoren auf den Controllerbereichserfolg aus der Sicht des Managements.[292]

Weitere Studien wie die von KENIS (1979) und MERCHANT (1981) spiegeln zwar ebenfalls einige Aspekte der Controllerarbeit wider, setzen den Fokus aber auf die Gesamteffizienz der Unternehmen und in diesem Zusammenhang auf die Bedeutung und/oder die Effizienz der Budgetierung, so dass diese Arbeiten keine größere Relevanz für die vorliegende Untersuchung aufweisen. Gleiches gilt für die Arbeit von ANDERSON/O'REILLY III (1981), die die instrumentelle Effizienz von Controllingsystemen in den Mittelpunkt stellt.

---

289 Indirekte Kosten in Form von Opportunitäten sind nicht in die Untersuchung eingeflossen.

290 Vgl. Simon et al. (1954), S. 8.

291 Faktoren der Unternehmensumwelt sind beispielsweise Komplexität und Dynamik, Faktor des Unternehmens selbst ist beispielsweise die Kapitalintensität.

292 Die Erkenntnisse Sathes (1982) bauen auf rollentheoretischen Gedanken auf die im Rahmen des Role Making/Role Taking wieder zu finden sind, vgl. Abschnitt 3.3.3.1.

Neuere englischsprachige Studien sind wie die bereits vorgestellten älteren Arbeiten stark auf Instrumente, Methoden und Systeme ausgerichtet. MIA/CHENHALL (1994) untersuchen beispielsweise, inwieweit breit gestreute Informationen, die von Management-Accounting-Systemen zur Verfügung gestellt werden, die Managerleistung zu steigern vermögen. CHENHALL/LANGFIELD-SMITH (1998b) betrachteten in ihrer Studie, ob ältere Management-Accounting-Techniken weiter verbreitet sind als neuere,[293] und welche der Techniken zu größeren Erfolgen in den Unternehmen führen. BAINES/LANGFIELD-SMITH (2003) untersuchen unter Verwendung von Strukturgleichungsmodellen, inwiefern verschiedene organisationale Variablen und eine kompetitive Unternehmensumwelt als Vorläufer und Einflussfaktoren eines Wandels des Management Accounting gelten. AUZAIR/LANGFIELD-SMITH (2005) hingegen untersuchen den Einfluss verschiedener situativer Faktoren auf die Ausgestaltung von Management-Control-Systemen.

Diesen Ausführungen zur bestehenden deutsch- als auch englischsprachigen Controllerbereichserfolgsforschung folgt nun eine kritische Auseinandersetzung mit dieser.

2.2.3.3 Kritische Auseinandersetzung mit der Controllerbereichserfolgsforschung

Im Rahmen einer kritischen Auseinandersetzung mit dem Thema Controllerbereichserfolg ist festzuhalten, dass die methodische und inhaltliche Kritik an der Unternehmenserfolgsforschung, wie sie in Abschnitt 2.2.2.3 vorgebracht wurden, auch hier Gültigkeit besitzt. Denn die Betrachtung des Controllerbereichserfolgs basiert auf der Annahme, dass ein Controllerbereich mit einem Unternehmen vergleichbar ist. Der Controllerbereich wird somit als Unternehmen im Unternehmen verstanden, dessen Erfolg es zu bestimmen gilt.[294]

Hinsichtlich der Controllerbereichserfolgsforschung selbst ist darüber hinaus kritisch anzumerken, dass die konzeptionelle Forschung bislang in weiten Teilen unsystematisch und ohne übergreifende theoretische Grundlagen durchgeführt wurde. Als konzeptioneller Rahmen dient den bisherigen Arbeiten meist nur ein Controllingverständnis, an dem die Ziele der Controllerarbeit abgeleitet und auf Basis derer Zielerreichungsgrade zur Bestimmung der Effizienz/Effektivität oder des Erfolgs des Controllerbereichs hergeleitet werden.[295]

Die deutschsprachige empirische Forschung erfolgt ebenfalls in der Regel auf Basis eines spezifischen Controllingverständnisses und ohne weitere theoretische Fundierung. Eine Konzeptualisierung, die vom Controllingverständnis unabhängig ist und weitere Konzepte oder Theorien beinhaltet, konnte nicht identifiziert werden. Die Operationalisierungen sind in vielen Arbeiten auf Grund ihrer Single-Item-Struktur zu

---

293 Hier wird z. B. activity based costing als neuere Technik angeführt.

294 Auf diese Übertragbarkeit geht der folgende Abschnitt und Kapitel 3 ein.

295 Dies entspricht der „goal-orientation" der frühen Unternehmenserfolgsforschung wie in Kapitel 2.2.2 dargestellt.

bemängeln, von der in neueren Arbeiten allerdings zunehmend Abstand genommen wird.[296]

Hinsichtlich der englischsprachigen empirischen Forschung ist festzuhalten, dass durch die Fokussierung auf einzelne Instrumente, Methoden und Informationssysteme und die geringe Berücksichtigung organisationaler Aspekte dieser Forschungszweig nur wenige unterstützende Erkenntnisse zur Konzeptualisierung eines Controllerbereichserfolgskonstrukts hervorgebracht hat.[297]

Bevor im Rahmen dieses zweiten Kapitels auf die theoretischen Grundlagen eingegangen wird, werden die Erkenntnisse aus beiden Erfolgsforschungszweigen zusammengefasst und ein Fazit gezogen, welche Folgen diese Erkenntnisse für die weitere Erforschung des Controllerbereichserfolgs im Allgemeinen und für diese Arbeit im Speziellen haben.

2.2.4 Zusammenfassung und Fazit der Erkenntnisse beider Forschungszweige

Aus der Betrachtung der konzeptionellen und empirischen Unternehmenserfolgsforschung kann abgeleitet werden, dass es mittlerweile eine Art Standard gibt, den Forschungsarbeiten in diesem Bereich erfüllen sollten. Dazu gehört, dass (1) multivariat-integrierte Modelle zur Konzeptualisierung herangezogen werden, da diese am ehesten einen großen Teil des komplexen Konstrukts Unternehmenserfolg abbilden können. Dabei ist in der Literatur eine weite Verbreitung des „goal model" und des „system model" zu verzeichnen. Darüber hinaus konnte festgestellt werden, dass das „decision process model" aufgrund von zwei Aspekten einen ebenso wichtigen Beitrag zur Erfolgsmessung leisten kann. Zum einen bilden Informationen und Entscheidungen, die auf diesen Informationen fundieren, die Grundlage allen unternehmerischen Handelns und fungieren somit als Basis dafür, dass Erfolg überhaupt möglich ist. Zum anderen können sowohl das „decision process model" als auch das „system model" eine zukunftsgerichtete Perspektive in das Erfolgsmodell integrieren. (2) Des Weiteren sollten finanzielle und nichtfinanzielle Erfolgsgrößen in die Betrachtung eingebunden werden. Für empirische Untersuchungen werden hinsichtlich der Verwendung subjektiver im Vergleich zu objektiven Erfolgsgrößen keine Empfehlungen abgegeben. Hier ist unter Berücksichtigung der jeweiligen Gegebenheiten und Fragestellungen zu entscheiden, ob die Erlangung objektiver Daten sinnvoll ist und in einem vertretbaren Kosten-Nutzen-Verhältnis steht.
Im Gegensatz zur Unternehmenserfolgsforschung existiert sowohl für die konzeptionelle als auch für die empirische Controllerbereichserfolgsforschung kein Untersuchungsstandard. Denn

- es liegen bisher keine systematischen Analysen bzgl. der Anforderungskriterien an Controllerbereichserfolgsmaße vor und

---

[296] Vgl. Reitmeyer (2000); Sandt (2004); Spieker (2004); Spillecke (2006); Sorg (2007).

[297] Ein Erklärungsansatz für die Unterschiedlichkeit in den Forschungsarbeiten der beiden Sprachräume kann in dem unterschiedlichen Fokus und Verständnis von „Controlling" in Deutschland und „Management Accounting" im internationalen/angloamerikanischen Raum liegen.

- es wurde keine grundlegende Diskussion hinsichtlich der Konzeptualisierung des Konstrukts des Controllerbereichserfolgs bis dato geführt.

Das Ergebnis dieses Versäumnisses ist klar erkennbar: Die Erforschung des Konstrukts erfolgte bisher mit einigen Ausnahmen[298] unsystematisch und ist großenteils theorie- respektive konzeptfrei. Die Grundlage der Forschung orientiert sich in weiten Teilen an einem Erfolgs-/Effektivitäts-/Effizienzverständnis, das einem reinen Zielerfüllungsdenken gleichkommt. Zukunftsgerichtete und/oder entscheidungsorientierte Aspekte des Erfolgs werden dabei nicht berücksichtigt. Dadurch werden nach den heutigen Erkenntnissen und Anforderungen der Unternehmenserfolgsforschung relevante Aspekte des Erfolgs außer Acht gelassen. Daneben dient häufig ein spezifisches Controllingverständnis als Konzeptualisierungsrahmen, das die Inhalte der Zielerfüllung determiniert und dadurch die Übertragbarkeit der Modelle einschränkt.

Im Rahmen einer weiteren, intensiven Beschäftigung mit dem Konstrukt Controllerbereichserfolg ist es notwendig, den bisherigen Schwächen der Forschung entgegenzuwirken. Daher basiert die Arbeit nicht auf einem spezifischen Controllingverständnis, sondern stellt den Controllerbereich in den Mittelpunkt der Betrachtungen, der unabhängig von Aufgaben und Controllingverständnissen auf seinen Erfolg hin untersucht werden kann.[299] Bei der Konzeptualisierung des Konstruktes, die in Kapitel 3 vorgenommen wird, fließen die Erkenntnisse der Unternehmenserfolgsforschung in Form eines Analogieschlusses ein. Die Übertragbarkeit der Erkenntnisse vom Unternehmenskontext auf interne Unternehmensteilbereiche und hier speziell auf den Controllerbereich lässt sich u. a. aufgrund der Forschungsergebnisse von DAVID (2005) rechtfertigen.[300] DAVID (2005) folgend können strategische Managementkonzepte auf den internen Kontext – speziell auf den Controllerbereich – übertragen werden, wenn drei zentrale Anwendungsvoraussetzungen erfüllt sind:[301]

- Entscheidungsautonomie des Bereiches
- Verfolgung eigenständiger Ziele und Streben nach Nutzenmaximierung
- Auseinandersetzung mit Wettbewerbern

Hinsichtlich der *Entscheidungsautonomie* der Controllerbereiche identifiziert DAVID (2005) formelle und informelle Aspekte, die als Treiber der Entscheidungsautonomie zu verstehen sind.[302] Zu der ersten Gruppe zählen unter anderem organisatorische Aspekte wie die hierarchische Einordnung, der Delegationsgrad, Partizipation oder

---

[298] Vgl. Reitmeyer (2000); Sandt (2004); Spieker (2004); Spillecke (2006); Sorg (2007).
[299] Vgl. Abschnitt 2.1.
[300] Vgl. auch die Erkenntnisse Fessmanns (1980). Andere Arbeiten haben ebenfalls die Erkenntnisse der Forschungen, die auf Unternehmen ausgerichtet sind, auf den internen Kontext übertragen. Beispielsweise Homburg/Weber (1999); Mosiek (2002) und Spillecke (2006), die die Kundenorientierung des Rechnungswesens/Controllings untersuchen. Weitere beispielhafte Arbeiten sind: Neuhaus (1996); Frese (1997); Bruhn (1999b).
[301] Vgl. David (2005), S. 62.
[302] Vgl. David (2005), S. 62 f.

auch strukturelle Koordinationsinstrumente, wie beispielsweise Pläne oder interne Märkte.[303] In die Gruppe der informellen Aspekte fallen die Organisationskultur und Rollenerwartungen sowie Rollenprägung.[304] Controllerbereichen kann i. d. R. eine relativ hohe hierarchische Einordnung in die Organisationsstruktur bestätigt werden. So sind sie häufig auf der zweiten Führungsebenc angesiedelt.[305] Aufgrund ihres Spezialwissens verfügen Controllerbereiche, darüber hinaus insbesondere in größeren und Großunternehmen über bedeutende Entscheidungsspielräume,[306] auch wenn diese durch repetitive Leistungsverpflichtungen wie beispielsweise das monatliche Reporting[307] eingeschränkt werden.[308] Insgesamt kann auf der Basis der Ergebnisse von DAVID (2005) festgehalten werden, dass die erste Anwendungsvoraussetzung erfüllt ist.[309]

Die *Ziele*, die Controllerbereiche nach DAVID (2005) verfolgen, können von ihrer Natur her sowohl intrinsisch als auch extrinsisch ausgerichtet sein.[310] Existenzsicherung und Weiterentwicklung des eigenen Bereichs sowie das Erreichen von Erfolgserlebnissen sind Beispiele für elementare intrinsisch motivierte Ziele.[311] Die beiden erstgenannten Ziele erlangen unter dem Gesichtspunkt der Karriereentwicklung des einzelnen Controllers im Controllerbereich hohe Bedeutung.[312] Dagegen kann das Streben nach Erfolgserlebnissen ein kundenorientiertes Verhalten des gesamten Controllerbereichs herbeiführen, weil er dadurch eine hohe Reputation erzielen kann, die sich wiederum positiv auf die Karriereentwicklung auswirkt.[313] Dadurch wird der Nutzen innerhalb der gesamten Organisation maximiert. Die drei vorgestellten intrinsischen Ziele sind somit eng miteinander verknüpft und beeinflussen einander gegenseitig. Durch extrinsische Motivation kann u. a. die Verfolgung monetärer Ziele erreicht werden. DAVID (2005) folgend besitzt dieser Aspekt im Controllerbereichskontext nur eingeschränkt Gültigkeit, da Controllerbereiche meist als Cost-Center organisiert sind und somit nur der Kosteneinhaltung und nicht auch der Erlösmaximierung Beachtung geschenkt wird.[314] Allerdings können Profit-Center Struk-

[303] Vgl. David (2005), S. 63 und 83 für eine Übersicht.

[304] Vgl. David (2005), S. 76 und 83 für eine Übersicht.

[305] Vgl. Amshoff (1998), S. 333 f.; Weber et al. (2001), S. 28; Weber et al. (2006), S. 23.

[306] Vgl. David (2005), S. 65, ähnlich auch Bauer (2002), S. 97 f., Weber et al (2006), S. 25.

[307] Vgl. Währisch (1998), S. 338.

[308] Vgl. David (2005), S. 84. Allerdings merkt David (2005) an, dass interne Märkte in ihrer Reinform in Unternehmen und damit auch für Controllerbereiche selten existieren dürften. Weiter führt David (2005) aus, dass „...[G]gleichzeitig [...] aber eine Denkhaltung der internen Marktorientierung auch in Stabsbereichen vor[herrscht] und gefördert wird. Ein Controllerbereich in einem solchen Umfeld kann so über einen großen wahrgenommenen Autonomiegrad verfügen". David (2005), S. 84. Des Weiteren zeigt die Studie von Weber et al. (2006), S. 46, dass Controller sich in der Lage sehen, ihre eigene Rolle zu gestalten, und somit über einen gewissen Autonomiegrad verfügen.

[309] Vgl. David (2005), S. 82-84.

[310] Vgl. David (2005), S. 90.

[311] Vgl. David (2005), S. 85 f. Anzumerken ist hierbei, dass die Gewinnorientierung und -maximierung nach David (2005) für den Controllerbereich als unwahrscheinlich eingestuft wird.

[312] Vgl. David (2005), S. 85 f.

[313] Vgl. David (2005), S. 86; bezüglich der Erfolgswirkung von Kundenorientierung vgl. Spillecke (2006), S. 135-139.

[314] Vgl. David (2005), S. 87-90.

turen oder auch outputorientierte Zielvereinbarungen die Verfolgung monetärer Ziele gewährleisten. Insgesamt ist zu konstatieren, dass Controllerbereiche Ziele und Nutzenmaximierung verfolgen, wie es Unternehmen tun. Entsprechend kann die zweite Anwendungsvoraussetzung als gegeben angesehen werden.[315]

Die dritte Anwendungsvoraussetzung betrachtet die *Auseinandersetzung mit Wettbewerbern*. Dass der Controllerbereich einem Wettbewerb ausgesetzt ist, kann eindeutig bejaht werden.[316] Zwar sollen durch Arbeitsteilung und Spezialisierung in Unternehmen Wettbewerbssituationen vermieden werden, allerdings kann es bei der Erstellung von Teilleistungen und insbesondere an den Schnittstellen der Zusammenführung dieser durchaus zu wettbewerbsähnlichen Situationen kommen.[317] Auch sind Bereiche, die keine controllingspezifischen Leistungen erbringen, die aber aufgrund der ähnlichen Leistungserstellung bei Bedarf dazu in der Lage wären, als potenzielle Wettbewerber zu verstehen.[318] Darüber hinaus sind auch die Kunden, die durch eine „upstream integration" die Controllerbereichsleistungen selbst erstellen könnten, als Wettbewerber zu identifizieren.[319] Als letzter Aspekt sollen die externen Wettbewerber angeführt werden, mit denen sich der Controllerbereich ebenfalls auseinandersetzen muss.[320]

Zusammenfassend kann festgehalten werden, dass alle drei von DAVID (2005) geforderten Voraussetzungen als erfüllt angesehen werden können und folglich einer Anwendung von Unternehmenserfolgskonzepten für Controllerbereiche nichts entgegensteht. Bevor jedoch die Konzeptualisierung des Konstruktes des Controllerbereichserfolgs vorgenommen werden kann, muss der angeführte Kritikpunkt der Theorielosigkeit ausgeräumt werden. Dazu werden im nächsten Abschnitt die theoretischen Grundlagen der Arbeit aufgezeigt.

2.3 Theoretische Grundlagen der Arbeit

Die dargestellte Komplexität des Unternehmenserfolgs und die nicht minder komplexe und vielfältige Forschung auf diesem Gebiet lassen vermuten, dass keine einheitliche und in sich geschlossene Theorie der Erfolgsforschung existiert: „[I]it is our contention that the absence of such a singular theory is likely to continue".[321] Die jüngeren Arbeiten, die sich kritisch mit der (Unternehmens-)Erfolgsforschung

[315] Vgl. David (2005), S. 90 f. Weitere Ziele wie Macht, Prestige oder Reduzierung des Arbeitsleids werden von David (2005) ebenfalls angeführt, vgl. David (2005), S. 86 f.

[316] Vgl. Weber et al. (2006), S. 48. In der empirischen Studie konnten vor allem Unternehmensberatungen als Wettbewerber der Controllerbereiche identifiziert. Darüber hinaus zeigen die Ergebnisse von Weber (2008), S. 162 und S. 195, dass auch Controllingleiter aus DAX 30 Unternehmen durchaus einen Wettbewerb mit anderen unternehmensinternen Bereichen sehen, diesem allerdings keine allzu große Bedeutung beimessen.

[317] Vgl. hierzu David (2005), S. 91-94. Ähnlich auch Brockhoff/Hauschildt (1993), S. 396 ff.; Brockhoff (1994), S. 15 ff.

[318] Vgl. David (2005), S. 92.

[319] Vgl. David (2005), S. 92.

[320] Vgl. Weber et al. (2006), S. 48 f.; David (2005), S. 92 f.

[321] Goodman/Atkin/Schoormann (1983), S. 163.

auseinandersetzen, zeigen, dass sich die Situation bis heute nicht geändert hat.[322] Auch die vereinzelten Arbeiten zum Controllerbereichserfolg weisen in den wenigen Fällen, in denen es neben dem zugrunde gelegten Controllingverständnis einen theoretischen Bezugsrahmen gibt, kein einheitliches Bild auf.

Da aufgrund der geringen Anzahl an Forschungsarbeiten sowohl zum Thema selbst als auch hinsichtlich der Güte der Controllerbereichserfolgsforschung ein Analogieschluss vom Unternehmenserfolg bei der Konzeptualisierung des Controllerbereichserfolgs vorgenommen wird, ist eine Betrachtung der theoretischen Grundlagen der Unternehmenserfolgsforschung sinnvoll. Statt einer einzelnen Theorie werden in Arbeiten zur Unternehmenserfolgsforschung unterschiedliche Ansätze zur Erklärung ausgewählter Einzelaspekte verwendet, die dann miteinander zu integrierten Modellen verknüpft werden.[323] In Analogie zu dieser Vorgehensweise baut auch diese Arbeit zur theoretischen Ableitung des Konstruktes Controllerbereichserfolg auf einander ergänzenden theoretischen Ansätzen auf. Dieses Vorgehen folgt somit der Leitidee von FEYERABEND (1965), der explizit den Einbezug mehrerer theoretischer Grundlagen als theoretischen Pluralismus vorschlägt, um die verschiedenen Theorien auf ihren Erklärungsbeitrag bezüglich des Forschungsproblems hin zu untersuchen.[324] Die Zusammenstellung der Ansätze orientiert sich dabei an den in der Unternehmenserfolgsforschung identifizierten Ansätzen und den verwendeten Modellen. Daher wird auf organisationstheoretische und sozialpsychologische Ansätze zurückgegriffen.[325]

Die Ableitung der Einflussfaktoren, die potenziell auf den Controllerbereichserfolg wirken, fußt ebenfalls auf einem Theoriepluralismus. Mithilfe verschiedener Ansätze kann der Controllerbereich aus unterschiedlichen Perspektiven beleuchtet werden. Die Einflussfaktoren, die auf organisationstheoretischen Ansätzen beruhen, dienen der Betrachtung des Controllerbereichs zum einen hinsichtlich seiner Anstrengungen und Möglichkeiten, sein organisatorisches Bestehen zu sichern und weiterzuentwickeln. Zum anderen wird anhand dieser Ansätze der Blick auf die Entwicklung und Bewahrung von Kernkompetenzen und den Wettbewerb, dem sich der Controllerbereich gegenübersieht, gelenkt. Dagegen helfen die auf sozialpsychologischen Ansätzen beruhen Einflussfaktoren den Controllerbereich aus dem Blickwinkel der Interaktion mit anderen Bereichen und Menschen(-gruppen) zu analysieren und die Verhaltensmuster, die aus diesen Beziehungen erwachsen, zu beleuchten.

Im Folgenden werden zunächst die zur Anwendung kommenden organisationstheoretischen Ansätze vorgestellt. Daran anschließend werden die sozialpsychologischen Ansätzen, die in die Arbeit einfließen, dargestellt. Dabei wird in den einzelnen Abschnitten auch jeweils auf den Erklärungsbeitrag, den die theoretischen

---

[322] Vgl. Ahlert/Evanschitzky/Hesse (2005), die in ihrem Beitrag fordern, dass ein theoretischer Zusammenhang zwischen abhängiger und unabhängiger Variable bestehen muss und Theorien nicht willkürlich gewählt werden dürfen.

[323] Vgl. hierzu Abschnitt 2.2.2.

[324] Vgl. Feyerabend (1965), Fessmann (1980), S. 57-58. Insbesondere in der empirischen Forschung hat sich der von Feyerabend propagierte Ansatz des wissenschaftlichen Realismus verbreitet und kam in zahlreichen Arbeiten zur Anwendung.

[325] Vgl. beispielsweise Seashore (1983), S. 55 f.

Ansätze im Rahmen dieser Untersuchung leisten, eingegangen. Abschließend werden die theoretischen Ansätze zusammengeführt und ihre Kompatibilität dargestellt. Hierzu ist anzumerken, dass für die Ableitung einzelner Aspekte nicht immer nur ein theoretischer Ansatz zur Anwendung kommen kann, da manche Ansätze nicht vollkommen überschneidungsfrei sind bzw. einander ergänzen. Im Folgenden wird jeweils nur ein möglicher Argumentationsstrang aufgezeigt, der den betrachteten Aspekt innerhalb eines theoretischen Ansatzes darstellt.

2.3.1 Organisationstheoretische Ansätze

Organisationstheoretische Ansätze versuchen die Entstehung, die Aufrechterhaltung und die Entwicklung von Organisationen oder deren Subeinheiten zu beschreiben. Aufgrund der Komplexität von Organisationen gibt es eine Vielzahl von Ansätzen, die jeweils unterschiedliche Aspekte des Organisationskontextes beleuchten. Im Folgenden werden die Ressourcenabhängigkeitsperspektive, der Market-based View sowie der situative Ansatz thematisiert. Die Wahl dieser drei Ansätze lässt sich damit begründen, dass sie gemeinschaftlich die Gegebenheiten denen sich Controllerbereiche im Unternehmenskontext gegenübersehen, weitgehend beschreiben können. Die Ressourcenabhängigkeitsperspektive zeigt dabei die allgemeinen Beziehungen und Abhängigkeiten von Controllerbereichen mit der Umwelt auf. Der Market-based View zielt, ergänzend auf die explizite Berücksichtigung von Wettbewerbssituationen, denen sich Controllerbereiche in Unternehmen stellen müssen, ab.[326] Darüber hinaus existiert noch eine Vielzahl an weiteren Faktoren, die die Gegebenheiten in Unternehmen bestimmen und mit denen sich Controllerbereiche entsprechend auseinandersetzen müssen. Diese können durch den situativen Ansatz abgebildet werden.

2.3.1.1 Ressourcenabhängigkeitsperspektive

Die Ressourcenabhängigkeitsperspektive, die eine Unterart der Machttheorie darstellt,[327] wurde maßgeblich durch PFEFFER/SALANCIK (1978) geprägt. Grundlegende Vorarbeiten dazu stammen von ALDRICH (1976) und ALDRICH/-PFEFFER (1976).[328] Die Ressourcenabhängigkeitsperspektive versteht Organisationen als offene Systeme, die von ihrer Umwelt abhängig sind: „The organization is a coalition of groups and interests, each attempting to obtain something from the collectivity by interacting with each other".[329] Dabei entsteht aus der Interaktion Interdependenz, die in Organisationen alles beeinflusst: „Virtually all organizational outcomes are based on interdependent causes or agents."[330] Die Existenz von Beziehungen und Abhängigkeiten in Organisationen selbst und mit ihren jeweiligen Umwelten bildet das Kernstück der Ressourcenabhängigkeitsperspektive.

---

[326] Vgl. Abschnitt 2.2.4.

[327] Vgl. Wolf (2003), S. 224.

[328] Vgl. Pfeffer/Salancik (1978) und Aldrich/Pfeffer (1976). Überblicksartige Darstellungen des Ansatzes finden sich beispielsweise bei Sander (1990); Kloyer (1995); zu Knyphausen (1997); Schreyögg (1997); Utzig (1997), S. 74 ff.; Nienhüser (1998);aber auch Wolf (2003), S. 224 ff.

[329] Pfeffer/Salancik (1978), S. 36.

[330] Pfeffer/Salancik (1978), S. 41.

Sie geht ferner davon aus, dass Organisationen nicht in der Lage sind, alle benötigten Ressourcen, die ihrem Überleben notwendig sind, selbst zu generieren.[331] Daher treten Organisationen, die in erster Linie die Überlebensfähigkeit[332] zum Ziel haben, in Interaktion miteinander:[333] „Survival of the organization is partially explained by the ability to cope with environmental contingencies; negotiating exchanges to ensure the continuation of needed resources is the focus of much organizational action."[334]

Aus dieser Notwendigkeit der Interaktion mit anderen Akteuren zur Ressourcenbeschaffung ergibt sich wiederum eine potenzielle Abhängigkeit (insbesondere bei knappen Ressourcen) von denjenigen Akteuren und Organisationen, die über die benötigten Ressourcen verfügen und diese kontrollieren.[335] Darüber hinaus hängt die Überlebensfähigkeit der Organisation davon ab, wie gut sie sich in einer unvorhersehbaren Umwelt zurechtfindet.[336] Somit ist der Erfolg, der sich im Überleben der Organisation widerspiegelt, zum einen dadurch bestimmt, wie gut die Organisation und ihre Akteure mit der Umwelt interagieren und in der Lage sind, ihre Interessen durchzusetzen, und zum anderen, wie gut sie sich in der veränderlichen Umwelt zurechtfinden und (re)agieren: „Our position is that organizations survive to that extent that they are effective. Their effectiveness derives from the management of demands, particularly the demands of interest groups upon which organizations depend for resources and support."[337] Und: „When environments change, organizations face the prospect either of not surviving or of changing their activities in response to these environmental factors."[338]

Annahmegemäß sind nicht alle Ressourcen für die Organisation von gleicher Wichtigkeit und damit sind die Abhängigkeiten unterschiedlich (stark) ausgeprägt. Der Grad der Abhängigkeit lässt sich durch drei Dimensionen beschreiben.

- Bedeutung der benötigten Ressource zum Überleben der Organisation
- Ausmaß des Einflusses der Interessengruppe auf die Ressourcenallokation und -verwendung
- Ausmaß der Kontrolle der Interessengruppe über die Ressource[339]

---

331 Vgl. Pfeffer/Salancik (1978), S. 2, 43 und 258. Der Ressourcenbegriff wird von Pfeffer/Salancik (1978) recht weit gefasst, was sich auch bei Pfeffer (1992) widerspiegelt: „Resources can be almost anything that is perceived as valuable", Pfeffer (1992), S. 87. Unter Ressourcen wird demnach alles gefasst, was die Organisation zum Überleben benötigt, wie Geld, Know-how, Lizenzen, bestimmte Verhaltensweisen, Verträge etc. Vgl. hierzu auch Freeman (1984).

332 Hier ist die Nähe zur allgemeinen Systemtheorie erkennbar, mit der sie jedoch nicht gleichzusetzen ist.

333 „Typically, acquiring resources means the organization must interact with others who control those resources." Pfeffer/Salancik (1978), S. 258. Vgl. auch Wolf (2003), S. 224. Darüber hinaus streben Organisationen danach, Unsicherheit, die von der Umwelt ausgeht, abzubauen, vgl. Wolf (2003), S. 224.

334 Pfeffer/Salancik (1978), S. 258.

335 Vgl. Pfeffer/Salancik (1978), S. 258.

336 Vgl. Pfeffer/Salancik (1978), S. 3.

337 Pfeffer/Salancik (1978), S. 2.

338 Pfeffer/Salancik (1978), S. 3.

339 Vgl. Pfeffer/Salancik (1978), S. 45-51. Zum letzten Punkt ist anzumerken, dass dies entscheidend von der Verfügbarkeit alternativer Ressourcenbeschaffungsmöglichkeiten abhängig ist.

Die Abhängigkeiten von Ressourcen und von der Umwelt geben also den Rahmen vor, in dem sich Organisationen nach der Ressourcenabhängigkeitsperspektive bewegen.[340] Das Verhalten der Organisationen und ihrer Akteure ist demzufolge darauf ausgerichtet, sowohl Abhängigkeiten als auch Unsicherheiten, die durch die Umwelt entstehen, zu reduzieren. PFEFFER/SALANCIK (1978) zählen verschiedene Aspekte auf, wie die Organisation und ihre Akteure dies bewerkstelligen können.[341] HOMBURG (2000) zeigt in diesem Zusammenhang sechs grundsätzliche Verhaltensweisen zur Bewältigung der Abhängigkeiten von externen Anspruchsgruppen respektive Personen auf: (1) die Erfüllung einer Forderung, (2) die Vermeidung einer Einflussnahme, (3) die Beeinflussung von Determinanten der Einflussnahme, (4) die Veränderung der Abhängigkeitsstruktur durch Wachstum, Fusion oder Diversifikation, (5) die Schaffung von Mustern interorganisationalen Verhaltens und (6) die Beeinflussung von Gesetzgebung und Politik.[342]

Zu erkennen ist, dass mithilfe der Ressourcenabhängigkeitsperspektive eine Vielzahl von Möglichkeiten zur (Re-)Aktion auf und zur Reduzierung von Abhängigkeiten hergeleitet werden kann. Die Ressourcenabhängigkeitsperspektive beschränkt dabei ihre Gültigkeit nicht auf die interorganisationale Ebene, sondern beinhaltet explizit auch die intraorganisationalen Beziehungen und Abhängigkeiten.[343]

Erklärungsbeitrag im Rahmen der vorliegenden Untersuchung
Aufgrund der Gültigkeit der Ressourcenabhängigkeitsperspektive im intraorganisationalen Kontext kann sie auch auf das betrachtete Untersuchungsmodell angewendet werden und dient als grundlegender Erklärungsansatz des zentralen Konstruktes des Controllerbereichserfolgs und als theoretischer Rahmen dieser Untersuchung.

Die Ressourcenabhängigkeitsperspektive ermöglicht eine Erklärung für das Auftreten und die Notwendigkeit der Betrachtung des Phänomens des Controllerbereichserfolgs. Controllerbereiche sind, wie von DAVID (2005) dargelegt, einem grundsätzlichen Wettbewerb ausgesetzt, in dem sie ihre Existenz rechtfertigen müssen und ihr Ziel darin besteht zu überleben. Die Entscheidung über den Fortbestand oder die Eliminierung von Controllerbereichen fällt in Unternehmen i. d. R. das Management; entsprechend sind Controllerbereiche vom Management und dessen Entscheidungen abhängig. Die Abhängigkeitsbeziehungen zwischen Management und Controllerbereich sind vielfältig. Gemäß der Ressourcenabhängigkeitsperspektive muss der Controllerbereich sich auf diese Vielzahl an Abhängigkeiten und die damit verbundenen Unsicherheiten einstellen und reagieren. Prinzipiell gilt, dass wenn der Controllerbereich vom Management als erfolgreich wahrgenommen wird, es dann keinen Anlass zu der Annahme gibt, dass der Controllerbereich aufgelöst werden sollte. Das Wissen um die Erfolgsbestandteile des Controllerbereichs aus der Sicht des Managements

340 Vgl. Pfeffer/Salancik (1978), S. 225 ff., als auch Pfeffer (1982), S. 202 ff.
341 Vgl. Pfeffer/Salancik (1978), S. 18 f., als auch S. 95-111.
342 Vgl. Homburg (2000), S. 54; Spillecke (2006), S. 59.
343 Vgl. Pfeffer/Salancik (1978); Wolf (2003), S. 228.

versetzt den Controllerbereich somit in die Lage, sich und seine Dienstleistungen den Erfolgskriterien des Managements entsprechend auszurichten.

Damit ist die Ressourcenabhängigkeitsperspektive auch als grundlegende theoretische Basis der Einflussfaktoren des Controllerbereichserfolgs zu verstehen. Um den Controllerbereichserfolg selbstständig beeinflussen zu können, ist es für den Controllerbereich substanziell zu wissen, welche Einflussfaktoren in welchem Maße auf seinen Erfolg wirken. Dadurch kann der Controllerbereich sich und seine Dienstleistungen optimal auf die Maximierung des Controllerbereichserfolgs ausrichten und somit das Überleben der eigenen Organisationseinheit sichern.

2.3.1.2 Market-based View

Der Market-based View stellt eine der prägenden Denkrichtungen der früheren Strategieliteratur dar. Er ist als die dominierende Sichtweise der 1980er Jahre zu bezeichnen[344] und verfolgt, wie andere Ansätze der Strategieforschung, die Identifikation strategischer Erfolgsfaktoren. Der Ansatz geht also der Frage nach, wie Erfolg zu erklären ist und wie ein Unternehmen darauf Einfluss nehmen kann.[345] Der Market-based View setzt im Prinzip auf den Erkenntnissen der Mikroökonomik, genauer der Industrieökonomik, auf.[346] Er lenkt den Blick auf die unternehmensexterne Umwelt und versucht, den Unternehmenserfolg weitestgehend aus der Perspektive des Absatzmarktes zu erklären.[347] Die zentrale Frage des Market-based View richtet sich darauf, wie es einige Unternehmen trotz Wettbewerb schaffen, dauerhaft erfolgreich zu sein,[348] wohingegen andere Unternehmen aus dem Markt ausscheiden.[349] Den Ausgangspunkt der Überlegungen bildet das Structure-Conduct-Performance-Paradigma nach BAIN (1959, 1968).[350] Das Paradigma zeichnet sich dadurch aus, dass es Wettbewerbsvorteile und damit Erfolg durch die Branchenstruktur (industry structure) und das strategische Verhalten (conduct) eines Unternehmens erklärt.[351] Der bekannteste Vertreter dieser Denkrichtung ist Michael PORTER (1981), der die Grundzüge des marktorientierten Ansatzes wie folgt zusammenfasst: „A final crucial aspect of the Bain/Mason paradigm was the view that because structure determined conduct (strategy), which in turn determined performance, we could ignore conduct and look directly at industry structure in trying to explain performance. Conduct merely reflected the environment.“[352]

---

[344] Vgl. Hinterhuber/Friedrich (1999), S. 992; Wolf (2003), S. 416.
[345] Vgl. Bea/Haas (1999), S. 24.
[346] Vgl. Hoskisson et al. (1999), S. 419 und 425.
[347] Vgl. Bea/Haas (1999), S. 25; Hinterhuber/Friedrich (1999), S. 992; David (2005), S. 21. Dieser Ansatz wird auch als Outside-in-Perspektive umschrieben, vgl. Bea/Haas (1999), S. 25.
[348] Im Rahmen des Ansatzes wird davon gesprochen, „Renten“ zu erzielen, hier wird die enge Verbindung zur Mikroökonomik deutlich.
[349] Vgl. Thiele (1997), S. 27.
[350] Dieses Paradigma ist auch unter dem Namen Bain/Mason Paradigma bekannt. Vgl. hierzu Hoskisson et al. (1999), S. 425, und grundlegend Bain (1956, 1968) und Mason (1939).
[351] Vgl. Bea/Haas (1999), S. 24.
[352] Porter (1981), S. 611.

Im Einklang mit diesen Erkenntnissen entwickelt PORTER (1980, 1985, 1990, 1991, 1994) einen Bezugsrahmen der marktorientierten Unternehmensführung. Den Ausgangspunkt bildet hierbei die Interferenz zwischen der Branche, in der ein Unternehmen sich befindet, und der Positionierung des Unternehmens innerhalb dieser Branche.[353] Durch die vereinfachte und getrennte Betrachtung der beiden Aspekte können sie unabhängig von einander analysiert werden. Der Aspekt der Positionierung unterstellt bei konstanten Branchenstrukturen einen Wettbewerbsvorteil für dasjenige Unternehmen, das sich in eine attraktive Position bringen kann.[354] Wettbewerbsvorteile hinsichtlich der Branche entstehen durch die Attraktivität der Branche, die PORTER (1985) in seinem „Five Forces Model" darstellt.[355]

Allerdings ist der Market-based View nicht ohne Kritik geblieben. Zwei elementare Kritikpunkte sind die

- Aufforderung zur Erlangung einer Monopolstellung und die
- Behandlung von Unternehmen als „black boxes".

Die Aufforderung zur Erlangung einer Monopolstellung leitet sich aus dem Ursprung des Ansatzes ab. So wie für andere ökonomische Rententheorien gilt auch für den Market-based View, dass die höchsten Renten zu erlangen sind, wenn der Wettbewerb so gering wie möglich und die Markteintrittsbarrieren so hoch wie möglich sind.[356] Hinsichtlich der Behandlung der Unternehmen als „black boxes" gilt es anzumerken, dass durch die rein externe Sicht auf die Unternehmen alles, was im Unternehmen geschieht, ausgeblendet wird. Somit kann nur ein Bruchteil aller möglicher Facetten und Faktoren, die zum Unternehmenserfolg beitragen, Berücksichtigung finden.[357]

Aus dieser Kritik entwickelte sich der Resourced-based View,[358] der die diametral angeordnete Position einnimmt und das Unternehmen von innen heraus anhand seiner Ressourcen[359] und (Kern-)Kompetenzen[360] betrachtet und in ihnen die elementaren Faktoren für den Unternehmenserfolg sieht. Beide Blickwinkel nehmen aber lediglich Eckpunkte ein und bilden alleine kein gesamtheitliches Bild ab. Allerdings ist die Auffassung, dass beide Perspektiven zu verknüpfen sind, erst seit jüngerer Zeit anerkannt.[361] Der Resourced-based View wird im Folgenden nicht weiter beachtet, da

---

[353] Vgl. Thiele (1997), S. 27.

[354] Vgl. Porter (1991), S. 101; Porter (1994), S. 258 ff.

[355] Vgl. Porter (1985), S. 6.

[356] Vgl. Thiele (1997), S. 33; Wolf (2003), S. 417.

[357] Vgl. Thiele (1997), S. 33 f.

[358] Vgl. zum Resourced-based View beispielsweise Wernerfelt (1984); Rumelt (1984); Barney (1986, 1999, 2001, 2002); Barney/Wright/Ketchen Jr. (2001).

[359] Häufig wird eine nicht eindeutige Definition des Begriffs Ressource durch die Theorie bemängelt, vgl. hierzu Freiling (2001), S. 80-93.

[360] Vgl. hierzu Prahalad/Hamel (1990); Rasche (1993, 1994).

[361] Vgl. Bea/Haas (1999), S. 38. So ist beispielsweise Prahalad/Hamel (1990) der Vorwurf zu machen, dass sie die externen Faktoren gänzlich vernachlässigen.

er sich nach DAVID (2005) als nur sehr begrenzt erkenntnisreich bei der Übertragung auf den unternehmensinternen Controllerbereichskontext erwiesen hat.[362]

Erklärungsbeitrag im Rahmen der vorliegenden Untersuchung
Der Market-based View kann, übertragen auf den unternehmensinternen Kontext, vor allem dazu beitragen, den Controllerbereich in einer Marktsituation darzustellen. In dieser Situation muss er sich mit den von PORTER (1985) dargestellten „Five Forces" auseinandersetzen. Die Berücksichtigung dieses Aspekts mündete in der Ableitung zweier Einflussfaktoren. Zum einen handelt es sich dabei um die „interne Großzügigkeit", die dem Controllerbereich von seinem intraorganisationalen Umfeld entgegengebracht oder verweigert werden kann. Zum anderen ist der Einflussfaktor „Gestaltungsfreiheit" im Kontext dieses Ansatzes zu sehen, da die „Branchenstruktur" innerhalb des Unternehmens die Gestaltungsfreiheit des Controllerbereichs entsprechend beeinflusst.

2.3.1.3 Situativer Ansatz

In den späten 1950er und 1960er Jahren fand der situative Ansatz hauptsächlich in der empirischen Organisationsforschung seinen Ursprung.[363] Die organisationstheoretischen Ansätze standen in der Kritik, weil ihr Streben nach universell und allgemeingültigen, kontextunabhängigen Verhaltensvorschlägen[364] in empirischen Studien, die statistisch signifikante Unterschiede im Aufbau und Verhalten von Organisationen feststellen konnten,[365] keine Gültigkeit mehr besaßen. Den empirischen Erkenntnissen folgte ein Wandel der Denkhaltung der Managementlehre. Sie ging fortan nicht mehr von der Existenz allgemeingültiger Gestaltungsprinzipien und somit eines „one best way of organizing"[366] aus.[367] Vielmehr wurde die Meinung vertreten, dass die Effizienz einer Organisation auf der Anpassung des Verhaltens und der Organisation selbst an die jeweiligen Verhältnisse und Situationen beruhe.[368] Folglich hängt eine optimale Ausgestaltung der Organisation von vielen verschiedenen situativen Faktoren ab,[369] die in der Literatur auch unter dem Namen Kontext- bzw. Kontingenzvariablen auftreten.[370]

---

[362] Vgl. David (2005), S. 158 f. Darüber hinaus wurde mit der Ressourcenabhängigkeitsperspektive schon ein Ansatz, der die internen Gegebenheiten und Ressourcen betrachtet, aufgenommen. Zur Vereinbarkeit bzw. zu Unterschieden zwischen dem Resoured-based View und der Ressourcenabhängigkeitsperspektive vgl. Knyphausen-Aufseß (1997). Des Weiteren ist anzumerken, dass David (2005), obwohl im Resourced-based View Gedanken verankert, der Logik und dem Ziel der Ressourcenabhängigkeitsperspektive folgt, wenn er von Existenzsicherung und Weiterentwicklung des Controllerbereichs spricht, vgl. hierzu David (2005), S. 90.

[363] Vgl. Kieser/Kubicek (1992), S. 46; Bea/Göbel (2002), S. 84.

[364] Vgl. Wolf (2003), S. 153.

[365] Vgl. beispielsweise Udy Jr. (1958), S. 415 ff.; Hall (1962), S. 302 ff.; Hall (1963), S. 37 ff.; Pugh et al. (1968), S. 67 ff.; Pugh et al. (1969), S. 92 ff.

[366] Bea/Göbel (2002), S. 86.

[367] Vgl. Zeithaml/Varadarajan/Zeithaml (1988), S. 39; Kieser (2001), S. 170.

[368] Vgl. Galbraith (1973), S. 2; Stoner (1982), S. 54; Zeithaml/Varadarajan/Zeithaml (1988), S. 39; Frese (1992), S. 112 f.; Kieser (2001), S. 170.

[369] Vgl. Galbraith (1973), S. 2; Kieser/Kubicek (1992), S. 60.

[370] Hieraus leitet sich auch der alternative Name Kontingenzansatz ab.

Der situative Ansatz hat zum Ziel, „Unterschiede zwischen den Organisationsstrukturen verschiedener Unternehmen durch Unterschiede in deren Kontext (Situation) zu erklären“.[371] Hierzu wird häufig ein empirisches Forschungsdesign gewählt.[372] Nach KIESER (2001) verfolgen solche Untersuchungen ein Forschungsprogramm, das durch die folgenden drei Fragestellungen wiedergegeben werden kann:

- „Wie können Organisationsstrukturen beschrieben – in Begriffe gefasst – und operationalisiert – meßbar gemacht – werden, um Unterschiede zwischen Organisationsstrukturen in empirischen Untersuchungen aufzeigen zu können?
- Welche situativen Faktoren oder Einflußgrößen erklären eventuell festgelegte Unterschiede zwischen Organisationsstrukturen?
- Welche Auswirkungen haben unterschiedliche Situation-Struktur-Konstellationen auf das Verhalten der Organisationsstrukturen und die Zielerreichung (Effizienz) der Organisation? Läßt sich für jede Situation eine Organisationsstruktur finden, die das Verhalten der Organisationsmitglieder so steuert, daß die Effizienz der Organisation gesichert werden kann?“[373]

Der situative Ansatz kann als sehr flexibel anwendbar bezeichnet werden, weshalb er auch recht schnell eine starke Verbreitung in der betriebswirtschaftlichen Forschung fand.[374] Auch in der Strategieliteratur hat der situative Ansatz schnell an Bedeutung gewonnen.[375] So wurden die Vorzüge und die Anwendbarkeit des Ansatzes auch für die Controllingforschung entdeckt. WELGE (1988) stellt fest „daß der situative Ansatz eine fruchtbare Perspektive für die Controllingforschung bieten kann“.[376]

Allerdings stößt der situative Ansatz immer wieder auf teils heftige Kritik. Die Liste der Kritikpunkte ist lang,[377] dennoch lassen sich drei Schwächen des Ansatzes identifizieren, die in der Literatur immer wieder Erwähnung finden. Diese werden vorgestellt und es wird beschrieben, wie die vorliegende Arbeit mit diesen Kritikpunkten umgeht.[378]

Als erster Kritikpunkt wird oft vorgebracht, dass der situative Ansatz theorielos sei.[379] Hiermit bezeichnen die Kritiker des Ansatzes den Aspekt, dass der Ansatz weniger eine Theorie als vielmehr ein „formalanalytisches Grundgerüst“[380] darstellt. Dieser Kritikpunkt wird in der Forschung meist dadurch entkräftet, indem der Ansatz nicht als grundlegende Theorie verstanden und eingesetzt wird, sondern auf anderen

[371] Bea/Göbel (2002), S. 86.
[372] Für einen Überblick über empirische Studien vgl. Kieser (2001), S. 176 ff.
[373] Kieser (2001), S. 171. Ähnlich Wolf (2005), S. 155.
[374] Vgl. Wolf (2005), S. 154.
[375] Vgl. Zeithaml/Varadarajan/Zeithaml (1988), S. 43, die vom situativen Ansatz als „the primary theory-building technique for its studies of business strategy“ sprechen.
[376] Welge (1988), S. 57; ähnlich auch Welge (1989), S. 149.
[377] Vgl. für eine ausführliche Besprechung der Kritikpunkte Wolf (2005), S. 168 ff.; vgl. auch Schreyögg (1978), S. 344; Krohmer (1999), S. 44 ff.; Kieser (2001), S. 183 ff.
[378] Vgl. Homburg (2000), S. 70; Dehler (2001), S. 57 f.; Hunold (2003), S. 40; Spillecke (2006), S. 66 f.; Knollmann (2007), S. 74 f.
[379] Vgl. Schreyögg (1978), S. 344; Picot (1991), S. 51; Wolf (2005), S. 169.
[380] Wolf (2005), S. 169.

Theorien als Fundament aufgebaut und der situative Ansatz als zusätzliches Element eingeflochten wird.[381] Nach diesem Schema verfährt auch die vorliegende Arbeit; das Fundament der Untersuchung und Konzeptualisierung bilden die Organizational-Effectiveness-Forschung, die Controllingforschung und die Ressourcenabhängigkeitsperspektive als grundlegende theoretische Basis.

Der zweite Kritikpunkt richtet sich gegen die Prämissen[382] des situativen Ansatzes, nach denen

- es nur eine korrekte Organisationsstruktur je Situation gibt,
- die Organisation nicht in der Lage ist, die Situation zu beeinflussen, und
- für jede Organisation nur ein verbindliches Niveau ökonomischer Effizienz existiert, auf das sie keinen Einfluss ausüben kann.

Diese Prämissen konnten jedoch empirisch entkräftet werden. So konnte gezeigt werden, dass unterschiedliche Organisationsstrukturen in vergleichbaren Situationen durchaus nebeneinander existieren können.[383] Eine gewisse Beeinflussbarkeit der Umwelt durch die Organisation war ebenso belegbar. Schließlich musste auch die Annahme hinsichtlich der Effizienz sich den empirischen Ergebnissen beugen, da gezeigt werden konnte, dass sich durchaus mehrere in Teilen suboptimale Organisationsstrukturen herausbilden können.[384] Aus diesen Erkenntnissen lässt sich ableiten, dass alleine situative Faktoren die Organisationsstruktur nicht bestimmen können. Aus diesem Grund nimmt die vorliegende Untersuchung auch nicht ausschließlich auf situative Faktoren Bezug, um den Einfluss auf den Controllerbereichserfolg oder auf den Unternehmenserfolg zu untersuchen.

Als dritter Kritikpunkt ist anzuführen, dass der situative Ansatz aufgrund der Dominanz der empirischen Arbeiten stark vergangenheitsorientiert sein soll und somit keine innovativen Ideen und Lösungen hervorbringt, sondern nur Wissen aufdeckt.[385] Dieser Vorwurf ist der vorliegenden Arbeit nicht zu machen, da es sich bei der Betrachtung des Controllerbereichserfolgs um ein bislang weitgehend unerforschtes Teilgebiet der Controllingforschung handelt.

Erklärungsbeitrag im Rahmen der vorliegenden Untersuchung

Der situative Ansatz wird bei der Untersuchung hinsichtlich der Erforschung von Einflussfaktoren als konzeptioneller Rahmen verwendet. Er dient dabei als Erklärungsansatz für unterschiedliche Ausprägungen des Controllerbereichserfolgs in Abhängigkeit von situativen Gegebenheiten. Die zu betrachtenden kausalen Zusammenhänge werden allerdings nicht auf diesem Ansatz beruhen, sondern immer durch weitere Theorien begründet.

---

[381] Vgl. Aldich (1972), S. 40; Homburg (2000), S. 70.
[382] Vgl. Schreyögg (1978), S. 229 und (1996), S. 348; Dehler (2001), S. 57 f.
[383] Vgl. Child (1972), S. 18; Wood (1979), S. 353.
[384] Vgl. Dehler (2005), S. 58; Spillecke (2006), S. 67.
[385] Vgl. Wolf (2005), S. 175.

2.3.2 *Sozialpsychologische Ansätze*

Sozialpsychologische Ansätze erforschen im weitesten Sinne die Ausgestaltung und Auswirkungen sozialer Interaktion. Hierbei kann unterschieden werden, ob die Fokussierung auf intraindividuellen, also Inter- und Intragruppenbeziehungen liegt oder aber das Individuum im Mittelpunkt steht. Im Folgenden wird der erstgenannte Forschungsstrang weiter verfolgt. Dabei wird auf zwei Ansätze der Sozialpsychologie Bezug genommen. Zum einen wird die soziale Austauschtheorie und zum anderen wird die Risikotheorie betrachtet. Die Verwendung der sozialen Austauschtheorie begründet sich darin, dass mit ihr der Controllerbereich in seinem sozialen Umfeld, d. h. im Unternehmen und in seiner Interaktion mit seinem Kunden analysiert werden kann. Die Risikotheorie ergänzt die Betrachtung dieser sozialen Austauschbeziehungen, indem sie die Risiken, die im Rahmen von Austauschbeziehungen entstehen können abbildet.

2.3.2.1 *Soziale Austauschtheorie*

Die soziale Austauschtheorie, die auch als sozialpsychologische Interaktionstheorie[386] bezeichnet wird, ist im Wesentlichen auf die Arbeiten von HOMANS (1958), EMERSON (1962), BLAU (1964) und THIBAUT/KELLEY (1959, 1969, 1978) zurückzuführen. Im Fokus der Theorie stehen menschliche Austauschbeziehungen, deren Entstehung und Fortbestand erklärt werden sollen. Dabei sind mittel- und langfristige Beziehungen von besonderem Interesse, die nicht auf einen bestimmten Kontext wie den privaten oder wirtschaftlichen Bereich begrenzt sind.[387] Ebenso wenig ist die Theorie auf die Betrachtung von Austauschbeziehungen von Individuen beschränkt, sondern lässt sich auch auf Gruppen und Organisationen übertragen.[388]
Die Grundannahme der Theorie liegt darin, dass Individuen nur so lange eine Beziehung aufrecht erhalten, wie sie einen wirtschaftlichen oder sozialen Nutzen abwirft, der höher ist als der einer alternativen Beziehung.[389] Die elementaren Grundsätze der Theorie lassen sich in vier Punkten zusammenfassen:[390]

- Austauschbeziehungen zeichnen sich dadurch aus, dass aus ihnen Nutzen sowohl im ökonomischen als auch im sozialen Sinn ebenso wie Kosten entstehen.[391]
- Austauschbeziehungen werden hinsichtlich ihrer erwarteten Nutzen und Kosten mit alternativen Beziehungen und ihren erwarteten Erträgen verglichen.
- Austauschbeziehungen, die sich im Vergleichsprozess als dominant herausgestellt haben, bleiben erhalten und/oder werden intensiviert, was wiederum positiv sowohl auf das Vertrauen als auch die Intensität der Beziehung wirkt.

[386] Vgl. Wallenburg (2004), S. 77. Darüber hinaus wird auch der Ausdruck Interdependenztheorie verwendet. Vgl. hierzu Athenstaedt/Freudenthaler/Mikula (2002), S. 62 f.
[387] Vgl. Bruhn (2001), S. 32; Chia-Hui/Chang-Jung (2006), S. 203.
[388] Vgl. Athenstaedt/Freudenthaler/Mikula (2002), S. 63.
[389] Vgl. Bierhoff (1994), S. 136; Klee (2000), S. 36; Bruhn (2001), S. 32; Lambe/Wittmann/Spekman (2001),
S. 4 ff.; Blau (2002), S. 93.
[390] Vgl. Lambe/Wittmann/Spekman (2001), S. 6; Wallenburg (2004), S. 77.
[391] Vgl. Dwyer/Schurr/Oh (1987), S. 14.

- Austauschbeziehungen, die langfristig existieren, führen zu Normen des relationalen Austauschs, die als Governancestrukturen dienen.

Entsprechend gehen Individuen Beziehungen ein, von denen sie sich einen zufriedenstellenden Ertrag erwarten:[392] „The parties to a relationship become willing to cooperate when the benefits of the cooperation exceed the costs."[393] Hierbei ist zu berücksichtigen, dass nicht ausschließlich ökonomisches Kalkül die Entscheidung für oder gegen die Austauschbeziehung beeinflusst, sondern explizit auch soziale und psychologische Aspekte einfließen.[394] Eine Entscheidung für oder gegen eine Austauschbeziehung variiert von Individuum zu Individuum. Die Entscheidung selbst basiert auf dem Vergleich des Ertrages einer Beziehung mit einem Standard, der ebenfalls subjektiv geprägt ist. Die Konzeptualisierung dieses Vergleichsprozesses geht insbesondere auf die Arbeiten von THIBAUT/KELLEY (1959) zurück.[395] Hierbei gehen die Autoren von einem grundlegenden Vergleichsniveau (comparison level) aus, das als (Nutzen-)Standard dient. Dieses Vergleichsniveau erwartet ein Individuum mindestens aus einer Beziehung.[396] Bringt eine Beziehung höhere Erträge hervor als der Standard, dann steigert die Beziehung die Zufriedenheit, bleiben die Erträge unter dem Standard, so wird die Beziehung als unbefriedigend wahrgenommen.[397]

Neben dem Vergleich mit dem Standard wird die Zufriedenheit eines Individuums mit einer bestehenden Beziehung zusätzlich durch den Vergleich mit möglichen Alternativen (comparison level for alternatives) bestimmt.[398] Hierbei wird als Vergleichsmaßstab die bestmögliche Alternative, die dem Individuum beim Ausscheiden aus einer bestehenden Beziehung zur Verfügung steht, herangezogen.[399] Sollte die Alternative einen höheren Ertrag in Aussicht stellen, wird das Individuum die bestehende Beziehung beenden und in die neue Beziehung eintreten. Sollte sich die bestehende Beziehung als dominant gegenüber der Alternative erweisen, so wird die bestehende Beziehung gefestigt und das Vertrauen in die Beziehung gestärkt.

Grundsätzlich geht die soziale Austauschtheorie davon aus, dass Individuen ihr Handeln und ihre Entscheidung hinsichtlich des Fortbestands oder der Beendigung einer Beziehung daran ausrichten, dass sie einen maximalen Nutzen davontragen.[400] Es kann nach RUSBULT/VAN LANGE (1996) allerdings zu Abweichungen von einem Nutzen maximierenden Verhalten kommen. Dabei sind drei wesentliche Einflussfaktoren zu nennen, die alle dazu führen können, dass Individuen sich nicht nutzenmaximierend verhalten:[401]

---

[392] Vgl. Athenstaedt/Freudenthaler/Mikula (2002), S. 63; Wallenburg (2004), S. 78.
[393] Smith/Carroll/Ashford (1995), S. 15.
[394] Hierbei spielt die Beziehungsgeschichte ebenso eine Rolle wie die Situation zu dem Zeitpunkt der Bewertung. Vgl. Wallenburg (2004), S. 78.
[395] Vgl. Thibaut/Kelley (1959), S. 21 ff.
[396] Vgl. Kless (2000), S. 38; Lambe/Wittmann/Spekman (2001), S. 8 f.; Wallenburg (2004), S. 78.
[397] Vgl. Athenstaedt/Freudenthaler/Mikula (2002), S. 64.
[398] Vgl. Lambe/Wittmann/Spekman (2001), S. 9.
[399] Vgl. Athenstaedt/Freudenthaler/Mikula (2002), S. 64 f.
[400] Vgl. Kelley/Thibaut (1978); S. 184 ff.
[401] Vgl. Rusbult/Van Lange (1996), S. 581 ff.

- *Interpersonale Dispositionen*: Es wird von interpersonalen Dispositionen gesprochen, wenn Interdependenzsituationen von Individuen auf eine bestimmte Art und Weise wahrgenommen werden und in einem bestimmten Verhalten resultieren. Die Wahrnehmung der Situation beruht dabei auf persönlichen Erfahrungen, die allerdings situationsübergreifend das Verhalten bestimmen.[402] Unterschiedliche soziale Wertorientierungen, Bindungsstile oder Transaktionsorientierungen sind deren mögliche Ausprägungen.[403] So können Entscheidungen auch vom Wohlergeben des Transaktionspartners und nicht ausschließlich vom eigenen Nutzen abhängig gemacht werden.[404]
- *Beziehungsspezifische Motive*: In Beziehungen können sich jeweils spezifische Wahrnehmungs- und Verhaltenstendenzen entwickeln.[405] Commitment und Vertrauen in Beziehungen kommt in diesem Kontext eine besondere Bedeutung zu.[406] Hohes Commitment fördert die Stabilität einer Beziehung,[407] Vertrauen ist als wichtige Säule einer Beziehung zu verstehen[408] und unterstützt das Beziehungscommitment, dass die Entscheidung eines Individuums so beeinflussen kann, dass nicht die Nutzen maximale Alternative gewählt wird.[409]
- *Verhaltensnormen*: Werden Verhaltensregeln, die die Interaktion von Personen in Beziehungen steuern, durch beide Aktionspartner akzeptiert, können diese Regeln zu Verhaltensnormen werden. An diesen Normen werden sich beide Partner hinsichtlich ihres Verhaltens in der Beziehung orientieren. Die Beziehung wird dadurch vorhersehbarer, Unsicherheit wird reduziert und die Beziehung insgesamt stabiler.[410] Diese Verhaltensnormen müssen aber nicht dem Grundsatz der Nutzenmaximierung folgen.

Erklärungsbeitrag im Rahmen der vorliegenden Untersuchung

Im Rahmen der vorliegenden Untersuchung wird u. a. die Beziehung zwischen dem Controllerbereich und seinen Kunden, dem Management, betrachtet. Diese Beziehung beinhaltet wie die soziale Austauschtheorie nicht nur rein wirtschaftliche, sondern auch soziale Aspekte.[411] Somit kann die soziale Austauschtheorie als Grundlage dienen, die Interaktionsaspekte zwischen Management und Controllerbereich zu verstehen und den Einflussfaktor „Vertrauen" sowie dessen Wirkung auf den Controllerbereichserfolg zu erklären.

---

[402] Vgl. Athenstaedt/Freudenthaler/Mikula (2002), S. 73.
[403] Vgl. Rusbult/Van Lange (1996), S. 581.
[404] Vgl. Athenstaedt/Freudenthaler/Mikula (2002), S. 71.
[405] Vgl. Athenstaedt/Freudenthaler/Mikula (2002), S. 71.
[406] Vgl. Rusbult/Van Lange (1996), S. 583; Athenstaedt/Freudenthaler/Mikula (2002), S. 73.
[407] Vgl. Morgan/Hunt (1994), S. 23 f.; Chu/Fang (2006), S. 224 ff.
[408] Vgl. Spekman (1988), S. 79; Ullrich (2004), S. 70.
[409] Vgl. Morgan/Hunt (1994), S. 24.
[410] Vgl. Rusbult/Van Lange (1996), S. 583; Lambe/Wittmann/Spekman (2001), S. 12; Athenstaedt/-Freudenthaler/Mikula (2002), S. 73; Wallenburg (2004), S. 78.
[411] Vgl. Wallenburg (2004), S. 78 f.; Spillecke (2006), S. 72.

2.3.2.2 *Risikotheorie*

BAUER (1960) ist der Autor, der im Zusammenhang mit der Risikotheorie vorrangig zu nennen ist.[412] Die Theorie legt ihren Fokus auf das wahrgenommene Kaufrisiko, dem ein Käufer beim Erwerb eines Produktes oder einer Dienstleistung unweigerlich ausgesetzt ist. Die Grundüberlegung, die dabei zum Tragen kommt, ist dass „Individuen versuchen, ihr subjektiv wahrgenommenes kaufspezifisches Risiko möglichst gering zu halten".[413] Die Grundlage für die Existenz dieses Risikos besteht darin, dass Menschen lediglich begrenzt rational sind und die Konsequenzen ihres Handelns nicht im Vorhinein vollständig beurteilen können.[414] Es können unterschiedliche Arten des kaufspezifischen Risikos auftreten, wie beispielsweise ein finanzielles, ein funktionelles, ein zeitliches oder auch ein soziales Risiko.[415]

Die Theorie sieht die Risikominimierung als ein grundlegendes Verhalten der Käufer an. Dies kann auf sehr unterschiedliche Arten erfolgen. So kann beispielsweise das Risiko reduziert werden, indem ein repetitives Kaufverhalten an den Tag gelegt wird.[416] Darüber hinaus kann eine gute und vertrauensvolle Beziehung zu dem Verkäufer das subjektive Kaufrisiko minimieren.

Erklärungsbeitrag im Rahmen der vorliegenden Untersuchung
Im Rahmen der Betrachtung der Beziehung von Controllerbereich und Management kann die Risikotheorie einen Erklärungsbeitrag für den Einflussfaktor „Zusammenarbeit" liefern. Der Manager, der eine Dienstleistung vom Controllerbereich in Anspruch nehmen möchte, ist zu einem gewissen Grad einem subjektiven Kaufrisiko ausgesetzt, da er nicht weiß, ob die angeforderte Leistung den Erwartungen an die Leistung gerecht werden wird.[417] Um das subjektive Kaufrisiko beim Erwerb von Controllerbereichsleistungen zu reduzieren, kann der Manager über die Güte und Ausprägung der Zusammenarbeit mit dem Controllerbereich Einfluss auf die Art und die Güte der Leistungen nehmen. Sein subjektives Kaufrisiko sollte damit geschmälert werden, da er einen direkten Einfluss auf die angeforderte Dienstleistung ausüben kann.

2.3.3 *Zusammenführung der theoretischen Grundlagen*

Um dem Vorwurf eklektisch zusammengestellter Theorien zu begegnen, wurden in den obigen Abschnitten die Relevanz und die Herleitung der jeweiligen Theorie sowie ihres Erkenntnisbeitrags im Rahmen der Untersuchung dargelegt. Allerdings werden empirische Arbeiten auch häufig deshalb kritisiert, weil sie Theorien verwenden, die nicht zueinander passen. Um sich nicht dieser Kritik aussetzen zu müssen, wird im Folgenden eine Kompatibilitätsanalyse der bisher isoliert beschriebenen Theorien vorgenommen. Dabei werden die Theorien zunächst hinsichtlich ihrer Grundan-

[412] Vgl. Bauer (1960).
[413] Bruhn (2001), S. 29.
[414] Vgl. Kroeber-Riel/Weinberg (1999), S. 248 f.; Bruhn (2001), S. 28 f; Spillecke (2006), S. 70.
[415] Vgl. Stone/Mason (1995), S. 144 f.; Spillecke (2006), S. 70.
[416] Vgl. Stauss/Hentschel (1991), S. 25.
[417] Das Risiko ist für repetitive Dienstleistungen wie das Monatsreporting relativ gering, wenn das Reporting standardisiert ist.

nahmen auf Vereinbarkeit und anschließend auf Berührungspunkte der einzelnen Ansätze untereinander überprüft bzw. Aspekte herausgestellt, in denen die Ansätze einander ergänzen.

Die Erfassung des Controllerbereichserfolgs wurde auf der Basis der Ressourcenabhängigkeitsperspektive dargestellt. Deshalb steht diese Theorie im Zentrum der Betrachtung und die Kompatibilität der anderen Theorien wird an ihren Grundannahmen untersucht. Die Ressourcenabhängigkeitsperspektive hat zum Ziel, das Überleben der Organisation zu sichern und die Weiterentwicklung voranzutreiben. Die Ressourcenabhängigkeitsperspektive kann somit als *zukunftsorientierte und langfristig ausgerichtete* Theorie verstanden werden. Daneben geht aus der Zielausrichtung des Ansatzes die Annahme der *Maximierung des (Eigen-)Nutzens* hervor. Des Weiteren ist der Ansatz geprägt durch die *Interaktion und Interdependenz mit seiner Umwelt.*[418] Entsprechend werden die anderen Theorien anhand dieser drei Aspekte geprüft. Zunächst werden die organisationstheoretischen Ansätze hinsichtlich dieser Aspekte betrachtet, um anschließend die sozialpsychologischen Ansätzen zu beleuchten.

Der Market-based View, der zu den Theorien des strategischen Managements zu zählen ist, gilt hinsichtlich der Fristigkeit seiner Ausrichtung als tendenziell langfristig orientiert. PORTER (1985) schreibt hinsichtlich diesen Aspektes, dass der Market-based View „create[s] and sustain[s] competitive advantage".[419] Zudem wird die Langfristorientierung dadurch unterstrichen, dass die Unternehmen in der Branche danach streben sollen, sich in eine Monopolstellung zu bringen und diese durch die Schaffung möglichst hoher Markteintrittsbarrieren zu erhalten. Die Erlangung dieser Stellung ist in der Regel nicht kurzfristig realisierbar und um sie halten zu können, muss langfristig und strategisch vorgegangen werden. Das Streben nach einer Monopolstellung wird propagiert, um die höchsten Renten im Markt erzielen zu können. Dies kommt einer Nutzenmaximierung gleich. Hinsichtlich der Interaktion und Interdependenz mit der Umwelt bleibt festzustellen, dass der Ansatz gerade dadurch geprägt wird, dass er die Umwelt der Organisation als zentrales Element einbezieht und nach bestmöglichen Antworten auf die Abhängigkeit und Interdependenz mit der Umwelt sucht.[420] Allerdings geht der Market-based View davon aus, dass die Umwelt nicht oder nur sehr schwach beeinflussbar ist im Gegensatz zur Ressourcenabhängigkeitsperspektive. Dennoch können hinsichtlich der Grundannahmen die Ressourcenabhängigkeitsperspektive und der Market-based View als miteinander vereinbar betrachtet werden.

Der situative Ansatz hingegen ist nicht explizit langfristig ausgerichtet, sondern betrachtet vielmehr die zu einem Zeitpunkt vorherrschenden Faktoren, die den Untersuchungsgegenstand beeinflussen. Hinsichtlich der Nutzenmaximierung gibt er keinerlei Annahmen vor. Die Einbeziehung der Umwelt in den theoretischen Ansatz kann bestätigt werden. Der situative Ansatz geht dabei von einer wenig bis nicht beeinflussbaren Umwelt aus. Dies steht im Einklang mit den Annahmen des Market-

[418] Vgl. auch Abschnitt 2.3.1.1.
[419] Porter (1985), S. 3.
[420] Vgl. auch Abschnitt 2.3.1.2.

based View, aber im Gegensatz zur Ressourcenabhängigkeitsperspektive. Hier scheint es aufgrund der inhaltlichen Widersprüche keine Kompatibilität der Ansätze zu geben. Allerdings sind die Ansätze dennoch als kompatibel zu verstehen, wenn man den Begründern der Ressourcenabhängigkeitsperspektive folgt: „[T]to understand the behavior of an organization you must understand the context of that behavior [...].Organizations are unescapably bound up with the conditions of their environment“.[421]

Der erste der beiden betrachteten sozialpsychologischen Ansätze, die soziale Austauschtheorie, kann als langfristig eingestuft werden. So ergeben sich die der Theorie zugrunde liegenden Beurteilungen von Kosten-Nutzen-Verhältnissen in der Regel erst aus dem Verlauf einer Beziehungsgeschichte.[422] Der Aspekt der Nutzenmaximierung ist ebenfalls grundlegend in der Theorie verankert. So entscheiden die Individuen über den Fortbestand oder die Beendigung einer alten und die Aufnahme einer neuen Austauschbeziehung auf der Basis von Kosten-Nutzen-Vergleichen, die der Maximierung des Nutzens dienen.[423] Die Interaktion mit der Umwelt ist dem Ansatz immanent, weil er die Beziehungen zwischen verschiedenen Akteuren zu erklären versucht. Insgesamt ist die Kompatibilität der beiden Ansätze somit als gegeben anzunehmen.

Die Risikotheorie ist von ihrer Natur her längerfristig orientiert. So ist als Antwort auf das subjektiv empfundene Risiko die Risikominimierung anzusehen. Diese ist besonders fruchtbar, wenn sie längerfristig ausgerichtet ist und nicht immer wieder neue Risiken eingegangen werden müssen. Darin enthalten ist auch die nutzenmaximierende Orientierung des Ansatzes. Denn Risiken entsprechen negativen Nutzen, die es zu vermeiden gilt. Die Interaktion und Interdependenz mit der Umwelt ist ebenfalls in der Risikominimierung zu sehen, da zur Erfüllung die Interaktion mit der Umwelt nicht ausgeschlossen werden kann. So ist auch hier festzustellen, dass die beiden Ansätze von ihren Grundannahmen her einander nicht widersprechen.

Insgesamt bleibt bezüglich dieses ersten Teils der Kompatibilitätsanalyse festzuhalten, dass die verschiedenen Ansätze und Theorien, bis auf den situativen Ansatz, einander im Gros ihrer Grundannahmen nicht widersprechen. Hinsichtlich des situativen Ansatzes gilt es noch anzumerken, dass trotz nicht deckungsgleicher Grundannahmen die Integration durch die Begründer der Ressourcenabhängigkeitsperspektive selbst gestattet wird.[424] Darüber hinaus wird im Rahmen dieser Arbeit der situative Ansatz lediglich als ein theoretisches Denkgerüst, nicht als grundlegende Theorie verwendet.
Im folgenden zweiten Teil der Kompatibilitätsanalyse wird untersucht, inwieweit die vorgestellten Theorien und Ansätze miteinander verbunden werden können und wo sie einander ergänzen.

---

421 Pfeffer/Salancik (1978), S. 1.
422 Vgl. Lambe/Wittmann/Spekman (2001), S. 6; Wallenburg (2004), S. 78.
423 Vgl. Abschnitt 2.3.2.1.
424 Vgl. hierzu auch Wolf (2003), S. 229.

Die Ressourcenabhängigkeitsperspektive fokussiert sich auf die Beschaffung und den Einsatz von Ressourcen, um die Überlebensfähigkeit der Organisation zu sichern. Dazu treten die Akteure der Organisationen mit ihrer Umwelt und damit untereinander in Kontakt. Unberücksichtigt bleibt bei dieser Sichtweise allerdings die Struktur der Umwelt und damit die Betrachtung des Wettbewerbs, der Konkurrenten u. a. Diese Sicht nimmt der Market-based View ein, der seinerseits die beschriebene ressourcenbasierte Perspektive ausklammert. Somit ergänzen die beiden Ansätze einander, so dass die interne Orientierung und die externe Orientierung der Organisation Berücksichtigung finden.[425] Allerdings würdigen beide Ansätze keine verhaltenswissenschaftlichen Aspekte, die auf den Austausch der Akteure miteinander und mit ihrer Umwelt eingehen. Die heutige Erfolgsforschung stellt aber gerade auch auf die Integration verhaltenswissenschaftlicher Aspekte ab, wie aus der folgenden Abbildung ersichtlich wird.[426] Durch die Integration der sozialpsychologischen Ansätze kann dieser Forderung entsprochen werden.

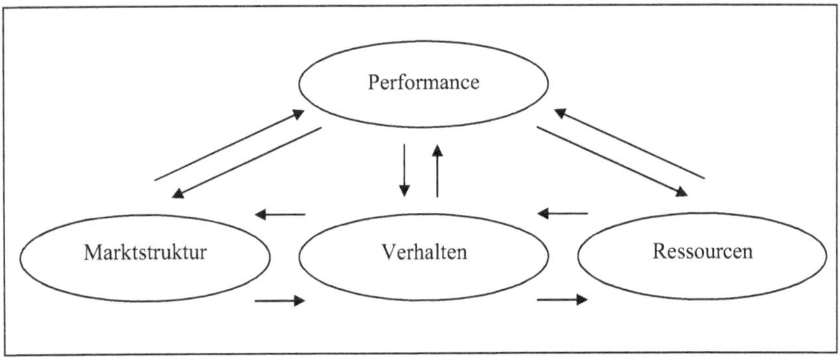

Abbildung 2: Der Zusammenhang zwischen Performance, Marktstruktur, Verhalten und Ressourcen

Quelle: in Anlehnung an Hinterhuber/Friedrich (1999), S. 1002

Zusammenfassend lässt sich festhalten, dass die vorgestellten Theorien einzeln, aber auch gemeinschaftlich einen Erklärungsbeitrag zum Untersuchungsgegenstand leisten, miteinander kompatibel sind und einander in ihrer Natur ergänzen.

---

[425] Vgl. beispielsweise Hinterhuber/Friedrich (1999), S. 1001 f. Anzumerken ist, dass in der Literatur meist eine Ergänzung des Market-based View mittels des Resourced-based View gefordert wird. Warum dieser Forderung nicht Folge geleistet wird, vgl. Fußnote 362.

[426] Vgl. hierzu Mahoney/Pandian (1992), S. 375; Rasche (1994), S. 407; Rühli (1994), S. 42.

3 Ableitung und Konzeptualisierung des Forschungsmodells und seiner Konstrukte

Nachdem in Kapitel 2 die Grundlagen der Untersuchung und die theoretische Fundierung dargelegt worden sind, ist es das Ziel des dritten Kapitels, die Ableitung und Konzeptualisierung des eigenen Forschungsmodells darzustellen. Hierbei soll ein Messmodell des Controllerbereichserfolgs entwickelt und später auch empirisch überprüft werden. Die Grundlage für das zu entwickelnde Modell bilden die Erkenntnisse der Organizational-Effectiveness-Forschung und die der Controllerbereichserfolgsforschung. Des Weiteren sind sowohl die Einflussfaktoren des Controllerbereichserfolgs als auch der Unternehmenserfolg zu konzeptualisieren, um die jeweiligen Wirkungen auf den bzw. die Wirkungen des Controllerbereichserfolgs überprüfen zu können. Daran anschließend werden die Hypothesen über die Zusammenhänge zwischen den vorgestellten Konstrukten aufgestellt. Abschließend erfolgt die Darstellung des Forschungsmodells in einem zusammenfassenden Überblick.

3.1 Voraussetzungen der Konzeptualisierung

Da die Controllerbereichserfolgsforschung noch nicht sehr weit vorangeschritten ist, wird die Konzeptualisierung des Konstruktes unter Anwendung eines Analogieschlusses aus der Organizational-Effectiveness-Forschung auf den unternehmensinternen Kontext vollzogen.[427] In Kapitel 2 wurde aufgezeigt, dass ein solches Vorgehen vor dem Hintergrund der Erkenntnisse DAVIDs (2005) zulässig ist. Indes gilt es noch festzulegen, welchen Anforderungen die Maßgrößen zur Messung des Controllerbereichserfolgs gerecht werden sollten und auf welchem Organizational-Effectiveness-Ansatz die Konzeptualisierung basieren sollte. Anschließend erfolgt die Übertragung des gewählten Ansatzes auf den Controllerbereichskontext und damit die Konzeptualisierung des Controllerbereichserfolgs und seiner einzelnen Faktoren.

3.1.1 Wahl der Maßgrößen zur Konzeptualisierung des Controllerbereichserfolgs

Im Rahmen der Literaturanalyse zur Organizational-Effectiveness-Forschung wurden hinsichtlich der Maßgrößen zur Unternehmenserfolgsbestimmung drei elementare Charakteristika von Unternehmenserfolgsmaßgrößen identifiziert.[428] Zum ersten können diese hinsichtlich der Anzahl (univariat versus multivariat), zum zweiten gemäß der Ausrichtung (finanziell versus finanziell und nichtfinanziell) und zum dritten bezüglich ihrer Beschaffenheit (subjektiv versus objektiv) unterschieden werden. Entsprechend den Ausführungen in Abschnitt 2.2.2.1 werden im Rahmen dieser Arbeit multivariate, finanzielle und nichtfinanzielle subjektive Maßgrößen zur Anwendung kommen.

Des Weiteren wurde deutlich, dass prinzipiell drei verschiedene Ansätze zur Unternehmenserfolgsmessung zur Verfügung stehen. Hierbei können univariate,

---

[427] Vgl. hierzu die Ausführungen in Abschnitt 2.2.4.

[428] Vgl. Abschnitt 2.2.2.1.

multivariate und multivariat-integrierte Ansätze bzw. Modelle differenziert werden.[429] Diese Arbeit wendet einen multivariat-integrierten Ansatz an. Die Wahl basiert auf der dominanten Stellung der multivariat-integrierten Ansätze in der Erfolgsforschung, die auf die folgenden beiden Gründe zurück zuführen ist.

Zum einen sind multivariat-integrierte Ansätze in der Lage einen weitgehend umfassenden Ansatz zur Ermittlung des Erfolgs darzustellen.[430] Somit verspricht ein solcher Ansatz auch hinsichtlich der Erfassung des Controllerbereichserfolgs, ein möglichst umfassendes Bild zeichnen zu können.

Zum anderen sind insbesondere durch ältere Arbeiten, die einem multivariat-integrierten Ansatz folgen, Messmodelle mit Operationalisierungen weit verbreitet und statistisch validiert.[431] Auf diesen kann bei der Anwendung des Analogieschlusses aufgesetzt werden, so dass die Kritik der Willkür bei der Konzeptualisierung und Operationalisierung entkräftet werden kann.[432] Zusammenfassend lassen diese beiden Aspekte den multivariat-integrierten Ansatz im Rahmen einer Neukonzeptualisierung des Konstruktes Controllerbereichserfolg günstig erscheinen.

3.1.2 Wahl des Unternehmenserfolgsmodells zur Konzeptualisierung des Controllerbereichserfolgs

Wie in Abschnitt 2.2.2 dargestellt, lässt sich eine Vielzahl verschiedener Modelle identifizieren, die dem multivariat-integrierten Ansatz folgen. Diese Arbeit baut auf dem Ansatz von RUEKERT/WALKER/ROERING (1985) auf. Der Grund dafür ist, dass das Konstrukt bereits großen Anklang in der Wissenschaft fand und in zahlreichen empirischen Studien mittels der von IRVING (1995)[433] vorgenommenen Operationalisierung oder in Anlehnung daran verwendet wurde.[434] Somit kann auf ein empirisch validiertes Modell aufgesetzt werden, das die Ergebnisse der empirischen Erhebung positiv beeinflussen sollte.[435]

RUEKERT/WALKER/ROERING (1985) konzeptualisieren den Unternehmenserfolg als „multidimensional construct involving system effectiveness, efficiency and adaptiveness. *Effectiveness* involves the degree to which organizational goals are reached, *efficiency* considers the relationship between organizational outputs and the inputs required to reach those outputs, and *adaptiveness* reflects the ability of the organization to adapt to changes in its environment".[436] Das beschriebene Konstrukt umfasst somit als tragende Elemente das „goal model" und das „system model".

---

[429] Vgl. Abschnitt 2.2.2.
[430] Vgl. Giere/Wirtz/Schilke (2006) zur Anwendung mehrdimensionaler Konstrukte zur Erfassung komplexer Konstrukte.
[431] Vgl. nochmals die Tabelle 3, S. 31 in dieser Arbeit.
[432] Vgl. zur angesprochenen Kritik Abschnitt 2.2.2.3.
[433] Vgl. Irving (1995), S. 179.
[434] Vgl. Krohmer (1999); Dehler (2001); Schäffer/Willauer (2003); Spillecke (2006); Sorg (2007).
[435] Vgl. hierzu die Ausführungen in Abschnitt 4.3.
[436] Ruekert/Walker/Roering (1985), S. 15. Hervorhebungen im Original.

Der gewählte Ansatz ist im Vergleich zu dem von QUINN/ROHRBAUGH (1981/1983)[437] zwar weniger umfassend, bietet aber die Möglichkeit, auf operationalisierte und statistisch validierte Messmodelle zurückzugreifen. Der Ansatz von QUINN/ROHRBAUGH (1981/1983) erscheint zusätzlich durch seine Komplexität sowie die verschiedenen Perspektiven (Mikro- und Makroebenen), die nicht zweifellos zuverlässig von einer Person[438] beantwortet werden können, für die Verwendung in schriftlichen Fragebogen ungeeignet.[439] Darüber hinaus enthält der Ansatz von QUINN/ROHRBAUGH (1981/1983) das „Human Relations Model", das sich auf einer Mikroebene mit dem Wohlbefinden des Einzelnen auseinandersetzt, was bei der Betrachtung des Controllerbereichs als Organisationseinheit und dessen Erfolg nicht zielführend ist, da die Betrachtung des Controllerbereichserfolgs sich auf eine höhere, eine Makroebene bezieht und somit auch nur dort erfolgen kann. Dementsprechend ist auch der Ansatz von CAMERON (1979)[440] weniger geeignet, der ebenfalls einen viergliedrigen Ansatz wählt und das Modell der „participant satisfaction" in seinen Ansatz integriert, das weitgehend dem „Human Relations Model" entspricht.
Der Ansatz von SCOTT (1977) hebt sehr stark die Bedeutung der Systemerhaltung und Systemvervollkommnung hervor, stellt aber keine Neuerung gegenüber dem gewählten Ansatz dar und kann keine bestehende Operationalisierung und keine statistisch validierten Messmodelle vorweisen.
Dagegen bezieht der Ansatz von SEASHORE (1979) durch die Integration eines „decision process model" die Gewinnung und das Management von Informationen sowie die darauf aufbauende Entscheidungsgenerierung neben einem „system model" und einem „goal model" ein. Wie bereits in den Abschnitten 2.2.2.1 und 2.2.4 ausgeführt, bietet das „decison process model" die Möglichkeit, die Grundlage allen unternehmerischen Handelns in das Erfolgsmodell zu integrieren. Die Einbeziehung eines „decision process model" ist somit für ein möglichst umfassendes Bild des Unternehmens- und durch die Anwendung des Analogieschlusses auch des Controllerbereichserfolgs eine sinnvolle Erweiterung des Ansatzes von RUEKERT/-WALKER/ROERING (1985), der ansonsten in seiner Struktur dem Ansatz von SEASHORE (1979) entspricht.[441]

Somit erfährt der Ansatz von RUEKERT/WALKER/ROERING (1985) im Rahmen dieser Arbeit eine erste Erweiterung durch die Integration des „decision process model". Entsprechend charakterisiert sich der entwickelte und verwendete Ansatz über die Integration eines „system model", eines „goal model" und eines „decision process model". Da der Ansatz auch den Controllerbereichserfolg messen soll, wird er in diesem Zusammenhang in entsprechender Form an den Controllerbereichskontext

[437] Vgl. Abbildung 1.
[438] Prinzipiell besteht die Möglichkeit, mehrere Personen in einem Unternehmen zu (verschiedenen) Sachverhalten zu befragen, allerdings ist dies i. d. R. mit erheblichen Einbußen hinsichtlich der Rücklaufquote verbunden, so dass in der Befragung der vorliegenden Arbeit darauf verzichtet wurde. Vgl. hierzu auch die Ausführungen in Abschnitt 4.1 und 4.2.
[439] Vgl. hierzu die Ausführungen in Abschnitt 4.1.1.
[440] Vgl. hierzu und im Folgenden die Ausführungen in Abschnitt 2.2.2.1.
[441] Somit wird quasi auf dem Ansatz von Seashore (1979) aufgebaut, der allerdings nicht empirisch überprüft wurde und somit auch keine statistisch validierte Operationalisierung vorweisen kann.

angepasst.[442] Darüber hinaus erhält der Ansatz eine zweite Erweiterung in der Art, dass aus den einzelnen Dimensionen ein gesamthaftes Messmodell entwickelt wird.

Der Skala von IRVING (1995) folgend[443] wird dabei die erste Dimension des Unternehmenserfolgskonstruktes, die „effectiveness", als ein aus zwei Faktoren bestehendes Konstrukt interpretiert, das inhaltlich betrachtet Zielerreichungsgrade darstellt und somit dem „goal model" zugeordnet werden kann. Der erste Faktor bildet dabei den *kundenbezogenen Erfolg* und der zweite Faktor den *marktbezogenen Erfolg* ab. Die zweite Dimension des Konstrukts, die „efficiency", besteht aus einem Faktor, der Effizienz oder auch *Wirtschaftlichkeit,* und kann ebenfalls als im Rahmen des „goal model" verankert gesehen werden. Die dritte Dimension, die „adaptiveness", besteht ebenfalls aus einem Faktor und bildet die *Anpassungsfähigkeit* des Unternehmens an seine Umwelt und somit die Überlebensfähigkeit ab. Dementsprechend wird mit dieser Dimension das „system model" in den Ansatz integriert. Die in Ergänzung zu RUEKERT/WALKER/ROERING (1985) und IRVING (1995) integrierte Dimension besteht wiederum aus einem Faktor und bindet mit der *Güte der Entscheidungen* das dritte Modell, das „decision process model", in den Ansatz ein.[444]

3.2 Konzeptualisierung des Controllerbereichserfolgs

Nachdem festgelegt worden ist, auf Basis welchen Unternehmenserfolgskonzeptes der Controllerbereichserfolg im Rahmen dieser Arbeit ruhen soll, und der Controllerbereichserfolg implizit als Ganzes vorgestellt worden ist, folgt die Darstellung der Konzeptualisierung seiner einzelnen Faktoren. Im Rahmen der Konzeptualisierung der einzelnen Faktoren ist zu prüfen, ob eine direkte Übertragung aller Faktoren des gewählten Unternehmenserfolgsansatzes auf den Controllingkontext möglich ist bzw. bei welchen Faktoren neben den notwendigen kontextspezifischen Anpassungen gegebenenfalls auch konzeptionelle Änderungen des Ausgangskonstrukts vorzunehmen sind.

---

[442] Die Anpassungen beziehen sich in Teilen auf die Konzeptualisierung und vollständig auf die Operationalisierung.

[443] Irving (1995) legt den Fokus auf die Messung von Marketingerfolg. In zahlreichen späteren Arbeiten wurde dieser enge Fokus auf ein allgemeines Unternehmenserfolgskonstrukt ausgeweitet, vgl. beispielsweise Krohmer (1999); Schäffer/Willauer (2003), Spillecke (2006); Sorg (2007).

[444] Durch die Anwendung des vorgestellten Modells kann dem Strukturierungsrahmen von Fessmann (1980) weitgehend entsprochen werden, nach dem zur umfassenden Erfassung von Effizienz sachliche, zeitliche, flexibilitätsbezogene und soziale Aspekte Berücksichtigung finden sollten. Das vorgestellte Modell klammert lediglich soziale Aspekte aus dem Kernkonstrukt aus, da diese sich wie das human resource model auf einer Mikroebene befinden. Zudem wäre aufgrund des Forschungsdesigns die Beantwortung zu Fragen nach sozialen Aspekten von Personen vorzunehmen, die nicht Teil der betrachteten organisatorischen Einheit sind. Damit wären die Antworten nicht zweifelsfrei als reliable anzusehen. Soziale Aspekte werden stattdessen im Rahmen der Einflussfaktorenanalyse auf den Controllerbereichserfolg berücksichtigt, vgl. Abschnitt 3.3.2.

3.2.1 Anpassungsfähigkeit des Controllerbereichs

Der Nutzen und die Notwendigkeit der Anpassungsfähigkeit von Unternehmen wird auf praktisch-realer Ebene meist in Zusammenhang mit der hohen Dynamik der Umwelt gebracht.[445] MARCH (1990) stellt beispielsweise fest, dass „Organisationen [...] sich als Reaktion auf ihre Umwelt [verändern]".[446] Das theoretische Gedankengut dahinter stellt das „system model" und die Ressourcenabhängigkeitsperspektive dar.[447] Die Überlebensfähigkeit der Unternehmen, die aus den ersten beiden genannten Theoriesträngen resultiert, wird i. d. R. danach beurteilt, inwieweit sie in der Lage sind, sich auf die Umweltveränderungen einzustellen und zu reagieren.[448] Deshalb ist es naheliegend, dass die Umweltveränderungen, die das Unternehmen beeinflussen, sich auch auf unternehmensinterne Einheiten auswirken. Eine Anpassung und Reaktion des Unternehmens kann schließlich nur aus dem Unternehmen heraus stattfinden.

Bezogen auf den Controllerbereich kann Anpassungsfähigkeit ebenfalls als Überlebensfähigkeit im Rahmen der Ressourcenabhängigkeitsperspektive interpretiert werden. Der Controllerbereich kann nur dann fortbestehen, wenn er sich auf die sich wandelnde Bedürfnisse seiner Kunden und auf die sich ändernde unternehmensexterne Umwelt einstellen und reagieren kann. Die Notwendigkeit des Controllerbereichs, anpassungsfähig und flexibel zu sein, wird in der Controllingliteratur bislang häufig auf der Ebene der Informationsversorgungssysteme und der unterstützenden IT-Struktur diskutiert. Daneben sind aber auch Aspekte wie die marktzyklusgerechte Ausrichtung des Controllerbereichs im Sinne einer Anpassung des Controllerbereichs an die jeweilige Markt- und Lebenszyklusphase des Unternehmens von elementarer Bedeutung.[449] Diese Konzeptualisierung der Anpassungsfähigkeit ist mit der auf den Unternehmenskontext bezogenen Anpassungsfähigkeit gleichzusetzen.[450]

Abschließend zur Anpassungsfähigkeit ist hervorzuheben, dass sie zukunftsorientiert ist. Dies äußert sich im Blick, der nach vorne und an der Überlebenssicherung der Einheit ausgerichtet ist, im Gegensatz zu dem rückwärtsgerichteten Blick, der den am „goal model" ausgerichteten Dimensionen, denen der Zielerfüllungsgedanke zugrunde liegt, immanent ist.[451]

---

[445] Vgl. beispielsweise Krohmer (1999), S. 169; Dehler (2001), S. 229; Spillecke (2006), S. 166.

[446] March (1990), S. 189.

[447] Vgl. hierzu die Ausführungen in den Abschnitten 2.2.2.1 und 2.3.1.1. Als weitere Theorie wird in diesem Zusammenhang auch die Veränderungstheorie genannt, die hier aber nicht weiter berücksichtigt werden soll, vgl. hierzu beispielsweise March (1990), S. 187 ff.

[448] Vgl. hierzu auch Abschnitt 2.3.1.1.

[449] Vgl. Bernauer (2007), S. 44.

[450] Vgl. Abschnitt 3.4.

[451] Der Aspekt der Anpassungsfähigkeit wird in der „organizational effectiveness"-Literatur meist in Form des „system model" oder des „system view" diskutiert.

3.2.2 Interner kundenbezogener Erfolg des Controllerbereichs

Bei der Übertragung des Konzeptes des kundenbezogenen Erfolgs auf den unternehmensinternen Kontext ist festzuhalten, dass dies mit Arbeiten korrespondiert, die sich mit internen Kunden-Lieferanten-Beziehungen[452] oder auch mit internem Marketing[453] beschäftigen. Diese Forschungsrichtungen basieren ebenso wie die hier vorgenommene Betrachtung des Controllerbereichserfolgs auf der Übertragung von Wissen und Methoden der Forschung im externen Kontext auf den unternehmensinternen Kontext. Entsprechend werden im Folgenden neben Erkenntnissen aus der Marketingforschung, der Basis der beiden genannten Forschungszweige, auch Erkenntnisse der beiden Forschungsrichtungen einbezogen, die sich auf den unternehmensinternen Kontext konzentrieren.

3.2.2.1 Dimensionen des kundenbezogenen Erfolgs

Wie in Abschnitt 3.2 dargestellt bilden der kundenbezogene Erfolg gemeinsam mit dem marktbezogenen Erfolg die Dimension der „effectiveness“ ab. Kundenbezogener Erfolg im Unternehmenskontext lässt sich nach RUEKERT/WALKER/ROERING (1985) und IRVING (1995) als die Generierung von Neukunden, das Halten bestehender Kunden sowie die Erzielung einer hohen Kundenzufriedenheit bzw. eines hohen Kundennutzens charakterisieren. Auf den internen Kontext und speziell auf den Controllingkontext übertragen, kann diesem Ansatz auf Basis der Ressourcenabhängigkeitsperspektive gefolgt werden. So versucht der Controllerbereich als Antwort auf seine Abhängigkeit vom Management, beispielsweise hinsichtlich der Zuteilung von Budgets oder auch der Nachfrage nach den Leistungen, seine angebotenen Leistungen möglichst qualitativ hochwertig anzubieten (wahrgenommene Qualität der Leistungen durch den Kunden) und seine Kunden möglichst zufriedenzustellen (empfundene Zufriedenheit des Kunden).[454] Auch ein Großteil der Forschungsbemühungen zum (internen) Dienstleistungsmarketing zieht diese beiden herausgearbeiteten Konstrukte heran, um die Bewertung von Dienstleistungen durch den Kunden zu charakterisieren.[455] Jedoch kann die Abgrenzung dieser beiden nicht immer eindeutig vorgenommen werden. Eine konzeptionelle Unterscheidung ist durch die Perspektive, aus der sie erklärt werden, möglich. So kann dies aus einer globalen Perspektive oder einer transaktionsbezogenen Perspektive erfolgen.[456] Die wahrgenommene Qualität der Leistungen wird dabei der globalen Perspektive zugeordnet und entspricht dadurch einer allgemeinen Bewertung, die sich im Vergleich der erwarteten und erhaltenen Leistungen („overall excellence“) ausdrückt.[457] Die wahrgenommene Qualität der Leistungen ist auf diese Weise als dauerhaft und langfristig orientiertes Konstrukt konzeptualisiert. Dagegen wird das Konstrukt der empfundenen

---

[452] Vgl. Neuhaus (1996); Homburg/Weber (1999); Stauss/Neuhaus (1999).

[453] Vgl. Aust (1999); Bruhn (1999a); George/Grönroos (1999); Spillecke (2006).

[454] Vgl. Spillecke (2006), S. 60, vgl. auch die Ausführungen in Abschnitt 2.3.1.1.

[455] Vgl. Rudolph (1998), S. 38. Die Erläuterung, dass Controllerbereichsleistungen Dienstleistungen sind, folgt in diesem Abschnitt.

[456] Vgl. zu den unterschiedlichen Konzeptionsmöglichkeiten Dabholkar (1993) und bzgl. der Abgrenzung der Konstrukte beispielsweise Oliver (1993); Iacobucci/Grayson/Ostrom (1994), Kelley/Davis (1994).

[457] Vgl. Zeithaml (1988); Cronin/Taylor (1994).

Kundenzufriedenheit aus einer transaktionsbezogenen Perspektive konzeptualisiert. Dies bedeutet, dass die Zufriedenheit anhand spezifischer Transaktionen bewertet wird und somit ein vorübergehendes Urteil darstellt.[458] Allerdings besteht in der Literatur Konsens darüber, dass die transaktionsbezogene Zufriedenheit im Zeitablauf in eine langfristige Einstellung übergeht.[459] Darüber hinaus ist nach RUST/OLIVER (1994) die Trennung der beiden Konstrukte dahingehend möglich, dass Qualität sich auf die Kernleistung bezieht, Zufriedenheit hingegen umfassender ist und dabei auch andere Aspekte und Merkmale der Leistung in die Bewertung einfließen können.[460] In diesem Zusammenhang stehen auch Arbeiten, die die inhaltliche Zuordnung der Konstrukte gerade vertauschen und Zufriedenheit mit der globalen Perspektive und die Dienstleistungsqualität mit der transaktionsbezogenen Perspektive verknüpfen. Welcher Ansatz verfolgt wird, ist vorerst unerheblich, da im Rahmen der Konzeptualisierung lediglich wichtig ist, dass eine Abgrenzung der beiden Konstrukte voneinander möglich ist.[461]

3.2.2.2 Dienstleistungsqualität

Als erster elementarer Bestandteil des kundenbezogenen Erfolgs wurde die *wahrgenommene Qualität der Leistungen*[462] identifiziert. Der Begriff der Qualität ist in der Literatur uneinheitlich definiert.[463] Im Rahmen dieser Arbeit wird Qualität als „die Beschaffenheit einer Einheit bezüglich ihrer Eignung, festgelegte oder vorausgesetzte Erfordernisse zu erfüllen“,[464] verstanden. Ebenso wie es unterschiedliche Definitionen von Qualität gibt, sind auch unterschiedliche Differenzierungsgrade bei der Kategorisierung von Qualitätsansätzen auszumachen.[465] Allerdings können diese in zwei grundlegenden Qualitätsbegriffen[466] zusammengefasst werden:

- *Produktbezogener Qualitätsbegriff*: Dieser von den Ingenieurswissenschaften geprägte Qualitätsbegriff zeichnet sich dadurch aus, dass Qualität nach objektiven Kriterien bemessen werden sollte und als das Niveau vorhandener Eigenschaften von Produkten respektive Dienstleistungen verstanden wird.[467]
- *Kundenbezogener Qualitätsbegriff*: Dieser aus dem Marketinggedanken entstandene Qualitätsbegriff betrachtet Qualität als das, was der Kunde bezüglich der Produkt- respektive der Dienstleistungseigenschaften als Qualität

---

[458] Vgl. Oliver (1981); Carman (1990), S. 35; Cronin/Taylor (1992), S. 56; Cronin/Taylor (1994), S. 126.
[459] Vgl. LaBarbera/Mazursky (1983), S. 394.
[460] Vgl. Rust/Oliver (1994), S. 6 f.
[461] Vgl. Rust/Oliver (1994), S. 7.
[462] Im Folgenden wird lediglich nur von Qualität der Leistungen gesprochen, womit die wahrgenommen Qualität der Leistungen gemeint ist.
[463] Vgl. Haller (1993), S. 20.
[464] DIN 55350 (Teil 11, S. 3, Nr. 5, Mai 1987), zitiert nach Meffert/Bruhn (2003), S. 270.
[465] Beispielsweise unterscheidet Garvin (1988), S. 40 f., fünf Definitionsansätze: den absoluten, den produktorientierten, den herstellungsorientierten, den kundenorientierten und den wertorientierten Ansatz. Weber et al. (2000) unterscheiden dagegen nur zwei Ansätze: den produktorientierten und den kundenorientierten.
[466] Vgl. Meffert/Bruhn (2003), S. 271.
[467] Vgl. Aust (1999), S. 85; Bruhn (2001), S. 60; Meffert/Bruhn (2003), S. 270.

wahrnimmt. Entsprechend kann eine Erfassung der Qualität nur auf subjektiven Kriterien beruhen.[468]

Im Rahmen der Betrachtung von Controllerbereichserfolg erweist sich der kundenbezogene Qualitätsbegriff als einzig mögliche Wahl, da Controllerbereichsleistungen sich aus unterschiedlichen Facetten zusammensetzen und sich aufgrund der Immaterialität vieler dieser Leistungen kaum objektive Maßstäbe zur Qualitätserfassung bestimmen lassen.[469] Im Rahmen der subjektiven Qualitätserfassung können zwei verschiedene Ansätze angewendet werden.

- *Ereignisorientierte* Ansätze zeichnen sich dadurch aus, dass sie auf laufende oder besonders kritische Kundenerlebnisse abzielen, um diese schrittweise zu analysieren. Hierbei stehen Techniken wie die sequenzielle Ergebnismethode oder die Critical-Incident-Technique zur Verfügung.[470]
- *Merkmalsorientierte* Ansätze nähern sich einer Erfassung subjektiver Qualität über die Bewertung verschiedener, die Leistung charakterisierende Einzelmerkmale an. Diese Einzelbewertungen werden anschließend zu einer Gesamtbewertung aggregiert.[471] Die SERVQUAL-Skala ist eines der bekanntesten Beispiele für einen solchen merkmalsorientierten Ansatz.[472] Sie basiert auf einem Vergleich von Soll- und Istwerten hinsichtlich verschiedener Eigenschaften der Leistungen.[473]

Da die Leistungen der Controllerbereiche nicht unweigerlich im Rahmen eines standardisierten Prozesses erbracht werden, sondern situationsspezifisch und individuell ausgestaltet sein können, erscheinen ereignisorientierte Ansätze weniger geeignet, um die Leistungsqualität der Controllerbereichsleistungen zu erfassen.[474] Im Rahmen dieser Arbeit wird daher ein merkmalsorientierter Ansatz gewählt.

Die Leistungen, die der Controllerbereich erbringt, lassen sich prinzipiell als Dienstleistungen charakterisieren.[475] Dienstleistungen zeichnen sich durch fünf konstitutive Merkmale aus: Intangibilität, Verderblichkeit, Integration des externen Faktors,

---

[468] Vgl. Meffert/Bruhn (2003), S. 207; vgl. auch Lucas (1974), S. 209; Zmud (1978), S. 191, Bruhn (2001),
S. 60 f.

[469] Vgl. Hentschel (1990), S. 233.

[470] Vgl. Bitner/Booms/Tetreault (1990), S. 73 f.; Stauss/Hentschel (1990), S. 10; Stauss (1994), S. 237 ff.; Rudolph (1998), S. 40.

[471] Vgl. Stauss/Hentschel (1990), S. 7.

[472] Vgl. Parasuraman/Zeithaml/Berry (1988), S. 38; Hentschel (1990), S. 231.

[473] Vgl. Parasuraman/Zeithaml/Berry (1988), S. 38, vgl. auch Rudolph (1998), S. 41 ff. Die SERVQUAL-Skala basiert somit auf dem Confirmation/Disconfirmation-Paradigma (C/D-Paradigma), nachdem die wahrgenommene Qualität mindestens der erwarteten Qualität entsprechen muss, um Zufriedenheit bei den Kunden auszulösen. Vgl. hierzu Buttle (1995), S. 213; zum C/D-Paradigma vgl. beispielsweise Day (1977), S. 155; Trawick/Swan (1980), S. 97; Bateson/Wirtz (1991), S. 21. Das C/D-Paradigma weist somit Ähnlichkeit hinsichtlich des grundlegenden Entscheidungsprozesses zur sozialen Austauschtheorie auf, die in Abschnitt 2.3.2.1 beschrieben wird.

[474] Vgl. Bauer (2002), S. 132; Spillecke (2006), S. 141.

[475] Vgl. Bauer (2002), S. 130 f.; Spillecke (2006), S. 141.

wahrgenommenes Kaufrisiko und Individualität.[476] Damit eine Leistung als Dienstleistungen charakterisiert werden kann, muss sie alle Merkmale erfüllen allerdings lediglich in einer stärkeren Ausprägung als Sachgüter.[477] Bezüglich der genannten Merkmale von Dienstleistungen gilt es anzumerken, dass die Controllerbereichsleistungen prinzipiell immateriell und somit intangibel und je nach Leistungsart auch individuell an die Bedürfnisse des Kunden angepasst sind. Hinsichtlich des Kaufrisikos gilt, dass der Manager – wie in Abschnitt 2.3.2.2 gezeigt – immer einem solchen unterliegt, wenn er Controllerbereichsleistungen in Empfang nimmt. Die Verderblichkeit der Controllerbereichsleistungen ist ebenfalls gegeben. So können viele der Leistungen nicht vorproduziert oder gelagert werden, da sie erst zu gewissen Zeitpunkten[478] erstellt werden können.

Somit ist die Messung der Qualität der Controllerbereichsleistungen als Messung von Dienstleistungsqualität anzusehen. Im Rahmen dieser Arbeit wird das Modell von GRÖNROOS (1984) zum Einsatz kommen.[479] Entsprechend wird nicht der Ansatz von DONABEDIAN (1980) verfolgt,[480] der im Rahmen von empirischen Forschungen zur Dienstleistungsqualität von Controllerbereichen schon häufiger verwendet wurde.[481] Die Ansätze der beiden genanten Autoren ähneln einander. Allerdings versteht GRÖNROOS (1984) die Potenzialqualität nicht als Dimension der Dienstleistungsqualität, sondern als mögliche Determinante. Die Verwendung des Ansatzes von GRÖNROOS (1984)[482] und somit die Eliminierung der Potenzialqualität als Dimension der Dienstleistungsqualität erscheint sogar anhand Ausführungen DONABEDIANs (1980) zur Potenzialqualität[483] sinnvoll. So stellt er fest, dass „good structure, that is, a sufficiency of resources and proper system design, is probably the most important means of protecting and promoting the quality...".[484] Dadurch erklärt er, dass Potenzialqualität als Mittel zum Zweck hinsichtlich der Qualität zu verstehen ist, nicht aber als Bestandteil der Qualität. Weiter führt er aus, dass „[t]he usefulness of structure as an indicator of quality is [...] also limited because of our insufficient knowledge about the relationships between structure and performance " und „ [a]s a

---

[476] Vgl. Zeithaml/Parasuraman/Berry (1985), S. 34; Meffert/Bruhn (2003), S. 32 ff.

[477] Vgl. Spillecke (2006), S. 141.

[478] Beispielsweise Monatsberichte, die erst nach Abschluss der Buchungen erfolgen können.

[479] Vgl. Grönroos (1984, 1990). Das Model ist auch als „Nordic Model" bekannt. Darüber hinaus existiert eine Vielzahl weiterer Modelle. Zu nennen sind beispielsweise die Modelle von Parasuraman/Zeithaml/Berry (1988), auch als „American Model" und SERVQUAL-Skala bekannt, Rust/Oliver (1994); Dabholkar/Thorpe/Rentz (1996), auch als „Multilevel Model" bekannt. Eine Übersicht und Erläuterung zu den Ansätzen findet sich beispielsweise bei Brady/Cronin (2001) oder Palaima/Banyté (2006).

[480] Vgl. Donabedian (1980).

[481] Vgl. Aust (1999); Karlshaus (2000); Bauer (2002); Spillecke (2006). Die ersten drei genannten Autoren beschränken sich allerdings auf die Erfassung der Qualität der Informationsversorgungsaufgabe des Controllerbereichs. Spillecke (2006) erweitert die Betrachtung der Dienstleistungsqualität von Controllerbereichen, indem er auf die Aufgaben von Controllerbereichen insgesamt abzielt.

[482] Auch andere Autoren weisen auf die beiden elementaren Dimensionen Prozess und Ergebnisqualität hin, vgl. beispielsweise Dabholkar/Overby (2005).

[483] Donabedian (1980) verwendet im Original das Wort „structure".

[484] Donabedian (1980), S. 82.

source of accurate current information about quality, the assessment of structure is of a good deal less importance than the assessment of process or outcome."[485] Zwar sind die letzten beiden Aussage etwas relativierend hinsichtlich der Bedeutung der „structure" zur Erfassung von Dienstleistungsqualität, eine Begründung für die Integration des Faktors „structure" in sein Modell bleibt DONABEDIAN (1980) allerdings schuldig.

GRÖNROOS (1984) hingegen basiert seine Argumentation einer zweigliedrigen Dienstleistungsqualität auf der Interaktion zwischen Käufer und Dienstleister beim Erwerb der Dienstleistung. Der Käufer kann dabei zum einen das Ergebnis und zum anderen den Prozess der Dienstleistungserbringung beurteilen und daran seine Beurteilung der Qualität der Dienstleistung knüpfen.[486] Über die Ressourcenausstattung des Dienstleisters zur Erstellung der Dienstleistung kann der Käufer i. d. R. keine Aussage treffen und sie somit auch nicht in seine Beurteilung der Qualität einfließen lassen. GRÖNROOS (1984) bezeichnet die beiden Dimensionen der Dienstleistungsqualität als „technical quality" und „functional quality". Die gewählten Begriffe drücken aus, dass es sich bei dem ersten Aspekt um die eher harten, technischen Inhalte der Ergebnisqualität handelt. Diese „can be measured by the consumer in a rather objective manner, as any technical dimension of a product."[487] Der zweite Aspekt beinhaltet und beantwortet die eher weichen, funktionalen Fragen nach dem „wie" und ist somit als Prozessqualität zu verstehen.[488]

3.2.2.3 Kundenzufriedenheit

Der zweite identifizierte elementare Bestandteil des kundenbezogenen Erfolgs ist, wie oben ausgeführt, die *empfundene Kundenzufriedenheit.*[489] Zufriedenheit selbst drückt im allgemeinen Sprachgebrauch einen positiven Gemütszustand aus.[490] Auf einer solchen abstrakten Ebene lässt sich allerdings keine wissenschaftliche Diskussion führen. Jedoch führte die Präzisierung des Begriffs in der Zufriedenheitsforschung dahin, dass bis heute weder ein einheitliches Verständnis noch eine Basistheorie oder eine Übereinkunft hinsichtlich der Messung von Zufriedenheit etabliert werden konnte.[491] Insbesondere herrscht Uneinigkeit darüber, wie viele und welche Arten an Komponenten in die Konzeptualisierung von Zufriedenheit einfließen sollen.[492] So vertreten einige Wissenschaftler den Standpunkt, dass ausschließlich kognitive[493] Aspekte Zufriedenheit bestimmen, wohingegen andere auch affektive oder auch intentionale[494] Aspekte als relevant erachten.[495] Im Rahmen dieser Arbeit wird dem

485 Donabedian (1980), S. 82.
486 Vgl. Grönroos (1984), S. 36 f.
487 Grönroos (1984), S. 38.
488 Vgl. Grönroos (1984), S. 39.
489 Im Folgenden wird lediglich nur von (Kunden-)Zufriedenheit gesprochen, womit die empfundene (Kunden-) Zufriedenheit gemeint ist.
490 Vgl. Bauer (2000), S. 15; Wallenburg (2004), S. 92.
491 Vgl. Bauer (2000), S. 15, Giese/Cote (2000), S. 1; Braunstein (2001), S. 33 und die dort angegebene Literatur.
492 Vgl. Bauer (2000), S. 16.
493 Vgl. Howard/Sheth (1969), S. 145.
494 Vgl. Stauss/Neuhaus (1995), S. 14.

intentionalen Aspekt von Zufriedenheit keine weitere Aufmerksamkeit geschenkt. So ist die Integration dieses Aspekts von konzeptioneller Schwäche geprägt, da eine Verhaltensintention vielmehr eine mögliche Konsequenz von Zufriedenheit darstellt als selbst ein Teil von ihr zu sein.[496]

Hinsichtlich der Dimensionalität von Zufriedenheit werden in der Literatur unterschiedliche Meinungen vertreten. Einerseits wird Zufriedenheit als eindimensionales und andererseits als mehrdimensionales Konstrukt verstanden.

Als wichtige Vertreter der mehrdimensionalen Konzeptualisierung sind HERZBERG[497] und KANO[498] zu nennen. Nach WALLENBURG (2004) ist die mehrdimensionale Konzeptualisierung von Zufriedenheit allerdings hinsichtlich ihrer empirischen Relevanz als nicht zweifelsfrei anzusehen,[499] so dass diese Arbeit auf einen eindimensionalen Ansatz zurückgreift.

Im Hinblick auf die theoretische Fundierung der Zufriedenheit herrscht ebenfalls ein Pluralismus von Ansätzen und Theorien vor. Allerdings hat sich das C/D-Paradigma[500] „als das bedeutendste und am häufigsten angewandte Erklärungsmodell herauskristallisiert".[501] Das C/D-Paradigma basiert auf der Annahme, dass ein Kunde die erhaltene Leistung (Ist) mit einer vor Inanspruchnahme der Leistung gebildeten Erwartung (Soll) hinsichtlich der Leistung vergleicht.[502] Kommt es im Rahmen des Vergleichs zwischen Soll und Ist zu einer Erfüllung der Erwartungen (confirmation: Ist≥Soll), soll stellt sich Zufriedenheit ein. Das Gegenteil gilt, wenn das Ist hinter den Erwartungen zurückbleibt (disconfirmation: Ist<Soll).

So bleibt festzuhalten, dass Kundenzufriedenheit mit dem Controllerbereich entsprechend als Ergebnis eines Vergleichsprozesses mit den Erwartungen des Managements an die Controllerbereichsleistungen und den tatsächlichen Leistungen des Controllerbereichs definiert werden kann.

---

495 Eine Übersicht über Konzeptualisierungen von Zufriedenheit ist bei Giese/Cote (2000) zu finden.

496 Vgl. Wallenburg (2004), S. 93

497 Herzberg unterscheidet in seinem Zwei-Faktoren-Modell Zufriedenheit und Unzufriedenheit als eigenständige Konstrukte. Dies hat zur Folge, dass unterschiedliche Faktoren auf die Konstrukte wirken können oder aber auch dieselben Faktoren in unterschiedlich starkem Ausmaß, vgl. hierzu Braunstein (2001), S. 37.

498 Kano unterscheidet ebenfalls Zufriedenheit und Unzufriedenheit, ergänzt um Leistungsfaktoren, die zu Zufriedenheit oder Unzufriedenheit führen können. Vgl. Sauerwein (2000), S. 25 ff., für eine empirische Überprüfung des Modells und Braunstein (2001), S. 38, hinsichtlich der Konzeptualisierung des Modells. Für eine Übersicht der statistischen Probleme mit der Kano-Methode vgl. Harms/Dummer (2007), S. 933 f.

499 Vgl. Wallenburg (2004), S. 94.

500 Confirmation/Disconfirmation-Paradigma; vgl. auch Fußnote 473.

501 Krafft (1999), S. 516. Als weitere Theorien sind die Equity-Theorie und die Attributionstheorie zu nennen.

502 Vgl. Churchill/Surprenant (1982), S. 492; Bearden/Teel (1983), S. 22; Krafft (1999), S. 516 f., Künzel (1999), S. 74 f.

Hinsichtlich der grundlegenden Übereinstimmung der Konzeptualisierungen des internen kundenbezogenen Erfolgs des Unternehmens und des Controllerbereichs ist zu konstatieren, dass die beiden Ansätze auf konzeptioneller Ebene als übereinstimmend angesehen werden können, lediglich bei der Operationalisierung sind entsprechende Anpassungen vorzunehmen, damit das Konstrukt im Controllingkontext angewendet werden kann.

3.2.3 Interner marktbezogener Erfolg des Controllerbereichs

Der aus dem Unternehmenskontext abgeleitete marktbezogene Erfolg bildet den zweiten Faktor der „effectiveness" ab und zielt in seiner ursprünglichen Verwendung auf Aspekte des Markterfolgs, die über die Betrachtung von reinen kundenbezogenen Markerfolgsfaktoren hinausgehen, ab.[503] Hierunter fallen beispielsweise das Erreichen eines angestrebten Wachstums oder das Erreichen oder Halten eines angestrebten Marktanteils.

Bei einer direkten Übertragung auf den unternehmensinternen Kontext müssten zur Beurteilung des marktbezogenen Erfolgs von Controllerbereichen interne Märkte in Unternehmen etabliert sein, auf denen Controllerbereichsleistungen gehandelt werden könnten. In der Literatur lässt sich kein umfassendes, einheitliches Verständnis hinsichtlich des Konzepts interner Märkte finden.[504] Jedoch gibt es mehrheitlich anerkannte Charakteristika, die interne Märkte beschreiben, und je nach Interpretation ein engeres oder weiteres Verständnis von internen Märkten zulassen. Eine grundsätzliche Eigenschaft interner Märkte ist, dass innerbetriebliche Entscheidungen primär auf marktliche Prinzipien abstellen.[505] Eine enge Auslegung dieser Eigenschaft führt zur Umsetzung des internen Marktes durch Profit-Center-Konzepte.[506] Eine weitere Auslegung kann eine Förderung von Maßnahmen vorsehen, die der Marktorientierung im Rahmen interner Kunden-Lieferanten-Beziehungen dient.[507]

Der interne Markt, auf dem Controllerbereiche ihre Leistungen im Unternehmen anbieten könnten, ist groß. So können Controllerbereiche Dienstleistungen anbieten, die ihre Kunden bei deren Arbeit unterstützen oder auch ergänzen.[508] Zu den Aufgaben

---

[503] Vgl. Spillecke (2006), S. 167.

[504] Vgl. David (2005), S. 72.

[505] Hierbei nennt Frese (1997), S. 134 als wesentliche marktliche Elemente, einen Verhandlungsprozess, der aus Entscheidungsautonomie und ohne Zwang zu Vertragsabschlüssen resultiert, sowie den Preis, der zur Bestimmung der Kosten- und Nutzengrößen herangezogen wird und auch den Ausweis des monetären Erfolgs einer Transaktion zulässt.

[506] Profit-Center sind Unternehmenssubeinheiten, denen sowohl Kosten und Aufwand als auch Erlöse und Erträge zugeordnet werden können und für die somit der Erfolg und Gewinn der Einheit ausweisbar ist. Sie sind sowohl organisatorisch als auch rechentechnisch somit eigenständige, abgeschlossene und eigenverantwortliche Teileinheiten des Unternehmens. Vgl. hierzu beispielsweise Welge (1975); Wolf (1985), S. 13 ff.; Kreuter (1997), S. 9 ff.

[507] Vgl. Frese (1998), S. 197 f.

[508] Diese Leistungen können Informationsdienstleistungen sein und im Rahmen von Planungs- und Kontroll- oder Koordinationsaufgaben anfallen oder aber Aufgaben im Sinne des Rationalitätssicherungsverständnisses umfassen. Diese Leistungen sind vom Controllingverständnis unabhängig. Begrenzende Aufgaben i. S. des Rationalitätssicherungsverständnis (vgl. Weber/Schäffer (2006), S. 37-39) werden nicht von einem Kunden auf sich selbst bezogen

der Controllerbereiche könnten aber noch weitere kommen, die sie potenziell ebenfalls erfüllen könnten.[509] Denkbar sind gerade vor dem Hintergrund der Diskussion hinsichtlich der Konvergenz der Rechnungswesen,[510] dass Controllerbereiche auch Dienstleistungen erbringen, die traditionell von der Organisationseinheit „externes Rechnungswesen“ erstellt werden.[511] Es wird deutlich, dass eine klare Abgrenzung des Marktes für Controllerbereiche schwierig ist.

Um letztendlich Aussagen bezüglich des Wachstums oder des Marktanteils von Controllerbereichen tätigen zu können, wären neben der Existenz interner Märkte zudem Informationen über die gesamte Nachfrage potenzieller Kunden sowohl nach Controllerbereichsleistungen als auch nach Leistungen, die der Controllerbereich liefern könnte, die aber derzeit (noch) nicht in sein Aufgabengebiet fallen.

In der Unternehmensrealität ist die Umsetzung interner Märkte insbesondere in Form von Profit-Centern bislang nicht annähernd vollständig vollzogen.[512] Somit ist die Festlegung des Controllerbereichsmarktes, der zur Ableitung und Bewertung hinsichtlich der Erreichung potenzieller Wachstums- und Marktanteilsziele für den Controllerbereich notwendig ist, nicht möglich. Folglich muss zur Bestimmung des marktbezogenen Erfolgs des Controllerbereichs eine konzeptionelle Anpassung des ursprünglichen Konstruktes vorgenommen werden. Anstelle einer direkten Übertragung der Konzeptualisierung des Konstrukts des marktbezogenen Erfolgs wird im Folgenden daher auf einen Treiber des internen marktbezogenen Erfolgs zurückgegriffen: die „Einstellung“ des Kunden bzgl. des Controllerbereichs.

Es ist davon auszugehen, dass die grundlegende positive oder auch negative „Einstellung“ des Kunden zum Controllerbereich und dessen Leistungen sein Verhalten bezüglich der „Nachfrage nach Controllerbereichsleistungen“ beeinflusst. Die Einstellung des Kunden bezüglich einer Leistung oder auch eines Bereichs ist nicht gleichzusetzen oder zu verwechseln mit Zufriedenheit.[513] „Zufriedenheit ist an

---

nachgefragt, vielmehr wird die Nachfrage von hierarchisch höher gestellten Managern (Kunden) hinsichtlich untergeordneter Manager generiert.

509 Abhängig vom jeweiligen vorherrschenden Controllingverständnis könnte bei einem Informationsversorgungsverständnis eine Ausweitung der Controllerbereichsaufgaben bereits darin liegen, mehr als nur Informationen bereitzustellen und daher auch bei der Planung unterstützend einzugreifen.

510 Historisch gesehen hat das „Controlling“ seine Wurzeln im externen Rechnungswesen, vgl. Weber/Schäffer (2006), S. 3-9, allerdings ist die Funktion „Controlling“, vermutlich in der Praxis durch die Trennung der Rechnungswesen in ein internes und ein externes entstanden. Noch heute besteht eine enge Verknüpfung beider Bereiche durch gemeinsam verwendete Informationssysteme, vgl. Haeger (2006). Zusätzlich besteht durch den Management Approach der IFRS ein Einfluss des „Controllings“ auf die externe Rechnungslegung, vgl. Weißenberger (2006). Vor diesen Hintergründen wird seit Längerem vor allem in Deutschland die Diskussion geführt, beide Rechnungslegungen wieder zu vereinen.

511 Hierzu zählen beispielsweise die Bilanzerstellung und die Erstellung der Gewinn- und Verlustrechnung. Diese Informationen sind vor allem an den Bedürfnissen der Eigenkapitalgeber angelehnt, vgl. hierzu Baetge/Kirsch/Thiele (2003), S. 25-56 und 81-135. Darüber hinaus wäre folglich auch die Wahrnehmung von Investor-Relations-Aufgaben möglich.

512 Vgl. Trilse (2001); Währisch (1998).

513 Vgl. Rudolph (1998), S. 13.

konkrete Erfahrungen und Situationen gebunden und immer als relativ anzusehen, da ein Vergleichsprozeß stattfindet."[514] Einstellung hingegen ist als ein über einen längeren Zeitraum hinweg stabiles Konstrukt zu verstehen.[515] Dies bedeutet, dass Einstellung ein situationsunabhängiges Konstrukt darstellt. Ferner gilt sie als innere, relativ dauerhafte Bereitschaft einer Person, sich gegenüber einem anderen Objekt konsistent positiv oder negativ zu verhalten.[516] Einzelne schlechte Erfahrungen, die die Zufriedenheit möglicherweise direkt negativ beeinflussen, führen folglich nicht zu einer sofortigen Einstellungsänderung.[517] Entsprechend wird bei einer positiven Einstellung hinsichtlich des Controllerbereichs der Kunde dauerhaft die Controllerbereichsdienstleistungen nachfragen und somit den „Marktanteil" des Controllerbereichs beeinflussen.

3.2.4 Wirtschaftlicher Erfolg des Controllerbereichs

Der Aspekt der Wirtschaftlichkeit war insbesondere zu Beginn der Unternehmenserfolgsforschung das essenzielle und oft einzige Kriterium, um (finanziellen) Erfolg zu bestimmen.[518] Die Anzahl der möglichen Kennzahlen, um wirtschaftlichen Erfolg auszuweisen, erweckt den Anschein unendlich zu sein.[519] Übertragen auf den internen Kontext ergibt sich insbesondere die Schwierigkeit, dass Controllerbereiche Gemeinkostenbereiche sind und meist als reine Kostenstellen pauschal weiterverrechnet werden oder auch als Cost-Center[520] organisiert sind. Der direkte Ausweis eines finanziellen Erfolgs wie beispielsweise bei einem Profit-Center ist somit nicht möglich.

Dennoch ist der wirtschaftliche Erfolg ein elementarer Bestandteil von Erfolgskonstrukten und sowohl wissenschaftliche als auch praktische Literaturbeiträge zeigen, dass auch Gemeinkostenbereichen sich wirtschaftlich und effizient verhalten sollten, da Rationalisierungsmaßnahmen oder auch Outsourcingprojekte[521] vor ihnen nicht mehr haltmachen.[522] Darüber hinaus ist effizientes Verhalten auch unter dem theoretischen Gesichtspunkt der Ressourcenabhängigkeitsperspektive als dominante Strategie des Controllerbereichs zu identifizieren. Denn effizientes Verhalten des Controllerbereichs kann als Antwort auf die budgetäre Abhängigkeit vom Management verstanden werden.

---

514 Rudolph (1998), S. 13.
515 Vgl. Day (1984), S. 496; Oliver (1981), S. 27.
516 Vgl. Triandis (1975), S. 2; Nieschlag/Dichtl/Hörschgen (2002), S. 594-600.
517 Vgl. Rudolph (1998), S. 13.
518 Vgl. hierzu die Ausführungen in Abschnitt 2.2.2.1.
519 Vgl. hierzu Abschnitt 2.2.2.
520 Unter Cost-Center wird typischerweise ein Unternehmensbereich verstanden, der keinen direkten Zugang zum Absatzmarkt hat. Leistungsbeurteilungen erfolgen meist im Rahmen von Kostenabweichungsanalysen, um ein erhöhtes Kostenbewusstsein zu schaffen, vgl. hierzu Kreuter (1997), S. 10 f. Wie in Abschnitt 3.2.3 ausgeführt, ist die Etablierung von internen Märkten und Profit-Centern für Controllerbereiche in Deutschland nicht sehr weit fortgeschritten.
521 Vgl. beispielsweise Albe (1996); Müller/Fickel (1997); Sierke (2000); Wullenkord/Kiefer/Sure (2005); Klingebiel/Andreas (2006).
522 Vgl. Weber (2005), S. 1.

Effizienz, wie in Abschnitt 2.2.1 für diese Arbeit definiert, beinhaltet allerdings die Betrachtung des Inputs und des Outputs eines Objektes in Relation zueinander. Wie eingangs ausgeführt, ist die Erfassung, Abgrenzung und monetäre Bewertung sämtlicher Inputfaktoren des Controllerbereichs ebenso schwierig wie die des Outputs.

Somit ist weder eine direkte Übertragung von Kennzahlen, die den wirtschaftlichen Erfolg des Controllerbereichs darstellen könnten, noch eine objektive Erfassung der Effizienz von Controllerbereichen möglich. Folglich bleibt nur eine subjektive Messung des wirtschaftlichen Erfolgs des Controllerbereichs. Ein solches Vorgehen steht im Einklang mit der Verfahrensweise hinsichtlich der Messung von Effizienz oder Wirtschaftlichkeit von Unternehmen durch subjektive Größen, die sich in empirischen Studien als positiv korreliert mit objektiven Größen erwiesen haben.[523] Die Messung der Effizienz des Controllerbereichs durch eine subjektive Bewertung der Effizienz verändert daher die Konzeptualisierung des ursprünglichen Konstruktes nicht.[524] Die Effizienzmessung von IRVING (1995), auf der zur Operationalisierung aufgebaut wird, beinhaltet ebenfalls ausschließlich qualitative, subjektive Effizienzitems.[525]

Anzumerken ist noch, dass an der vorliegenden Befragungskonstellation vorteilhaft ist, dass die Respondenten keine Aussagen über die Effizienz oder Ineffizienz ihrer eigenen Handlungen oder deren Auswirkungen treffen müssen, und somit kein Grund zur Annahme besteht, dass die Bewertungen ein verzerrtes Abbild der Realität darstellen.[526]

3.2.5 Verwendung von Controllerbereichsleistungen zur Entscheidungsfindung

Wie bereits erläutert, führte die Bedeutsamkeit der Entscheidung im unternehmerischen Kontext dazu, dass das „decison process model" in das Konstrukt zur Erfassung des Unternehmenserfolgs aufgenommen wurde. Das Modell basiert auf den Erkenntnissen, dass die Gewinnung und das Management von Informationen die Basis für die Entscheidungsfindung sind, und damit die Grundlage allen unternehmerischen Handelns darstellen und deshalb einen elementaren Bestandteil des Erfolgs darstellen.[527]

Bei der Übertragung der Konzeptualisierung des Erfolgsmodells auf den unternehmensinternen Controllerbereichskontext ist jedoch festzustellen, dass Entscheidungen, die der Controllerbereich treffen kann, in ihrer Auswirkung auf den Erfolg der eigenen Einheit im Sinne der Ressourcenabhängigkeitsperspektive[528], die als Basistheorie der Arbeit zugrunde liegt, grundsätzlich verschieden sind von den Entscheidungen, die das Management für ein Unternehmen treffen. Entscheidungen des

---

[523] Vgl. beispielsweise Dess/Robinson (1984) und Fußnote 161.
[524] Vgl. Ruekert/Walker/Roering (1985).
[525] Vgl. Irving (1995), S. 179.
[526] Vgl. Abschnitt 2.2.2.2.
[527] Vgl. Seashore (1979).
[528] Das elementare Ziel der Ressourcenabhängigkeitsperspektive ist die Sicherung des Überlebens der jeweiligen Organisation, vgl. Abschnitt 2.3.1.1.

Controllerbereichs umfassen, bedingt durch die Positionierung des Controllerbereichs als interner Dienstleister, in weiten Teilen nur den eigenen Bereich und unterliegen dabei Restriktionen hinsichtlich ihrer Art und ihrem Umfang, die das Management vorgibt.[529] Die Güte der Entscheidungen des Controllerbereichs trägt somit nicht elementar zu seinem Erfolg im Sinne der Ressourcenabhängigkeitsperspektive bei. Entsprechend muss eine konzeptionelle Anpassung des ursprünglichen Erfolgsmodells vorgenommen werden.

Gemäß der Ressourcenabhängigkeitsperspektive, einem „Ableger der Machttheorie",[530] spielt der Einfluss oder auch die Macht[531], die ein Bereich auf einen anderen ausüben kann, eine wesentliche Rolle bei der Überlebenssicherung. Prinzipiell wurde aufgrund der hierarchischen Einordnung und der Funktion als interner Dienstleister eine Abhängigkeit des Controllerbereichs vom Management abgeleitet. Allerdings ist auch eine gewisse Abhängigkeit des Managements vom Controllerbereich im unternehmensinternen Kontext zu verzeichnen. Den Ausführungen von GREMLER/BITNER/EVANS (1993) folgend, stellt der interne Kunde aufgrund fehlender alternativer Angebote anderer interner Dienstleister, die eine bestimmte Leistung zur Verfügung stellen, einen „captive customer"[532] dar. Folglich ist der interne Kunde ebenso abhängig vom internen Dienstleister wie dieser von ihm. Diese wechselseitige Abhängigkeit bietet dem Controllerbereich die Möglichkeit, einen gewissen Einfluss auf das Management auszuüben. Denn nach der Ressourcenabhängigkeitsperspektive erhöht die „Bereitstellung wertvoller Ressourcen, die nicht einfach substituiert werden können und von denen andere Teileinheiten abhängen, [...] die Macht einer Teileinheit".[533] Die Möglichkeit der Einflussnahme des Controllerbereichs besteht darin, durch die Bereitstellung seiner Dienstleistungen, die der Entscheidungsunterstützung dienen, das Handeln des Managements in eine bestimmte Richtung zu lenken.[534] Folglich ist im Weiteren nicht von der „Güte der Entscheidungen des Controllerbereichs"[535] zu sprechen, sondern aus der Sicht des Managements, aus der die Untersuchung vorgenommen wird, von der „Verwendung von Controllerbereichsleistungen zur Entscheidungsfindung".

3.2.6 Gesamthafte Darstellung des Konstruktes Controllerbereichserfolg

Das vorgestellte Konstrukt des Controllerbereichserfolgs ist als relativ komplex zu bezeichnen. Allerdings scheint dies für eine weitgehende Beantwortung der

---

[529] Vgl. David (2005), S. 62-83. Vgl. hierzu auch die Ausführungen zum Role Making und Role Taking in dieser Arbeit in Abschnitt 3.3.3.1.

[530] Wolf (2005), S. 222.

[531] Diese beiden Begriffe werden in Anlehnung an Homburg/Krohmer/Workman (2000) synonym verwendet.

[532] Gremler/Bitner/Evans (1994), S. 38.

[533] Homburg/Krohmer/Workman (2000), S. 80.

[534] Vgl. Homburg/Krohmer/Workman (2000), S. 79, Bauer (2002), S. 122, Spillecke (2006), S. 162.

[535] Im übertragenen Sinn kann auch weiterhin von der „Güte der Entscheidungen" des Controllerbereichs gesprochen werden, wenn man die Dienstleistung der Controller, die sie dem Management zur Entscheidungsfindung zur Verfügung stellen, als „Entscheidungen" bezeichnen würde. Das Management würde genau dann die „Entscheidungen" des Controllerbereichs bei der Entscheidungsfindung berücksichtigen, wenn es erstere als besonders gut erachtet.

Forschungsfragen unabdinglich zu sein. Wie im Abschnitt zur Unternehmenserfolgsforschung dargestellt, besteht ein Trade-off zwischen der Einfachheit des Ansatzes und einer annähernd umfassenden Erschließung des Erfolgskonzeptes. In der folgenden Abbildung ist das entwickelte Controllerbereichserfolgskonstrukt zusammenfassend und schematisch dargestellt.

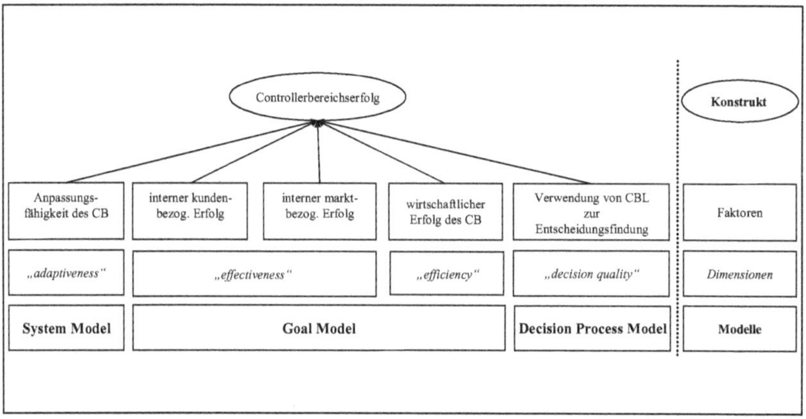

Abbildung 3: Schematische Darstellung des Konstruktes Controllerbereichserfolg

Der vorgestellte Ansatz hebt sich somit von den bisherigen Modellen zur Messung des Controllerbereichserfolgs in drei wesentlichen Punkten ab:[536] (1) Der Ansatz basiert auf einem theoretisch fundierten Gerüst, das auf den Erkenntnissen der Unternehmenserfolgsforschung beruht. (2) Der Ansatz verfolgt keine ausschließliche Messung von Zielerreichungsgraden hinsichtlich der Controllership, sondern umfasst darüber hinaus zwei weitere Dimensionen des Erfolgs und kann so den Anforderungen des aktuellen Stands der Erfolgsforschung gerecht werden. (3) Der Ansatz basiert nicht auf einem spezifischen Controllingverständnis, so dass er auf den Controllingkontext eines jeden Unternehmens übertragbar ist.

3.3 Auswahl und Konzeptualisierung der Einflussfaktoren des Controllerbereichserfolgs

Das Wissen allein um die Bestandteile[537] des Controllerbereichserfolgs kann nicht als zufriedenstellend betrachtet werden. Vielmehr ist in der Verknüpfung dieses Wissens und des Wissens, welche Faktoren die Erfolgsfaktoren wie stark beeinflussen, die Grundlage eines erfolgreichen Controllerbereichs zu sehen. Im Rahmen der Unternehmenserfolgsforschung hat sich auf der Suche nach den Einflussfaktoren des

[536] Vgl. zur bisherigen Forschung zum Controllerbereichserfolg die Ausführung in Abschnitt 2.2.3.
[537] Bestandteile synonym für Erfolgsfaktoren.

Unternehmenserfolgs der situative Ansatz der 1950er und 1960er Jahre etabliert.[538] Infolgedessen wurde eine Vielzahl organisationstheoretischer Aspekte wie der Spezialisierungsgrad,[539] das Ausmaß an Entscheidungsdelegation[540] oder das Ausmaß an Formalisierung[541] hinsichtlich des Einflusses auf den Unternehmenserfolg überprüft.

Ähnlich wie bei der Betrachtung der Einflussfaktoren des Unternehmenserfolgs ist auch eine Vielzahl an (organisatorischen) Einflussfaktoren denkbar, die den Controllerbereichserfolg beeinflussen könnten. Allerdings zeigen einige Arbeiten der Controllingforschung, die in Analogie zur Unternehmenserfolgsforschung eine Betrachtung rein organisatorischer Aspekte beinhalten, nicht die vorher angenommenen eindeutigen Beziehungen.[542] Darüber hinaus ist, wie in Abschnitt 2.3.1.3 angeführt, der situative Ansatz als Theoriebasis nicht unumstritten und wird deshalb im Rahmen dieser Arbeit nur als konzeptioneller Rahmen nicht aber als Theoriebasis verwendet, so dass eine Betrachtung rein organisatorischer Aspekte nicht vorgenommen wird.

In der Unternehmenserfolgsforschung ist eine Unterteilung der Einflussfaktoren des Erfolgs in unternehmensinterne und unternehmensexterne Aspekte häufig vorzufinden.[543] Diesem Gliederungsschema folgt, auf den Controllerbereich übertragen, auch die vorliegende Arbeit. Zusätzlich wird dem Grundschema durch die Integration von Interaktionsaspekten zwischen Kunden und Controllerbereich ein weiterer Einflussfaktorbereich hinzugefügt. Diese Erweiterung beruht auf den Erkenntnissen sowohl der jüngeren Controllingforschung als auch der Marketingforschung, die der Interaktion zwischen Kunden und Dienstleister und im Sinne dieser Arbeit zwischen Management und Controllerbereich einen nicht unerheblichen Einfluss attestieren.[544]

Das erweiterte Gliederungsschema mit seinen drei Gruppen beleuchtet den Controllerbereich aus drei unterschiedlichen Perspektiven. Im Rahmen dieser Arbeit werden folglich Einflussfaktoren analysiert, die sich Aspekten aus einer controllerbereichsinternen, einer controllerbereichsexternen und aus einer Interaktionssicht zwischen Kunden und Controllerbereich zuordnen lassen. Auf Basis einer Literaturanalyse erfolgte die Identifizierung und die Auswahl von je zwei Einflussfaktoren pro Gruppe. Diese Eingrenzung auf nur zwei Einflussfaktoren je Gruppe erfolgte auf Grund des begrenzten Fragebogenumfangs der empirischen Untersuchung.[545] Die ausgewählten Gruppen und die dazugehörigen Einflussfaktoren, ihre Konzeptualisierung sowie die theoretische Einordnung werden im Folgenden vorgestellt.

---

538 Vgl. Abschnitt 2.3.1.3.
539 Vgl. Kieser/Kubicek (1992), S. 175-177.
540 Vgl. Kieser/Kubicek (1992), S. 185-187.
541 Vgl. Kieser/Kubicek (1992), S. 187-189.
542 Vgl. Amshoff (1993); Niedermayr (1994); Exner (2003); Spillecke (2006).
543 Vgl. Knollmann (2006), S. 192.
544 Vgl. Moormann/Zaltman/Deshpandé (1992); Homburg (1995); Neuhaus (1996); Rudolph (1998), S. 40; Spillecke (2006).
545 Vgl. hinsichtlich der Begrenzung von Fragebögen die Ausführungen in Abschnitt 4.1.1.

3.3.1 Controllerbereichsinterne Einflussfaktoren

Diese erste Gruppe der Einflussfaktoren beinhaltet Faktoren, die, innerhalb des Controllerbereichs angeordnet, durch diesen respektive die Controller dieses Bereichs direkt und einzeln beeinflusst werden können. Als theoretische Fundierung der Aspekte der controllerbereichsinternen Gruppe dient die Ressourcenabhängigkeitsperspektive.[546] Durch sie lässt sich erklären, inwiefern sowohl Potenzialqualität als auch interne Kundenorientierung als Einflussfaktoren des Controllerbereichserfolgs verstanden werden können.

3.3.1.1 Potenzialqualität

Die Potenzialqualität steht, wie in Abschnitt 3.2.2.2 deutlich wurde, in engem Zusammenhang mit den zwei für diese Untersuchung konzeptualisierten Faktoren der Dienstleistungsqualität. Sie wird aus den oben genannten Gründen jedoch nicht als Teil der Dienstleistungsqualität, sondern als Einflussfaktor auf den Controllerbereichserfolg insgesamt verstanden. Das Konstrukt der Potenzialqualität umfasst definitorisch die „sachlichen, organisatorischen und persönlichen Leistungsvoraussetzungen des Dienstleistungsanbieters“[547]. Es handelt sich dabei um die Fähigkeiten und die Bereitschaft der Dienstleistungsanbieter zur Erbringung der angebotenen Dienstleistung. Theoretisch ist die Einbindung dieses Konstrukts unter der Ressourcenabhängigkeitsperspektive zu betrachten. Im Zusammenhang mit der Nachfrage und Budgetabhängigkeit des Controllerbereichs vom Management ist die Potenzialqualität des Controllerbereichs so zu allozieren, dass er möglichst gute Dienstleistungen erbringen kann, um so seinen Fortbestand zu sichern.

3.3.1.2 Interne Kundenorientierung

Die Thematik der externen Kundenorientierung ist ein viel beachtetes und erforschtes Phänomen der Marketingliteratur.[548] Dabei taucht immer wieder die Frage nach der Abgrenzung zwischen der Kunden- und der Marktorientierung auf, die bis heute nicht eindeutig beantwortet ist.[549] Als Abgrenzung im Rahmen dieser Studie soll gelten, dass Marktorientierung als ein um den Wettbewerb erweitertes Kundenorientierungs-Konzept zu verstehen ist. Die Kundenorientierung beschreibt somit ein dyadisches, die Marktorientierung ein triadisches Konzept.[550]

Das Konzept der internen Kunden- und Marktorientierung baut im Wesentlichen auf den Erkenntnissen der Forschung zur Kunden- und Marktorientierung im ursprünglichen Sinne zwischen Unternehmen und Endverbraucher auf. Bemerkenswert ist, dass die Diskussion zur internen Kunden- und Marktorientierung vornehmlich im Bereich

---

[546] Vgl. Abschnitt 2.3.1.1.

[547] Stauss/Hentschel (1990), S. 4.

[548] Vgl. beispielsweise Parasuraman (1987); Shapiro (1988); Kohli/Jaworski (1990); Narver/Slater (1990); Kühn (1991); Frese/Noetel (1992); Ruekert (1992); Deshpandé/Farley/Webster (1993); Diamantopoulos/Hart (1993); Jaworski/Kohli (1993); Kohli/Jaworski/Kumar (1993); Day (1994); Deng/Dart (1994); Siguaw/Diamantopoulos (1995); Fritz (1996); Sinkula/Baker/Noordewier (1997); Utzig (1997); Pflesser (1999).

[549] Vgl. Spillecke (2006), S. 18.

[550] Vgl. Plinke (1992), S. 835 f.; Kohli/Jaworski/Kumar (1993), S. 474 f.; Homburg (2000), S. 8.

des internen Marketings geführt wird und dabei eher in der Praktikerliteratur zu finden ist als in führenden wissenschaftlichen Journalen.[551]

Die Konzeptualisierung der internen Kundenorientierung aus der Perspektive des internen Marketings basiert prinzipiell auf der Unterscheidung zwischen einer personal- und einer abteilungsorientierten Sicht. Daneben können aus der Perspektive der internen Kunden- und Marktorientierung drei Sichtweisen[552] identifiziert werden: die informationsbezogene, die kulturelle und die strategische. SPILLECKE (2006) fasste die beiden Perspektiven mit ihren Ausprägungen in einer 2x3-Matrix zusammen und ordnete die Literatur der internen Kunden- und Marktorientierung den entsprechenden Feldern der Matrix zu.[553] Er stellte dabei fest, dass die Mehrzahl der empirischen Arbeiten sich auf die informationsbezogene und die kulturelle Sichtweise beruft.[554]

Bezogen auf den Controllerbereichskontext wurde das Konzept der internen Kundenorientierung mittlerweile in einigen Studien angewandt.[555] Hierbei ist insbesondere eine der jüngeren Arbeiten hervorzuheben. SPILLECKE (2006) konzeptualisiert und operationalisiert erstmals das Konstrukt der internen Kundenorientierung des Controllerbereichs umfassend und theoretisch fundiert. Darüber hinaus weisen die Gütekriterien der Messung sehr zufriedenstellende Ergebnisse auf.[556] Daher folgt die vorliegende Arbeit diesem Ansatz. Theoretisch stützt sich das Konstrukt der internen Kundenorientierung des Controllerbereichs auf die Ressourcenabhängigkeitsperspektive, da die Kundenorientierung als Reaktion auf die Abhängigkeit des Controllerbereichs vom Management hinsichtlich der Nachfrage und des Budgets verstanden werden kann.[557]

Die Konzeptualisierung basiert im Wesentlichen auf der Arbeit von WEBER (1997) und damit auf der von KOHLI/JAWORSKI (1990). Entsprechend wird die informationsbezogene Perspektive ins Zentrum der Konzeptualisierung gestellt, die bei SPILLECKE (2006) folgende drei Dimensionen umfasst:

- Informationsgenerierung
    - formell
    - informell
- Informationsverteilung
- Reaktion des Controllerbereichs

Entsprechend definiert SPILLECKE (2006) als ein Ergebnis seiner Untersuchung die interne Kundenorientierung des Controllerbereichs als „die organisationsweite

551 Vgl. Foreman/Money (1995); Lings (2004), S. 405.
552 Im Rahmen der externen Kunden- und Marktorientierung ist auch noch die entscheidungsorientierte Perspektive zu verzeichnen, vgl. Spillecke (2006), S. 19 und auch S. 34.
553 Vgl. Spillecke (2006), S. 34.
554 Vgl. Spillecke (2006), S. 44.
555 Vgl. beispielsweise Mosiek (2002), Spillecke (2006).
556 Vgl. Spillecke (2006), S. 109-126.
557 Vgl. Spillecke (2006), S. 53 und 105-108; dazu Stauss (1995); Mosiek (2002).

formelle und informelle Generierung von Informationen über die derzeitigen und zukünftigen subjektiven Informationsbedürfnisse des Managements, die Verteilung dieser Informationen innerhalb des Controllerbereichs sowie die Reaktion des Controllerbereichs auf die Bedürfnisse des Managements und deren Veränderungen".[558]

3.3.2 Interaktion zwischen Controllerbereich und Kunden

Die zweite Gruppe von Einflussfaktoren des Controllerbereichserfolgs basiert in ihrer theoretischen Ausrichtung auf sozialpsychologischen Ansätzen. Ihre Anwendung ist im Rahmen von Interaktionsbetrachtungen weit verbreitet[559] und kann auch im Rahmen dieser Arbeit dazu beitragen, das Interaktionsverhältnis zwischen Kunden und Controllerbereich als Einflussfaktoren des Erfolgs zu verstehen. Dabei wird zum einen anhand der sozialen Austauschtheorie der Aspekt des Vertrauens zwischen Kunden und Controllerbereich aufgenommen. Zum anderen hilft die Risikotheorie, die Zusammenarbeit zwischen Kunden und Controllerbereich als Einflussfaktor auf den Controllerbereichserfolg zu erklären. Der Controllerbereich kann auf diese Faktoren nur mittelbar Einfluss nehmen, da sein Interaktionspartner das Verhältnis ebenso beeinflusst.

3.3.2.1 Vertrauen zwischen Controllerbereich und Kunden

Vertrauen ist inzwischen auch in der Betriebswirtschaftslehre als Grundlage für das Entstehen und Fortbestehen wirtschaftlicher Beziehungen anerkannt.[560] Der Ursprung der Vertrauensforschung liegt in der psychologischen und soziologischen Forschung[561] und fand seinen Weg in die betriebswirtschaftliche Forschung spätestens seit der Diskussion von Relationship-Marketing Gedanken.[562] Die theoretische Verankerung des Konstrukte des Vertrauens liegt in Bezug auf die geschäftliche Beziehung in der sozialen Austauschtheorie.[563]

Trotz der anerkannt hohen Bedeutung von Vertrauen ist bislang keine eindeutige Begriffsdefinition in der wirtschaftswissenschaftlichen Literatur auszumachen.[564] KENNING (2002) fasst die Auslegung, die in vielen Arbeiten zum Vertrauen vertreten wird, mit den Worten zusammen, dass Vertrauen als „eine besondere Art der Einstellung verstanden [wird], die in bestimmten situativen Kontexten einen Einfluss auf das Verhalten einer Person haben kann".[565] Diese Definition ist allerdings sehr

---

[558] Spillecke (2006), S. 124, im Original kursiv.
[559] Vgl. hierzu beispielsweise die Literatur zur Schnittstellenforschung, im Überblick bei Birl (2007) und auch bei Knollmann (2007).
[560] Vgl. Spekmann (1988), S. 79; Engelbrecht (2004), S. 160. Ähnlich auch Gupta (1988), S. 49, der Vertrauen als „central to all transactions" versteht.
[561] Vgl. Wallenburg (2004), S. 104.
[562] Vgl. Spillecke (2006), S. 149. Das Konstrukt Vertrauen war bis Ende der 1980er Jahre noch weitgehend unerforscht, vgl. Doney/Cannon (1997), S. 35; Kenning (2002), S. 18.
[563] Vgl. Abschnitt 2.3.2.1.
[564] Vgl. Wallenburg (2004), S. 105, und Spillecke (2006), S. 149 und die dort angegebene Literatur.
[565] Kenning (2002), S. 21.

vage und lässt eine Verwendung als Basis zur Operationalisierung in der empirischen Forschung kaum zu. In einer Vielzahl von Arbeiten, die insbesondere in den letzten Jahren erschienen ist, wird eine Auffassung von Vertrauen vertreten, die sich als „perceived credibility and benevolence"[566] beschreiben lässt.[567] Vertrauen setzt sich nach dieser Auffassung somit aus zwei Komponenten zusammen: einerseits aus der wahrgenommenen Glaubwürdigkeit (perceived credibility) und andererseits aus dem Wohlwollen (benevolence). Die wahrgenommene Glaubwürdigkeit spiegelt dabei das Ausmaß wider, inwieweit Aussagen in der Organisation als wahr angenommen werden.[568] Das Wohlwollen hingegen zielt auf den Umfang ab, in dem in einer Organisation die Interessen einer Einheit von einer anderen berücksichtigt werden.[569]

Diese Arbeit folgt dieser Konzeptualisierung, entsprechend sind die Voraussetzungen für diese Art des Vertrauens zu betrachten.[570]

- *Interdependenz von Vertrauensnehmer und Vertrauensgeber*: Vertrauen besitzt nur dann Bedeutung, wenn das eigene Handeln von dem Handeln eines anderen abhängt.
- *Existenz von Risiko, Unsicherheit und Opportunismus*: Wirtschaftlich betrachtet stiftet Vertrauen einen Wert, wenn es dazu dient, dem Umgang mit Risiko, Unsicherheit und Opportunismus in geschäftlichen Beziehungen zu begegnen.
- *Verlustgefahr*: Erst durch potenzielle negative Konsequenzen, die der Vertrauensnehmer bei Vertrauensbruch erleiden würde, ist Vertrauen von Bedeutung.

Zusammenfassend kann festgehalten werden, dass die essenziellen Voraussetzungen für die wirtschaftlich sinnvolle Existenz von Vertrauen in der Interdependenz zweier Akteure und einer potenziellen Verletzbarkeit des Vertrauensnehmers[571] liegen.[572]

Vertrauen ist allerdings vielschichtiger als bisher beschrieben. Es kann in verschiedenen Ausprägungen zum Ausdruck kommen und zwischen unterschiedlichen Vertrauensnehmern und Vertrauensgebern entstehen.

Hinsichtlich der unterschiedlichen Ausprägungen des Vertrauens können in Anlehnung an RIPPBERGER (1998) folgende drei Arten identifiziert werden:[573]

- *Generalisiertes Vertrauen*: Hierbei handelt es sich um eine „grundsätzliche Vertrauensbereitschaft eines Akteurs, die unabhängig von den Spezifika einer

---

[566] Doney/Cannon (1997), S. 36.

[567] Vgl. Ganesan (1994), S. 3; Geyskens/Steenkamp/Kumar (1999), S. 225. Butler Jr. (1991), S. 647 ff., weist in seiner Konzeptualisierung zehn Dimensionen von Vertrauen aus.

[568] Vgl. Lindskold (1978), S. 772 ff.

[569] Vgl. Anderson/Narus (1986), S. 326.

[570] Vgl. Lane (2000), S. 3; Bruhn (2001), S. 69; Kenning (2002), S. 11 f.; Wallenburg (2004), S. 105 f.; Spillecke (2006), S. 150; Knollmann (2007), S. 219.

[571] Mayer/Davis/Schoormann (1995), S. 712, sprechen in diesem Zusammenhang von der „willingness to be vulnerable".

[572] Vgl. Bruhn (2001), S. 69; Matthes (2005), S. 22.

[573] Vgl. Rippberger (1998), S. 101.

bestimmten Situation vorliegt".[574] Generalisiertes Vertrauen stellt somit ein Persönlichkeitsmerkmal dar, das nur schwer beeinflussbar ist.[575]

- *Affektives Vertrauen*: Hierbei handelt es sich um Vertrauen, das gerichtet und sehr spezifisch ist. Meist ist es auf genau einen Vertrauensnehmer gerichtet und entsteht aus der Summe der emotionalen Erfahrungen mit diesem Akteur oder dieser Einheit.[576] Es ist daher nur sehr schwer beeinflussbar.
- *Kognitives Vertrauen*: Hierbei handelt es sich um Vertrauen, das entweder durch das Ansehen und die Reputation (Reputationsvertrauen) eines Akteurs oder einer Einheit entsteht oder aber auf der Basis eigener Erfahrungen (Erfahrungsvertrauen) gebildet wird. Beide Vertrauensunterarten können relativ leicht beeinflusst werden.[577]

Die Beschreibung der drei verschiedenen Arten des Vertrauens lässt erkennen, dass für die Konzeptualisierung dieser Arbeit nur das kognitive Vertrauen als Basis dienen kann, da die anderen beiden Varianten des Vertrauens zu allgemeingültig respektive zu spezifisch sind.

Hinsichtlich der Verschiedenartigkeit der Vertrauensnehmer und Vertrauensgeber ist zu unterscheiden, ob es sich jeweils um eine einzelne, reale Person oder aber um eine (Organisations-)Einheit handelt. Entsprechend lassen sich vier Kombinationen der Vertrauensnehmer-Vertrauensgeber Konstellation ableiten. Die folgende Abbildung verdeutlicht die möglichen Vertrauenskonstellationen.[578]

[574] Kenning (2002), S. 13; ähnlich Rippberger (1998), S. 101.
[575] Vgl. Spillecke (2006), S. 152.
[576] Vgl. Grund (1998), S. 109; Rippberger (1998), S. 105; Kenning (2002), S. 14.
[577] Vgl. Spillecke (2006), S. 152.
[578] Vgl. Winand/Pohl (1998), S. 249; Spillecke (2006), S. 151.

Vertrauensgeber \ Vertrauensnehmer	Person	Organisation
Person	Personen-vertrauen	Organisations-vertrauen
Organisation	Delegations-vertrauen	Kooperations-vertrauen

Abbildung 4: Vertrauensnehmer-Vertrauensgeber Konstellationen

Quelle: in Anlehnung an Spillecke (2006), S. 151

Da die vorliegende Arbeit das Vertrauen in den Kunden des Controllerbereichs untersucht und nicht das Vertrauen, das der Kunde in den einzelnen Controller hat (Personenvertrauen), kommt entsprechend das Konzept des Organisationsvertrauens[579] zum Tragen.

3.3.2.2 Zusammenarbeit zwischen Controllerbereich und Kunden

Der Aspekt der Zusammenarbeit, gerade im intraorganisationalen Kontext, wird mittlerweile sowohl im internen Dienstleistungsmarketing als auch in der Schnittstellenforschung viel diskutiert.[580] Allerdings besteht kaum Einigkeit bezüglich der Bestandteile und Konzeptionen oder der begrifflichen Vielfalt. So werden Begriffe wie Collaboration, Coordination, Kooperation oder Integration mit unterschiedlichen Bedeutungen belegt.[581] Im Folgenden wird daher, um die Begriffsvielfalt und die terminologische Abgrenzung einzudämmen, die im Rahmen einer Literaturanalyse identifizierte und in der vorliegenden Arbeit verwendete Konzeptualisierung von KAHN (1996) betrachtet.[582]

[579] Vgl. Luhmann (1989), S. 50 ff., wobei der anstelle des Begriffs Organisationsvertrauen den Begriff Systemvertrauen benutzt, vgl. ebenso Möllering/Sydow (2006).

[580] Vgl. Kahn (1996), S. 138; Knollmann (2007), S. 126 ff.

[581] Vgl. Pinto/Pinto (1990), S. 203.

[582] Diese Konzeptualisierung wurde auch schon in einer Vielzahl weiterer Arbeiten verwendet, vgl. beispielsweise Ernst (2001); Matthes (2005); Knollmann (2007).

Das Konstrukt der Zusammenarbeit[583] kann nach KAHN (1996) als Unter- oder Teilkonstrukt der Kooperation verstanden werden.[584] So bezeichnet er interfunktionale Kooperation als einen „multidimensional process that comprises the two distinct processes of interaction and collaboration".[585] Hierbei ist „interaction" als eine informationsbezogene Komponente zu verstehen und zielt damit auf den Informationsaustausch zwischen Einheiten ab. Dagegen bildet „collaboration" den relationalen Aspekt einer Beziehung zwischen zwei Einheiten ab.[586] Da der Informationsaustausch der Dimension Interaktion jedoch elementarer Bestandteil der Dienstleistung selbst ist und daher in den Erfolgsdimensionen Ergebnis- und Prozessqualität enthalten ist, wird zugunsten einer hinreichenden Diskriminanzvalidität auf diesen Aspekt im Rahmen der Konzeptualisierung der Zusammenarbeit verzichtet und ausschließlich die Komponente der „collaboration" einbezogen.[587]

Collaboration wird nach KAHN (1996) als „affective, volitional, mutual/shared process where two or more departments work together, have a common vision, share resources, and achieve collective goals"[588] verstanden. Als wesentliche Merkmale der collaboration lassen sich demnach gemeinsame Vorstellungen, ein positives Verhältnis zur anderen Einheit, der Austausch von Ressourcen sowie die Zusammenarbeit zur gemeinsamen Erfüllung von Aufgaben identifizieren. Diese Arbeit folgt diesem Ansatz weitgehend, allerdings wird die Komponente des Austauschs von Ressourcen nicht berücksichtigt. Dies geschieht kontextabhängig auf Basis der Besonderheit der Interaktionspartner. Nach KNOLLMANN (2006) ist der Austausch von Ressourcen als das Teilen von Ideen, Informationen und/oder Ressourcen zu verstehen.[589] Im Rahmen der Dienstleistungserbringung zwischen Controllerbereich und Management kommt es eher selten zum Austausch von Ressourcen, vielmehr steht der Austausch von Ideen und Informationen im Vordergrund der eigentlichen Dienstleistung. Da dieser Teilaspekt der „collaboration" der vorher ausgeschlossenen „interaction"-Komponente sehr ähnlich ist, wird auch auf sie aus den oben angeführten Gründen verzichtet.

3.3.3 Controllerbereichsexterne Einflussfaktoren

Die dritte Gruppe der Einflussfaktoren des Controllerbereichs deckt mit ihren Faktoren Gestaltungsfreiheit des Controllerbereichs und interne Großzügigkeit Aspekte der externen Umwelt des Controllerbereichs innerhalb des Unternehmens ab. Diese für den Controllerbereich externe Umwelt ist durch ihn nur noch indirekt und schwer

---

583 Kahn (1996) bezieht seine Ausführung zwar auf die Integration oder Kooperation zweier Abteilungen, das Konzept kann aber auch auf die Zusammenarbeit von Kunden und Lieferanten angewandt werden.

584 Vgl. Kahn (1996), S. 139 ff. Im Original verwendet Kahn den Begriff der Integration; ähnlich Kahn/Mentzer (1996), S. 9. In Anlehnung an Kahn (1996) erfolgt die Konzeptualisierung bei Knollmann (2007) und Birl (2007), die allerdings den Begriff Collaboration verwenden, um Zusammenarbeit darzustellen.

585 Kahn (1996), S. 139.

586 Vgl. Knollmann (2007), S. 132 ff.

587 Für eine ausführliche Darstellung der Informationskomponente vgl. Knollmann (2007), S. 132-139.

588 Kahn (1996), S. 139.

589 Vgl. Knollmann (2006), S. 142.

beeinflussbar. Theoretisch fußen die Aspekte dieser Gruppe auf dem Ansatz des Market-based View, der sich mit den Erfolgsauswirkungen der Wettbewerbssituation und der Positionierung von Unternehmen am Markt befasst.[590] Auf den unternehmensinternen Kontext angewendet bedeutet dies, dass untersucht werden kann, inwieweit das unternehmensinterne Wettbewerbsumfeld des Controllerbereichs, aber auch seine Rolle im Unternehmen durch die er Handlungsfreiheiten erhält oder darin eingeschränkt wird, als Einflussfaktoren auf den Controllerbereichserfolg wirken.

3.3.3.1 Gestaltungsfreiheit des Controllerbereichs

Die Gestaltungsfreiheit des Controllerbereichs wird in der Controllingliteratur unter dem Begriff des Role Making und Role Taking diskutiert.[591] Dabei beschreibt das genannte Begriffspaar die zwei grundlegend gegensätzlichen Ausprägungen der Gestaltungsfreiheit des Controllerbereichs.[592] Die Verwendung des Begriffspaars im Controllingkontext geschieht in Anlehnung an die Erkenntnisse der Rollentheorie.[593] Rollen an sich können nach WISWEDE (1977) als „relativ konsistente, mitunter interpretationsbedürftige Bündel von Erwartungen"[594] verstanden werden, „die an eine soziale Position gerichtet sind und als zusammengehörig perzipiert werden".[595] Dies bedeutet, dass Rollen eine gewisse Erwartungshaltung hinsichtlich der Einstellungs- und Verhaltensmuster gegenüber anderen innewohnt.[596] Rollen können für unterschiedliche Zwecke verwendet werden. Sie können zur Vereinfachung komplexer Sachverhalte oder Konstrukte dienen, sie eignen sich aber auch zur Positionierung und Abgrenzung innerhalb von Gruppen und Organisationen. Darüber hinaus sind sie ebenfalls in der Lage, Veränderungen und Weiterentwicklungen von Personen oder Gruppen eine Richtung zu geben und sie einfach und plastisch darzustellen.[597]

In Abhängigkeit von dem Subjekt, das die Rolle oder die Veränderung der Rolle vorgibt, wird zwischen Role Making und Role Taking unterschieden. Im Rahmen des *Role Taking* senden Individuen oder Kollektive die erwünschte Rolle an den entsprechenden Rollenträger/Rollenempfänger. Dabei wird vom Rollenträger/Rollenempfänger erwartet, dass er die vom Rollensender an seine Rolle gestellten Erwartungen und Anforderungen erfüllt und sein Verhalten ausschließlich rollenkonform ausgestaltet. Übertragen auf den Controllingkontext bedeutet dies, dass das Management oder andere Rollensender dem Controllerbereich Aufgaben zuweisen und ausschließlich diese vom Controllerbereich erbracht werden.[598] Eine selbstständige Gestaltung der eigenen Aufgaben ist in diesem Kontext nicht oder nur sehr eingeschränkt

---

[590] Vgl. Abschnitt 2.3.1.2.

[591] Vgl. Kronast (1989), S. 159 ff.; Weber/David/Prenzler (2005), S. 80 f.; Weber (2004), S. 541-547; David (2005), S. 80 ff.

[592] Vgl. Kronast (1989), S. 169 ff.

[593] Zur Rollentheorie vgl. Katz/Kahn (1978), S. 185 ff.

[594] Wiswede (1977), S. 26.

[595] Wiswede (1977), S. 26.

[596] Die Rollentheorie an sich geht in ihrer Konzeptualisierung von Individuen aus. Zur Übertragbarkeit der Rollenkonzepte von Individuen auf Kollektive (hier: den Controllerbereich) vgl. Kirsch/Schneider (1973), S. 11-19.

[597] Vgl. hierzu Rambusch/Sill (2007).

[598] Vgl. Weber/David/Prenzler (2001), S. 12; David (2005), S. 81.

möglich. Das Role Taking weist somit starke Züge des klassischen, durch Hierarchie geprägten Verständnisses von Organisationen auf.[599]

Role Making zeichnet sich im Gegenteil dadurch aus, dass ein Akteur die Möglichkeit und die Fähigkeit besitzt, nicht nur eine vorgegebene Rolle zu erfüllen, sondern seine Rolle aktiv zu gestalten und zu verändern.[600] Der Akteur kann sowohl über die Kommunikation seines eigenen Anspruchs und seiner Erwartungen an seine Rolle als auch über Aktivitäten, die über die bestehende Rolle hinausgehen, die Einstellungen und Erwartungen der ihn umgebenden Akteure modifizieren.[601] Auf den Controllingkontext bezogen bedeutet dies, dass dem Controllerbereich im Unternehmen ein gewisses Maß an Handlungsautonomie[602] gegeben ist, um seine Rolle zu gestalten. Im extremen Fall würde der Controllerbereich vollständige Gestaltungsfreiheit bei der Festlegung seiner Aufgaben und Ziele genießen. Dies wäre allerdings nur dann möglich, wenn die hierarchische Koordination in Unternehmen durch einen Marktmechanismus ersetzt werden würde.[603]

Das richtige Verhältnis von Role Making und Role Taking in der Praxis hängt von den jeweiligen Unternehmenskontexten ab.[604] WEBER et al. (2006) zeigen, dass Controllerbereiche heutzutage Gestaltungsfreiheit in gewissem Umfang besitzen und diese auch zu nutzen wissen, um ihre Rolle zu gestalten.[605]

3.3.3.2 Interne Großzügigkeit

Das Konstrukt der internen Großzügigkeit wurde in gedanklicher Anlehnung an das Konstrukt der externen Großzügigkeit entwickelt und in das Forschungsmodell der vorliegenden Arbeit integriert. Die externe Großzügigkeit steht für einen Teil der Umweltunsicherheit, mit der sich Unternehmen auseinandersetzen müssen.[606] Sie beschreibt, inwieweit die Unternehmensumwelt Fehler bzw. nicht optimales Verhalten des Top-Managements sanktioniert. Dabei wird die Marktsituation des Unternehmens sowohl auf der Ressourcenbeschaffungs- als auch auf der Absatzseite betrachtet.[607] Die interne Großzügigkeit bildet daher in Analogie zur externen Großzügigkeit die Marktsituation des Controllerbereichs innerhalb des Unternehmens ab. Die Konzeptualisierung erfolgt auf Basis der Erkenntnisse zum strategischen Management von Controllerbereichen.[608] Die Konzeptualisierung der internen Großzügigkeit umfasst dabei ausschließlich das marktbasierte Umfeld des Controllerbereichs, nicht jedoch das ressourcenbasierte Umfeld. Diese Einschränkung wurde aufgrund der Erkenntnisse DAVIDs (2005) vorgenommen, der darlegt, dass die Übertragung des ressourcen-

---

599 Vgl. Weber (2004), S. 541.
600 Vgl. Kronast (1989), S. 153; Wrzesniewski/Dutton (2001), S. 188 f.
601 Vgl. Graen/Scandura (1987), S. 181.
602 Vgl. Katz/Kahn (1978), S. 219.
603 Vgl. Weber/Schäffer (2006), S. 387.
604 Vgl. Weber (2004), S. 542.
605 Vgl. Weber et al. (2006), S. 46.
606 Aufbauend auf Aldrich (1976) konzeptualisieren Dess/Beard (1984) die Umweltunsicherheit von Unternehmen mit drei Dimensionen: Großzügigkeit, Dynamik, Komplexität.
607 Vgl. Bauer (2002), S. 180 ff.; Spillecke (2006), S. 214-220.
608 Vgl. David (2005).

orientierten Ansatzes auf Controllerbereiche nur sehr schwer durchzuführen ist. Die Schwierigkeit der Übertragung des Ansatzes ist zum einem in der Definition einer Kernkompetenz des ressourcenorientierten Ansatzes begründet, zum anderen in der Immaterialität und Komplexität der Controllerressourcen.[609] Auf dieser Basis schränkt DAVID (2005) die Aussagefähigkeit seiner Erkenntnis im Rahmen der Übertragung des ressourcenorientierten Ansatzes auf den Controllerbereich dahingehend ein, dass er von „vergleichsweise wenig präzisen Aussagen“[610] spricht, bei denen es sich „überwiegend um abwägende Aussagen handelt“.[611]
Um das marktbasierte Umfeld zu beschreiben und zu analysieren, wird wie bei DAVID (2005) auf den Market-based View[612] und die Umweltanalyse der Wettbewerbskräfte nach PORTER (1999) zurückgegriffen. Dabei gilt es, die Wettbewerbskräfte zu identifizieren und die Determinanten ihrer Wettbewerbsstärke zu bestimmen.

Kunden und Kundenstärke
Als Kunden des Controllerbereichs können prinzipiell alle Akteure innerhalb eines Unternehmens angesehen werden, die die Leistungen von Controllerbereichen nutzen oder nutzen können.[613] Allerdings ist davon auszugehen, dass primär Personen mit führenden und leitenden Tätigkeiten die Leistungen des Controllerbereichs nutzen werden.[614] Hinsichtlich der Determinanten der Kundenstärke sind die Marktmacht der Kunden, das Wachstum der Kundengruppe, die Standardisierung der Leistungen und auch die Gefahr der Rückwärtsintegration zu berücksichtigen.[615]

Bestehende und potenzielle neue Wettbewerber und Wettbewerberstärke
Als bestehende und potenzielle neue Wettbewerber des Controllerbereichs sind die Akteure im Unternehmen zu verstehen, die an Schnittstellen[616] mit dem Controllerbereich zusammenarbeiten und somit denselben Kundengruppen ähnliche Leistungen wie der Controllerbereich anbieten oder anbieten können. Aufgrund der inhaltlichen Nähe von bestehenden und potenziellen Wettbewerbern werden die beiden bei PORTER (1996) als getrennte Wettbewerbskräfte betrachteten Kategorien im Rahmen dieser Untersuchung zusammengefasst.

Es ist nicht anzunehmen, dass es wie auf externen Märkten auch innerhalb von Unternehmen spezifische Wettbewerber gibt, die das gesamte Leistungsspektrum des Controllerbereichs anbieten könnten. Vielmehr ist davon auszugehen, dass verschiedene Teilleistungen des Controllerbereichs von verschiedenen Wettbewerbern

---

609 Vgl. David (2005), S.158.
610 David (2005), S. 158.
611 David (2005), S. 158.
612 Vgl. Abschnitt 2.3.1.2.
613 Vgl. Abschnitt 1.1. Es ist auch denkbar, dass unternehmensexterne Kunden Controllerbereichsleistungen entgegennehmen könnten, die aber hier nicht weiter betrachtet werden, da nach Mosiek (2002), S. 157, als auch Amshoff (1994), S. 340, davon auszugehen ist, dass sie eher nachrangige Bedeutung besitzen.
614 Vgl. Wöhe (1993), S. 120 f.; Hahn/Hungenberg (2001), S. 28 ff.
615 Vgl. David (2005), S. 121.
616 Vgl. Brockhoff (1994); Knollmann (2007).

im Unternehmen angeboten werden könnten.[617] Entsprechend kann eine Strukturierung der potenziellen Wettbewerber des Controllerbereichs anhand seines Leistungsspektrums vorgenommen werden. Das Leistungsspektrum des Controllerbereichs kann je nach Unternehmen und Controllingverständnis unterschiedlich ausgeprägt sein. In Abschnitt 2.1 wurden die grundsätzlichen Controllerbereichsaufgaben (Controllership) beschrieben. Es konnte festgestellt werden, dass die grundsätzlichen Leistungen des Controllerbereichs die Informationsversorgung, die Planung, die Kontrolle sowie die Beratung[618] umfassen können. Entsprechend entwickelte DAVID (2005) eine Übersicht der möglichen Wettbewerber des Controllerbereichs je nach Controllerbereichsleistung und ihrer Unternehmenszugehörigkeit.[619]

Leistungen / Wettbewerber	Informationsversorgung	Planung	Kontrolle	Beratung
Intern	Externes Rechnungswesen Internes Rechnungswesen Funktionsbereiche	Unternehmensentwicklung	Internes Rechnungswesen Interne Revision	Interne Unternehmensberatung Interne Revision Unternehmensentwicklung
Extern	Externe Dienstleister Unternehmensberatung Kapitalmarkt/ Analysten/ Researcher	Unternehmensberatung	Wirtschaftsprüfung Kapitalmarkt/ Analysten Aufsichtsrat/ Beirat	Aufsichtsrat/ Beirat Unternehmensberatung

Abbildung 5: Mögliche Wettbewerber von Controllerbereichen

Quelle: in Anlehnung an David (2005), S. 131

Als Determinanten der Wettbewerberstärke können sowohl die Anzahl der Wettbewerber, die Marktentwicklung, Überkapazitäten, Heterogenität des Angebots, die Markttransparenz als auch Marktein- und Austrittsbarrieren verstanden werden.[620] Ein weiterer, entscheidender Einflussfaktor der Wettbewerbsstärke ist jedoch der Kunde selbst, der mit seiner Entscheidung für den einen und damit gegen die anderen Wettbewerber die Position des einen stärkt und die der anderen schwächt. Dies kann

617 Vgl. David (2005), S. 125.
618 Im Sinne einer Rationalitätssicherung der Führung vgl. Weber/Schäffer (2006).
619 Manager, die durch die Selbsterstellung der Controllingleistungen auch eine Art Wettbewerber darstellen, werden hier nicht berücksichtigt, da dieser Aspekt bei der Betrachtung von Substituten separat behandelt wird.
620 Vgl. David (2005), S. 133.

soweit gehen, dass ein Dienstleister gegenüber den anderen immer bevorzugt und als quasi konkurrenzlos angesehen wird. Aufgrund der zentralen Position dieses Aspektes der Wettbewerbsstärke wird er auch im weiteren Verlauf der Untersuchung betrachtet.

Lieferanten und Lieferantenstärke

Lieferanten des Controllerbereichs sind all jene Akteure, deren Leistungen Controllerbereiche nachfragen, um sie im Rahmen der eigenen Leistungserstellung einzubringen oder zu verwerten.[621] DAVID (2005) identifiziert die jeweiligen Lieferanten entlang der vom Controllerbereich benötigten Ressourcengruppen. Diese Arbeit geht nicht auf jede einzelne Ressource und ihren entsprechenden Lieferanten ein. Es wird vielmehr eine Einschränkung auf die Ressource „Informationen aus anderen Bereichen" und die organisatorische Ressource „Einspruch- und Mitspracherechte sowie Weisungsbefugnis gegenüber anderen Bereichen", die dem Controllerbereich vom Management übertragen wird, vorgenommen.[622] Die Fokussierung basiert auf dem Bedeutungsgrad, den Informationen für die Controllerbereichsarbeit besitzen. Als Determinanten der Lieferantenstärke sind entsprechend der dargestellten Fokussierung die Zugriffsrechte und Abhängigkeiten bzw. die Zusammenarbeit des Controllerbereichs mit Informationslieferanten zu nennen sowie die Weisungsrechte, die dem Controllerbereich zur Informationsgenerierung zugestanden werden.

Substitute und Substitutionsstärke[623]

Als Substitut der Controllerbereichsleistungen sind Leistungen zu verstehen, die von den Kunden anstelle der Controllerbereichsleistungen mit demselben Nutzenziel beansprucht werden (können). Hierbei sind insbesondere das Self-Controlling[624] oder auch die Bereitstellung von Informationen durch das externe Rechnungswesen zu nennen.[625] Darüber hinaus sind Entwicklungen und Trends wie „Beyond Budgeting"[626] und die Errichtung interner Märkte hinsichtlich der Planungsdienstleistungen, die der Controllerbereich erbringt, als Substitute identifizierbar.[627] Die Substitutionsstärke kann anhand des wahrgenommenen Preis-Leistungs-Verhältnisses des Controllerbereichs und der Substitutionsneigung der Kunden beurteilt werden.

3.4 Konzeptualisierung des Unternehmenserfolgs

Neben der Zusammensetzung des Controllerbereichserfolgs sowie seiner potenziellen Einflussfaktoren ist darüber hinaus zu untersuchen, auf welche Art der Controllerbereich durch seinen Erfolg einen Nutzen für das Unternehmen zu stiften

[621] Vgl. David (2005), S. 133.

[622] Vgl. David (2005), S. 134 f.

[623] Substitutionsstärke beinhaltet, wie wahrscheinlich eine Substitution ist. Aus Sicht des Controllerbereichs müsste von Substitutionsgefahr gesprochen werden.

[624] Vgl. Klingebiel (1996); Horváth (1998); Weber (1999).

[625] Das externe Rechnungswesen kann gerade bezüglich der Harmonisierung der Rechnungslegung sowie der wertorientierten Steuerung von Unternehmen den Controllerbereich in seiner Informationsdienstleistungsstellung (teilweise) ersetzen.

[626] Vgl. beispielsweise Hope/Fraser (2003); Weber/Linder (2003).

[627] Vgl. Langenbach (2001), S. 197. In Konsequenz wird dann auch die vom Controllerbereich angebotene Kontrolldienstleistung nicht mehr benötigt.

vermag. Es ist also die häufig postulierte Aussage zu überprüfen, dass Controllerbereiche die Gesamteffizienz[628] einer Unternehmung tendenziell positiv beeinflussen.[629] Die Kernaufgabe des Controllerbereichs liegt in der Unterstützung des Managements bei der Ausübung seiner Tätigkeiten. Die Aufgaben des Managements sind ihrerseits an den Unternehmenszielen und damit am Unternehmenserfolg ausgerichtet. Infolgedessen wird zur Überprüfung der Nutzenstiftung des Controllerbereichserfolgs die Wirkung auf den Unternehmenserfolg gemessen.

Die Vielfältigkeit der Unternehmenserfolgskonzeptualisierungen sowie der Messung von Unternehmenserfolg wurde in Abschnitt 2.2.2 der Arbeit dargestellt. Hinsichtlich der Anforderungen und der Auswahl eines geeigneten Unternehmenserfolgskonzepts sei auf die Ausführungen in Abschnitt 3.1.1 verwiesen. Zur Messung des Unternehmenserfolgs wird entsprechend das Unternehmenserfolgskonstrukt nach RUEKERT/WALKER/ROERING (1985) als Basis verwendet und wie bei der Konzeptualisierung des Controllerbereichserfolgs um die Dimension der Güte der Entscheidungen[630] erweitert. Demgemäß umfasst das erweiterte Konstrukt vier Dimensionen und fünf Faktoren, die im Folgenden vorgestellt werden. Dabei wird lediglich die Dimension Güte der Entscheidungen ausführlicher betrachtet, da im Zuge der Konzeptualisierung des Controllerbereichserfolgs diese Dimension stärker an den Controllingkontext angepasst wurde, als es für die anderen Dimensionen notwendig war.

Anpassungsfähigkeit des Unternehmens

Dynamik und Veränderungen prägen die Umwelt, in der Unternehmen agieren. Um sich mit der sich verändernden Umwelt auseinandersetzen und am Markt flexibel reagieren zu können, müssen Unternehmen selbst anpassungsfähig sein. Diese Anpassungsfähigkeit sichert den Unternehmen, dem „system model" und der Ressourcenabhängigkeitsperspektive folgend, das Überleben. Mit der Integration der Anpassungsfähigkeit gelingt es, neben der Berücksichtigung der Umwelt eine langfristige Perspektive in die Unternehmenserfolgsbetrachtung zu integrieren.[631]

---

[628] Obwohl nur von der Effizienz in diesen Beiträgen gesprochen wird, wird in dieser Arbeit die Auswirkung auf den Unternehmenserfolg als Ganzes betrachtet und nicht nur der Aspekt der Effizienz (Wirtschaftlichkeit) beleuchtet.

[629] Vgl. Welge (1988); Liedtke (1991); Weber (1995); Weber/Schäffer (2006).

[630] Im Rahmen der Konzeptualisierung des Controllerbereichserfolgs wurde die Dimension konzeptionell angepasst und als „Verwendung von Controllerbereichsleistungen zur Entscheidungsfindung" vorgestellt.

[631] Vgl. Seibert (1987), S. 54 ff.; Keats/Hitt (1988).

Kundenbezogener Erfolg des Unternehmens
Der kundenbezogene Erfolg des Unternehmens stellt den ersten Faktor der zweiten Dimension dar, die die Effektivität des Unternehmens umfasst. Effektivität ist wie in Abschnitt 2.2.1 dargelegt, als „doing the right things" zu verstehen, beinhaltet als grundlegendes Element die Zielerreichung und ist damit Ausprägung des „goal model". Die Relevanz des Erfolgs beim Kunden und somit indirekt auch auf dem Markt ist intuitiv eingängig und konnte auch empirisch bestätigt werden.[632]

Marktbezogener Erfolg des Unternehmens
Der marktbezogene Erfolg bildet den zweiten Faktor der Dimension Effektivität des Unternehmens ab und greift Aspekte des Markterfolgs auf, die übergreifender Natur sind und sich nicht ausschließlich direkt auf kundenspezifische Aspekte beziehen.[633] Der Marktbezug oder auch die Marktorientierung ist im Marketing ein viel diskutierter Aspekt, dessen Wirkung auf den wirtschaftlichen Erfolg vielfach bestätigt werden konnte.[634]

Wirtschaftlicher Erfolg des Unternehmens
Der wirtschaftliche Erfolg des Unternehmens ist im Rahmen dieser Untersuchung mit Effizienz[635] gleichzusetzen und kann mit der Aussage „doing the things right" umschrieben werden. Folglich sind Input-Output-Relationen von Relevanz, die durch Kennzahlen gemessen werden können. Diese werden mittels Rückgriff auf die Operationalisierung von IRVING (1995) als subjektive Maßgrößen erhoben.

Güte der Entscheidungen im Unternehmen
Die Dimension Güte der Entscheidungen im Unternehmen ist auf Basis der Erkenntnisse zur Unternehmenserfolgsforschung[636] zusätzlich in das bestehende Konstrukt von RUEKERT/WALKER/ROERING (1985) integriert worden.

Eine Entscheidung an sich kann als Handlung einer oder mehrerer Personen[637] verstanden werden.[638] Hierbei kann die Handlung sowohl als gedankliche als auch als physische Aktivität ausgestaltet sein. Sie umfasst darüber hinaus die Auswahl mindestens einer weiteren (Handlungs-)Alternative.[639] GZUK (1975) liefert eine sehr

---

632 Vgl. grundlegend beispielsweise Kotler/Bliemel (2001), vgl. auch Anderson/Sullivan (1993).
633 Vgl. Spillecke (2006), S. 167.
634 Vgl. Diamantopoulos/Hart (1993); Narver/Slater (1999), S. 66 ff., sowie die Beiträge in Deshpandé (1999).
635 Vgl. Abschnitt 2.2.1.
636 Vgl. Abschnitt 2.2.2.
637 Meist werden diese Personen als Entscheidungsträger bezeichnet.
638 Sofern mehrere Personen an einer Entscheidung beteiligt sind, können nach Auffassung einiger Wissenschaftler nicht unerhebliche Modifikationen der theoretischen Entscheidungsmodelle notwendig werden, allerdings stellt Greinke (1986), S. 38, fest, dass „Entscheidungsprozesse in Gruppen einem bestimmten Phasenverlauf folgen, der große Ähnlichkeit zum individuellen Entscheidungsverhalten aufweist." Diese Arbeit geht daher auf eine Unterscheidung zwischen individuellen und Gruppenentscheidungen nicht weiter ein.
639 Die Unterlassungsalternative wird als Handlungsalternative betrachtet, vgl. hierzu auch Dinkelbach (1982), S. 1; Sieben/Schildbach (1994), S 17.

umfangreiche Beschreibung des betriebswirtschaftlichen Entscheidungsbegriffs und stellt folgende Charakteristika der Entscheidung heraus:

- Entscheidungen besitzen einen *prozessualen Charakter*.
- Entscheidungen beinhalten das *Vorhandensein einer Auswahlsituation*.
- Entscheidungen resultieren immer in einem *Ergebnis*.
- Entscheidungen sind *zielorientiert*.
- Entscheidungen sind *zukunftsorientiert*.[640]

Im Rahmen der wissenschaftlichen Betrachtungen von Entscheidungsproblemen haben sich zwei Theoriestränge herausgebildet,[641] die *normative*[642] und die *deskriptive*[643] *Entscheidungstheorie*. Erstere versucht Antworten auf die Frage zu finden, wie aus einer Menge möglicher Handlungsalternativen diejenige ausgewählt werden kann, die bei den gegebenen Zielen am vorteilhaftesten ist. Dabei geht sie davon aus, dass die Menschen rational handeln. Auf dieser Basis werden Lösungen zu Entscheidungsproblemen logisch deduziert,[644] die rationale Entscheidungsträger treffen würden.[645] Dagegen bezieht die deskriptive Entscheidungstheorie, die jünger ist als die normative und durch die Soziologie und Psychologie geprägt wurde,[646] kognitive Begrenzungen der Entscheidungsträger explizit mit ein.[647] Sie versucht somit zu beschreiben und zu erklären, wie Entscheidungen in der Realität getroffen werden und das entsprechend nur eingeschränkt rationales Denken die Basis aller Entscheidungen sein kann.[648] Ein weiterer grundlegender Unterschied zwischen beiden Forschungssträngen ist, dass die normative im Gegensatz zur deskriptiven Entscheidungstheorie sich nur selten mit Informationsbeschaffungs- und -verarbeitungsproblemen auseinandersetzt. Die deskriptive Entscheidungstheorie schenkt diesem Aspekt aufgrund ihrer Annahme, dass die Entscheidungsträger nur begrenzt rational sind und somit auch nur begrenzt Informationen aufnehmen und verarbeiten können, sehr große Aufmerksamkeit.[649] Aus den Ausführungen zu den Forschungszweigen wird ersichtlich, dass der deskriptive Zweig der Forschung als verhaltenswissenschaftlichorientiert eingestuft werden kann. Damit erweist er sich als sinnvolle und hilfreiche Argumentationsunterstützung.

---

640 Vgl. Gzuk (1975), S. 17-20.

641 Vgl. beispielsweise Jungermann/Pfister/Fischer (1998), S. 6 f.; Bamberg/Coenenberg (2000), S. 1-7; Reitmeyer (2000), S. 24-29 und die dort angegebene Literatur.

642 Die normative Entscheidungstheorie wird auch präskriptive Entscheidungstheorie genannt.

643 Die deskriptive Entscheidungstheorie ist auch unter dem Namen empirisch realistische Entscheidungstheorie bekannt.

644 Vgl. Sieben/Schildbach (1994), S. 1; sowohl Gäfgen (1974) als auch Heinen (1976) sprechen in diesem Zusammenhang von Entscheidungslogik.

645 In der normativen Entscheidungstheorie haben sich zwei Zweige herausgebildet. Es wird unterschieden zwischen der praktisch normativen und der bekennenden normativen Entscheidungstheorie, vgl. hierzu beispielsweise Sieben/Schildbach (1994), S. 2 und 15-45 sowie die dort angegebene Literatur; Laux (2005), S. 15 f.

646 Vgl. Schopphoven (1995), S. 21 ff.

647 Vgl. Simon (1957), S. 198.

648 Vgl. Sieben/Schildbach (1994), S. 3; Laux (2005), S. 14 f.

649 Vgl. Sieben/Schildbach (1994), S. 3 f.

Die Güte oder auch die Qualität von Entscheidungen setzen sich nach McINTYRE (1982) aus drei Dimensionen zusammen:

- Entscheidungsergebnis
- Entscheidungsprozess
- Zufriedenheit des Entscheidungsträgers bei/mit der Entscheidungsfindung.[650]

Diesem Verständnis von Entscheidungsqualität folgend ist, aufgrund der Integration des dritten Aspekts, eine Beurteilung nur durch den Entscheidungsträger selbst möglich. Andere Untersuchungen hingegen beziehen in die Güte oder auch Qualität von Entscheidungen nur das Entscheidungsergebnis und/oder den Entscheidungsprozess ein,[651] so dass eine Beurteilung durch Dritte ermöglicht wird. Aufgrund des Forschungsdesigns, das Manager als Teilnehmer der Befragung vorsieht, wird der Ansatz, der alle drei Aspekte der Entscheidungsgüte beinhaltet, angewendet. Es wird somit zur Beurteilung der Entscheidungsqualität im Unternehmen dem Ansatz von McINTYRE (1982) gefolgt, der das „Ausmaß, mit dem eine Entscheidung in Ergebnis und Prozessablauf der individuellen Präferenzstruktur des Entscheiders entspricht",[652] erfasst.

Hinsichtlich der Güte der Entscheidungen im Unternehmen soll zur weiteren Konzeptualisierung auf den Führungszyklus nach WEBER/SCHÄFFER (1998, 2001) zurückgegriffen werden.[653] Der Führungszyklus umfasst vier Phasen, die nacheinander ablaufen und sowohl durch Feed-forward- als auch Feed-back-Schleifen zusätzlich verknüpft werden. Der Ausgangspunkt ist die *Willensbildung*, die in der Formulierung von Zielen mündet. Daran schließt sich die Phase der *Willensdurchsetzung* an, die die Maßnahmen zur Umsetzung der gebildeten Ziele enthält. Die reale Umsetzung der Maßnahmen erfolgt in der Phase der *Ausführung*, an die sich die Phase der *Kontrolle* anschließt. In der Kontrollphase wird der Abgleich des Ist-Zustandes mit dem ursprünglich gebildeten Willen nach der Ausführung vorgenommen.[654]

3.5 Hypothesenformulierung

Nachdem der Controllerbereichserfolg, die Einflussfaktoren sowie der Unternehmenserfolg konzeptualisiert worden sind, folgt im diesem Abschnitt die Ableitung und Aufstellung der Hypothesen über die Wirkungsbeziehungen unter den

---

[650] Vgl. McIntyre (1982). Das von McIntyre (1982) entwickelte Messmodell ist sehr kontextspezifisch, so dass es in der Literatur kaum weitere Anwendung findet. Vgl. zur Entscheidungszufriedenheit auch Heitmann (2004), S. 117 ff.

[651] Vgl. Schopphoven (1995), S. 110.

[652] Schopphoven (1996), S. 112.

[653] Es sind in der Literatur unterschiedliche Konzeptualisierungen des Führungszyklus zu finden, vgl. beispielsweise Hahn/Hungenberg (2001), S. 36; Schweitzer (2001), S. 49; Welge/Al-Laham (2003), S. 98.

[654] Vgl. Weber/Schäffer (1998), S. 25 f.; Weber/Schäffer (2001), S. 32.

einzelnen Konstrukten. Als Hypothese wird im Allgemeinen die Aussage über einen erwarteten Zusammenhang zwischen zwei oder mehr Variablen verstanden.[655]
Die Basis der Hypothesenableitung bilden die in Abschnitt 2.3 vorgestellten theoretischen Grundlagen und Literaturquellen, die auch schon bei der Konzeptualisierung zur Anwendung kamen. Diese beinhalten neben den Angaben zu den einzelnen Faktoren auch Hinweise bezüglich der Wirkungsbeziehungen. Darüber hinaus werden empirische Arbeiten, die ähnliche Aspekte betrachten, zur Ableitung der Wirkungsbeziehungen herangezogen. Zuerst werden die Hypothesen zur Wirkung der Einflussfaktoren auf den Controllerbereichserfolg aufgestellt. Daran schließen sich die Hypothesen zur Wirkung des Controllerbereichserfolgs auf den Unternehmenserfolg an. Da das entwickelte Controllerbereichserfolgskonstrukt mit seinen fünf Faktoren sehr komplex ist, werden nicht alle Hypothesen zur Wirkung der Einflussfaktoren auf jeden einzelnen Faktor des Konstruktes aufgezeigt, denn dafür wäre die Betrachtung zahlreicher und zudem sehr ähnlicher Beziehungen notwendig. Aus diesem Grund wird an dieser Stelle darauf verzichtet und lediglich die Wirkung der Einflussfaktoren auf das gesamte Controllerbereichserfolgskonstrukt dargelegt sowie mit Beispielen zu einzelnen Faktoren untermauert. Im Rahmen der Hypothesenüberprüfung werden allerdings die Ergebnisse jeder einzelnen Beziehung zwischen den Einflussfaktoren und den Dimensionen des Controllerbereichskonstruktes aufgezeigt.[656]

Hypothesen zu den Einflussfaktoren

Hinsichtlich der Einflussfaktoren gilt die Basishypothese, dass alle Einflussfaktoren den Controllerbereichserfolg positiv beeinflussen, allerdings aus unterschiedlichen Gründen, wie im Folgenden erläutert wird. Hierbei werden anhand der drei Gruppen an Einflussfaktoren zuerst die Faktoren der Gruppe betrachtet, die sich auf die Ressourcenabhängigkeitsperspektive zurückführen lassen (controllerbereichsinterne Faktoren), bevor dann die Einflussfaktoren mit sozialpsychologisch-theoretischem Hintergrund beleuchtet werden (Faktoren der Interaktion zwischen Controllerbereich und Kunden). Abschließend werden Einflussfaktoren untersucht, die auf dem Market-based View fußen (controllerbereichsexterne Faktoren).

Ausgehend von der Ressourcenabhängigkeitsperspektive sollte der Controllerbereich sein Möglichstes tun, um seinen Fortbestand zu sichern. Dies kann vor allem durch die Sicherung der Nachfrage der Kunden nach Controllerbereichsleistungen und die Sicherung der Bereitstellung notwendiger Ressourcen zur Ausübung der Controllerbereichsleistungen, wie beispielsweise ein ausreichendes Budget, geschehen.[657] Um das zu erreichen, kann der Controllerbereich versuchen, auf alle Faktoren des Controllerbereichserfolgs positiv einzuwirken.

Es wird als erster Einflussfaktor die Potenzialqualität untersucht, die im Rahmen der Konzeptualisierung des Controllerbereichserfolgs explizit ausgeklammert wurde und in der Literatur als wichtiger, elementarer Einflussfaktor diskutiert wird.[658]

---

[655] Diese Art von Hypothesen werden auch nomologische oder Zusammenhangshypothesen genannt, vgl. Diekmann (2004), S. 107; Schnell/Hill/Esser (2005), S. 53.
[656] Vgl. zu diesem Vorgehen Knollmann (2007).
[657] Vgl. Abschnitt 2.3.1.1 und 3.3.1
[658] Vgl. Donabedian (1980), S. 82.

Potenzialqualität ist als die Leistungsvoraussetzung des Dienstleistungsanbieters zu verstehen[659] und erlangt im Rahmen der Ressourcenabhängigkeitsperspektive einen besonderen, grundlegenden Status. So ist ohne sie der Controllerbereich nicht überlebensfähig, da er ohne die Fähigkeit, eine Dienstleistung anzubieten, keine Existenzberechtigung mehr besitzt. Die Existenz und Ausgestaltung der Potenzialqualität sollte den Controllerbereich in die Lage versetzen, den Controllerbereichserfolg aktiv in allen seinen Elementen positiv zu beeinflussen. Beispielsweise sollte sie in der Lage sein, die Anpassungsfähigkeit des Controllerbereichs positiv zu beeinflussen. Die Controller des Bereichs müssten dafür z. B. die notwendigen Fähigkeiten besitzen, um unternehmensinterne oder -externe Veränderungen früh genug zu erkennen und die Auswirkungen auf ihren Kunden selbst oder seine Anforderungen einschätzen zu können. Die fachlichen Fähigkeiten des Controllerbereichs sind darüber hinaus als elementare Basis sowohl des kunden- und marktbezogenen als auch des wirtschaftlichen Erfolgs anzunehmen. Das im Controllerbereich vorhandene Know-how sollte darüber hinaus einen positiven Einfluss auf die Verwendung der Controllerbereichsleistungen zur Entscheidungsfindung ausüben, da durch das höhere Know-how des Bereichs bessere Leistungen erbracht werden sollten. Entsprechend lässt sich die Hypothese über den Zusammenhang zwischen Potenzialqualität und Controllerbereichserfolg wie folgt formulieren:

H1: Die Potenzialqualität des Controllerbereichs beeinflusst den Controllerbereichserfolg positiv.

Der zweite Einflussfaktor, der durch die Ressourcenabhängigkeitsperspektive erklärt werden kann, ist die interne Kundenorientierung des Controllerbereichs. Um sein Fortbestehen zu sichern, versucht der Controllerbereich, sich an den Wünschen und Bedürfnissen seiner Kunden auszurichten und zu orientieren.[660] Gelingt ihm dies, kann er auf seine Wiederbeauftragung und ggf. sogar Weiterempfehlung hoffen, wie es in der Literatur zur Kundenbindung mittels Kundenorientierung dargestellt wird.[661] Die mittelbare, positive Wirkung der internen Kundenorientierung auf einen kleinen Teil[662] des Controllerbereichserfolgs, wie er in dieser Arbeit konzeptualisiert wurde, hat SPILLECKE (2006) überprüft und bestätigt.[663] Diesen Annahmen folgend kann folgende Hypothese zur internen Kundenorientierung und ihrer Wirkung auf den gesamten Controllerbereichserfolg aufgestellt werden:

H2: Die interne Kundenorientierung des Controllerbereichs beeinflusst den Controllerbereichserfolg positiv.

---

[659] Vgl. Abschnitt 3.3.1.1.

[660] Vgl. Spillecke (2006).

[661] Vgl. Wallenburg (2004), zur Kundenbindung und Kundenloyalität vgl. auch Bhote (1996); Cross/Smith (1996); Homburg/Giering/Hentschel (1998); Eggert (1999); Giering (2000); Homburg/Faßnacht (2001).

[662] Spillecke (2006) überprüft und bestätigt die positive Wirkung der internen Kundenorientierung auf die Ergebnisqualität des Controllerbereichs.

[663] Vgl. Spillecke (2006), S. 173 f.

Im Rahmen der sozialpsychologischen Ansätze wurde als ein Einflussfaktor auf Austauschbeziehungen Vertrauen herausgearbeitet. Das Vertrauen, das der Kunde dem Controllerbereich entgegenbringt, stärkt die soziale Austauschbeziehung zwischen den beiden Partnern, indem es eine Art soziale Verpflichtung erzeugt und somit das Commitment in die Beziehung erhöht.[664] Dadurch wird der marktbezogene Erfolg des Controllerbereichs direkt positiv beeinflusst. Gemäß der Risikotheorie kann Vertrauen auch dazu beitragen, das empfundene Risiko bei einer Entscheidungsvorbereitung oder Entscheidungsfindung zu minimieren. Werden zur Risikoreduzierung Controllerbereichsleistungen in Anspruch genommen und bei der Entscheidungsfindung der Manager berücksichtigt, so wirkt das Vertrauen positiv auf die Verwendung von Controllerbereichsleistungen zur Entscheidungsfindung sowie auf den kundenbezogenen Erfolg des Controllerbereichs. Somit kann zusammenfassend folgende Hypothese abgeleitet werden:

H3: Vertrauen, das dem Controllerbereich von seinem Kunden entgegengebracht wird, beeinflusst den Controllerbereichserfolg positiv.

Der zweite Einflussfaktor, der im Rahmen der Dimension Interaktion zwischen internen Kunden und internen Lieferanten konzeptualisiert wurde, ist die Zusammenarbeit zwischen Kunden und Controllerbereich. Die Auswirkungen der Zusammenarbeit oder auch Kooperation auf die verschiedensten Teilgebiete und Aufgabenfelder wurde in einer Vielzahl von Studien u. a. zum Schnittstellenmanagement untersucht.[665]

In seiner Studie zeigt KNOLLMANN (2007),[666] dass Kooperation[667] sich positiv auf die Qualität und Nutzungsintensität der Controllerbereiche auswirkt.[668] Entsprechend kann für die vorliegende Arbeit angenommen werden, dass Zusammenarbeit sich positiv auf die Dienstleistungsqualität auswirkt. Darüber hinaus ist davon auszugehen, dass die Zusammenarbeit auch die Kundenzufriedenheit steigert, da die Kundenbedürfnisse in der Zusammenarbeit besser und genauer dargelegt und vermittelt werden können. Aufgrund der positiven Auswirkung der Zusammenarbeit auf den kundenbezogenen Erfolg sollte entsprechend auch der marktbezogene Erfolg steigen. Des Weiteren ist auch ein positiver Zusammenhang zwischen der Zusammenarbeit und der Effizienz des Controllerbereichs zu erwarten. Durch die Zusammenarbeit kann eine Ressourcenverschwendung minimiert werden, da Ressourcen auf die kundenrelevanten, wichtigen Themen alloziert werden können. Ebenso sollte die Anpassungsfähigkeit des Controllerbereichs durch eine gute Zusammenarbeit

[664] Vgl. Spillecke (2006), S. 175; Knollmann (2007), S. 230.

[665] Vgl. für eine Übersicht der Literatur Knollmann (2007), S. 39-58. Darüber hinaus wurde auch die Zusammenarbeit externer Kunden-Lieferanten-Beziehungen und interorganisationalen Austauschbeziehungen intensiv untersucht, vgl. hierzu beispielsweise Reinhart/Schnauber (1997).

[666] Ebenso zeigte Birl (2007) in seiner Studie den oben beschriebenen Zusammenhang auf, allerdings betrachtet er die Kooperation zwischen interner Revision und Controllerbereich.

[667] Hier wurde die Kooperation zwischen Controllerbereich und Strategieabteilung innerhalb von Unternehmen untersucht, vgl. Knollmann (2007).

[668] Allerdings wurden bei Knollmann die Controllerbereiche selbst zur Nutzungsintensität und Qualität der Controllerbereiche befragt, vgl. Knollmann (2007).

gesteigert werden, da er aufgrund des Austausches mit dem Kunden genauer weiß, welche Aspekte der unternehmensinternen und -externen Umwelt für den Kunden relevant sind, und so schneller auf deren etwaige Veränderungen reagieren kann. Folglich lautet die Hypothese zum Zusammenhang zwischen Zusammenarbeit und Controllerbereichserfolg:

H4: Die Güte der Zusammenarbeit zwischen Kunden und Controllerbereich beeinflusst den Controllerbereichserfolg positiv.

Der Blick auf den Controllerbereich aus einer strategischen Perspektive hat gezeigt, dass dieser sich auf seinem internen Markt analog zu einem Unternehmen auf dem externen Markt behaupten muss und demnach der Market-based View als eine theoretische Grundlage der Betrachtung herangezogen werden kann.[669]

In diesem Zusammenhang konnte als erster Einflussfaktor die Gestaltungsfreiheit des Controllerbereichs identifiziert werden. Im Sinne eines Role Making werden dem Controllerbereich Freiheiten hinsichtlich der Gestaltung und Ausführung seiner Aufgaben gewährt. Entsprechend sollte er sich an Veränderungen, die das Umfeld für ihn bereithält, selbstständig und schnell anpassen können, was einer höheren Anpassungsfähigkeit entspricht. Ebenso sollte er effizient mit seinen Ressourcen umgehen können, da er sie selbstständig den jeweiligen Gegebenheiten anpassen kann. Darüber hinaus sollte auch die Verwendung von Controllerbereichsleistungen zur Entscheidungsfindung von einem stärkeren Role Making positiv beeinflusst werden, da der Controllerbereich nicht ausschließlich die Aufgaben wahrnimmt, die ihm aufgetragen werden, sondern aktiv die Aufgaben ausführen kann, die seinem Ermessen nach zur Entscheidungsunterstützung beitragen. Entsprechend sollte auch der kunden- und marktbezogene Erfolg des Controllerbereichs durch ein Role Making positiv beeinflusst werden. Somit kann die Hypothese über den Zusammenhang zwischen Gestaltungsfreiheit und Controllerbereichserfolg wie folgt aufgestellt werden:

H5: Die Gestaltungsfreiheit des Controllerbereichs beeinflusst den Controllerbereichserfolg positiv.

Der zweite Einflussfaktor, der im Rahmen des Market-based View beleuchtet wird, ist die interne Großzügigkeit. Ein geringer Grad interner Großzügigkeit bedeutet für den Controllerbereich, dass seine Umwelt schon bei kleinen Fehlern Sanktionen ihm gegenüber ausübt. Entsprechend ist der Controllerbereich in einem solchen Umfeld der großen Gefahr ausgesetzt, durch seine aktuellen und potenziellen Wettbewerber, Lieferanten, Kunden oder Substitute ersetzt zu werden. So sollte der Controllerbereich in einem solchen kompetitiven Umfeld versuchen besonders effektiv und effizient zu arbeiten, wodurch der kunden- und marktbezogene respektive der wirtschaftliche Controllerbereichserfolg positiv beeinflusst werden sollte. Zusammengefasst heißt dies, dass bei geringer interner Großzügigkeit eine besonders gute und fehlerfreie Controllerbereichsleistung von hoher Wichtigkeit ist, die den Controllerbereicherfolg

---

[669] Vgl. David (2005).

in weiten Teilen positiv beeinflussen sollte. Herrscht hingegen ein weniger kompetitives Umfeld und somit ein höherer Grad an interner Großzügigkeit vor, so werden dem Controllerbereich kleine Fehler zugestanden. In einem solchen Umfeld ist es dem Controllerbereich eher möglich, Ressourcen der Anpassungsfähigkeit zu widmen, da es ihm verziehen wird, wenn die Anpassungen nicht Gefallen im Unternehmen und bei den Kunden finden. Es liegen somit hinsichtlich der Wirkung der internen Großzügigkeit auf den Controllerbereichserfolg unterschiedliche Wirkungsrichtungen vor. Eine eindeutige Wirkungsrichtung der internen Großzügigkeit auf den Controllerbereichserfolg ist folglich nicht auszumachen. Entsprechend kann die Hypothese hinsichtlich des beschriebenen Zusammenhangs zwischen Einflussfaktor und Controllerbereichserfolg nur als explorative Hypothese bzw. Fragestellung aufgestellt werden:

E1: Welche Wirkung übt die vorherrschende interne Großzügigkeit gegenüber dem Controllerbereich auf den Controllerbereichserfolg aus?

Die Einflussfaktoren des Controllerbereichserfolgs wurden in Abschnitt 3.3 jeweils paarweise, entsprechend ihrer Zugehörigkeit zu einer der drei untersuchten Betrachtungsgruppen, vorgestellt. Hinsichtlich der relativen Bedeutung der Gruppen in Bezug auf ihren Einfluss auf den Controllerbereichserfolg sind verschiedene Ausprägungen denkbar. So könnten die Einflussfaktoren der controllerbereichsexternen Gruppe den relativ stärksten Einfluss auf den Controllerbereichserfolg ausüben, da diese stark durch den Kunden beeinflusst werden und somit den Erfolg der internen Dienstleistung steuern. Allerdings wäre es ebenso denkbar, dass die Gruppe der Interaktionsaspekte den größten Einfluss auf den Erfolg ausübt, weil die Interaktion zwischen Dienstleister und Kunden die Dienstleistung stark prägt und so die Wünsche und Anforderungen der Kunden an die Dienstleistungen direkt vermittelt werden können. Schließlich ist es aber auch möglich, dass das Potenzial und die Bemühungen des Dienstleisters selbst den größten Einfluss auf den Erfolg ausüben.

Aus den obigen Ausführungen geht hervor, dass keine eindeutige Hypothesenformulierung hinsichtlich der relativen Bedeutung der einzelnen Betrachtungsgruppen abzuleiten ist. Entsprechend wird der beschriebene Zusammenhang explorativ erhoben. Die diesbezügliche Fragestellung lautet daher:

E2: Welche Betrachtungsgruppe übt relativ gesehen den stärksten Einfluss auf den Controllerbereichserfolg aus?

Nachdem nun die Hypothesen und Fragestellungen zu den Einflussfaktoren formuliert worden sind, sollen die Wirkungsbeziehungen zwischen Controllerbereichserfolg und Unternehmenserfolg betrachtet werden.

Hypothesen zu den Erfolgswirkungen des Controllerbereichserfolgs

Um Aussagen, die konstatieren, dass das „Controlling" und seine Leistungen sich positiv auf das Unternehmen auswirken,[670] überprüfen zu können, muss der Controllerbereichserfolg hinsichtlich seiner Wirkung auf den Unternehmenserfolg beleuchtet werden. Entsprechend der pauschalen Aussagen, die zu diesem Zusammenhang postuliert werden, gilt auch hier die Basishypothese, dass der Controllerbereichserfolg alle Bestandteile des Unternehmenserfolgs positiv beeinflussen sollte. Hinweise auf diesen Wirkungszusammenhang geben auch verschiedene empirische Studien. So stellen SPIEKER (2004) und REITMEYER (2000) einen positiven Zusammenhang zwischen der Entscheidungsqualität[671] respektive dem Entscheidungsprozess[672] und dem Unternehmenserfolg fest. SANDT (2004), SPILLECKE (2006) und SORG (2007) überprüfen den jeweils ihren Arbeiten zugrunde liegenden „Controllingerfolg"[673] auf den Unternehmenserfolg und können einen positiven Zusammenhang feststellen. Allerdings überprüft keiner der angegebenen Autoren die Wirkung auf den Faktor des wirtschaftlichen Erfolgs des Unternehmenserfolgs. Im Folgenden werden daher die Hypothesen aufgestellt, die den Zusammenhang zwischen Controllerbereichserfolg und allen Bestandteilen des Unternehmenserfolgs beschreiben.

Als primäre Dienstleistung des Controllerbereichs wird im Allgemeinen die Unterstützung des Managements bei seinen Aufgaben angesehen. Der Controllerbereich kann durch Ausführung seiner verschiedenen Aufgabenbündel[674] in vielerlei Hinsicht darauf hinwirken, dass die Güte der Entscheidungen im Unternehmen verbessert wird.[675] Daher lässt sich als Hypothese formulieren:

H 6: Der Controllerbereichserfolg wirkt positiv auf die Güte der Entscheidungen im Unternehmen.

Auch stellen die Dienstleistungen des Controllerbereichs eine Basis dar, um die Anpassungsfähigkeit des Unternehmens zu bewahren. So dienen beispielsweise Managementinformationssysteme dazu, die Unternehmenswelt also auch die Umwelt

---

[670] Vgl. Fußnote 629.

[671] Vgl. Spieker (2004), S. 320. Spieker konzeptualisiert Entscheidungsqualität im Kontext von Gründerteams.

[672] Vgl. Reitmeyer (2000), S. 148. Reitmeyer betrachtet den Entscheidungsprozess im Rahmen der Kostenrechnung.

[673] Diese Autoren gehen davon aus, dass der „Controllingerfolg" im Kontext des Rationalitätssicherungsansatzes als „Qualität des Führungszyklus" gemessen werden kann, da die Aufgabe des „Controllings" in der Sicherstellung rationaler Entscheidungen liegt und somit die Güte der Entscheidungen im Unternehmen als Indikator verwendet werden kann, vgl. Sandt (2004), S. 199-201; Spillecke (2006), S. 181; Sorg (2007), S. 119 f.

[674] Dies ist unabhängig von der ausgeführten Aufgabe; so können sowohl Informationsdienstleistungen als auch Planungs- und Kontrolldienstleistungen, aber auch kritisches Hinterfragen im Sinne einer Rationalitätssicherungsleistung zur Verbesserung der Güte der Entscheidungen beitragen.

[675] Vgl. beispielsweise Indjejikian/Matejka (2006), die darauf hinweisen, dass es die Aufgabe von Controllern sei, das Management bei der Entscheidungsfindung zu unterstützen.

abzubilden, um bei Veränderungen bestmöglich reagieren zu können. Folglich lautet die Hypothese zu diesem Zusammenhang:

H 7: Der Controllerbereichserfolg wirkt positiv auf die Anpassungsfähigkeit des Unternehmens.

Darüber hinaus sollte der Controllerbereich es dem Unternehmen durch die hohe Güte seiner Aufgabenerfüllung ermöglichen, seine Position beim Kunden und am Markt zu festigen und auszubauen, so dass der Erfolg des Controllerbereichs sich auf den kunden- und marktbezogenen Erfolg des Unternehmens auswirken sollte. Entsprechend lauten die Hypothesen:

H 8: Der Controllerbereichserfolg wirkt positiv auf den kundenbezogenen Erfolg des Unternehmens.

H 9: Der Controllerbereichserfolg wirkt positiv auf den marktbezogenen Erfolg des Unternehmens.

Der Controllerbereich besitzt aufgrund des Ausführens beispielsweise von Kostenreduzierungsmaßnahmen und anderen kosten- oder auch erlösrelevanten Maßnahmen einen direkten Einfluss auf das Ergebnis des Unternehmens. Somit sollte durch den Controllerbereich, der seine Aufgaben auch mit dem Ziel erfüllt, den wirtschaftlichen Erfolg des Unternehmens zu sichern, ein positiver Zusammenhang zwischen diesen beiden Komponenten bestehen. Die Hypothese kann wie folgt formuliert werden:

H 10: Der Controllerbereichserfolg wirkt positiv auf den wirtschaftlichen Erfolg des Unternehmens.

Hypothesen zur Wirkung der Unternehmenserfolgsbestandteile untereinander

Es ist davon auszugehen, dass unter den einzelnen Bestandteilen des Unternehmenserfolgs positive Wirkungszusammenhänge bestehen. Beispielsweise sollte ein Unternehmen, das in der Lage ist, sich schnell und adäquat an Veränderungen des Marktes anzupassen, auch einen hohen marktbezogenen Erfolg ausweisen können, der sich wiederum positiv auf den wirtschaftlichen Erfolg auswirken sollte. Diese und weitere Zusammenhänge wurden auch schon in verschiedenen empirischen Arbeiten überprüft; allerdings wurde in diesen Arbeiten die Güte der Entscheidungen im Unternehmen nicht in das Erfolgskonstrukt integriert und die Wirkungszusammenhänge mit diesem Unternehmenserfolgsbestandteil somit nicht überprüft.[676] Da die Konzeptualisierung des Unternehmenserfolgs in dieser Arbeit die Güte der Entscheidungen beinhaltet, soll auch ihre Wirkung auf die anderen Bestandteile des Unternehmenserfolgs überprüft werden.

Prinzipiell ist davon auszugehen, dass die Güte der Entscheidungen im Unternehmen eine sehr starke und positive Wirkung auf die restlichen Bestandteile des Unter-

---

[676] Vgl. Spillecke (2006); Sorg (2007).

nehmenserfolgs ausübt, da, wie aufgezeigt, die Entscheidungen als Grundlage des gesamten Handelns im Unternehmen verstanden werden können. Daher lassen sich die Hypothesen wie folgt aufstellen:

H 11: *Die Güte der Entscheidungen wirkt positiv auf die Anpassungsfähigkeit des Unternehmens.*

H 12: *Die Güte der Entscheidungen wirkt positiv auf den kunden- und marktbezogenen Erfolg des Unternehmens.*

H 13: *Die Güte der Entscheidungen wirkt positiv auf den wirtschaftlichen Erfolg des Unternehmens.*

Daneben lassen sich die weiteren Beziehungsgeflechte der Unternehmenserfolgsbestandteile auf Basis der angesprochenen empirischen Arbeiten als Hypothesen wie folgt darstellen:

H 14: *Die Anpassungsfähigkeit des Unternehmens wirkt positiv auf den kunden- und marktbezogenen Erfolg des Unternehmens.*

H 15: *Die Anpassungsfähigkeit des Unternehmens wirkt positiv auf den wirtschaftlichen Erfolg des Unternehmens.*

H 16: *Der kunden- und marktbezogene Erfolg wirkt positiv auf den wirtschaftlichen Erfolg des Unternehmens.*

3.6 Betrachtung des Gesamtmodells im Überblick

Das aufgestellte Modell umfasst sechs Einflussfaktoren, die paarweise drei Betrachtungsperspektiven zugeordnet werden können. Diese sind in ihrem Wesen und in ihrer Wirkung auf den Controllerbereichserfolg zu überprüfen. Letzterer besteht seinerseits aus vier Dimensionen und den unten abgebildeten fünf Faktoren und ist in Anlehnung an bereits empirisch überprüften Unternehmenserfolgsmodellen entwickelt worden. Schließlich gilt es, die Wirkung des Controllerbereichserfolgs auf den Unternehmenserfolg zu testen. Die folgende Abbildung verdeutlicht noch einmal das Modell als Ganzes.

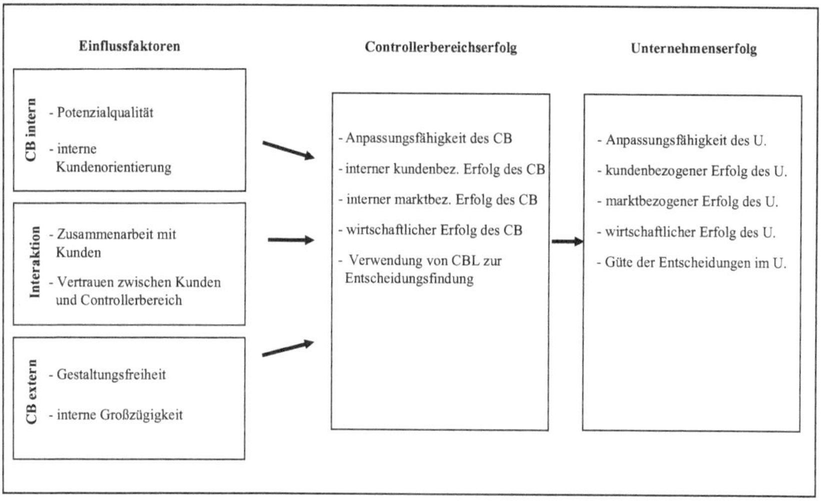

Abbildung 6: Schematische Darstellung des Modells[677]

Die aufgestellten Hypothesen sowie das Gesamtmodell und seine einzelnen Bestandteile (Konstrukte) sind in einem nächsten Schritt empirisch zu überprüfen. Dazu werden im folgenden Kapitel die Methodik und die Datenbasis der zugrunde liegenden Empirie vorgestellt.

[677] CB steht für Controllerbereich, U. steht für Unternehmen

4 Methodische Konzeption der Untersuchung

Zur Beantwortung des zweiten Teils der ersten Forschungsfrage sowie der Forschungsfragen 2 und 3 wird im Rahmen dieser Arbeit eine großzahlige empirische Untersuchung durchgeführt. Im Folgenden werden die grundlegenden methodischen Konzeptionen, die für die Untersuchung relevant sind, vorgestellt. Hierbei werden im ersten Abschnitt die Untersuchungsmethode und der Ablauf der Untersuchung dargelegt. Der zweite Abschnitt beschreibt die Datenerhebung und die Datengrundlage. Der dritte Abschnitt zeigt die Grundlagen der quantitativen Analyse auf und thematisiert insbesondere die Konstruktmessung. Der vierte Abschnitt legt die angewandten Verfahren und Methodiken der Dependenzanalyse dar.

4.1 Methodische Grundlagen und Ablauf der empirischen Untersuchung

Im Rahmen der Betrachtung der methodischen Grundlagen wird insbesondere die für die Untersuchung ausgewählte Erhebungsform beschrieben und die Eingrenzung des Untersuchungsbereichs dargelegt. Die empirische Untersuchung wird in ihren fünf aufeinander folgenden Phasen ausführlich dargestellt und inhaltlich beschrieben.

4.1.1 Untersuchungsmethode und Untersuchungsbereich

Die Schaffung eines grundlegenden Verständnisses des Wesens und der Bedeutung des Controllerbereichserfolgs ist ein Ziel der vorliegenden Arbeit. Auf den Erkenntnissen der Unternehmenserfolgsforschung sowie der Controllerbereichserfolgsforschung aufbauend, wird ein branchen- und kontextübergreifendes Messmodell für den Controllerbereichserfolg entwickelt. Kontextübergreifend heißt in diesem Fall, dass dem Modell kein klassisches, spezifisches Controllingverständnis zugrunde liegt, wie dies in der Regel bei den bisherigen Arbeiten der Controllingerfolgsforschung der Fall ist. Vielmehr steht der Controllerbereich mit seiner Dienstleistungsfunktion, unabhängig davon, welche Art von Aufgaben er in Funktion wahrnimmt, im Mittelpunkt der Betrachtung.[678]

Des Weiteren werden ausgewählte Einflussfaktoren des Controllerbereichserfolgs und die Auswirkungen auf den Unternehmenserfolg theoretisch abgeleitet und empirisch überprüft.

Theoretische Konstrukte[679] bzw. latente Variablen[680] dienen als Übersetzung der nicht direkt abfragbaren Maße. Um die Überprüfung des Messmodells und die Analyse der Zusammenhänge zwischen den Variablen durchführen zu können, ist eine hinreichend große Fallzahl unerlässlich.[681] Deshalb wurde als Untersuchungsmethode die

---

[678] Mit der Festlegung auf spezifische Aufgaben des Controllerbereichs ginge unmittelbar die Festlegung auf eine bestimmte Controllingkonzeption einher, vgl. Abschnitt 2.1.

[679] Vgl. Bagozzi/Fornell (1982), S. 24; Bagozzi/Phillips (1982), S. 465.

[680] Vgl. Homburg/Giering (1996), S. 6.

[681] Vgl. Homburg/Baumgartner (1995), S. 1093; Bagozzi (1981), S. 380.

standardisierte schriftliche Fragebogenerhebung ausgewählt, da ein Vorteil[682] dieser Erhebungsart, im Vergleich zu qualitativen Erhebungen, ist, dass sich mit ihr höhere Fallzahlen erreichen lassen.[683] Die schriftliche Befragung weist zudem im Vergleich zur persönlichen Befragung zwei weitere Vorteile auf: Ein interviewer bias[684] kann ausgeschlossen werden und die Beantwortung der Fragen erfolgt präziser und überlegter aufgrund flexiblerer Zeiteinteilung.[685] Der letztgenannte Aspekt ist aufgrund des knappen Zeitbudgets der befragten Personen von besonderer Bedeutung. Anzumerken ist allerdings, dass die schriftliche Befragung auch Nachteile hat. Hier sind zu nennen, dass die Erhebungssituation nicht kontrollierbar ist und sich Restriktionen hinsichtlich der Länge und der Themenwahl ergeben.[686]

Um allgemeingültige Aussagen zum Controllerbereichserfolg treffen zu können, wurden möglichst unterschiedliche Unternehmen angeschrieben.[687] Es wurde folglich eine branchen- und größenklassenübergreifende Erhebung durchgeführt, die die Vielfalt der deutschen Wirtschaft widerspiegeln soll. Hinsichtlich der Stichprobenwahl wurden lediglich zwei Einschränkungen getroffen: Zum einen wurden Banken und Versicherungen ausgeschlossen, da bei diesen Branchen davon auszugehen ist, dass die Erwartung an die Controllerbereiche und deren Aufgaben erheblich von dem abweichen, was in anderen Branchen erwartet wird.[688] Zum anderen wurden nur Unternehmen ab einer Größe von 200 und mehr Mitarbeitern in die Stichprobe aufgenommen. Diese Auswahl gewährleistet, dass nur Unternehmen an der Umfrage teilnehmen, die vermutlich einen eigenständigen Controllerbereich besitzen.[689]

Als Respondenten wurden dem Controllerbereich hierarchisch übergeordnete Empfänger und Nutzer der Controllerbereichsleistungen ausgewählt.[690] Somit basiert die Beurteilung des Controllerbereichserfolgs auf einer „externen" Kundensicht, die eine geringe Verzerrung der Realität im Vergleich zur Selbsteinschätzung beinhalten sollte.[691] In die Stichprobe wurden daher Manager der ersten und zweiten Führungsebene von Unternehmen und strategischen Geschäftseinheiten einbezogen.

---

682 Weitere Vorteile sind, dass sie i. d. R. kostengünstiger ist und einen geringeren Zeitaufwand darstellt.

683 Vgl. Atteslander (2003), S. 175; Koch (2004), S. 71; Diekmann (2004), S. 439.

684 Als interviewer bias wird die Verzerrung der Antworten bezeichnet, die durch die Beeinflussung des Interviewers entstehen können.

685 Vgl hierzu Herrmann/Homburg (2000), S. 27 f.; Scheffler (2000), S. 69; Diekmann (2004), S. 439.

686 Vgl hierzu Herrmann/Homburg (2000), S. 27 f.; Diekmann (2004), S. 439.

687 Eine genaue Übersicht der Datengrundlage ist in Kapitel 4.2 dargestellt.

688 Vgl. Haring/Prantner (2005).

689 So auch Bauer (2002), S. 149; Spillecke (2006), S. 75.

690 Vgl. hierzu Abschnitt 1.1.

691 Zwar wurde beim Unternehmenserfolg bislang argumentiert, dass subjektive und objektive Daten stark miteinander korrelieren, dies ist jedoch bzgl. des Controllerbereichserfolgs noch nicht belegt. Da keine objektiven Daten zur Ermittlung des Controllerbereichserfolgs herangezogen werden können, müsste in Analogie erst nachgewiesen werden, dass subjektive Selbsteinschätzung und subjektive Fremdeinschätzung positiv miteinander korreliert sind. Erste Hinweise für eine solche Korrelation sind zwar von Bauer (2002) geliefert worden, solange der Nachweis aber noch nicht vollends erbracht ist, i. S. v. mehrfach bestätigt, ist es sinnvoll, Fremdeinschätzungen heranzuziehen.

Diese Manager können sowohl einschätzen, welche Faktoren dazu beitragen, dass Controllerbereiche in ihren Augen erfolgreich sind, als auch die Einflussfaktoren des Controllerbereichserfolgs beurteilen. Darüber hinaus sind sie als Informanten bezüglich des Unternehmenserfolgs bestens geeignet.
Aufgrund der Befragung von lediglich einem Manager pro Unternehmen ist anzumerken, dass ein key informant bias[692] nicht vollständig ausgeschlossen werden kann. Allerdings kann durch die gezielte Auswahl der Respondenten und die gleichzeitige Sicherstellung ihrer Kompetenz, beispielsweise durch die Abfrage der Dauer der Unternehmenszugehörigkeit, der hierarchischen Position oder der Dauer und Intensität der Beschäftigung mit dem jeweiligen Forschungsgegenstand, diese Verzerrung abgemildert werden.

4.1.2 Ablauf der Untersuchung

Der Ablauf der Untersuchung lässt sich in fünf aufeinander aufbauende Phasen gliedern. Zu Beginn der Untersuchung stand eine ausführliche Literaturanalyse, auf die sich die Fragebogenerstellung gründete. Nach der Fragebogenverfeinerung wurde ein Pre-Test geschaltet, der zur Finalisierung des Fragebogens führte und in die eigentliche Datenerhebung mündete. Die Inhalte der genannten Phasen werden im Folgenden näher beschrieben.

Die *Literaturanalyse* diente dem Ziel, einen umfassenden Überblick über den Forschungsstand des Controllerbereichserfolgs zu erlangen. Hierbei wurde sowohl die Controlling- als auch die Erfolgsforschungsliteratur einbezogen.

Anhand der in der Literaturanalyse gewonnenen Erkenntnisse konnte eine erste Version des Fragebogens erstellt werden. Die *Fragebogenerstellung* basiert auf den in der Literatur angeführten Empfehlungen hinsichtlich Aufbau und Gestaltung.[693] Dementsprechend wurden zu Beginn des Fragebogens Fragen gestellt, die einfach und schnell durch die Respondenten zu beantworten sind und als wenig kritisch oder sensibel eingestuft werden können. Fragen zu sensiblen Themen wie beispielsweise zum Unternehmenserfolg wurden im weiteren Verlauf des Fragebogens platziert.
Insgesamt wurde der Fragebogen in fünf Abschnitte eingeteilt. Der erste Abschnitt setzt sich mit allgemeinen Angaben zum Controlling des Unternehmens auseinander. Darauf folgen Fragen zur Einschätzung der Positionierung des Controllings im Unternehmen und erst im Anschluss daran Fragen zur Leistungsfähigkeit des Controllings und somit zum Kernkonstrukt der Arbeit. Im vierten Abschnitt werden Fragen zum Unternehmenserfolg gestellt. Die Fragen im letzten Abschnitt dienen der

[692] Unter (key) informant bias werden in der Fachliteratur die Verzerrungen von Antworten verstanden, die durch nicht ausreichende Kompetenz, Wahrnehmungsunterschiede und divergierende Informationsstände verursacht werden. Vgl. hierzu Ernst (2001), S. 87 und die dort angegebene Literatur sowie auch Kumar/Stern/Anderson (1993), S. 1634.

[693] Vgl. Kreutz/Titscher (1974), S. 40 f.; Wieken (1974), S. 147; Heidenreich (1995); Luck/Rubin (1987), S. 195-197; Churchill (1991), S. 389-392; Mummendey (1999), S. 86; Bortz (2003), S. 181-183.

Erfassung deskriptiver Angaben zu Größe und Branchenzugehörigkeit des Unternehmens und zum Respondenten selbst.[694]

Neben den genauen Überlegungen zum Aufbau des Fragebogens wurden die einzelnen Fragen der Items zu den einzelnen Konstrukten sorgfältig formuliert. Es wurde, sofern es möglich war, auf statistisch validierte Konstrukte und die dazugehörigen Fragen zurückgegriffen. Bei der Formulierung eigener Konstrukte wurde ebenfalls auf eine einfache und verständliche Sprache geachtet. Negativformulierungen[695] wurden weitgehend vermieden und keine Fragen, die mehrere Sachverhalte durch „und/oder-Verknüpfungen" verbinden formuliert.[696] Des Weiteren wurden Vorkehrungen zur Vermeidung des so genannten response bias[697] getroffen, der sich meist auf zwei Arten ausdrückt: zum einem in der Akquieszenz[698] und zum anderen in sozialer Erwünschtheit.[699] Die Akquieszenz wurde durch das Einbinden von reverse coded items[700] vermindert. Dem Problem der sozialen Erwünschtheit wurde auf zwei Weisen entgegengewirkt. Zum einen wurden gemäß den Erkenntnissen der Sozialforschung unpräzise und emotional belegte Formulierungen vermieden.[701] Zum anderen wurde den Teilnehmern wiederholt sowohl die Vertraulichkeit und die Anonymität der Daten als auch der Ergebnisse zugesichert. Den Teilnehmern stand zur Beantwortung der Fragen eine fünfstufige Likert-Skala zur Verfügung.[702]

Die *Verfeinerung des Fragebogens* erfolgte auf Basis von Expertengesprächen und den Erkenntnisse aus einer Forschergruppe. Die Expertengespräche fanden mit vier Managern statt, die langjährige Berufserfahrungen besitzen und als Vorstände oder auch als Direktoren Unternehmen geleitet und in dieser Tätigkeit mit Controllern zusammengearbeitet haben. Die Forschergruppe setzte sich aus einem Professor, einem Habilitanden sowie drei weiteren wissenschaftlichen Mitarbeitern des Lehrstuhls für Controlling und Telekommunikation der WHU - Otto Beisheim School of Management zusammen. Die Treffen der Forschergruppe, bei denen der Fortschritt

---

694 Hierbei wurden insbesondere Fragen gestellt, die die Eignung des Respondenten zur Beantwortung des Fragebogens überprüfen sollen, i. S. der Eliminierung des key informant bias.

695 Vgl. Peterson/Peterson (1976), S. 163 f. Das heißt nicht, dass keine reverse kodierten Items verwendet wurden. Reverse kodierte Items können auch positiv formuliert sein, vgl. hierzu Fußnote 700.

696 Die Verknüpfungen von Sachverhalten ist deshalb nicht erfolgt, weil die Beantwortung mittels einer Likert-Skala keine Unterscheidung zulässt, auf welchen Sachverhalt die Antwort zu beziehen ist, vgl. Matthes (2005).

697 Vgl. Esser (1977), S. 254 f.

698 Hierunter wird die Tendenz bei Respondenten verstanden, Aussagen eher zu bestätigen als sie abzulehnen.

699 Unter „soziale Erwünschtheit" wird die Tendenz bei Respondenten verstanden, so zu antworten, wie sie denken, dass es erwünscht ist oder von ihnen in ihrer Position erwartet wird. Ob ein sozialer Erwünschtheits-Bias in Fragebogenuntersuchungen überhaupt auftreten kann, ist in der Literatur umstritten, vgl. z. B. Esser (1986), S. 316-327. Dieser schließt ihn nämlich aufgrund der bei Fragebogenuntersuchungen im Moment des Ausfüllens nicht vorhandenen Öffentlichkeit aus.

700 Reverse coded items sind Fragen, die das Gegenteil des im Konstrukt zu messenden Sachverhalts ausdrücken. Sie können, müssen aber nicht negativ formuliert sein.

701 Vgl. Busz et al. (1972), S. 289-305.

702 Bei Fragen zu deskriptiven Sachverhalten wurden Auswahlmöglichkeiten oder Freitextfelder zur Beantwortung angeboten.

und die Änderungen des Fragebogens diskutiert wurden, fanden in einem regelmäßigen Rhythmus statt.

Nach der Verfeinerung wurde der Fragebogen einem *Pre-Test* unterzogen.[703] Hierzu wurde er über das später ebenfalls zu verwendende Mailingsystem an die Tester versandt. Somit konnte zum einen sichergestellt werden, dass keine technischen Probleme auftreten sollten, und zum anderen wurde der Fragebogen hinsichtlich Verständlichkeit, Länge und thematischer Vollständigkeit überprüft. Die Ergebnisse der 18 Testpersonen[704] führten zu einigen Umformulierungen der Fragen, bei zwei Konstrukten wurden noch Fragen hinzugefügt und die Reihenfolge der Fragen wurde noch einmal in Teilen umgestellt.

Die *Datenerhebung* erfolgte mittels einer schriftlichen, personalisierten Online-Befragung.[705] Die potenziellen Teilnehmer wurden anhand der Hoppenstedt Firmendatenbank[706] ermittelt und per E-Mail kontaktiert. Da allerdings die käuflich zu erwerbenden E-Mail-Adressen lediglich dem Muster info@unternehmen.de entsprechen, wurden die E-Mail-Adressen der Manager selbst generiert.[707] In der Einladungs-E-Mail zur Teilnahme an dem Forschungsprojekt wurde zuerst die Relevanz und die Bedeutung des Projektes erläutert und ein Internetlink angegeben, der den potenziellen Teilnehmer direkt zur Umfrage führt. Darüber hinaus wurde versichert, dass die Antworten streng vertraulich behandelt und anonym ausgewertet werden. Um die Rücklaufquote zu erhöhen, wurden zudem folgende Anreize ausgeschrieben:

- ein individueller Benchmarking-Bericht, der zum einen die Ergebnisse der Untersuchung in Teilen darstellt und zum anderen den Controllerbereichserfolg des eigenen Unternehmens im Vergleich zu den anderen Teilnehmern beleuchtet.
- ein Gratisexemplar des Standardwerks „Einführung in das Controlling“[708]
- die Möglichkeit zur eigenen Teilnahme oder Entsendung eines Mitarbeiters zu einem eintägigen Controlling-Seminar an der WHU - Otto Beisheim School of Management. Unter anderem wurden dort die Ergebnisse der Untersuchung vorgestellt.

Die Befragung fand von Mitte März bis Mitte Mai 2006 statt. Es wurden zwei Erinnerungsschreiben, Ende März und Ende April, versandt.[709] Von den ursprünglich 6.000 Adressen konnten 4.330 E-Mail-Adressen richtig ermittelt werden.

---

[703] Pre-Tests sind ein übliches Verfahren, insbesondere um die Itemformulierungen zu prüfen, vgl. Tränkle (1982), S. 289.

[704] Hierunter befanden sich acht Manager aus fünf verschiedenen deutschen Unternehmen, vier Controller aus zwei verschiedenen deutschen Unternehmen und sechs wissenschaftliche Mitarbeiter der WHU - Otto Beisheim School of Management.

[705] Es wurde das Programm OPST von Unipark verwendet.

[706] Hoppenstedt Firmendatenbank AG, Darmstadt.

[707] Hierzu wurde nach den Mustern vorname.nachname@unternehmen.de; vornamenachname@ unternehmen.de, initialvorname.nachname@unternehmen.de, nachname@unternehmen.de vorgegangen. Sonderzeichen und Umlaute in den Managernamen wurden entsprechend aufgelöst

[708] Einführung in das Controlling, 10. Auflage, von Prof. Dr. Dr. h. c. Jürgen Weber.

4.2 Datengrundlage

Um die Ergebnisse einer empirischen Untersuchung einordnen zu können, sind Angaben hinsichtlich des Umfangs der Datengrundlage sowie allgemeiner Charakteristika der Stichprobe unerlässlich. Letztere sollte zudem Aufschluss darüber geben, ob von der Repräsentativität der Stichprobe ausgegangen werden kann und ob signifikante Unterschiede im Antwortverhalten der Teilnehmer festgestellt werden.

4.2.1 Umfang der Datengrundlage

598 Fragebogen wurden online ausgefüllt, zusätzlich wurden neun Fragebogen per Fax[710] zurückgesendet, so dass insgesamt 607 Fragebogen in die Berechnung der Rücklaufquote einfließen, die sich folglich auf 14,0 % beläuft. In die Auswertung konnten allerdings nur 580 Fragebogen aufgenommen werden,[711] die einer bereinigten Rücklaufquote von 13,4 % entsprechen. Unter Berücksichtigung der Länge des Fragebogens und der hierarchischen Position der befragten Personen kann diese Rücklaufquote als sehr zufriedenstellend bewertet werden.

4.2.2 Charakteristika der Stichprobe

Um die Stichprobe charakterisieren zu können, wurden in dem Fragebogen die Branche und die Unternehmensgröße, bezogen auf die Mitarbeiterzahl, abgefragt. Es lässt sich feststellen, dass aus allen befragten Branchen und Unternehmensgrößen[712] sich Personen an der Umfrage beteiligt haben. Eine graphische Aufarbeitung der Ergebnisse ist der folgenden Abbildung zu entnehmen.

[709] Dabei wurde unterschieden, ob die potenziellen Teilnehmer den Fragebogen schon einmal geöffnet und/oder auszufüllen begonnen hatten, oder ob der Internetlink noch nicht angeklickt wurde.

[710] Es wurden keine statistisch signifikanten Unterschiede zwischen den Antworten festgestellt, die online und denen, die per Fax zurückgesendet wurden.

[711] Bei diesen Fragebogen fehlen entweder zu viele Antworten oder aber die Fragebogen erweckten den Anschein, nur „durchgeklickt“ worden zu sein, da beispielsweise reverse coded items „falsch“ beantwortet wurden oder aber die Varianz in den Antworten unnatürlich gering oder hoch war.

[712] Bewerkenswerterweise haben auch Unternehmen an der Umfrage teilgenommen, die weniger als 200 Mitarbeiter besitzen, diese wurden eigentlich in der Stichprobenziehung ausgeschlossen. Allerdings unterliegen die Daten von Hoppenstedt immer einem Alterungsprozess, so dass diese Unternehmen früher möglicherweise mehr als 200 Mitarbeiter hatten.

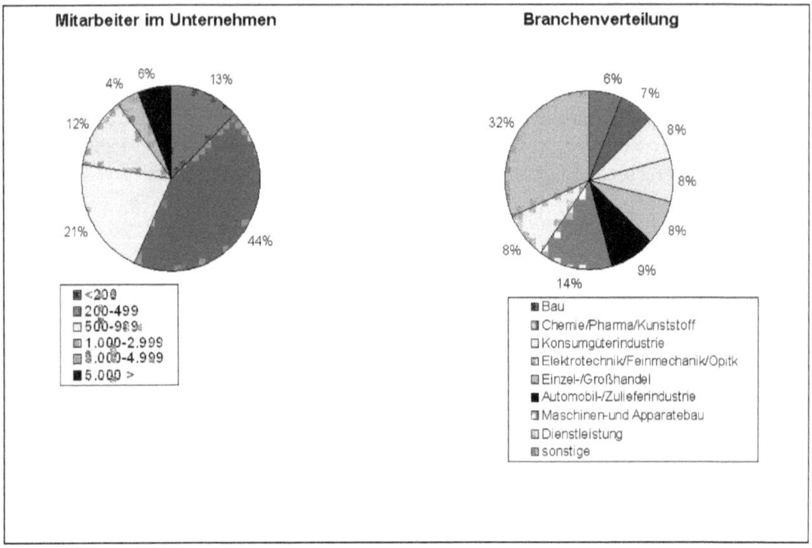

Abbildung 7: Charakteristika der Stichprobe

Auffallend bei der Betrachtung der Unternehmensgrößenklassen ist der dominierende Anteil an Unternehmen, die 200 bis 499 Mitarbeiter beschäftigen (44 %). Ebenso markant erscheint der große Anteil an Unternehmen, die „sonstige" unter Branche angaben (32 %). Hierzu ist anzumerken, dass einige der Branchenklassen, die zur Auswahl standen oder durch die Respondenten angegeben wurden,[713] in die Kategorie „sonstige" zusammengefasst wurden, da dieser Anteil sich auf unter 5 % belief. Hierzu zählen beispielsweise die Branchen Energie, Logistik-/Transportdienstleistungen, Forschung, Gesundheit, Verwaltung, Verlagswesen, IT/Telekommunikation, Kultur, Soziales und Handwerk. Hinzu kommt, dass insbesondere größere Unternehmen sich nicht nur in einem Geschäftsfeld betätigen und somit keine eindeutige Zuordnung vorgenommen werden konnte. Hinsichtlich der restlichen Stichprobe ist eine annähernde Gleichverteilung der Branchen zu verzeichnen, in der die Maschinen- und Apparatebauer den größten Anteil ausmachen (14 %).

Hinsichtlich der Repräsentativität der Stichprobe ist anzumerken, dass diese als gewahrt angenommen werden kann, wenn zwischen der Stichprobe und der Grundgesamtheit keine signifikanten Unterschiede auftreten. Hinsichtlich der beiden beschriebenen Charakteristika Branchenverteilung und Unternehmensgröße wurde mittels χ^2-Tests untersucht, ob solche Unterschiede zwischen den Daten der Hoppenstedt-Datenbank und den antwortenden Unternehmen vorliegen. Die Verteilungen weisen keine signifikanten Unterschiede auf, so dass von der Repräsentativität der Untersuchung ausgegangen werden kann.

---

[713] Bei der Angabe sonstige Branche war die Spezifizierung der Branche als Pflichtfeld formatiert.

Darüber hinaus wurde überprüft, ob das Antwortverhalten verschiedener Gruppen sich signifikant unterscheidet. Hierfür wurde die Stichprobe anhand der Merkmalsausprägungen, für die Unterschiede im Antwortverhalten als wahrscheinlich angesehen werden können, unterteilt. Die Überprüfung erfolgte mittels eines t-Tests. So wurde erstens untersucht, ob die Respondenten, die früher einmal selbst Controller waren (33 %), signifikant anders geantwortet haben als solche, die nicht diese Position innehatten. Zweitens wurde überprüft, ob Personen je nach ihrer Funktionszugehörigkeit[714] signifikant unterschiedlich geantwortet haben. Da beide Tests nur für wenige Ausnahmefälle signifikante Unterschiede ergaben, konnten alle Antworten in die Auswertung einfließen.

Die Überprüfung des in Abschnitt 4.1.1 angesprochenen key informant bias erfolgte anhand einer Auswertung der personenbezogenen Angaben der Respondenten.[715] In 47,4 % der Fälle handelt es sich bei den Respondenten um Personen, die der ersten Führungsebene des Unternehmens angehören. 45,3 % der Respondenten sind immerhin noch in der zweiten Führungsebene verankert. Demnach sind 92,7 % der Respondenten entweder im Vorstand/der Geschäftsführung oder Teil einer Führungsinstanz, die das Unternehmen maßgeblich leitet oder in Teilen mitbestimmt. Da die verbleibenden 7,3 %, die keiner leitenden Funktion im Unternehmen zugeordnet werden konnten, nicht signifikant anders geantwortet haben als die Gruppe der Führungspersonen, wurden alle Fragebogen in die Auswertung aufgenommen. Auf Basis dieser Informationen kann vermutet werden, dass die Teilnehmer der Umfrage über die Kompetenz verfügen, die Fragen zu beantworten.

Abschließend wurde getestet, ob ein non response bias[716] vorliegt. Die Überprüfung erfolgte mittels eines t-Tests. Hierzu wurde die Stichprobe anhand des Antwortdatums in vier gleich große Teilmengen unterteilt. Die Gruppe der früh antwortenden Unternehmen wurde mit der Gruppe der spät antwortenden Unternehmen verglichen. Der t-Test ergab bei einem Signifikanzniveau von 5 % nur für 11[717] von 132 Variablen einen signifikanten Unterschied im Antwortverhalten. Es kann also angenommen werden, dass kein non response bias vorliegt.

---

[714] Hier konnte ausgewählt werden zwischen Allgemeinem Management, Finanzen/Controlling, Marketing, Produktion/Technik, Personal und sonstige, die es aufgrund der Formatierung als Pflichtfrage spezifiziert werden musste.

[715] Vgl. Kumar/Stern/Anderson (1993), S. 1645 f.

[716] Vgl. hierzu die Ausführungen in Kapitel 2.2.2.3.

[717] Hierbei kam das Kriterium wie bei Brosius (2004), S. 487, zur Anwendung, dass die Nullhypothese bis zu einer Irrtumswahrscheinlichkeit von 5 % zurückgewiesen werden sollte.

4.3 Grundlagen der quantitativen Analyse

In diesem Abschnitt werden methodische Grundlagen der Kovarianzstrukturanalyse, auch Kausalanalyse genannt,[718] dargestellt. Hierzu wird zunächst die Auswahl der Kausalanalyse als Analysemethode dieser Untersuchung begründet und daran anschließend werden die statistischen Grundlagen dieser Methode näher erläutert.

4.3.1 Auswahl der Analysemethode

Bei quantitativen Analysen können die erhobenen Daten mit unterschiedlichen Analysemethoden ausgewertet werden, je nachdem, welches Ziel der Untersuchung zugrunde liegt. Explorative Analysen dienen dabei einer ersten Strukturierung eines Problemfeldes. Deskriptive Analysen sind hingegen hilfreich bei der Erfassung und genauen Beschreibung problemrelevanter Tatbestände. Explikative Analysen wiederum unterstützen bei der Ermittlung von Ursache-Wirkungs-Zusammenhängen.[719] Primär werden Letztere in dieser Untersuchung zum Einsatz kommen.

Explikative Untersuchungsziele können mit einer Vielzahl statistischer Analysemethoden verfolgt werden. Sie müssen allerdings, um die hier verfolgten Fragestellungen analysieren zu können, weitere Anforderungskriterien erfüllen:

- Sie müssen kausale Beziehungen statistisch analysieren können.
- Sie müssen, um Zusammenhänge zwischen mehreren Variablen messen zu können, multivariate Untersuchungen ermöglichen.
- Sie müssen Messfehler zulassen, da die Messung latenter, also nicht direkt messbarer Variablen mittels Indikatoren erfolgt und diese somit Messfehlern ausgesetzt sind.[720]

Die multivariate Methodik der Kausalanalyse erfüllt alle drei Kriterien. Sie ist als Standard im Rahmen von Untersuchungen, die Wirkungszusammenhänge zwischen hypothetischen Konstrukten[721] betrachten, anzusehen. Sie kam bisher im betriebswirtschaftlichen Bereich insbesondere in der Marketingforschung zum Einsatz. Aufgrund der Erfüllung aller genannten Kriterien sowie ihrer Erprobtheit wird sie auch in dieser Untersuchung angewendet.[722]

Die Basis der Kausalanalyse bildet die Konzeption von Konstrukten, die als Messmodelle überprüft werden. Im Anschluss daran werden diese in Strukturmodellen der Dependenzanalyse unterzogen. Sowohl für die Mess- als auch für die

---

[718] Die Bezeichnung der Methode als „Kausalanalyse" ist unpräzise, da nicht Kausalitäten, sondern „nur" statistische Zusammenhänge überprüft werden. In der deutschsprachigen Literatur hat sich allerdings dieser Term gegenüber dem formal korrekten Term Kovarianzstrukturanalyse (denn es werden Kovarianzen berechnet) durchgesetzt und wird auch in dieser Arbeit weiterhin verwendet werden.

[719] Scholderer/Balderjahn/Paulssen (2006) warnen davor, „einzig aufgrund einer Theorie Kausalitäten in den Beziehungen im Strukturgleichungsmodell zu unterstellen". Allerdings wird dies in der empirischen Forschung allgemein so angewendet.

[720] Vgl. Wallenburg (2004), S. 124 f.; Sorg (2007), S. 140.

[721] Vgl. beispielsweise Homburg/Baumgartner (1995), S. 1092; Homburg/Hildebrandt (1998), S. 17.

[722] Vgl. Wallenburg (2004), S. 135; zur Kausalanalyse allgemein vgl. Homburg/Klarman (2006).

Strukturmodelle existiert eine Anzahl an Gütekriterien, die zur Überprüfung der Qualität der Modelle verwendet werden und denen entsprochen werden sollte. Die Kausalanalyse kann eine gleichzeitige Prüfung der Mess- und Strukturmodelle vornehmen, allerdings hat sich ein zweistufiger Ansatz durchgesetzt.[723] In Analogie zum zweistufigen Ansatz wird zunächst die Konstruktmessung und dann die Methodik der Dependenzanalyse betrachtet.

4.3.2 Konstruktmessung

Im Rahmen der Konstruktmessung werden zunächst die Grundlagen beleuchtet, und dabei wird vor allem auf die beiden Aspekte Reliabilität und Validität eingegangen. Im Anschluss daran werden die oben erwähnten Gütekriterien für Messmodelle vorgestellt.

4.3.2.1 Grundlagen der Konstruktmessung

Ein theoretisches Konstrukt ist nach BAGOZZI/FORNELL (1982) „an abstract entity which represents the ‚true', nonobservational state or nature of a phenomenon".[724] Somit ist ein Konstrukt ein nicht direkt messbares Phänomen. Aufgrund dieser Eigenschaft wird es auch als latente Variable bezeichnet. Allerdings ist eine Überprüfung von Ursache-Wirkungs-Zusammenhängen nur möglich, wenn die zugrunde liegenden Konstrukte greif- und messbar sind. Um sich dem Konstrukt dennoch nähern zu können und es messbar zu machen, wird in der Literatur ein zweistufiges Vorgehen empfohlen.[725] In einem ersten Schritt ist das Konstrukt zu *konzeptualisieren*[726] und in einem zweiten Schritt zu *operationalisieren.*[727]
Die Konzeptualisierung ist als inhaltliche, vollständige Erarbeitung der Dimensionen des Konstruktes,[728] die Operationalisierung hingegen als Entwicklung eines inhaltsadäquaten Messinstruments[729] zu verstehen. Dabei werden der latenten Variablen beobachtbare Indikatoren (auch manifeste Variablen oder Items) zugeordnet, die aufgrund ihrer inhaltlichen Nähe die latente Variable widerspiegeln.[730]

Konstrukte lassen sich hinsichtlich verschiedener Merkmale beschreiben und unterscheiden. Ein erstes Merkmal bildet die Anzahl verwendeter Indikatoren, um das Konstrukt zu erfassen. Bildet lediglich ein Indikator die Basis für das Messmodell, wird von *Single-Item-Konstrukten* gesprochen,[731] werden mehrere Indikatoren zur Bildung des Messmodells herangezogen, so wird von *Multi-Item-Konstrukten* gesprochen.[732] Letztere erlauben es, komplexe Sachverhalte abzubilden, da sie die

---

[723] Vgl. Anderson/Gerbing (1988) sowie Corsten (2003), S. 52.
[724] Vgl. Bagozzi/Fornell (1982), S. 24.
[725] Vgl. Homburg/Giering (1998).
[726] Die Konzeptualisierung für die vorliegende Arbeit wird ausführlich in Kapitel 3 beschrieben.
[727] Vgl. hierzu Homburg/Giering (1996), S. 5; Homburg/Giering (1998), S. 114.
[728] Vgl. Homburg/Giering (1998), S. 114.
[729] Vgl. Homburg/Giering (1998), S. 114; Stier (1999), S. 30 f.
[730] Vgl. Hammann/Erichson (2000), S. 201; Schnell/Hill/Esser (2005), S. 127.
[731] Vgl. Jacoby (1978), S. 93; Henseler (2005), S. 70 f.
[732] Vgl. Jacoby (1978), S. 93; Henseler (2005), S. 70 f.

hohen Validitätsansprüche der Fachliteratur befriedigen können.[733] Im Rahmen dieser Arbeit werden aufgrund der komplexen Sachverhalte, die es zu betrachten gilt, ausschließlich Multi-Item-Konstrukte verwendet.

Ein zweites Merkmal ist die Anzahl der Faktoren, die zur Bildung des Konstrukts herangezogen werden. Hierbei wird grundsätzlich zwischen *ein- und mehrfaktoriellen Konstrukten*[734] unterschieden. Ausschlaggebend für die Einordnung in die eine oder andere Kategorie ist, inwiefern sich die Indikatoren im Rahmen der Faktorenanalyse auf einen oder mehrere Faktoren verdichten lassen.

Ein drittes Merkmal stellt die Anzahl der theoretischen Dimensionen dar, denen sich die Faktoren des Konstruktes zuordnen lassen. Lassen sich alle Faktoren einer theoretischen Dimension zuordnen, dann liegen *eindimensionale Konstrukte* vor. Dahingegen wird von mehrdimensionalen Konstrukten gesprochen, wenn die Faktoren auf mehrere theoretische Dimensionen Bezug nehmen.[735]

Ein viertes Merkmal zur Unterscheidung von Konstrukten stellt nicht auf den Umfang des Konstruktes oder seiner Teile ab, sondern bezieht sich auf die Richtung der Kausalität zwischen einem Faktor und den dazugehörigen Indikatoren. Es wird hier zwischen *reflektiven* und *formativen Konstrukten* unterschieden.[736] Reflektive Konstrukte zeichnen sich dadurch aus, dass der Faktor die ihm zugeordneten Indikatoren „verursacht" (effect indicators).[737] Diese sind untereinander stark korreliert und austauschbar. Ihnen liegt ein gemeinsamer theoretischer Kern zugrunde und sie bilden annahmegemäß nur eine Teilmenge aller möglichen Indikatoren ab, die zur Abbildung des Faktors herangezogen werden können.[738] Somit ist auch das Hinzufügen oder Weglassen einzelner Indikatoren unproblematisch, weil dadurch das Konstrukt inhaltlich nicht verändert wird.[739] Bei formativen Konstrukten ist dies nicht der Fall. Die Wirkungsrichtung ist umgekehrt, das heißt, die Indikatoren „verursachen" den jeweiligen Faktor, sie bilden ihn in also Summe (cause indicators).[740] Dies bedeutet, dass die latente Variable als Funktion ihrer Indikatoren modelliert wird. Dadurch hat eine Änderung der Indikatoren weitreichende Auswirkungen auf die latente Variable, denn sie wird dadurch sofort in ihrem Wesen verändert. Daher ist die Auswahl der Indikatoren bei formativen Konstrukten schwieriger und unterliegt strengeren Kriterien als bei reflektiven Indikatoren.[741] Darüber hinaus muss die Summe der Indikatoren das gesamte Wesen der latenten Variablen in seiner gesamten Tiefe und Breite erfassen. Somit sind die Indikatoren

---

[733] Vgl. Churchill Jr. (1979), S. 66.
[734] Vgl. Homburg/Giering (1996), S. 6.
[735] Vgl. Homburg/Giering (1996), S. 6.
[736] Vgl. Fornell (1986), S. 9; Bollen/Lennox (1991), S. 306; Eggert/Fassott (2003), S. 2 f.
[737] Vgl. z. B. Bollen (1989), S. 65; Eggert/Fassott (2003), S. 1; Jarvis/Mackenzie/Podsakoff (2003), S. 201.
[738] Vgl. Bollen/Lennox (1991), S. 308; Fassott/Eggert (2005) S. 37; Fassott (2006).
[739] Vgl. Diamantopoulos/Winklhofer (2001), S. 271.
[740] Vgl. Bagozzi/Fornell (1982), S. 34; Bollen (1989), S. 65; Götz/Liehr-Gobbers (2004a), S. 718.
[741] Vgl. Rossiter (2002), S. 305 f.

nicht austauschbar.[742] Die Entscheidung hinsichtlich der Modellierung einer latenten Variablen als formative oder reflektive Variable sollte daher mit besonderer Sorgfalt und Bedacht erfolgen. Die Basis sollten dabei theoretisch fundierte Überlegungen hinsichtlich der Wirkungsrichtung zwischen Indikatoren und Konstrukt bilden.[743]

Der Erklärungsgehalt der quantitativen Analyse hängt maßgeblich von der Qualität der Messung der zugrunde liegenden Konstrukte ab. In den Anfängen der empirischen Arbeiten wurde die Messgüte von Konstrukten kaum beachtet.[744] Gegen Ende der 1970er Jahre begann eine intensivere Auseinandersetzung mit der Qualität der vorgenommenen Messungen, die heute Standard sind.[745] Aus diesem Grund wird nachfolgend die Gütebeurteilung, die anhand der Reliabilität und der Validität abgebildet werden kann, betrachtet.

Reliabilität (Zuverlässigkeit) bildet die formale Genauigkeit der Erfassung der Merkmalsausprägungen ab. Nach PETER (1979) ist Reliabilität „the degree to which measures are free from random error and therefore yield consistent results".[746] Anders ausgedrückt liegt Reliabilität dann vor, wenn der Zufallsfehler[747] des Messmodells sehr gering ist und damit ein großer Teil der Varianz durch das Konstrukt erklärt wird.[748]

Die empirische Forschung unterscheidet drei wesentliche Formen der Reliabilität:

- *Test-Retest-Reliabilität*: Hierbei wird die Zuverlässigkeit eines Messinstruments durch die wiederholte Messung zu einem anderen Zeitpunkt und dem Vergleich der Messungen vorgenommen.
- *Parallel-Test-Reliabilität*: Hierbei wird die Zuverlässigkeit eines Messinstruments durch die Messung mit einer äquivalenten Skala und dem Vergleich der Messungen vorgenommen.
- *Interne-Konsistenz-Reliabilität*: Hierbei wird die Zuverlässigkeit eines Messinstruments durch den Vergleich von Indikatoren ein und desselben Messinstruments vorgenommen.

Aufgrund des nicht unerheblichen Aufwands der Durchführung einer zweiten Messung, die die beiden erstgenannten Verfahren voraussetzen, hat sich in der empirischen (betriebswirtschaftlichen) Forschung der Interne-Konsistenz-Ansatz durchgesetzt.[749] Dieser wird auch in der vorliegenden Arbeit zum Einsatz kommen und

---

[742] Vgl. Bollen/Lennox (1991), S. 308.

[743] Vgl. Fornell/Bookstein (1982), S. 442; Bagozzi/Yi/Phillips (1991), S. 421 f.; Diamantopoulos (1999), S. 445; Jarvis/Mackenzie/Podsakoff (2003), S. 203; Herrmann/Huber/Kressmann (2004), S. 12; Albers/Hildebrandt (2006), S. 10 f.

[744] Vgl. Jacoby (1978), S. 91; ähnlich auch Homburg/Giering (1996), S. 5.

[745] Vgl. Homburg/Giering (1996), S. 6. Zu den wichtigsten fachlichen Arbeiten hierzu zählen die von Jacoby (1978); Bagozzi (1979); Churchill Jr. (1979), Peter (1979).

[746] Vgl. Peter (1979), S. 6.

[747] Messfehler untergliedern sich in Zufallsfehler und in systematische Fehler. Zufallsfehler werden durch zufällige Abweichungen vom tatsächlichen Wert charakterisiert. Dies kann beispielsweise durch situative Faktoren geschehen, vgl. hierzu auch Churchill, Jr. (1999) S. 381.

[748] Vgl. Peter (1979), S. 6.

[749] Vgl. Carmines/Zeller (1979), S. 37 f.; Hildebrandt (1998), S. 88.

mittels der Kriterien Cronbach'sches Alpha und Item-to-Total-Korrelation[750] gemessen.
Im Gegensatz zur Reliabilität, die die formale Genauigkeit erfasst, wird mittels der Validität die inhaltliche Richtigkeit eines Messinstruments erfasst. BAGOZZI/ YI/PHILLIPS (1991) sprechen von Validität als „the extent to which an operationalization measures the concept it is supposed to measure".[751] Eine Messung ist demnach als valide anzusehen, wenn sie frei von jeglichen Messfehlern, also frei von Zufallsfehlern und von systematischen Fehlern ist. Die Validität gibt also Auskunft darüber, inwiefern ein Messmodell nur das misst, was es messen soll.[752] Es bleibt festzuhalten, dass Reliabilität eines Messmodells, die nur Zufallsfehler berücksichtigt, als notwendige, aber nicht als hinreichende Bedingung für dessen Validität zu verstehen ist.[753] Die Überprüfung der Validität kann auf Basis der Inhaltsvalidität und der Konstruktvalidität stattfinden.

Die Inhaltsvalidität (content validity) sagt aus, inwieweit die Indikatoren eines Messmodells auch tatsächlich den im Rahmen der Konzeptualisierung festgelegten Bedeutungsinhalt des Konstrukts abbilden.[754] Wie PARASURAMAN/ZEITHAML/ BERRY (1980) konstatieren, ist die Beurteilung der Inhaltsvalidität sehr subjektiv geprägt: „Assessing a scale's content validity is necessarily qualitative rather than quantitative".[755] Allerdings zeigen HOMBURG/GIERING (1996), dass durch die direkte und indirekte Abfrage eines Konstrukts die Inhaltsvalidität auch quantifizierbar gemacht werden kann.[756]

Die Konstruktvalidität (face validity) befasst sich mit der Beziehung zwischen Messinstrument und Konstrukt. Es wird der Frage nachgegangen: „Do the scale items capture the key facets of the unobservable construct being measured?"[757] In der empirischen Forschung sind drei verschiedene Arten der Konstruktvalidität von Bedeutung:

- Konvergenzvalidität: Hierunter wird der Grad verstanden, zu dem zwei oder mehr Messversuche bezüglich eines Konzepts mit unterschiedlichen Methoden übereinstimmen.[758] Dies kann genau dann eintreten, wenn die Indikatoren eines Konstrukts hoch miteinander korrelieren.[759]
- Diskriminanzvalidität: Hierunter wird der Grad verstanden, zu dem sich die Messungen verschiedener Konzepte unterscheiden bzw. sich zwei Konstrukte

---

750 Vgl. hierzu die Ausführungen in Abschnitt 4.3.2.2.
751 Bagozzi/Yi/Phillips (1991), S. 427.
752 Vgl. Heeler/Ray (1972), S. 361.
753 Vgl. Carmines/Zeller (1979), S. 6; Peter (1979), S. 13; Homburg/Giering (1996); Hildebrandt/Temme (2006).
754 Vgl. Bohrnstedt (1977). S. 92; Homburg/Giering (1996), S. 7.
755 Parasuraman/Zeithaml/Berry (1988), S. 28.
756 Vgl. Homburg/Giering (1996), S. 17 f. Es kommen dann sogenannte Konstrukte höherer Ordnung zum Einsatz, wie sie auch im Rahmen dieser Arbeit in Teilen angewendet werden.
757 Parasuraman/Zeithaml/Berry (1988), S. 28.
758 Vgl. Bagozzi/Phillips (1982), S. 468.
759 Vgl. Peter (1981), S. 136.

voneinander abgrenzen lassen.[760] Es wird gefordert, dass Indikatoren ein und desselben Konstrukts einander näher sind als die Indikatoren verschiedener Konstrukte.[761]

- Nomologische Validität: Hierunter wird der Grad verstanden, zu dem die aus den theoretischen Überlegungen abgeleiteten Beziehungen zwischen Konstrukten bestätigt werden.[762] Demnach ist ein theoretischer Bezugsrahmen zur Überprüfung der nomologischen Validität unerlässlich.[763]

In der vorliegenden Arbeit werden vor allem die Konvergenz- und die Diskriminanzvalidität quantitativ überprüft. Eine quantitative Überprüfung der Inhaltsvalidität, wie von HOMBURG/GIERING (1996) vorgeschlagen, wird nur bei ausgewählten, zentralen Konstrukten vorgenommen, da dies mit einem nicht unerheblichen zusätzlichen Messaufwand verbunden ist. Für die restlichen Konstrukte wird die Inhaltsvalidität qualitativ überprüft. Die nomologische Validität ist ebenfalls nur qualitativ überprüfbar und wird als bestätigt angenommen, wenn die theoretisch abgeleiteten Hypothesen gestützt werden. Anzumerken ist hier, dass die Aussagekraft eingeschränkt sein kann, weil die Hypothesen nicht auf einer Theorie, sondern auf mehreren theoretischen Konzeptionen fußen.[764]

Nach dieser allgemeinen Übersicht über die Reliabilitäts- und Validitätsmessungen werden im Folgenden die Gütekriterien vorgestellt, die zur Beurteilung der Güte der Messmodelle herangezogen werden. Die Anwendbarkeit der Reliabilitäts- und Validitätsmessung ist jedoch abhängig von der Modellierung des Konstrukts, genauer hinsichtlich der modellierten Kausalitäten. Alle oben genannten Kriterien sind uneingeschränkt auf reflektive Konstrukte anwendbar. Für formative Konstrukte gilt dies nicht; weder die Diskriminanzvalidität oder die Konvergenzvalidität noch die Interne-Konsistenz-Reliabilität können für die Prüfung formativer Konstrukte herangezogen werden.[765] Daher werden zunächst die Kriterien für reflektive Messmodelle betrachtet, bevor dann die Kriterien, die für formative Messmodelle von Relevanz sind, beleuchtet werden.

4.3.2.2 Gütebeurteilung für reflektive Messmodelle

Die Methoden zur Gütebeurteilung und die daraus resultierenden Gütekriterien lassen sich nach FORNELL (1986) in Verfahren und damit Kriterien der ersten und der zweiten Generation unterteilen.[766] Im Folgenden werden beide Generationen getrennt voneinander betrachtet und auf die wichtigsten Kriterien dargestellt.

---

[760] Vgl. Bagozzi/Phillips (1982), S. 469.
[761] Vgl. Bagozzi/Yi/Phillips (1991), S. 425, Homburg/Giering (1996), S. 7; Stier (1999), S. 60.
[762] Vgl. Bagozzi (1979), S. 24; Bagozzi (1980), S. 129; Ruekert/Churchill Jr. (1984), S. 226; Peter/Churchill Jr. (1986), S. 2.
[763] Vgl. Ruekert/Churchill Jr. (1984), S. 231 f.; Bagozzi (1979), S. 24.
[764] Vgl. Homburg (2000), S. 75; Spillecke (2006), S. 83.
[765] Vgl. Eggert/Fassott (2003), S. 4, Götz/Liehr-Gobbers (2004b), S. 17.
[766] Vgl. Fornell (1986).

Gütekriterien der ersten Generation

Zu den namhaften Kriterien der ersten Generation zählen

- die exploratorische Faktorenanalyse,
- das Cronbach'sche Alpha und
- die Item-to-Total-Korrelationen.[767]

Die exploratorische Faktorenanalyse zählt zu den struktur-entdeckenden Verfahren. Der Anwender hat also keine bestimmten Vorstellungen über den Zusammenhang zwischen den einzelnen Variablen.[768] Erst in einem zweiten Schritt werden die Ergebnisse der Analyse mit den theoretischen Grundlagen verglichen.

Die exploratorische Faktorenanalyse stellt ein eigenes Verfahren dar, das zur Variablenreduktion verwendet wird.[769] Ihr Ziel ist es, die Vielzahl gegebener Variablen bzw. die Beziehungen zwischen ihnen auf einige wenige dahinter stehende Faktoren zurückzuführen.[770] Die Analyse wird grundlegend in drei Schritten durchgeführt. Zunächst wird die Korrelationsmatrix berechnet und geprüft, dann werden die Faktoren extrahiert und die Faktorladungen überprüft.[771] Die Korrelationsmatrix der Indikatoren dient als Grundlage der Analyse, denn die Faktorextraktion ist nur möglich, wenn zwischen den Indikatoren ausreichend hohe Korrelationen bestehen. Die Korrelationsmatrix kann anhand verschiedener Verfahren auf ihre Tauglichkeit zur Verwendung bei der Faktorenanalyse geprüft werden. Wesentlich sind hier die Prüfung der Signifikanzniveaus der Korrelationen und der Inversen der Korrelationsmatrix, der Barlett-Test, die Anti-Image-Kovarianz-Matrix oder das Kaiser-Meyer-Olkin-Kriterium.[772] An die Berechung und Prüfung der Korrelationsmatrix schließt sich die Faktorextraktion an. Diese basiert darauf, dass sich die Korrelationsmatrix durch die Faktorladungen und die Korrelation zwischen den Faktoren reproduzieren lässt.[773] Die extrahierten Faktoren werden in der Faktorladungsmatrix dargestellt. Mathematisch betrachtet sind Faktorladungen der Matrix Korrelationen zwischen einem Indikator und dem zugehörigen Faktor.[774] Über die Faktorladung wird die Zuordnung zu dem jeweiligen Faktor getroffen. Hierbei gilt, dass ein Indikator ausreichend hoch auf einen entsprechenden Faktor lädt und dabei die Faktorladung auf andere Faktoren signifikant niedriger ist. In der Literatur wird meist ein Faktorladungswert von 0,4 gefordert.[775]

[767] Vgl. Churchill Jr. (1979), S. 66; Homburg/Giering (1996), S. 8.
[768] Vgl. Backhaus et al. (2006), S. 330.
[769] Vgl. Berekoven/Eckert/Ellenrieder (2001), S. 219.
[770] Vgl. Hüttner/Schwarting (2000), S. 383.
[771] Vgl. Sandt (2004), S. 95, und eine ausführliche Darstellung bei Backhaus et al. (2006), S. 269 ff.
[772] Ausführliche Erläuterungen zu den Verfahren bei Backhaus et al. (2006), S. 272 ff.
[773] Vgl. Backhaus et al. (2006), S. 278.
[774] Vgl. Backhaus et al. (2006), S. 278.
[775] Vgl. Homburg/Giering (1996), S. 8; Backhaus et al. (2006), S. 299 fordert einen Schwellenwert von 0,5.

Als Verfahren stehen zur Extraktion die Hauptkomponenten- und die Hauptfaktorenanalyse zur Verfügung.[776] Dabei gilt, dass ein Faktor nur dann als aussagekräftig angesehen werden kann, wenn er 50 % der Varianz der Indikatormenge erklärt.[777] Die Faktorladungen, die als Korrelationen interpretiert werden können, sind als Maß für Stärke und Richtung der Zusammenhänge zwischen den ursprünglichen Indikatoren und den Faktoren zu verstehen. Die Rotation des Koordinatenkreuzes in seinem Ursprung erleichtert die Interpretation der Matrix. Hierbei können das VARIMAX- oder das OBLIMIN-Verfahren zur Anwendung kommen.[778]

Anhand des Kaiser-Kriteriums lässt sich die Anzahl der zu extrahierenden Faktoren ermitteln.[779] Demnach ist die Anzahl der Faktoren gleich der Menge der Faktoren, deren Eigenwert größer als eins ist.[780] Dieser ergibt sich aus der Summe der quadrierten Faktorladungen über alle Indikatoren hinweg. Der Eigenwert eines Indikators ist als Maß für den Beitrag eines Faktors zur Varianzerklärung der Indikatoren zu verstehen. Ergeben sich Eigenwerte nahe eins, wird zusätzlich als Entscheidungskriterium der Scree-Test eingesetzt.[781] Im Rahmen des Tests werden alle Eigenwerte in absteigender Reihenfolge angeordnet und graphisch dargestellt. An dem Punkt, an dem die Differenz der Eigenwerte zweier Faktoren sehr groß ist, fällt der Graph steil ab. Der Punkt vor dem Abfall gibt die Anzahl der zu extrahierenden Faktoren an.

Die exploratorische Faktorenanalyse dient nicht nur der Identifikation von Faktoren. Anhand der Zuordnung der Indikatoren zu den einzelnen Faktoren können auch schon erste Beurteilungen zur Konvergenz und Diskriminanzvalidität von Messmodellen getätigt werden.[782] Wenn jeder Indikator sich eindeutig einem Faktor zuordnen lässt, dann wird Konvergenzvalidität angenommen. Dahingegen wird vermutet, dass Diskriminanzvalidität vorliegt, wenn die Indikatoren eines Faktors geringer auf andere Faktoren laden.

---

776 Vgl. Backhaus et al. (2006), S. 291 f. Im Rahmen der Hauptkomponentenanalyse wird angenommen, dass die Varianz einer Ausgangsvariablen vollständig durch die Extraktion erklärt werden kann, so dass keine Restvarianz in den Variablen existiert. Demgegenüber unterstellt die Hauptachsenanalyse, dass die Varianz einer Variablen sich immer in die Komponenten Kommunalität und Einzelrestvarianz aufteilt. In dieser Arbeit wurde die Hauptachsenanalyse verwendet.

777 Vgl. Homburg/Baumgartner (1995b), S. 170; Homburg/Giering (1996), S. 13.

778 Die Verfahren unterscheiden sich im zulässigen Winkel zwischen den Faktoren während der Rotation. Im Rahmen der OBLIMIN-Verfahren sind beliebige Winkel möglich. Das VARIMAX-Verfahren geht hingegen von unabhängigen Faktoren aus, die während der Rotation orthogonal zueinander angeordnet bleiben. Vgl. hierzu auch Backhaus et al. (2006), S. 299 ff. In dieser Arbeit kam das OBLIMIN-Verfahren zur Anwendung, da keine allgemeine Unabhängigkeit vorausgesetzt werden konnte.

779 Vgl. grundlegend zum Kriterium Kaiser (1974), aber auch Backhaus et al. (2006), S. 295 ff.

780 Vgl. Backhaus et al. (2006), S. 295 f.

781 Vgl. Backhaus et al. (2006), S. 296 f.

782 Vgl. Homburg/Giering (1996), S. 8; Sandt (2004).

Die Interne-Konsistenz-Reliabilität der einem Faktor zugeordneten Indikatoren wird durch das Cronbach'sche Alpha gemessen.[783] Zu dessen Ermittlung wird die „Split-Half-Methode“ angewendet. Dabei werden die Indikatoren in zwei Teile geteilt und die Korrelationen zwischen der einen und der anderen Hälfte berechnet.[784] Das arithmetische Mittel aller Split-Half-Koeffizienten ergibt das Cronbach'sche Alpha. Der Wert kann Ausprägungen zwischen null und eins annehmen, wobei die Höhe auf den Reliabilitätsgrad hinweist. In der Literatur kann kein eindeutiger Wert festgemacht werden, ab dem ein Faktor als hinreichend reliabel angesehen wird. Meist dient der von NUNALLY (1978) angegebene Wert von 0,7 als unterste Grenze für eine akzeptable Messung.[785] Dieser Wert kann für unerforschte Konstrukte auf 0,6 heruntergesetzt werden.[786]

Als letztes Kriterium der ersten Generation wird die Item-to-Total-Korrelation vorgestellt. Nach HOMBURG/GIERING (1996) ist sie definiert als „die Korrelation dieses Indikators mit der Summe aller Indikatoren, die demselben Faktor zugeordnet sind“.[787] Nach NUNALLY (1978) deuten hohe Item-to-Total-Korrelationen auf eine hohe Konvergenzvalidität hin. „Compared to items with relatively low correlations with total scores, those that have higher correlations with total scores have more variance relating to the common factor among the items, and they add more to the [...] reliability.“[788]

Nach CHURCHILL JR. (1979) kann auf Basis der Item-to-Total-Korrelation eine Elimination von Indikatoren vorgenommen werden, falls für den betrachteten Faktor das Cronbach'sche Alpha zu niedrig sein sollte. CHURCHILL (1979) empfiehlt, den zugehörigen Indikator mit der niedrigsten Item-to-Total-Korrelation zu eliminieren, um dadurch höhere Reliabilitätswerte zu erreichen.[789]

Die Betrachtung der vorgestellten Gütekriterien der ersten Generation ermöglicht, grundsätzliche Aussagen zur Reliabilität und Validität von Messmodellen.[790] Sie werden in der nachfolgenden Tabelle nochmals mit den jeweiligen Anspruchsniveaus zusammengefasst.

---

[783] Vgl. grundlegend Cronbach (1951), S. 297 ff.; des Weiteren Nunally (1978), S. 299 ff.; Carmines/Zeller (1979), S. 44 ff.; Churchill Jr. (1979), S. 68.

[784] Vgl. Carmines/Zeller (1979), S. 45.

[785] Vgl. Nunally (1978), S. 245.

[786] Vgl. Nunally (1967), S. 226; DeVellis (1991), S. 85; Malhotra (1993), S. 208.

[787] Homburg/Giering (1996), S. 8. Wird die Korrelation eines Indikators mit der Summe aller übrigen Indikatoren berechnet, so spricht man von der „corrected Item-to-Total-Korrelation“.

[788] Nunally (1978), S. 245.

[789] Vgl. Churchill Jr. (1979), S. 68, Homburg/Giering (1996), S. 9.

[790] Die Berechnung der Gütekriterien erfolgte in SPSS 12.

Kriterien der ersten Generation	
Gütekriterium	**Anspruchsniveau**
Exploratorische Faktorenanalyse • Faktorladung • Erklärte Varianz	 $\geq 0{,}4$ $\geq 0{,}5$
Cronbach'sches Alpha	$\geq 0{,}7$
Item-to-Total Korrelation (ITTC)	Falls die Werte des Cronbach'schen Alphas < 0,7 sind, wird der Indikator mit der geringsten Korrelation eliminiert.

Tabelle 5: Gütekriterien der ersten Generation zur Beurteilung reflektiver Messmodelle

Quelle: in Anlehnung an Homburg/Giering (1996), S. 11 f.

Allerdings weisen die dargestellten Kriterien der ersten Generation einige nicht unerhebliche Nachteile auf.[791] Es werden vor allem die restriktiven Annahmen, die den Verfahren zugrunde liegen, kritisiert. Als Beispiel sei hier angeführt, dass das Cronbach'sche Alpha davon ausgeht, dass alle Indikatoren eines Faktors die gleiche Reliabilität aufweisen.[792] Darüber hinaus existiert bei der Anwendung der exploratorischen Faktorenanalyse keine Möglichkeit zur Schätzung von Messfehlern und ebenso wenig können inferenzstatistische Prüfungen von Parametern vorgenommen werden.[793] Um diesen Nachteilen entgegenzuwirken, wurden die leistungsstärkeren Gütekriterien der zweiten Generation entwickelt, die im Folgenden betrachtet werden.

Gütekriterien der zweiten Generation

Die Ermittlung der Gütekriterien der zweiten Generation basiert auf der Anwendung der konfirmatorischen Faktorenanalyse. Diese wurde maßgeblich von JÖRESKOG (1966, 1967, 1969) entwickelt.[794] Sie unterscheidet sich von der exploratorischen Faktorenanalyse grundlegend dadurch, dass es im Vorhinein bereits schon Hypothesen über die Zusammengehörigkeit von Indikatoren und deren Zugehörigkeit zu Faktoren gibt.[795] Die konfirmatorische Faktorenanalyse ist ein Spezialfall der angesprochenen Kausalanalyse. Somit besteht auch sie aus den zwei Ebenen; die der Messmodelle und die des Strukturmodells.[796]

Das theoretisch abgeleitete Messmodell wird bei der Parameterschätzung so an die empirisch erhobenen Daten angepasst, dass es diese möglichst gut widerspiegelt. Die Parameterschätzung kann nur unter der Voraussetzung durchgeführt werden, dass das zuvor spezifizierte Modell identifiziert werden kann.[797] Dies ist lediglich möglich,

---

791 Für eine detaillierte Ausführung zu den Nachteilen vgl. Bagozzi/Phillips (1982) oder auch Bagozzi/Yi/Phillips (1991).

792 Vgl. Homburg/Giering (1996), S. 9.

793 Vgl. Gerbing/Anderson (1988), S. 189.

794 Vgl. hierzu grundlegend Jöreskog (1966), S. 133 ff.; Jöreskog (1967), S. 443 ff.; Jöreskog (1969), S. 183 ff.

795 Vgl. Homburg /Giering (1996), S. 9.

796 Vgl. Homburg/Giering (1996), S. 9; ähnlich auch schon Sheth (1971), S. 15.

797 Vgl. Homburg/Pflesser (2000), S. 645.

wenn die empirische Datenbasis genügend Informationen bereithält, um die Parameter eindeutig zu schätzen. Eine notwendige Bedingung hierfür ist, dass die Anzahl der zu schätzenden Modellparameter nicht die empirischen Varianzen und Kovarianzen in ihrer Anzahl übersteigt.[798] Daraus ist zu schließen, dass eine (einfaktorielle) konfirmatorische Faktorenanalyse mindestens drei Indikatoren erfordert. In einem solchen Fall ist die Anzahl der Freiheitsgrade[799] gleich null.

Im Anschluss and die Parameterschätzung folgt die Gütebeurteilung des Messmodells. Nach HOMBURG/BAUMGARTNER (1995a) lassen sich die Gütekriterien, die hierbei zum Einsatz kommen, in *globale und lokale Anpassungsmaße* unterteilen.[800] Einige der wichtigsten werden im Folgenden dargestellt.

Globale Anpassungsmaße

Globale Anpassungsmaße dienen der Überprüfung der Anpassung des gesamten Modells an die zugrunde liegenden empirischen Daten. Sie lassen sich weiter untergliedern in Maße, die eine *relative Betrachtung* vornehmen, und *Maße mit Vergleichsstandard.* Die relativen Anpassungsmaße kommen beim Vergleich der Güte mehrerer Modelle zum Einsatz. Für die Beurteilung eines einzelnen Modells sind sie nicht geeignet. Deshalb können sie im Rahmen dieser Arbeit nicht zum Einsatz kommen.

Bei den globalen Anpassungsmaßen mit Vergleichsstandard können *inferenzstatistische* und *deskriptive Stand-alone-Maße* sowie *inkrementelle* Gütekriterien unterschieden werden.[801] Inferenzstatistische Anpassungsmaße nehmen eine Beurteilung der Modellgüte mittels statistischer Tests vor.[802] In der Literatur wird vor allem dem χ^2-Test und dem Root Mean Squared Error of Approximation (RMSEA) Aufmerksamkeit geschenkt.

Der χ^2-Test basiert auf einem Vergleich der empirischen Kovarianzmatrix S mit der vom Modell reproduzierten Kovarianzmatrix Σ.[803] Entsprechend lautet die Nullhypothese, dass die beiden Matrizen gleich sind. Die Anpassungsgüte des Modells an die Daten ist umso besser, je geringer die Differenz der beiden Matrizen ist.[804] Zur Beurteilung wird das Signifikanzniveau p herangezogen. Es gibt an, mit welcher Wahrscheinlichkeit die Ablehnung der Nullhypothese eine Fehlentscheidung darstellen würde.[805] Meist wird ein p-Wert von mindestens 0,05 gefordert.[806]

[798] Vgl. Homburg/Baumgartner (1995b), S. 1093.

[799] Die Freiheitsgrade berechnen sich als Differenz der Anzahl der empirisch feststellbaren Varianzen und Kovarianzen und der Anzahl der zu schätzenden Parameter.

[800] Vgl. Homburg/Baumgartner (1995a), S. 165 f.

[801] Vgl. hierzu ausführlich Wallenburg (2004), S. 147-153; Homburg/Baumgartner (1995a), S. 165 ff.

[802] Vgl. Homburg/Baumgartner (1995a), S. 165 f.

[803] Vgl. Homburg/Baumgartner (1995b), S. 165.

[804] Vgl. Homburg (1992), S. 504.

[805] Vgl. Backhaus et al. (2006), S. 379.

[806] Vgl. Homburg/Giering (1996), S. 10. Allerdings gibt es auch Forderungen nach strengeren Werten, beispielsweise 0,1, wie bei Bagozzi (1980), S. 105.

Jedoch ist die Aussagekraft des χ^2-Tests aus mehreren Gründen begrenzt.[807] Hier sind zu nennen, dass die Annahmen einer Normalverteilung zugrunde liegen, eine Stichproben-Kovarianzmatrix und eine hinreichend große Stichprobe vorhanden sein müssen. Daneben ist der χ^2-Test nicht geeignet, Fehler der zweiten Art abzubilden. Folglich können keine Aussagen hinsichtlich der Wahrscheinlichkeit gemacht werden, dass eine falsche Modellstruktur dennoch als wahr angenommen wird.[808] Um diese Gefahr zu umgehen, wird in der Literatur empfohlen, den χ^2-Wert durch die Anzahl der Freiheitsgrade zu dividieren und diesen modifizierten Wert zu verwenden.[809] Als Grenzwert für dieses Anpassungsmaß wird in der Literatur ein Wert von drei genannt.[810]
Das zweite inferenzstatistische Anpassungsmaß, der RMSEA, wird im Allgemeinen als weiteres Kriterium empfohlen, da es im Gegensatz zum χ^2-Test nicht die absolute Richtigkeit des Modells, sondern die Anpassung des Modells an die Grundgesamtheit misst.[811] Der RMSEA kann durch Ziehen der „Wurzel aus dem, um die Modellkomplexität bereinigten, geschätzten Minimum der Diskrepanzfunktion in der Grundgesamtheit"[812] berechnet werden. Liegen die Werte zwischen 0,05 und 0,08 so kann von einer guten Anpassung des Modells an die Realität gesprochen werden.[813] Werte von 0,08 bis 0,1 sind als zufriedenstellend anzusehen und Werte ab 0,1 weisen auf eine schlechte Modellanpassung hin.[814]

Die *deskriptiven Stand-alone-Anpassungsmaße* basieren nicht auf statistischen Tests, sondern ziehen Heuristiken als Basis zur Beurteilung heran. Die deskriptiven Anpassungsmaße lassen sich unterteilen in eine Gruppe, die Freiheitsgrade berücksichtigt, und eine andere, die sie vernachlässigt. Zur letzteren Gruppe gehört der *GFI* (Goodness of Fit Index). Dieses Maß gibt, wie es den Gütekriterien der zweiten Generation eigen ist, den Unterschied zwischen der empirischen und der durch das Modell generierten Kovarianzmatrix an.[815] Der Wertebereich dieses Maßes liegt zwischen null und eins, wobei ein hoher Wert auf eine hohe Güte schließen lässt.[816] Allgemein wird ein Mindestwert von 0,9 verlangt.[817] Ein Nachteil der deskriptiven Anpassungsmaße ohne Berücksichtigung von Freiheitsgraden ist, dass sie die

---

807 Vgl. hierzu und im Folgenden Backhaus et al. (2006), S. 379. Ähnlich Homburg/Giering (1996), S. 10 und die dort angegebene Literatur.
808 Vgl. Jöreskog/Sörbom (1982), S. 25 ff.; Förster et al. (1984), S. 357 ff.
809 Vgl. Förster et al. (1984), S. 361; Bagozzi/Baumgartner (1994), S. 398.
810 Vgl. Homburg (2000), S. 93. In der Literatur gibt es auch Forderungen nach strengeren bzw. weiteren Werten. Beispielsweise schlagen Backhaus et al. (2006), S. 379, einen Wert von maximal 2,5 vor. Dahingegen sprechen Balderjahn (1986), S. 109, und Hildebrandt (1983), S. 105, sich insbesondere bei großen Stichproben für höhere Werte aus. Die Wahrscheinlichkeit einer Ablehnung des Gesamtmodells nimmt aber insgesamt mit einer zunehmenden Stichprobe zu, vgl. Bearden/Sharma/Teel (1982), S. 428 ff.
811 Vgl. Homburg/Baumgartner (1998), S. 353.
812 Backhaus et al. (2006), S. 381.
813 Vgl. Homburg/Baumgartner (1995b), S. 167.
814 Vgl. MacCallum/Brown/Sugawara (1996), S. 134; Hu/Bentler (1999), S. 27.
815 Vgl. Backhaus et al. (2006), S. 380 f.
816 Vgl. Hu/Bentler (1995), S. 85; Bollen (1990), S. 257.
817 Vgl. z. B. Homburg (2000), S. 93; Bagozzi/Yi (1988), S. 82.

Komplexität des Modells nicht berücksichtigen. Der GFI-Wert kann also durch Hinzufügen eines Modellparameters sofort gesteigert und somit verbessert werden.[818]

Um dieser Schwäche vorzubeugen, wurden die deskriptiven Anpassungsmaße mit Berücksichtigung von Freiheitsgraden entwickelt. Sie enthalten einen Strafterm, der die Parameteranzahl in die Berechnung integriert.[819] Ein Modell mit weniger Parametern wird demnach bei gleicher Anpassungsgüte besser beurteilt als ein Modell mit mehr Parametern. Ein sehr häufig verwendetes Anpassungsmaß ist der *Adjusted Goodness of Fit Index* (AGFI), der ebenfalls einen Wertebereich von null bis eins aufweist, für den allerdings häufig nur ein Mindestwert von 0,8 gefordert wird.[820] Ebenso gehört in diese Kategorie deskriptiver Anpassungsmaße mit Berücksichtigung von Freiheitsgraden der oben erwähnte Quotient aus χ^2-Wert und Freiheitsgraden.

Inkrementelle Anpassungsmaße, die auf BENTLER/BONETT (1980) zurückzuführen sind, ermitteln die Güte eines Modells im Vergleich zu einem Basismodell.[821] Der *NFI* (Normed Fit Index) ist ein klassisches inkrementelles Anpassungsmaß, das aber wie der GFI keine Freiheitsgrade berücksichtigt. Darüber hinaus ist es auch vom Stichprobenumfang abhängig, so dass es aufgrund dieser Schwächen kaum noch zur Anwendung kommt. Stattdessen wird der *CFI* (Comparative Fit Index) häufig verwendet, der die Freiheitsgrade berücksichtigt.[822] Abermals kann der Wert des Anpassungsmaßes zwischen null und eins liegen, wobei höhere Werte auf einen besseren Fit hinweisen. Als Mindestmaß gilt ein Wert von 0,9.[823] Allerdings weist auch dieses Maß Schwächen auf. Es integriert implizit den Stichprobenumfang, da es auf dem χ^2 -Wert basiert. Somit wird unweigerlich mit einem steigenden Stichprobenumfang ein höherer CFI-Wert ausgewiesen.[824] Aus diesem Grund wird zusätzlich in dieser Arbeit der TLI (Tucker-Lewis-Index) ausgewiesen, der als stichprobengrößenunabhängig angesehen wird.[825]

Neben den vorgestellten globalen Anpassungsmaßen sind auch die sogenannten lokalen Anpassungsmaße in die der Gütebeurteilung der Modelle aufzunehmen.

Lokale Anpassungsmaße

Die *lokalen Anpassungsmaße*, auch als Partialmaße bezeichnet, beurteilen einzelne Teilaspekte eines Modells.[826] Unter Teilaspekten ist hierbei eine Betrachtung einzelner Indikatoren oder der gesamten Faktoren zu verstehen. Die *Indikatorreliabilität* und der

---

818 Vgl. Hu/Bentler (1995), S. 85.

819 Vgl. Hu/Bentler (1995), S. 86.

820 Vgl. Kiedaisch (1997), S. 73; Sharma (1996), S. 152. Es gibt aber auch Forderungen, dass der AGFI ebenfalls ein Niveau von 0,9 erreichen muss, vgl. hierzu z. B. Homburg (2000), S. 93; Bagozzi/Yi (1988), S. 82.

821 Vgl. Bentler/Bonett (1980), S. 588 ff.

822 Vgl. Marsh/Balla/McDonald (1988), S. 393; Hu/Bentler (1995), S. 85; Homburg/Baumgartner (1998), S. 356 f.

823 Vgl. Hu/Bentler (1999), S. 85.

824 Vgl. Bollen (1990).

825 Vgl. Wallenburg (2004), S. 151; Matthes (2005), S. 100.

826 Vgl. Homburg/Giering (1996), S. 11.

t-Wert der Faktorladung dienen als Kriterien zur Beurteilung der indikatorbezogenen Teilaspekte. Die faktorbezogenen Anpassungsmaße *Faktorreliabilität* und *durchschnittlich erfasste Varianz* ergänzen diese.

Die *Indikatorreliabilität* ermöglicht Rückschlüsse darauf, welcher Anteil der Varianz durch den zugehörigen Faktor erklärt wird. Sie wird als die quadrierte Korrelation zwischen einem Indikator und dem entsprechenden Faktor verstanden.[827] Der Wertebereich liegt zwischen null und eins, wobei auch hier die Messung als umso zuverlässiger gilt, je näher der Wert an eins liegt. Im positiven Extremfall, d. h. ohne Streuung des Messfehlers, ist der Wert gleich eins.[828] Der Mindestwert, der für die Indikatorreliabilität erreicht werden muss, liegt nach HOMBURG (1992) zwischen 0,3 und 0,5.[829] BALDERJAHN (1986) erachtet bei größeren Stichproben auch geringere Indikatorreliabilitäten als akzeptabel.[830]

Die Überprüfung der Nullhypothese, die besagt, dass die Faktorladungen der Indikatoren sich nicht signifikant von null unterscheiden, kann mittels des *t-Werts der Faktorladung*[831] geschehen.[832] Hierbei muss der t-Wert mindestens 1,645 betragen, was einem 5 %-igem Signifikanzniveau eines einseitigen t-Tests entspricht.[833]

Die faktorbezogenen Anpassungsmaße ergänzen die beiden oben genannten, indem sie überprüfen, inwieweit ein Faktor durch die Gesamtheit der verwendeten Indikatoren abgebildet wird.[834] Hier kommen hauptsächlich die *Faktorreliabilität*[835] und die *durchschnittlich erfasste Varianz* (DEV)[836] als Gütekriterien zum Einsatz. Für beide Kriterien gilt ein Wertebereich von null bis eins, wobei höhere Ausprägungen auf eine höhere Güte schließen lassen. Für die Faktorreliabilität wird in der Regel ein Wert von 0,6[837] gefordert, für die DEV ein Wert von 0,5.[838]

Die bisher vorgestellten Gütekriterien lassen keine Aussagen über die Unabhängigkeit der verschiedenen Teilkonstrukte zu. Hierzu ist die Betrachtung der Diskriminanzvalidität notwendig. In der Literatur können zwei häufig diskutierte Methoden ausfindig gemacht werden, zum einen der χ^2-Differenztest und zum anderen das Fornell/Larcker-Kriterium.[839] Letzteres gilt als das strengere Kriterium und wird daher in dieser Arbeit zur Anwendung kommen. Das Fornell/Larcker-Kriterium basiert

---

[827] Vgl. Homburg/Giering (1996), S. 10 f.
[828] Vgl. Homburg/Giering (1996), S. 10 f.
[829] Vgl. Homburg (1992), S. 506; vgl. hierzu auch Bagozzi/Baumgartner (1994), S. 402.
[830] Vgl. Balderjahn (1986), S. 117.
[831] Auch C. R. für Critical Ratio genannt.
[832] Vgl. Backhaus et al. (2006), S. 383 f.
[833] Vgl. Homburg/Giering (1996), S. 11.
[834] Vgl. Bagozzi/Baumgartner (1994), S. 402.
[835] Vgl. Homburg/Giering (1996), S. 10.
[836] Vgl. Fornell/Larcker (1981), S. 46.
[837] Vgl. Bagozzi/Yi (1988), S. 81; Homburg/Baumgartner (1995a), S. 170.
[838] Vgl. Bagozzi/Yi (1988), S. 81; Homburg/Baumgartner (1995a), S. 170.
[839] Vgl. Jöreskog/Sörbom (1982), S. 412 f.

auf dem Vergleich der DEV mit der quadrierten Korrelation der Faktoren.[840] Von Diskriminanzvalidität wird ausgegangen, wenn die DEV eines Faktors größer ist als jede quadrierte Korrelation des Faktors mit einem anderen Faktor.[841]

In der folgenden Tabelle werden die dargestellten Gütekriterien der zweiten Generation noch einmal zusammengefasst.[842] Sie liefern genauere Angaben hinsichtlich der Reliabilität sowie Validität von Messmodellen und sind als Ergänzung der Gütekriterien der ersten Generation zu verstehen. Eine Verletzung einzelner Kriterien muss nicht zu einer gesamthaften Ablehnung der Konstruktmessung führen, sofern auf eine hohe Messqualität aufgrund des Gesamtbildes geschlossen werden kann.[843]

Kriterien der zweiten Generation			
Globale Kriterien	**Anspruchsniveau**	**Lokale Kriterien**	**Anspruchsniveau**
χ^2/df	≤ 3	Indikatorreliabilität	$\geq 0{,}4$
RMSEA	$\leq 0{,}05$ ($\leq 0{,}08$)	Faktorladung	$\geq 0{,}5$
GFI	$\geq 0{,}9$	t-Wert der Faktorladung (C. R.)	$\geq 1{,}645$
AGFI	$\geq 0{,}8$ ($\geq 0{,}9$)	Faktorreliabilität	$\geq 0{,}6$
TLI	$\geq 0{,}9$	DEV	$\geq 0{,}5$
CFI	$\geq 0{,}9$	Fornell/Larcker-Kriterium	DEV (ξ_i) > quadrierte Korrelation (ξ_i, ξ_j) für alle i=j

Tabelle 6: Gütekriterien der zweiten Generation zur Beurteilung reflektiver Messmodelle

Quelle: in Anlehnung an Arbuckel/Wothke (1999), S. 408 f.

Nachdem ausführlich auf die Kriterien zur Beurteilung der Güte reflektiver Messmodelle eingegangen worden ist, werden die Kriterien für die formativen Messmodelle vorgestellt.

4.3.2.3 Gütebeurteilung für formative Messmodelle

Wie bereits erwähnt, kehren formative Indikatoren die Kausalrichtung im Vergleich zu reflektiven Indikatoren um. Sie formen bzw. begründen das Konstrukt,[844] daher sind andere Gütekriterien als die bereits dargestellten heranzuziehen: „As a result of these characteristics, conventional procedures used to assess the validity and reliability of scales composed of reflective indicators (e.g., factor analysis and assessment of internal consistency) are not appropriate for composite variables (i.e., indexes) with formative indicators."[845] Grund hierfür ist u. a., dass formative Indikatoren nicht

[840] Vgl. Fornell/Larcker (1981), S. 41 f.
[841] Vgl. Fornell/Larcker (1981), S. 46.
[842] Die Berechnung der Gütekriterien erfolgt in AMOS 5.0.
[843] Vgl. Homburg/Baumgartner (1998), S. 363.
[844] Vgl. Götz/Liehr-Gobbers (2004b), S. 278.
[845] Diamantopoulos/Winklhofer (2001), S. 271; vgl. auch Bollen/Lennox (1991), S. 305; Chin/Newsted (1999), S. 310; Diamantopoulos (1999), S. 447.

hochgradig miteinander korreliert sein müssen und es keine Annahme darüber gibt, dass sie eine starke Beziehung zum Konstrukt aufweisen müssen.[846] Im Folgenden werden in Anlehnung an GÖTZ/LIEHR-GOBBERS (2004a, 2004b) die Möglichkeiten zur Beurteilung der Reliabilität und der Validität aufgezeigt. Dabei werden die Inhaltsvalidität, die Indikatorreliabilität, die Konvergenz- und der Diskriminanzvalidität betrachtet.[847]

Anders als bei reflektiven Konstrukten kann bei formativen nicht die exploratorische Faktorenanalyse zur Beurteilung der *Inhaltsvalidität* herangezogen werden.[848] Vielmehr gilt es, die Inhaltsvalidität bereits bei der Spezifikation der einzelnen Indikatoren sicherzustellen.[849] Hierbei ist insbesondere darauf zu achten, dass alle Facetten des zu beschreibenden Konstrukts erfasst werden. Die Überprüfung findet somit nur qualitativ statt. Sie kann jedoch durch einen Pre-Test oder eine Vorstudie belastbarer gemacht werden.[850]

Hinsichtlich der Überprüfung der *Indikatorreliabilität* bleibt festzuhalten, dass auch ein Vorgehen wie bei reflektiven Indikatoren nicht möglich ist, da die Indikatoren nicht stark miteinander korrelieren müssen.[851] Als alternative Methode schlägt CHIN (1998), einen Vergleich der Gewichte der im formativen Konstrukt verwandten Indikatoren vor, um so feststellen zu können, welcher Indikator am stärksten zur Konstruktbildung beiträgt.[852] Auch wenn die Gewichte formativer Indikatoren in der Regel geringer ausfallen als die reflektiver, darf dies nicht als Fehlspezifikation des Messmodells missverstanden werden.[853] Darüber hinaus dürfen aufgrund der geringen Gewichte auch keine Indikatoren eliminiert werden, wie dies von den reflektiven Messmodellen bekannt ist.[854] Denn „Omitting an indicator is omitting a part of the construct".[855] So würde der Inhalt des Konstruktes durch Elimination eines Teiles erheblich beeinflusst werden.

Die Beurteilung der Indikatoren kann über die Höhe hinaus auch noch hinsichtlich der Signifikanz der Gewichte vorgenommen werden.[856] Resampling-Techniken wie

---

[846] Vgl. Krafft/Götz/Liehr-Gobbers (2005), S. 76.
[847] Vgl. Götz/Liehr-Gobbers (2004a, 2004b) aber auch Diamantopoulos/Winklhofer (2001).
[848] Vgl. Götz/Liehr-Gobbers (2004a), S. 728; Götz/Liehr-Gobbers (2004b), S. 17.
[849] Vgl. Bollen/Lennox (1991), S. 307.
[850] Vgl. Anderson/Gerbing/Hunter (1987), S. 437; Krafft/Götz/Liehr-Gobbers (2005), S. 76.
[851] Vgl. Götz/Liehr-Gobbers (2004b), S. 728
[852] Vgl Chin (1998), S. 307. Ähnlich Götz/Liehr-Gobbers (2004a), S. 728; Götz/Liehr-Gobbers (2004b), S. 18 f.; Sambamurthy/Chin (1994), S. 231 f.
[853] Vgl. Chin (1998), S. 307.
[854] Götz/Liehr-Gobbers (2004b), S. 19.
[855] Bollen/Lennox (1991), S. 308. Es gibt jedoch auch Forderungen in der Literatur, Indikatoren mit einem zu geringen Gewicht doch zu eliminieren, vgl. beispielsweise Chin (1998), S. 324 f.; Lohmöller (1989), S. 60 f. Auch Ringle (2004a), S. 22, und Ringle (2004b), S. 334. Da aber von nicht unerheblichen inhaltlichen Veränderungen der Konstrukte durch Elimination auszugehen ist, wird diesem Ansatz hier nicht gefolgt.
[856] Vgl. Herrmann/Huber/Kressmann (2006), S. 57.

Jackknifing oder Bootstrapping kommen hier zum Einsatz,[857] um t-Statistiken zu generieren, die Aussagen zum Signifikanzniveau zulassen.[858] Für die formativen Konstrukte wird ebenso wie für die reflektiven ein t-Wert von mindestens 1,645 (5 %-iges Signifikanzniveau, einseitiger t-Test) gefordert.[859]

Auch wenn grundsätzlich von der Eliminierung formativer Indikatoren abgesehen werden sollte, kann bei Auftreten von hoher Multikollinearität, d. h bei starker linearer Abhängigkeit zwischen Indikatoren, eine Ausnahme gemacht werden.[860] Denn ein hoher Grad an Multikollinearität kann zu Verzerrungen in der Parameterschätzung führen.[861] Dies ist darauf zurückzuführen, dass der Einfluss der einzelnen Indikatoren im Messmodell nicht länger genau feststellbar ist.[862] Zur Überprüfung kann auf die *Korrelationsmatrix,* den *Variance Inflation Factor* (VIF) und den *Konditionsindex* (KI) zurückgegriffen werden.

Die Korrelationsmatrix dient lediglich dazu, erste Hinweise auf Multikollinearität zu liefern, da nur paarweise lineare Abhängigkeiten ermittelt werden können. Eine genaue Prüfung ist insbesondere dann wichtig, wenn Korrelationskoeffizienten von nahezu eins festzustellen sind.[863]

Der VIF, der dem Kehrwert der Toleranz entspricht,[864] wird durch die Verwendung von Hilfsregressionen ermittelt.[865] Bei vollkommener linearer Unabhängigkeit wird der Minimalwert von eins erreicht. In der Literatur wird gemeinhin ein Grenzwert von zehn gefordert.[866] Darüber hinaus lässt sich Multikollinearität durch den KI nach BELSLEY/KUH/WELSCH (1980) überprüfen.[867] Weist der KI Werte größer 30 aus, so ist von einem signifikanten Grad an Multikollinearität auszugehen.[868]
Eine Überprüfung des Messmodells auf *Konvergenzvalidität* ist aufgrund der nicht vorhandenen Zwangskorrelation der Indikatoren nicht zweckmäßig.[869] REINARTZ/KRAFFT/HOYER (2004) propagieren daher, die externe Validität als zusätzliches

[857] Vgl. Henseler (2005), S. 74. Bootstrapping und Jackknifing unterscheiden sich im Wesentlichen dadurch, dass das Subsample einmal mittels einer Anzahl zufällig gewählter Fälle geschätzt und dass beim Jackknifing eine feste Zahl zu unterdrückender Fälle festgelegt wird. In der Literatur wird im Allgemeinen Bootstrapping dem Jackknifing vorgezogen, da es einem geringen Standardfehler unterliegt, vgl. hierzu Efron/Gong (1983), S. 39 f., sowie Efron/Tibshirani (1993), S. 145 f. Nach Backhaus/Blechschmidt/Eisenbeiß (2006) und Nevitt/Hancock (2001) liefert das Bootstrapping bei der Verletzung der Normalverteilungsannahme verlässlicherer Werte hinsichtlich der Standardfehler als beispielsweise die ML-Schätzung.

[858] Vgl. Krafft/Götz/Liehr-Gobbers (2005), S. 80.

[859] Vgl. auch Abschnitt 4.3.2.2.

[860] Götz/Liehr-Gobbers (2004a), S. 729; Götz/Liehr-Gobbers (2004b), S. 19 f.

[861] Vgl. Diamantopoulos/Winklhofer (2001), S. 272; Backhaus et al. (2006), S. 89 f.

[862] Vgl. Diamantopoulos/Winklhofer (2001), S. 272.

[863] Vgl. Götz/Liehr-Gobbers (2004b), S. 20; Backhaus et al. (2006), S. 91.

[864] Vgl. Backhaus et al. (2006), S. 91.

[865] Vgl. Diamantopoulos/Winklhofer (2001), S. 272; Götz/Liehr-Gobbers (2004b), S. 20.

[866] Vgl. Diamantopoulos/Winklhofer (2001), S. 272; Götz/Liehr-Gobbers (2004b), S. 20.

[867] Vgl. Götz/Liehr-Gobbers (2004b), S. 21.

[868] Vgl. Götz/Liehr-Gobbers (2004b), S. 21. In der Literatur wird ein weiteres Verfahren diskutiert, das eine Abwandlung des KI beinhaltet, vgl. hierzu Hair et al. (1998), S. 220 f.

[869] Vgl. Nunally/Bernstein (1994), S. 489; Götz/Liehr-Gobbers (2004b), S. 21.

Gütekriterium aufzunehmen.[870] Dies kann zum einen durch die Anwendung eines Zwei-Konstrukt-Modells geschehen.[871] Zum anderen eignet sich die Verwendung von Multiple-Indicators-Multiple-Causes-Modellen (MIMIC-Modellen).[872] MIMIC-Modelle, die in dieser Arbeit zum Einsatz kommen, zeichnen sich dadurch aus, dass sie eine einzelne latente Variable durch formative und durch reflektive Indikatoren messen.[873] Aufgrund der Redundanz in der Messung kann ein Fehlerterm errechnet werden, der die Bestimmung der externen Validität des insgesamt formativ ausgerichteten Konstrukts erlaubt.[874] Die Messung mit einem MIMIC-Modell bietet zudem den Vorteil, dass aufgrund der Anwendung kovarianzbasierter Verfahren die Güte des Messmodells anhand der oben dargestellten Gütekriterien für reflektive Messmodelle beurteilt werden kann. Zudem wird bei Anwendung eines MIMIC-Modells die relative Bedeutung der einzelnen formativen Kriterien/Faktoren ermittelt.[875] Aufgrund der gezeigten Vorteile werden in dieser Arbeit formative Messmodelle als MIMIC-Modell konzeptualisiert und in Abschnitt 4.3.2.2 dargestellten Gütekriterien ausgewiesen.

Schließlich gilt es, der Vollständigkeit halber, festzuhalten, dass die *Diskriminanzvalidität* für formative Messmodelle aus den bereits mehrfach angeführten Gründen nicht sinnvoll beurteilt werden kann.[876]

4.3.3 Dependenzanalysen

Die bisherigen Ausführungen bezogen sich auf die Messmodelle des Strukturgleichungsmodells. Daher werden im Folgenden die Wirkungszusammenhänge zwischen den einzelnen Konstrukten betrachtet. Strukturgleichungsmodelle mit latenten Variablen haben sich dafür quasi zum Standard entwickelt.[877] Wie in Abschnitt 4.3.1 ausgeführt, bestehen Strukturgleichungsmodelle aus zwei Submodellen: dem Messmodell und dem Strukturmodell. In der folgenden Abbildung sind die Beziehungen zwischen den beiden Modellen und ihre Zusammenführung zum Strukturgleichungsmodell graphisch aufgearbeitet.

---

[870] Vgl. Reinartz/Krafft/Hoyer (2004), S. 298.

[871] Hierbei werden weitere Variablen, sogenannte Phantomvariablen, in das Modell eingefügt, vgl. hierzu Diamantopoulos/Winklhofer (2001), S. 272 f.

[872] Hierzu ist anzumerken, dass es unterschiedliche Ausprägungen von MIMIC-Modellen gibt, die sich durch die Modellierung charakterisieren. Ihre Bezeichnung setzt sich entsprechend der Modellierung zusammen und referiert dabei darauf, auf welcher Ebene welche Art von Konstrukt zur Anwendung kommt. Es werden entsprechend vier Arten von MIMIC-Modellen zweiter Ordnung unterschieden: (1) „reflective first-order, formative second-order“ (2) „reflective first-order, reflective second-order“ (3) „formative first-order, reflective second-order“ (4) „formative first-order, formative second-order“, vgl. hierzu Albers/Götz (2006).

[873] Vgl. Hauser/Goldberger (1971), S. 81 f.; Diamantopoulos/Winklhofer (2001), S. 272 f.

[874] Vgl. Winklhofer/Diamantopoulus (2002).

[875] Vgl. Winklhofer/Diamtopoulus (2002), S. 153 ff.

[876] Vgl. Götz/Liehr-Gobbers (2004b), S. 23.

[877] Vgl. Betzin/Henseler (2005), S. 10.

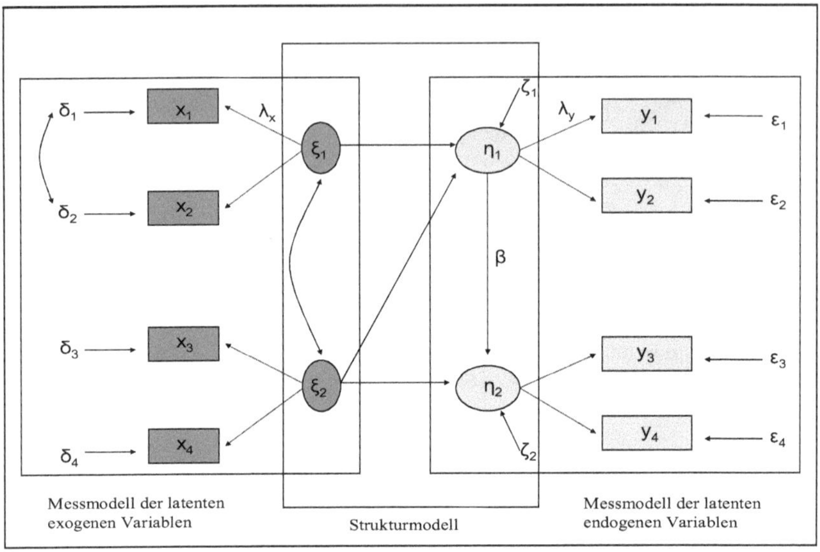

Abbildung 8: Schematische Darstellung eines Strukturgleichungsmodells

Quelle: in Anlehnung an Backhaus et al. (2006), S. 355

Dabei haben die Abkürzungen folgende Bedeutungen

Abkürzung	Bedeutung
η	Latente endogene Variable, die im Modell erklärt wird
ξ	Latente exogene Variable, die im Modell *nicht* erklärt wird
y	Indikatorvariable für eine latente endogene Variable
x	Indikatorvariable für eine latente exogene Variable
ε	Messfehler der Indikatoren der endogenen latenten Variablen
δ	Messfehler der Indikatoren der exogenen latenten Variablen
ζ	Fehlerterme der endogenen latenten Variablen im Strukturmodell

Tabelle 7: Übersicht der Abkürzungen des Strukturgleichungsmodells

Quelle: in Anlehnung an Backhaus et al. (2006), S. 353

4.3.3.1 Auswahl des PLS-Ansatzes als Methodik der Dependenzanalyse

Für die Untersuchung von Wirkungszusammenhängen zwischen Konstrukten können einerseits Regressionsverfahren und andererseits kausalanalytische Methoden verwendet werden. Letztere gelten als leistungsfähiger, da sie in der Lage sind, die Schätzung des Messmodells und des Strukturmodells simultan durchzuführen, auftretende Messfehler zu berücksichtigen und zu bereinigen.[878] Darüber hinaus können letztere auch mit komplexen Abhängigkeitsbeziehungen umgehen. Deshalb wird in der vorliegenden Untersuchung eine kausalanalytische Methode angewandt.

Prinzipiell können zwei verschiedene Ansätze verwendet werden. Die einen Verfahren basieren auf Kovarianzen, die anderen auf Varianzen. Beiden Verfahren werden der zweiten Generation multivariater Verfahren zugerechnet und bieten beide eine Vielzahl von Analysemöglichkeiten. Die beiden Verfahren unterscheiden sich allerdings grundlegend hinsichtlich der verwendeten Algorithmen zur Parameterschätzung. Die Modellparameterschätzung erfolgt bei kovarianzbasierten Verfahren, indem die empirischen Kovarianzmatrizen der Indikatoren bestmöglich reproduziert werden.[879] Dahingegen versuchen varianzbasierte Verfahren wie der Partial Least Squares (PLS-)-Ansatz[880] eine vollkommene Nachbildung der tatsächlichen Daten zu erzielen.[881]

Diese Ansätze scheinen Alternativen zu sein, JÖRESKOG/WOLD (1982) sprechen jedoch von komplementären Ansätzen.[882] Die Entscheidung für die eine oder die andere Variante ist unter Berücksichtigung verschiedener Kriterien zu fällen.[883] Sollten ein oder mehrere der nachfolgenden Kriterien zutreffen, spricht dies nach CHIN/NEWSTED (1999) für die Anwendung varianzbasierter Verfahren und in diesem speziellen Fall für die Anwendung von PLS.

- Stichprobengröße
  PLS ermöglicht eine Parameterschätzung mit einer viel geringeren Stichprobengröße, als dies kovarianzbasierte Verfahren zulassen,[884] weil der PLS-Algorithmus auf der Schätzung einzelner Regressionsgleichungen im Gesamtmodell basiert.[885] Bootstrapping oder Jackknifing dienen der Beurteilung der Güte des Schätzmodells.[886]

---

[878] Vgl. Homburg (1992), S. 499 f.
[879] Dabei stehen unterschiedliche Verfahren wie Maximum-Likelihood (ML), Weighted Least Squares oder Unweighted Least Squares zur Verfügung. Vgl. Backhaus et al. (2006), S. 368-371.
[880] Die Entwicklung des PLS-Ansatzes ist Wold (1966, 1973, 1975) zuzuschreiben. Der Ansatz wurde im Laufe der Jahre immer weiterentwickelt, vgl. Lohmöller (1989), S. 27 f.
[881] Vgl. Herrmann/Huber/Kressmann (2006), S. 37.
[882] Vgl. Jöreskog/Wold (1982), S. 270.
[883] Vgl. Fornell/Bookstein (1982), S. 450 oder Bliemel et al. (2005), S. 10.
[884] Vgl. Fornell/Bookstein (1982), S. 449; Chin/Newsted (1999), S. 314 und 326.
[885] Vgl. Herrmann/Huber/Kressmann (2006), S. 39.
[886] Vgl. Götz/Liehr-Gobbers (2004b), S. 3.

- Forschungsansatz
  Ziel des PLS-Ansatzes ist es, die Erklärungskraft eines Schätzmodells zu maximieren.[887] Gilt es, die faktische Bestimmungsgröße einer Zielvariablen zu identifizieren wie bei „managementorientierten Problemstellungen mit Entscheidungsrelevanz“[888], dann bietet sich der PLS-Ansatz an.

- Theoriegerüst
  Der PLS-Ansatz ist aufgrund der Maximierung des Erklärungsgehalts auch für Forschungsvorhaben geeignet, die explorativ ausgerichtet sind und/oder in Fällen, in denen das theoretische Wissen relativ gering ist.[889]

- Verteilung der Variablen
  PLS nimmt keinerlei Einschränkungen hinsichtlich der Verteilung der Variablen vor. Kovarianzbasierte Verfahren setzen eine multivariate Normalverteilung der latenten und der beobachtbaren Variablen voraus.[890]

- Verwendung formativer und reflektiver Konstrukte
  Der PLS-Ansatz ermöglicht eine problemlose Anwendung sowohl formativer als auch reflektiver Konstrukte.[891] Kovarianzbasierte Verfahren sind dazu prinzipiell ebenfalls in der Lage, allerdings gilt die Einbeziehung formativer Konstrukte als problematisch.[892]

- Robustheit
  PLS ist zudem robuster sowohl gegenüber fehlenden Modellelementen als auch gegenüber moderater Multikollinearität.[893]

Allerdings sind bei der Entscheidung für oder gegen die Verwendung von PLS auch die Nachteile dieses Ansatzes zu beachten. Hier sind vor allem zwei zu nennen:

- Zuverlässigkeit der Schätzergebnisse
  PLS tendiert dazu, Korrelationen zwischen den latenten Variablen zu unterschätzen und die Verbindungen zwischen Konstrukt und Indikatoren zu überschätzen.[894]
  Bei kovarianzbasierten Verfahren kann die Zuverlässigkeit der Schätzergebnisse durch eine Erhöhung des Stichprobenumfangs gesichert werden. Dies ist bei varianzbasierten Verfahren nicht der Fall. Dort muss

---

[887] Vgl. Fornell/Bookstein (1982), S. 443; Götz/Liehr-Gobbers (2004b), S. 4.
[888] Herrmann/Huber/Kressmann (2006), S. 45.
[889] Vgl. Barclay/Higgins/Thompson (1995), S. 302; Herrmann/Huber/Kressmann (2006), S. 45.
[890] Vgl. Herrmann/Huber/Kressmann (2006), S. 6; Götz/Liehr-Gobbers (2004b), S. 4.
[891] Vgl. Chin/Newsted (1999), S. 310; Götz/Liehr-Gobbers (2004a), S. 721; Ringle (2004b), S. 315.
[892] Vgl. Chin/Newsted (1999), S. 310 f.
[893] Vgl. Cassel/Hackl/Westlund (1999), S. 438 ff.
[894] Vgl. Fornell/Cha (1994), S. 67; Chin/Newsted (1999), S. 328. Die Über- bzw. Unterschätzungen heben sich im Messmodell bzw. Strukturmodell auf und die Korrelation zwischen Indikatoren latenter Variablen ist wiederum stets konstant. Vgl. Herrmann/Huber/Kressmann (2006), S. 41.

zusätzlich zum Stichprobenumfang die Anzahl der reflektiven Indikatoren im Messmodell erhöht werden.[895]

- Keine Gesamtgütemaße der Modellanpassung
  Da PLS keine Verteilungsannahmen der Variablen voraussetzt, können keine inferenzstatistischen Tests hinsichtlich der Modellgüte des Strukturmodells durchgeführt werden.[896] Lediglich nichtparametrische Tests sind durchführbar.[897]

Im Rahmen dieser Untersuchung wird trotz seiner aufgezeigten Nachteile der PLS-Ansatz Verwendung finden. Die Entscheidung begründet sich aufgrund mehrerer Aspekte. Erstens spricht das Forschungsziel, das in einer umfassenden Erklärung des Controllerbereichserfolgs liegt, für die Wahl von PLS. Zweitens ist der Analogieschluss vom Unternehmenserfolg auf den Controllerbereichserfolg zwar theoretisch und logisch begründet, allerdings trägt die Untersuchung hinsichtlich dieses Aspekts dennoch einen leicht explorativen Charakterzug, weshalb eine kovarianzbasierte Überprüfung des Strukturmodells problematisch erscheint. Drittens deuten der begrenzte Stichprobenumfang und viertens die Verwendung sowohl reflektiver als auch formativer Konstrukte darauf hin, dass PLS das geeignetere Verfahren für diese Arbeit darstellt.

Aufgrund der Wahl des PLS-Ansatzes wird im Folgenden der Schätzalgorithmus genauer vorgestellt.[898]

4.3.3.2 Darstellung des PLS-Schätzalgorithmus

WOLD (1966, 1973, 1975, 1980, 1982a) hat den PLS-Algorithmus ursprünglich als alternativen Ansatz zur Schätzung von Kausalmodellen entwickelt. Der Ansatz fußt auf der „Kleinste-Quadrate-Methode“ („Least Squares“), die sukzessive und getrennt („Partial“) in einem iterativen Verfahren durchgeführt wird.[899] Ziel des Verfahrens ist die Minimierung der Varianz der Fehlerterme in Mess- und Strukturmodellen für eine bestmögliche Reproduktion der empirischen Daten.[900] Hilfsregressionen modellieren dabei die Beziehungen zwischen den einzelnen Variablen. Hilfsvariablen werden zur

[895] Vgl. Götz/Liehr-Gobbers (2004a), S. 721; Götz/Liehr-Gobbers (2004b), S. 4 f.; Herrmann/Huber/Kressmann (2006), S. 41. Dieser gleichzeitige Anstieg sowohl der Stichprobe als auch der Indikatoren wird von Wold (1982b), S. 25, als „consistency at large“ bezeichnet.

[896] Auf Basis dieser Eigenschaft kann in der vorliegenden Untersuchung keine Gesamtbeurteilung des Strukturmodells erfolgen. PLS kann lediglich die Beziehungen zwischen den im Strukturmodell „verbundenen“ Variablen analysieren. Streng genommen ist die Darstellung eines Pfadmodells somit falsch. Dennoch ist es gängige Praxis und wird auch in dieser Arbeit zum Einsatz kommen. Vgl. Spillecke (2006), S. 99.

[897] Götz/Liehr-Gobbers (2004b), S. 5; Scholderer/Balderjahn (2005), S. 91; Herrmann/Huber/Kressmann (2006), S. 42 f.

[898] Hierbei wird nicht eine formalanalytische Darstellung vorgenommen, vgl. diesbezüglich Fornell/Bookstein (1982), S. 141 ff.; Chin/Newsted (1999), S. 321; Henseler (2005), S. 71 ff.

[899] Vgl. Götz/Liehr-Gobbers (2004a), S. 722; Betzin/Henseler (2005), S. 60.

[900] Vgl. Götz/Liehr-Gobbers (2004b), S. 5.

Ermittlung der Schätzparameter verwendet.[901] So gelingt die Überprüfung der hypothetisierten Abhängigkeitsbeziehungen mit den empirisch ermittelten Korrelationen.

Der PLS-Algorithmus schätzt drei unterschiedliche Typen von Parametern: Ladungen, Pfadkoeffizienten und Konstanten:[902]

- Indikatorladungen bzw. -gewichte
  Diese werden für die Bildung der latenten Konstrukte verwendet. Unter der Annahme, dass die benachbarten latenten Variablen perfekt zu messen sind, erfolgt die Ermittlung für jede latente Variable.[903]

- Pfadkoeffizienten
  Diese setzen die latenten Variablen zueinander in Beziehung.

- Konstanten
  Die Konstanten der Regression, der Indikatoren und der latenten Variablen werden geschätzt.

Die Schätzung erfolgt, wie dargestellt, getrennt und sukzessive in einem iterativen Prozess.[904] Der Prozess lässt sich in drei Phasen einteilen. Er beginnt mit der Prozessinitialisierung, durchläuft den Algorithmus zur Schätzung der latenten Variablen und findet seinen Abschluss in der Ermittlung der Strukturgleichungsparameter.

Die Prozessinitialisierung umfasst die Erstellung einer Ausgangslösung, die willkürliche Indikatorgewichte als Basispunkte enthält.[905] Dabei wird jede latente Variable als standardisierte Linearkombination ihrer empirischen Indikatoren ausgedrückt.[906]
Daran schließt sich die zweite Prozessphase an, in der die Verbesserung der Ausgangslösung durch eine iterative, wechselseitige innere und äußere Approximation angestrebt wird.[907] Konkret bedeutet dies, dass für jede latente Variable abwechselnd je ein Wert aus dem Messmodell (äußere Approximation) und je ein Wert aus dem Strukturmodell (innere Approximation) geschätzt werden.[908] Ziel der äußeren Approximation ist die Minimierung der Messfehler des Messmodells, wohingegen die innere Approximation der Verbesserung des Gesamtmodells dient. Durch die

---

[901] Vgl. Herrmann/Huber/Kressmann (2006), S. 37.
[902] Vgl. Chin/Newsted (1999), S. 315 f.
[903] Vgl. Götz/Liehr-Gobbers (2004b), S. 5.
[904] Ringle (2004a), S. 8 ff.; Henseler (2005), S. 71 ff. und Herrmann/Huber/Kressmann (2006), S. 36 ff., geben eine ausführliche Beschreibung des Prozesses.
[905] Vgl. Herrmann/Huber/Kressmann (2006), S. 37.
[906] Vgl. Götz/Liehr-Gobbers (2004b), S. 5.
[907] Vgl. Götz/Liehr-Gobbers (2004b), S. 5 f.; Henseler (2005), S. 72.
[908] Vgl. Cassel/Hackl/Westlund (2000), S. 902.

Kombination der beiden Approximationen gelingt es, die Residualvarianzen sowohl im Mess- als auch im Strukturmodell zu minimieren.[909]

Erst wenn ein vorgegebenes Konvergenzkriterium erreicht ist, wird der beschriebene iterative innere Prozess der Approximation beendet.[910] Das Kriterium besagt, dass die einzelnen Ladungen bzw. Gewichte sich nicht mehr verändern dürfen. Dies gilt als erreicht, wenn eine Konstanz der vierten Nach-Komma-Stelle eintritt.[911]
Nach der Bestimmung der latenten Variablen folgt die letzte Prozessphase. Es werden die Modellparameter des Mess- und des Strukturmodells mittels der Kleinste-Quadrate-Regression ermittelt.[912]

4.3.3.3 Gütebeurteilung von PLS-Strukturmodellen

Die Anzahl möglicher Gütekriterien, die zum Einsatz kommen, ist bei varianzbasierten Verfahren erheblich geringer als bei kovarianzbasierten Verfahren, da keine inferenzstatistischen Tests durchgeführt werden können. Im Rahmen dieser Arbeit werden nach GÖTZ/LIEHR-GOBBERS (2004a, b) vier Gütemaße zur Beurteilung des Strukturmodells herangezogen. Hierbei handelt es sich um das Bestimmtheitsmaß R^2, die Effektgröße f^2, die Stärke der Pfadkoeffizienten und die Signifikanz der Pfadkoeffizienten.[913]

Das erste Gütemaß ist das aus der Regressionsanalyse bekannte *Bestimmtheitsmaß* R^2.[914] Es stellt das Verhältnis der erklärten Streuung zur Gesamtstreuung dar[915] und misst die Anpassungsgüte der Regressionsfunktion an die empirisch gewonnenen Indikatoren. Der Wertebereich liegt zwischen null und eins, wobei hohe Werte auf eine gute Anpassung hindeuten. Werte von 0,67 und höher werden nach CHIN (1998) als „substanziell" bezeichnet, wohingegen Werte bis 0,19 als „schwach" angesehen werden. Durchschnittliche Werte liegen bei 0,33.[916]

Die Ermittlung der *Effektgröße* f^2 basiert auf dem Bestimmtheitsmaß. Die Effektgröße selbst zeigt an, ob eine unabhängige latente Variable Einfluss auf eine abhängige latente Variable ausübt.[917] Die Effektgröße wird dadurch ermittelt, dass das Bestimmtheitsmaß einmal mit und einmal ohne die betrachtete unabhängige Variable

---

909 Vgl. Ringle (2004a), S. 7 f.; Götz/Liehr-Gobbers (2004b), S. 6; Herrmann/Huber/Kressmann (2006), S. 38.
910 Vgl. Bontis (1998), S. 68; Ringle (2004a), S. 9.
911 Vgl. Chin/Newsted (1999), S. 320; Götz/Liehr-Gobbers (2004b), S. 6.
912 Vgl. Chin/Newsted (1999), S. 319; Götz/Liehr-Gobbers (2004b), S. 6.
913 Vgl. Chin (1998), S. 316 ff. Für einen umfangreichen Beurteilungskatalog für PLS-Modelle vgl. auch Götz/Liehr-Gobbers (2004a), S. 730 f.; Götz/Liehr-Gobbers (2004b), S. 23 ff. Letztere verweisen zudem auf das Stone-Geiser-Kriterium hin. Die Software Smart-PLS 2.0, die in dieser Untersuchung Anwendung findet, weist dieses Gütekriterium jedoch nicht aus. Auf eine zusätzliche Überprüfung wurde verzichtet.
914 Vgl. Ringle (2004a), S. 9.
915 Vgl. Backhaus et al. (2006), S. 66.
916 Vgl. Chin (1998), S. 323.
917 Vgl. Götz/Liehr-Gobbers (2004a), S. 731; Götz/Liehr-Gobbers (2004b), S. 24 f.; Henseler (2005), S. 74.

geschätzt wird. Die Veränderung des Bestimmtheitsmaßes weist auf die Stärke des Einflusses hin. Werte von 0,35 und mehr deuten auf einen substanziellen, Werte von 0,15 bis 0,35 auf einen mittleren und Werte unterhalb von 0,02 auf einen schwachen Einfluss hin.[918] Werte von 0,00 sprechen für einen zu vernachlässigenden Einfluss, so dass für die Arbeit Werte von größer 0,00 gefordert werden.[919]

Die *Stärke der Pfadkoeffizienten* ist ebenso zur Gütebeurteilung einsetzbar. LOHMÖLLER (1989) versteht Werte ab 0,1 bereits als wesentlich, CHIN (1998) hingegen verlangt einen Mindestwert von 0,2.[920]
Die *Signifikanz von Pfadkoeffizienten* kann darüber hinaus als Gütekriterium zum Einsatz kommen. Denn die Reliabilität der Pfadkoeffizienten kann mittels der t-Statistik auf Signifikanz geprüft werden.[921] Hierbei gilt, dass signifikante Pfadkoeffizienten, die gemäß der aufgestellten Hypothese ausgerichtet sind, die Hypothese stützen. Andernfalls muss die Hypothese verworfen werden. Tabelle 8 fasst die Gütekriterien zusammen.

Gütekriterium	**Anspruchsniveau**
Bestimmtheitsmaß R^2	interpretierbar wie bei der Regression
Effektgröße f^2	$> 0{,}00$
Stärke der Pfadkoeffizienten	$\geq 0{,}1$
Signifikanz der Pfadkoeffizienten	$\geq 1{,}645$

Tabelle 8: Gütekriterien zur Beurteilung der Strukturmodelle

Quelle: in Anlehnung an Spillecke (2006), S. 103

918 Vgl. Henseler (2005), S. 74.
919 Vgl. Spillecke (2006), S. 103.
920 Vgl. Lohmöller (1989), S. 60 f.; Chin (1998), S. 323.
921 Auch hier wird ein Signifikanzniveau von 5 % veranschlagt, was einem t-Wert von mindestens 1,645 entspricht.

5 Ergebnisse der empirischen Untersuchung

In diesem Kapitel werden die Ergebnisse der empirischen Untersuchung vorgestellt. Dazu wird zunächst die Operationalisierung der in Kapitel 3 konzeptualisierten Konstrukte vorgenommen. Das Ergebnis der Operationalisierung wird anhand der Gütekriterien dargestellt, die die empirische Validierung der Konstrukte belegen. Im nächsten Schritt werden die Ergebnisse der Dependenzanalysen vorgestellt, die der Hypothesenprüfung dienen und abschließend werden die Ergebnisse der empirischen Untersuchung zusammengefasst.

5.1 Operationalisierung der Konstrukte

Um die Messung und Gütebeurteilung der konzeptualisierten Konstrukte vornehmen zu können, müssen die Konstrukte in einem ersten Schritt operationalisiert werden, bevor dann im zweiten Schritt die Messung und Beurteilung stattfinden kann. Die Operationalisierung der Konstrukte beinhaltet, dass die Konstrukte einer Messung mittels eines Messinstrumentariums zugänglich gemacht werden.[922] Den latenten Variablen werden durch die Operationalisierung beobachtbare Sachverhalte (manifeste Variablen) zugeordnet.

Diese Zuordnung darf nicht willkürlich geschehen, sondern ist einem systematischen Prozess zu unterziehen. Dieser Prozess sieht vor, dass zunächst bestehende und in anderen Kontexten verwendete Messmodelle auf ihre Anwendbarkeit hinsichtlich des zu untersuchenden Forschungsvorhabens geprüft werden.[923] Die Verwendung bereits bestehender Messmodelle birgt zwei elementare Vorteile gegenüber der Neuentwicklung von Messmodellen. Erstens wird die Vergleichbarkeit von Messergebnissen erleichtert und zweitens wird die Güte der eigenen Messung abgesichert, da für die Messmodelle bereits Reliabilitäts- und Validitätseigenschaften bekannt sind.

Um bestehende Konstrukte an den jeweiligen Kontext anzupassen, kann es jedoch erforderlich werden, Modifikationen an den Messmodellen vorzunehmen oder Messmodelle vollständig neu zu entwickeln. Sowohl modifizierte als auch neu entwickelte Messmodelle können Meta-Studien zufolge sehr gute Reliabilitätswerte aufweisen.[924]

Bei der Entwicklung neuer Messmodelle, die im Rahmen dieser Untersuchung vorgenommen werden mussten, wurde ein Vorgehen gewählt, wie es in der Literatur zur Erzeugung neuer Messmodelle vorgeschlagen wird.[925] Nach der Definition des Konstrukts und seiner Konzeptualisierung wurde eine Ausgangsmenge an Indikatoren auf Basis von Literaturanalysen sowie Gesprächen mit Wissenschaftlern und Praktikern erzeugt,[926] die nach weitergehender Diskussion und Untersuchung in einer finalen Indikatormenge endete.

---

[922] Vgl. Homburg/Giering (1998), S. 114.

[923] Vgl. Bohrnstedt (1977), S. 91.

[924] Vgl. Ruekert/Churchill Jr. (1984), S. 367; Wilson (1995), S. 365.

[925] Vgl. Churchill Jr. (1979), Rossiter (2002).

[926] Die Gespräche wurden sehr offen nach dem Leitsatz „who can offer some ideas and insights into the phenomenon“ geführt. Churchill Jr. (1979), S. 67; ähnlich auch Rossiter (2002), S. 309 ff.

In der vorliegenden Arbeit werden ausschließlich Multi-Item-Messmodelle verwendet,[927] denn prinzipiell gilt, dass die Messung mit steigender Itemanzahl an Qualität gewinnt.[928] In der Literatur gibt es Forderungen nach sechs bis zehn Ausgangsitems pro Konstrukt. Diese Menge wird jedoch ab einem Stichprobenumfang von 100 auf drei bis vier Items reduziert.[929]

Die Operationalisierung der Konstrukte wurde wie oben beschrieben vorgenommen. Nachfolgend werden die Ergebnisse der Konstruktmessung mit ihren Gütekriterien vorgestellt.

5.1.1 Controllerbereichserfolg

Der Controllerbereichserfolg besteht, wie in der Konzeptualisierung dargelegt, aus vier Dimensionen und fünf Faktoren. Die einzelnen Messmodelle werden zunächst jeweils mit ihren Gütemaßen vorgestellt und dann werden die empirischen Ergebnisse, die das Gesamtmodell betreffen, veranschaulicht.

5.1.1.1 Anpassungsfähigkeit des Controllerbereichs

Die Operationalisierung des Konstruktes Anpassungsfähigkeit des Controllerbereichs basiert auf den Überlegungen IRVINGS (1995) zur Anpassungsfähigkeit von Unternehmen, allerdings musste dieses Konstrukt für die Anwendung auf den Controllerbereichskontext umfassend modifiziert werden. Im Zentrum der Betrachtung der Anpassungsfähigkeit steht die Flexibilität des Controllerbereichs, sich auf sich ändernde unternehmensinterne als auch -externe Bedingungen einzustellen und adäquat darauf zu reagieren. Die Ergebnisse der Modellmessung mit den Gütekriterien sind aus Tabelle 9 ersichtlich. Es wurde lediglich ein Indikator zur Verbesserung der Modellgüte eliminiert. Die Werte sind insgesamt als sehr zufriedenstellend zu bezeichnen.

---

[927] Vgl. Abschnitt 4.3.2.1.
[928] Vgl. Jacoby (1978), S. 93; Churchill Jr. (1979), S. 66.
[929] Vgl. Marsh et al. (1998), S. 213 f.

Informationen zu den einzelnen Indikatoren des Faktors **„Anpassungsfähigkeit des Controllerbereichs“**			
Bezeichnung der Indikatoren	Item-to-Total-Korrelation	Indikator-reliabilität	t-Wert der Faktorladung
Unser Controlling passt seine Leistungen schnell an neue Managerbedürfnisse an.	0,82	0,47	-
Unser Controlling hat häufig neue Ideen, wie es die von ihm erbrachten Leistungen verbessern kann.	0,76	0,7	16,69
Unser Controlling hält mich über neue und relevante Entwicklungen im Controllingumfeld auf dem Laufenden.	0,82	0,46	14,24
Unser Controlling passt seine Leistungen stets selbstständig unternehmensinternen und -externen Veränderungen an.	0,77	0,66	16,45
Mit der Flexibilität des Controllings bin ich insgesamt sehr zufrieden.	eliminiert		
Informationen zum Faktor **„Anpassungsfähigkeit des Controllerbereichs“**			
Cronbach'sches	0,84	AGFI	0,98
Alpha	0,57	CFI	1,0
Erklärte Varianz		TLI	
χ^2/df	2,74	Faktorreliabilität	0,99
RMSEA	0,05	Durchschnittliche erfasste	0,84
GFI	0,995	Varianz	0,57

Tabelle 9: Informationen zum Konstrukt „Anpassungsfähigkeit des Controllerbereichs“

5.1.1.2 Interner kundenbezogener Erfolg des Controllerbereichs

Der erste, als grundlegend identifizierte Bestandteil des kundenbezogenen Erfolgs ist die Dienstleistungsqualität. Diese wurde, wie in Abschnitt 3.2.2.2 beschrieben, nach dem Ansatz von GRÖNROOS (1984) konzeptualisiert und besteht aus der Prozessqualität und der Ergebnisqualität. Zur Operationalisierung der beiden Faktoren wurden bestehende Messmodelle verwendet,[930] die allerdings noch leicht modifiziert wurden, da die vorhandenen Messmodelle nur auf die Informationsversorgungsdienstleistung des Controllerbereichs ausgerichtet sind. Die allgemeine Operationalisierung der Faktoren als reflektive Messmodelle wurde beibehalten.[931] Die Ergebnisse der Messung sind in den folgenden zwei Tabellen dokumentiert. Die Gütekriterien der Prozessqualität weisen nicht ganz so gute Werte auf, wohingegen die

930 Vgl. Aust (1999); Karlshaus (2000); Bauer (2002).

931 Da in Expertengesprächen die Frage aufgeworfen wurde, ob diese Messmodelle nicht formativ zu messen wären, wurde anhand des jeweils letzten Indikators zur Gesamtbeurteilung der Prozess- bzw. Ergebnisqualität geprüft, inwieweit die einzelnen Indikatoren miteinander korrelieren.

Werte der Ergebnisqualität sehr zufriedenstellend sind, obwohl eine große Anzahl an Indikatoren eliminiert werden musste. Der Vergleich mit der Studie von BAUER (2002), aus der die Operationalisierung modifiziert übernommen wurde, zeigt, dass bei BAUER (2002) zwar weniger Indikatoren eliminiert werden mussten, die Gütekriterien aber nicht wesentlich bessere Werte lieferten. Auffallend ist, dass aus dem Messmodell der vorliegenden Untersuchung die als grundlegend einzustufenden Anforderungen an Controllerbereichsleistungen eliminiert wurden. Entsprechend setzt sich hier die Ergebnisqualität der Controllerbereichsleistung aus höherwertigen Anforderungen an den Controllerbereich zusammen.

Informationen zu den einzelnen Indikatoren des Faktors **„Prozessqualität des Controllerbereichs"**			
Bezeichnung der Indikatoren	Item-to-Total-Korrelation	Indikator-reliabilität	t-Wert der Faktorladung
Aus meiner Sicht läuft die Erbringung der Controllingleistungen stets sehr zügig ab.	eliminiert		
Die Leistungen aus unserem Controlling beinhalten in ausreichendem Maß Erläuterungen bzw. Beratung.	0,67	0,46	10,22
Unser Controlling ist Rückfragen gegenüber jederzeit offen.	0,57	0,39	10,04
Zugesagte Termine für Leistungen des Controllings werden in der Regel eingehalten.	0,6	0,56	-
Mit der Prozessqualität des Controllings bin ich insgesamt sehr zufrieden.	eliminiert		
Informationen zum Faktor **„Prozessqualität des Controllerbereichs"**			
Cronbach'sches Alpha	0,7	AGFI	-*
Erklärte Varianz	0,46	CFI	-*
χ^2/df	-*	TLI	-*
RMSEA	-*	Faktorreliabilität	0,7
GFI	-*	Durchschnittliche erfasste Varianz	0,45
* Für die Berechnung dieser Maße ist die Existenz von Freiheitsgraden im Modell notwendig. Bei drei Indikatoren hat ein konfirmatorisches Modell keine Freiheitsgrade. Eine Berechnung dieser Kriterien ist daher nicht sinnvoll.			

Tabelle 10: Informationen zum Konstrukt „Prozessqualität des Controllerbereichs"

Informationen zu den einzelnen Indikatoren des Faktors **„Ergebnisqualität des Controllerbereichs“**			
Bezeichnung der Indikatoren	Item-to-Total-Korrelation	Indikator-reliabilität	t-Wert der Faktorladung
Die vom Controlling generierten Leistungen besitzen einen Detaillierungsgrad, der angemessen ist.	0,78	0,43	-
Die vom Controlling generierten Leistungen sind frei von subjektiven Einflüssen der Controller.	eliminiert		
Die vom Controlling generierten Leistungen sind aktuell.	eliminiert		
Die vom Controlling generierten Leistungen sind fehlerfrei.	eliminiert		
Die vom Controlling generierten Leistungen sind leicht verständlich.	eliminiert		
Die vom Controlling generierten Leistungen stellen für mich das notwendige Wissen bereit, um das Unternehmen steuern zu können.	0,75	0,58	14,11
Unser Controlling verwendet nachvollziehbare Methoden und Techniken.	0,77	0,47	13,23
Unser Controlling liefert mir häufig wichtige Erkenntnisse.	0,74	0,6	14,21
Mit der Ergebnisqualität des Controllings bin ich insgesamt sehr zufrieden.	eliminiert		
Informationen zum Faktor **„Ergebnisqualität des Controllerbereichs“**			
Cronbach'sches Alpha	0,81	AGFI	0,99
Erklärte Varianz	0,52	CFI	1,0
χ^2/df	1,25	TLI	1,0
RMSEA	0,02	Faktorreliabilität	0,81
GFI	1,0	Durchschnittliche erfasste Varianz	0,51

Tabelle 11: Informationen zum Konstrukt „Ergebnisqualität des Controllerbereichs“

Die Kundenzufriedenheit stellt den zweiten elementaren Bestandteil des kundenbezogenen Erfolgs dar. Die Operationalisierung des Konstruktes erfolgte in Anlehnung an den American Customer Satisfaction Index (ASCI).[932] Es wurde entsprechend nach der Erfüllung bzw. Nicht-Erfüllung der Erwartungen im Sinne des C/D-Paradigmas gefragt. Daneben wurde die Differenz zu einer Ideallösung abgefragt, falls sich die Erwartungen im Zuge einer hohen Kundenorientierung schnell geändert

932 Vgl. Krafft (1999), S. 518; Spillecke (2006), S. 148.

haben sollten. Denn in einem solchen Fall wäre die Differenz zwischen erwarteter und realer Leistung bei geringer und hoch ausgeprägter Kundenorientierung gleich, aber auf einem anderen Niveau angesiedelt. Um diesem Fall vorzubeugen, wurden die zwei Indikatoren zur Ideallösung verwendet. Als letzter Bestandteil wurde noch die Gesamtzufriedenheit abgefragt. Die Gütekriterien sind aus Tabelle 12 ersichtlich. Die Messung des Modells kann als höchst zufriedenstellend betrachtet werden.

Informationen zu den einzelnen Indikatoren des Faktors **„Kundenzufriedenheit mit dem Controllerbereich“**			
Bezeichnung der Indikatoren	Item-to-Total-Korrelation	Indikator-reliabilität	t-Wert der Faktorladung
Unser Controlling kommt meiner Idealvorstellung einer Controlling-abteilung sehr nahe.	0,83	0,82	-
Unser Controlling erfüllt meine Erwartungen immer zur vollsten Zufriedenheit.	0,84	0,78	29,22
Unser Controlling stiftet mit seinen Leistungen einen hohen Nutzen.	0,88	0,62	24,15
Ich wüsste spontan nichts, was ich an unserem Controlling verändern würde.	0,89	0,59	23,03
Mit unserem Controlling bin ich insgesamt sehr zufrieden.	eliminiert		
Informationen zum Faktor **„Kundenzufriedenheit mit dem Controllerbereich“**			
Cronbach'sches Alpha	0,89	AGFI	0,98
Erklärte Varianz	0,7	CFI	1,0
χ^2/df	2,65	TLI	0,99
RMSEA	0,05	Faktorreliabilität	0,9
GFI	1,0	Durchschnittliche erfasste Varianz	0,69

Tabelle 12: Informationen zum Konstrukt „Kundenzufriedenheit mit dem Controllerbereich“

Die einzelnen dargestellten Konstrukte sind Teile des kundenbezogenen Controllerbereichserfolgs und sind für die weitere Betrachtung des Gesamtkonstrukts des Controllerbereichserfolgs in einem Konstruktverbund zu vereinen. Diese Integration erfolgt über eine Zusammenfassung der einzelnen Indikatoren der drei Messmodelle zu einem reflektiven Messmodell. Hierbei wird kein formatives Konstrukt unterstellt, da dem Anspruch an formative Konstrukte, alle Bestandteile zu berücksichtigen, nicht entsprochen werden kann.[933] Die Gütekriterien des Konstruktverbundes weisen, bis auf einige wenige Ausnahmen bei der Prozessqualität, erfreuliche Werte auf.

[933] Vgl. Abschnitt 4.3.2; es hätte auch ein MIMIC-Modell zum Einsatz kommen können, was die Komplexität der weiteren Messung allerdings stark erhöht hätte.

Informationen zum Konstruktverbund „**Interner kundenbezogener Erfolg des Controllerbereichs**“					
Cronbach'sches Alpha	0,89	AGFI			0,95
χ^2/df	2,73	CFI			0,98
RMSEA	0,05	TLI			0,97
GFI	0,97				
Informationen zu den einzelnen Faktoren und Indikatoren					
Bezeichnung des Faktors	Indikator	Indikator-reliabilität	t-Wert der Faktor-ladung	Faktor-reliabili-tät	Durchschn erfasste Varianz
Prozessqualität	1	0,42	15,65	0,67	0,41
	2	0,48	14,09		
	3	0,35	13,54		
Ergebnisqualität	1	0,5	16,244	0,81	0,52
	2	0,58	16,7		
	3	0,44	14,0		
	4	0,54	15,67		
Kundenzufrieden heit	1	0,82	20,57	0,87	0,7
	2	0,78	20,5		
	3	0,58	20,67		
	4	0,62	-		

Tabelle 13: Informationen zum Konstruktverbund „Interner kundenbezogener Erfolg des Controllerbereichs“

5.1.1.3 Interner marktbezogener Erfolg des Controllerbereichs

Der interne marktbezogene Erfolg wäre unter der Voraussetzung, dass interne Märkte in der Mehrheit der deutschen Unternehmen existieren, ähnlich dem marktbezogenen Erfolg des Unternehmens, wie er von IRVING (1995) operationalisiert wurde, zu erfassen. Die Konzeptualisierung des Konstruktes zeigt, dass es notwendig ist, auf einen Treiber des marktbezogenen Erfolgs, verstanden als Marktanteil oder auch als Nachfrage nach den Controllerbereichsleistungen, zurückzugreifen. Hierbei wird darauf abgehoben, dass die Einstellung des Managements bezüglich des Controllerbereichs und dessen Leistungen die Nachfrage nach Controllerbereichsleistungen direkt beeinflusst. Das Messmodell zur Erfassung der Einstellung des Managers bezüglich des Controllerbereichs und seiner Leistungen sowie die Gütekriterien des Modells sind aus der folgenden Tabelle ersichtlich. Die Werte sind als zufriedenstellend zu bezeichnen.

Informationen zu den einzelnen Indikatoren des Faktors **„Interner marktbezogener Erfolg des Controllerbereichs“**			
Bezeichnung der Indikatoren	Item-to-Total-Korrelation	Indikator-reliabilität	t-Wert der Faktorladung
Ich schätze die Arbeit unseres Controllings sehr.	0,84	0,72	-
Ich messe unserem Controlling einen hohen Stellenwert bei.	0,8	0,85	24,82
Ich sehe ganz klar die Notwendigkeit unseres Controllings.	eliminiert		
Ich frage aktiv die Leistungen aus unserem Controlling nach.	eliminiert		
Ich baue auf die Leistungen des Controllings.	0,88	0,61	21,78
Informationen zum Faktor **„Interner marktbezogener Erfolg des Controllerbereichs“**			
Cronbach'sches Alpha	0,88	AGFI	-*
Erklärte Varianz	0,73	CFI	-*
χ^2/df	-*	TLI	-*
RMSEA	-*	Faktorreliabilität	0,87
GFI	-*	Durchschnittliche erfasste Varianz	0,72
* Für die Berechnung dieser Maße ist die Existenz von Freiheitsgraden im Modell notwendig. Bei drei Indikatoren hat ein konfirmatorisches Modell keine Freiheitsgrade. Eine Berechnung dieser Kriterien ist daher nicht sinnvoll.			

Tabelle 14: Informationen zum Konstrukt „Interner marktbezogener Erfolg des Controllerbereichs“

5.1.1.4 Wirtschaftlicher Erfolg des Controllerbereichs

Ähnlich wie beim marktbezogenen Erfolg wäre die Ermittlung des wirtschaftlichen Erfolgs des Controllerbereichs um ein Vielfaches leichter, wenn interne Märkte in Unternehmen existieren würden und die Feststellung des wirtschaftlichen Erfolgs anhand von Renditekennzahlen oder ähnlichen Kennzahlen objektiv und eindeutig quantitativ messbar wäre. Da in verschiedenen wissenschaftlichen Studien[934] gezeigt werden konnte, dass hinsichtlich des wirtschaftlichen Erfolgs von Unternehmen qualitativ subjektiv erfasste Daten eine sehr hohe Korrelation mit quantitativ objektiven Daten aufweisen, werden zur Erhebung des wirtschaftlichen Erfolgs des Controllerbereichs qualitative subjektive Daten verwendet. Die Indikatoren rücken den Aspekt der Effizienz in den Mittelpunkt der Betrachtung und zielen daher auf das Verhältnis von Input und Output im Rahmen der Controllerbereichstätigkeiten ab. Die Indikatoren sind auf Basis der Items von IRVING (1995) entwickelt worden, der versuchte, die Effizienz von Marketingabteilungen zu messen.[935] Die verwendeten Indikatoren dieser Studie und ihre Gütekriterien sind Tabelle 15 zu entnehmen. Die Gütekriterien weisen relativ mäßige Werte auf, so dass bei einer erneuten Verwendung des Konstruktes zu überdenken wäre, es um weitere Indikatoren zu ergänzen. Dennoch

---

[934] Vgl. Abschnitt 2.2.2.1.

[935] Vgl. Irving (1995), S. 179.

wird das Konstrukt nicht aus der Konzeptualisierung des Controllerbereichserfolgs entfernt, da sich der Controllerbereichserfolg formativ zusammensetzt und durch die Elimination des wirtschaftlichen Erfolgs ein elementarer Bestandteil fehlen würde.

Informationen zu den einzelnen Indikatoren des Faktors **„Wirtschaftlicher Erfolg des Controllerbereichs"**			
Bezeichnung der Indikatoren	Item-to-Total-Korrelation	Indikator-reliabilität	t-Wert der Faktorladung
Unser Controlling setzt zur Erreichung seiner Aufgaben und Ziele nur die notwendigen Ressourcen ein.	0,62	0,39	-
Unser Controlling passt die Ressourcen mittelfristig entsprechend den Aufgaben und verfolgten Zielen an.	0,53	0,48	8,64
Unser Controlling führt nur Arbeiten/Tätigkeiten durch, die im direkten Zusammenhang mit seinen Zielen stehen.	eliminiert		
Unser Controlling ist jeden Euro wert, den es uns kostet.	0,56	0,42	8,84
Informationen zum Faktor **„Wirtschaftlicher Erfolg des Controllerbereichs"**			
Cronbach'sches Alpha	0,67	AGFI	-*
Erklärte Varianz	0,53	CFI	-*
χ^2/df	-*	TLI	-*
RMSEA	-*	Faktorreliabilität	0,67
GFI	-*	Durchschnittliche erfasste Varianz	0,57
* Für die Berechnung dieser Maße ist die Existenz von Freiheitsgraden im Modell notwendig. Bei drei Indikatoren hat ein konfirmatorisches Modell keine Freiheitsgrade. Eine Berechnung dieser Kriterien ist daher nicht sinnvoll.			

Tabelle 15: Informationen zum Konstrukt „Wirtschaftlicher Erfolg des Controllerbereichs"

5.1.1.5 Verwendung von Controllerbereichsleistungen zur Entscheidungsfindung

Wie im Rahmen der Konzeptualisierung ausgeführt, musste die Unternehmenserfolgsdimension „Güte der Entscheidungen" bei der Übertragung auf den Controllerbereichserfolgskontext angepasst werden, so dass der Einfluss des Controllerbereichs auf die Entscheidungsfindung der Manager als Erfolgsfaktor des Controllerbereichserfolgs zum Tragen kommt. Da das Forschungsdesign der vorliegenden Untersuchung die Befragung von Managern vorsieht, mussten die Operationalisierung der Dimension entsprechend ausgestaltet und Formulierungen gewählt werden, die den Aspekt der Macht oder des Einflusses nicht zu explizit werden lassen. Es konnte bei der Operationalisierung auf den Arbeiten von BAUER

(2002) und SPILLECKE (2006) aufgesetzt werden,[936] wobei die Operationalisierung des Konstruktes durch weitere Indikatoren ergänzt wurde. Auffällig ist, dass gerade die Indikatoren, die relativ starke Formulierungen aufweisen und den Einfluss des Controllerbereichs explizit werden lassen, aus dem Modell eliminiert werden mussten. Das Ergebnis der Modellmessung ist der nächsten Tabelle zu entnehmen. Die Gütekriterien sind dennoch als hervorragend zu bezeichnen.

Informationen zu den einzelnen Indikatoren des Faktors **„Verwendung von Controllerbereichsleistungen zur Entscheidungsfindung"**			
Bezeichnung der Indikatoren	Item-to-Total-Korrelation	Indikator-reliabilität	t-Wert der Faktorladung
Unser Controlling spielt eine sehr wichtige Rolle bei meiner Entscheidungsfindung.	0,84	0,51	-
Unser Controlling hat einen starken Einfluss auf meine Entscheidungsfindung.	eliminiert		
Meine Entscheidungen treffe ich immer erst nach Rücksprache mit dem Controlling.	0,83	0,53	16,06
Meine Entscheidungen spiegeln i. d. R. die Beurteilung aus Controlling-Sicht wider.	eliminiert		
Ich lege großen Wert auf die Meinung des Controllings bei der Entscheidungsfindung.	0,8	0,7	17,92
Ich hole häufig Informationen aus dem Controlling ein, bevor ich eine Entscheidung treffe.	0,8	0,68	17,79
Informationen zum Faktor **„Verwendung von Controllerbereichsleistungen zur Entscheidungsfindung"**			
Cronbach'sches Alpha	0,86	AGFI	1,0
Erklärte Varianz	0,6	CFI	1,0
χ^2/df	0,23	TLI	1,0
RMSEA	0,001	Faktorreliabilität	0,86
GFI	1,0	Durchschnittliche erfasste Varianz	0,61

Tabelle 16: Informationen zum Konstrukt „Verwendung von Controllerbereichsleistungen zur Entscheidungsfindung"

5.1.1.6 Gesamtmodell

Nachdem die einzelnen Komponenten des Controllerbereichserfolgs untersucht worden sind, wird nun das gesamthafte Modell beurteilt. Dazu wird zunächst die Diskriminanzvalidität des Modells überprüft, um sicherzustellen, dass es sich bei den konzeptualisierten und operationalisierten Dimensionen auch um eigenständige und

---

[936] Vgl. Bauer (2002), S. 211; Spillecke (2006), S. 163 f.

unabhängige Dimensionen des Controllerbereichserfolgs handelt. Daran anschließend werden die Dimensionen, sofern sie unabhängig voneinander sind, zu einem Index des Controllerbereichserfolgs zusammengefügt und validiert, um die Konvergenzvalidität überprüfen zu können. Abschließend wird die Inhaltsvalidität des Modells untersucht und beurteilt.

Beurteilung der Diskriminanzvalidität
Zur Prüfung und Beurteilung der Diskriminanzvalidität wird das Fornell/Larcker-Kriterium herangezogen, nach dem die quadrierten Korrelationen eines Faktorpaares geringer sein sollten als die entsprechenden durchschnittlich erfassten Varianzen (DEV) der Faktoren. Aus Tabelle 17 wird ersichtlich, dass das Fornell/Larcker-Kriterium erfüllt wird und davon auszugehen ist, dass eine entsprechend ausreichende Diskriminanzvalidität des Konstruktverbundes vorliegt. Es ist allerdings anzumerken, dass die quadrierten Korrelationen zwischen den einzelnen Faktoren vergleichsweise hohe Werte aufweisen.

Faktor		Anpassungsfähigkeit des CB	kundenbezogener Erfolg des CB	marktbezogener Erfolg des CB	wirtschaftlicher Erfolg des CB	Verwendung von CBL zur Entscheidungsfindung
	DEV	**0,57**	**0,54**	**0,72**	**0,57**	**0,61**
Anpassungsfähigkeit des CB[937]	**0,57**	-				
kundenbezogener Erfolg des CB	**0,54**	0,48	-			
marktbezogener Erfolg des CB	**0,72**	0,31	0,61	-		
wirtschaftlicher Erfolg des CB	**0,57**	0,48	0,56	0,47	-	
Verwendung von CBL[938] zur Entscheidungsfindung	**0,61**	0,2	0,32	0,45	0,23	-

Tabelle 17: Fornell/Larcker-Kriterium der Faktoren des „Controllerbereichserfolgs"

[937] CB steht für Controllerbereich.
[938] CBL steht für Controllerbereichsleistungen.

Beurteilung der Konvergenzvalidität
Nachdem eine ausreichende Unabhängigkeit der einzelnen Dimensionen des Controllerbereichserfolgs festgestellt werden konnte, werden diese im nächsten Schritt erstmalig in der Controllerbereichsforschung zu einem Index des Controllerbereichserfolgs zusammengefasst und validiert. Die einzelnen reflektiv gemessenen Faktoren werden formativ zu einem gesamthaften Modell zusammengefügt. Sie fungieren somit als Indikatoren und verursachen die latente Variable „Controllerbereichserfolg". Die Gütebeurteilung dieses formativen Konstruktes kann mithilfe eines MIMIC-Modells erfolgen.[939] In diesem Fall handelt es sich um ein sogenanntes „reflective first-order, formative second-order construct",[940] da das latente Konstrukt sowohl durch reflektive als auch formative Indikatoren operationalisiert und gemessen wird. Die dadurch entstehende Redundanz in der Operationalisierung ermöglicht es, mittels der reflektiven Indikatoren einen Fehlerterm zu bestimmen, der seinerseits eine externe Validierung des formativen Messmodells gestattet.[941]

Zur Schätzung des MIMIC-Modells wird ein kovarianzbasiertes Kausalanalyseverfahren eingesetzt.[942] Sollten sich zufriedenstellende Gütekriterien im Rahmen der Schätzung des Messmodells ergeben, so kann dies als Stützung der hypothetisierten Struktur des Controllerbereichserfolgs angesehen werden.[943] Die Gütekriterien können der nachstehenden Tabelle entnommen werden.

[939] Vgl. hierzu Abschnitt 4.3.2.3; darüber hinaus Hauser/Goldberger (1971), S. 81 f.; Diamantopoulos/Winklhofer (2001), S. 272 f.
[940] Jarvis/Mackenzie/Podsakoff (2003), S. 205. Es gibt weitere Formen von MIMIC-Modellen, die beispielsweise auf beiden Ebenen formative Faktoren verwenden, vgl. zu den verschiedenen Ausprägungsformen von MIMIC-Modellen Albers/Götz (2006).
[941] Vgl. Diamantopoulos/Winklhofer (2001), S. 272; Eggert/Fassott (2003), S. 6.
[942] Auf dieses Vorgehen wird zurückgegriffen, da die Software PLS derzeit noch keine Möglichkeit bietet, eine simultane Schätzung einer latenten Variablen mit formativen und reflektiven Indikatoren vorzunehmen.
[943] Vgl. Homburg/Baumgartner (1998), S. 351.

<table>
<tr><td>Gütekriterium</td><td>χ^2/df</td><td>RMSEA</td><td>GFI</td><td>AGFI</td><td>CFI</td><td>TLI</td></tr>
<tr><td>Ausprägung im Messmodell</td><td>2,89</td><td>0,057</td><td>0,91</td><td>0,88</td><td>0,95</td><td>0,94</td></tr>
<tr><td colspan="7">Ausprägung zu den Teildimensionen des Controllerbereichserfolgs</td></tr>
<tr><td></td><td>Ursprüngliche r Schätzwert</td><td>Mittelwert der erzeugten Fälle</td><td colspan="2">Standard-abweichung</td><td colspan="2">t-Wert</td></tr>
<tr><td>Anpassungsfähig-keit des CB</td><td>0,06</td><td>0,06</td><td colspan="2">0,03</td><td colspan="2">1,69</td></tr>
<tr><td>kundenbezogener Erfolg des CB</td><td>0,43</td><td>0,43</td><td colspan="2">0,05</td><td colspan="2">9,34</td></tr>
<tr><td>marktbezogener Erfolg des CB</td><td>0,2</td><td>0,2</td><td colspan="2">0,05</td><td colspan="2">4,15</td></tr>
<tr><td>wirtschaftlicher Erfolg des CB</td><td>0,15</td><td>0,15</td><td colspan="2">0,05</td><td colspan="2">3,44</td></tr>
<tr><td>Verwendung von CBL zur Entschei-dungsfindung</td><td>0,09</td><td>0,09</td><td colspan="2">0,04</td><td colspan="2">2,38</td></tr>
</table>

Tabelle 18: Informationen zum Messmodell „Controllerbereichserfolg“

Die Werte sind als sehr zufriedenstellend zu bezeichnen, einzig der AGFI liegt knapp unter dem geforderten Mindestwert von 0,9. Dennoch kann festgehalten werden, dass das Fünf-Faktoren-Modell des Controllerbereichserfolgs eine hohe Validität besitzt. Tabelle 18 ermöglicht zudem Aussagen hinsichtlich der Bedeutung der einzelnen Dimensionen für die Bildung des Gesamtmodells des Controllerbereichserfolgs. Die Schätzwerte und t-Werte zeigen an, dass alle fünf Faktoren zur Bildung des Indexes von Relevanz sind. Darüber hinaus wird deutlich, dass der kundenbezogene Erfolg des Controllerbereichs am stärksten zur Bildung des Gesamtkonstruktes beiträgt. Auf den Plätzen zwei und drei folgen der marktbezogene Erfolg und der wirtschaftliche Erfolg des Controllerbereichs. Die beiden Faktoren Anpassungsfähigkeit des Controllerbereichs und Verwendung von Controllerbereichsleistungen zur Entscheidungsfindung tragen dahingegen nur sehr schwach zum Gesamtmodell bei.

Das MIMIC-Modell mit seinen Schätzwerten ist der folgenden Abbildung zu entnehmen.

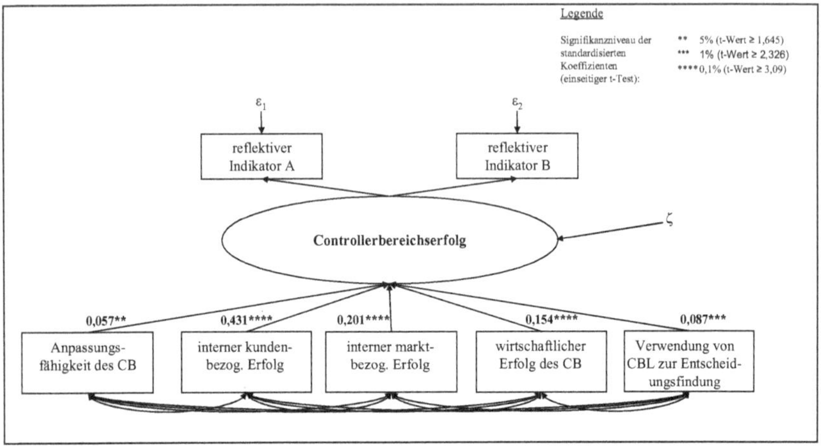

Abbildung 9: MIMIC-Modell des Controllerbereichserfolgs

Beurteilung der Inhaltsvalidität

Die Betrachtung der Konvergenzvalidität erlaubt eine Aussage hinsichtlich der methodischen Validität des Modells. Im Rahmen der Beurteilung der Inhaltsvalidität geht es darum zu überprüfen, inwieweit die Variablen des Messmodells den Controllerbereichserfolg auch tatsächlich inhaltlich abbilden.[944] Dazu wird ein gesondertes Strukturmodell entwickelt, das aus dem Controllerbereichserfolgsindex sowie einem reflektiven Faktor „Direkte Messung des Controllerbereichserfolgs" besteht. Auskunft über die Inhaltsvalidität der entwickelten Controllerbereichserfolgs-skala gibt das Bestimmtheitsmaß. Entsprechend lässt sich ein hoher Anteil an erklärter Varianz als Hinweis für eine hohe Inhaltsvalidität auffassen. Dahingegen deutet ein geringer Anteil an erklärter Varianz darauf hin, dass wesentliche Elemente des Controllerbereichserfolgs nicht im Modell und somit nicht im Index integriert sind. Die Messung erfolgte mit einem Multi-Item-Konstrukt, das ursprünglich aus sieben Indikatoren bestand. Da im Rahmen der Überprüfung der Inhaltsvalidität ein Zwei-Indikatoren-Modell zum Ausweis der erklärten Varianz ausreichend ist, wurden zwei der sieben Indikatoren ausgewählt.[945]

---

[944] Vgl. Bohrnstedt (1970), S. 92; Homburg/Giering (1996), S. 7.

[945] Als Auswahlkriterien kamen die verfügbaren Gütekriterien der ersten Generation zum Einsatz.

Informationen zu den einzelnen Indikatoren des Faktors **„Direkte Erfassung des Controllerbereichserfolgs“**			
Bezeichnung der Indikatoren	Item-to-Total-Korrelation	Indikator-reliabilität	t-Wert der Faktorladung
Der Erfolg unseres Controllings steht außer Frage.	0,83	-*	-*
Unser Controlling ist insgesamt sehr erfolgreich.	0,83	-*	-*
Informationen zum Faktor **„Direkte Erfassung des Controllerbereichserfolgs“**			
Cronbach'sches Alpha	0,91	AGFI	-*
Erklärte Varianz	0,83	CFI	-*
χ^2/df	-*	TLI	-*
RMSEA	-*	Faktorreliabilität	-*
GFI	-*	Durchschnittliche erfasste Varianz	-*
* Für die Berechnung dieser Maße ist die Existenz von Freiheitsgraden im Modell notwendig. Bei drei Indikatoren hat ein konfirmatorisches Modell keine Freiheitsgrade. Eine Berechnung dieser Kriterien ist daher nicht sinnvoll.			

Tabelle 19: Informationen zum Konstrukt „Direkte Messung des Controllerbereichserfolgs“

Um das Strukturmodell zu schätzen und somit die Inhaltsvalidität zu überprüfen wurde Smart-PLS 2.0 eingesetzt. Der Pfadkoeffizient zwischen dem Index und der direkten Erfassung des Controllerbereichserfolgs beträgt 0,82. Der dazugehörende t-Wert, der durch die Resampling-Prozedur generiert wurde, weist einen Wert von 54,51 auf und damit auf eine hohe Signifikanz hin. Der R^2-Wert von 67,56 % lässt zudem den Schluss zu, dass das neu entwickelte Konstrukt des Controllerbereichserfolgs über ein hohes Maß an Inhaltsvalidität verfügt und den Großteil aller bedeutenden Elemente des Controllerbereichserfolgs berücksichtigt.[946]

5.1.2 Einflussfaktoren des Controllerbereichserfolgs

In Abschnitt 3.3 wurde eine Auswahl möglicher Einflussfaktoren auf den Controllerbereichserfolg vorgestellt. Um ihre Wirkung auf den Controllerbereichserfolg überprüfen zu können, müssen auch sie, wie die Dimensionen des Controllerbereichserfolgs, zunächst operationalisiert werden. In den folgenden Abschnitten werden sie daher in operationalisierter Form mit Ausweis ihrer Gütekriterien dargestellt und anschließend im Strukturmodell der Hypothesenprüfung unterzogen.

[946] Als Referenzmaß im Controllingkontext können die Arbeiten von Spillecke (2006); Birl (2007); Knollmann (2007) und Sorg (2007) herangezogen werden, die R^2-Werte in Höhe von 40,4 %; 73,2 %; 80,7 %; 46,9 % erzielen, so dass der hier erreichte Wert als gut betrachtet werden kann.

5.1.2.1 Controllerbereichsinterne Einflussfaktoren

Zu den controllerbereichsinternen Einflussfaktoren zählen die Potenzialqualität und die interne Kundenorientierung. Die Potenzialqualität, d. h. die Leistungsfähigkeit des Controllerbereichs, die Dienstleistungen, die er erbringen sollte, auch zu erbringen, wurde schon in mehreren Arbeiten im Controllingkontext verwandt. Daher kann zur Operationalisierung auf die Erkenntnisse dieser Arbeiten zurückgegriffen werden.[947] Es wurden darüber hinaus noch weitere Indikatoren auf Basis anderer Arbeiten ergänzt.[948] Das Modell ist als reflektives Modell konzipiert. Es mussten im Rahmen der Validierung des Messmodells drei Indikatoren eliminiert werden, so dass ein Drei-Indikatoren-Modell in die weiteren Auswertungen eingehen konnte. Die Gütekriterien der Messung sind der folgenden Tabelle zu entnehmen. Die Gütekriterien sind als zufriedenstellend zu betrachten.

---

[947] Vgl. Aust (1999); Bauer (2002).

[948] So lehnt sich beispielsweise ein Indikator an die Ausführungen von David (2005) zur Potenzialqualität des Controllerbereichs an.

Informationen zu den einzelnen Indikatoren des Faktors **„Potenzialqualität des Controllerbereichs"**			
Bezeichnung der Indikatoren	Item-to-Total-Korrelation	Indikator-reliabilität	t-Wert der Faktorladung
Die technische Ausstattung ermöglicht unserem Controlling eine problemlose Erfüllung seiner Aufgaben.	eliminiert		
Die personelle Ausstattung unseres Controllings ist ausreichend.	eliminiert		
Die fachliche Kompetenz unserer Controller erscheint mir sehr hoch.	0,65	0,62	-
Die Leistungsbereitschaft unserer Controller erscheint mir sehr hoch.	0,67	0,57	13,06
Unser Controlling kennt die wichtigen Besonderheiten unseres Geschäfts sehr gut.	0,74	0,41	12,56
Unser Controlling ist mit den Dienstleistungen/Produkten unseres Unternehmens bestens vertraut.	eliminiert		
Informationen zum Faktor **„Potenzialqualität des Controllerbereichs"**			
Cronbach'sches Alpha	0,77	AGFI	-*
Erklärte Varianz	0,53	CFI	-*
χ^2/df	-*	TLI	-*
RMSEA	-*	Faktorreliabilität	0,77
GFI	-*	Durchschnittliche erfasste Varianz	0,53
* Für die Berechnung dieser Maße ist die Existenz von Freiheitsgraden im Modell notwendig. Bei drei Indikatoren hat ein konfirmatorisches Modell keine Freiheitsgrade. Eine Berechnung dieser Kriterien ist daher nicht sinnvoll.			

Tabelle 20: Informationen zum Konstrukt „Potenzialqualität des Controllerbereichs"

Der zweite controllerbereichsinterne Einflussfaktor wird durch die interne Kundenorientierung abgebildet. Die interne Kundenorientierung des Controllerbereichs konnte auf Basis der Arbeit von SPILLECKE (2006) operationalisiert werden. Hierbei war es nicht notwendig, das von ihm entwickelte formative Konstrukt, bestehend aus drei Dimensionen, zu verwenden. Es konnte auf zwei reflektive Indikatoren seines Modells zurückgegriffen werden. Dieses Vorgehen ist möglich, da das verwendete Modell eine Prüfung der Inhaltsvalidität des formativen Konstrukts mittels reflektiver Indikatoren zulässt. Diese Prüfung weist für das genannte Modell hervorragende Gütekriterien auf.[949] Das reflektive Konstrukt wurde lediglich um zwei Indikatoren erweitert. Im Rahmen der Evaluierung des Konstruktes mussten keine Anpassungen vorgenommen werden. Die Operationalisierung und die Gütekriterien des Konstrukts sind der folgenden Tabelle zu entnehmen.

[949] Vgl. Spillecke (2006), S. 124 f.

Informationen zu den einzelnen Indikatoren des Faktors **„Interne Kundenorientierung des Controllerbereichs“**			
Bezeichnung der Indikatoren	Item-to-Total-Korrelation	Indikator-reliabilität	t-Wert der Faktorladung
Unser Controlling richtet sich sehr stark nach seinen internen Kunden, dem Management, aus.	0,86	0,67	-
Unser Controlling ist bestrebt die Wünsche des internen Kunden, dem Management, zu erfüllen.	0,87	0,64	21,61
Unser Controlling spricht mit seinem Kunden, dem Management, um dessen Bedürfnisse zu verstehen.	0,88	0,58	20,34
Die interne Kundenorientierung (Ausrichtung am Management) ist sehr hoch.	0,83	0,83	25,11
Informationen zum Faktor **„Interne Kundenorientierung des Controllerbereichs“**			
Cronbach'sches Alpha	0,89	AGFI	0,98
Erklärte Varianz	0,68	CFI	1,0
χ^2/df	2,18	TLI	1,0
RMSEA	0,04	Faktorreliabilität	0,89
GFI	1,0	Durchschnittliche erfasste Varianz	0,68

Tabelle 21: Informationen zum Konstrukt „Interne Kundenorientierung des Controllerbereichs“

5.1.2.2 Interaktion zwischen Controllerbereich und Kunden

Hinsichtlich der Interaktion des Controllerbereichs mit seinen Kunden wurden im Rahmen der Konzeptualisierung zum einen der Aspekt des Vertrauens und zum anderen der Aspekt der Zusammenarbeit als wichtige Einflussfaktoren herausgearbeitet.

Vertrauen wurde als Einstellungskonstrukt konzeptualisiert[950] und ist deshalb an eine implizite und subjektive Bewertung gebunden.[951] Vertrauen kann gemäß der Konzeptualisierung aus den beiden Dimensionen Glaubwürdigkeit und Wohlwollen zusammengesetzt werden. In einigen empirischen Arbeiten konnte dies auch bestätigt werden.[952] Auch andere Arbeiten bauen auf dieser Zweiteilung auf, stellen aber in Faktorenanalysen fest, dass die konzeptionelle Trennung in zwei Dimensionen der

[950] Vgl. Abschnitt 3.3.2.1.

[951] Die Messung von Vertrauen durch objektive Indikatoren kann keine Validität der Messung gewährleisten. Explizite, subjektive Befragungen hinsichtlich Vertrauen kann zu Verzerrungen führen, da unterschiedliche Verständnisse von Vertrauen zugrunde gelegt werden könnten. Aus diesen Gründen ist einer impliziten, subjektiven Befragung Vorrang zu geben.

[952] Vgl. Geyskens/Steenkamp/Kumar (1999), S. 225.

empirischen Überprüfung nicht standhält und es sich vielmehr um ein einfaktorielles Konstrukt handelt, das beide Komponenten beinhaltet.[953]
Die vorliegende Untersuchung hält an der Zweiteilung fest und ermittelt anhand der explorativen Faktorenanalyse, ob sich die einfaktorielle Struktur bestätigen lässt. Dabei wurden die Indikatoren so ausgewählt, dass sowohl die Glaubwürdigkeit als auch das Wohlwollen abgefragt werden konnten. Die Operationalisierung orientiert sich an DONEY/CANNON (1997) und WERNER (1997), zudem flossen noch einzelne Indikatoren von BOSS (1978) und PETERMANN (1996) ein.

Die Operationalisierung des Konstruktes und seine Gütekriterien sind aus der nächsten Tabelle ersichtlich. Die explorative Faktorenanalyse bestätigte die einfaktorielle Struktur des Konstruktes. Auf Basis mangelnder Item-to-Total-Korrelation wurden drei Indikatoren eliminiert. Die Gütekriterien sind als gut zu bezeichnen.

[953] Vgl. Doney/Cannon (1997); Wallenburg (2004).

Informationen zu den einzelnen Indikatoren des Faktors **„Vertrauen zwischen Controllerbereich und Kunden"**			
Bezeichnung der Indikatoren	Item-to-Total-Korrelation	Indikator-reliabilität	t-Wert der Faktorladung
Ich habe das Gefühl, dass unser Controlling die Interessen des Unternehmens sehr gut vertritt.	0,81	0,4	-
Ich bin davon überzeugt, dass unser Controlling sein Möglichstes tut, um auftretende Probleme zu beseitigen.	eliminiert		
Ich gebe vertrauliche Informationen an unsere Controller weiter.	eliminiert		
Ich spreche mit unseren Controllern über aktuelle Ereignisse im Unternehmen.	eliminiert		
Unser Controlling ist bei auftretenden Problemen ehrlich zu mir.	0,69	0,71	14,23
Unser Controlling ist ein absolut vertrauenswürdiger Partner.	0,67	0,78	13,99

Informationen zum Faktor **„Vertrauen zwischen Controllerbereich und Kunden"**			
Cronbach'sches Alpha	0,81	AGFI	-*
Erklärte Varianz	0,61	CFI	-*
χ^2/df	-*	TLI	-*
RMSEA	-*	Faktorreliabilität	0,82
GFI	-*	Durchschnittliche erfasste Varianz	0,61

* Für die Berechnung dieser Maße ist die Existenz von Freiheitsgraden im Modell notwendig. Bei drei Indikatoren hat ein konfirmatorisches Modell keine Freiheitsgrade. Eine Berechnung dieser Kriterien ist daher nicht sinnvoll.

Tabelle 22: Informationen zum Konstrukt „Vertrauen zwischen Controllerbereich und Kunden"

Die Zusammenarbeit zwischen Controllerbereich und Kunden wurde, wie in Abschnitt 3.3.2.2 dargestellt, an das Konstrukt der „collaboration" von KAHN (1996) angelehnt und entsprechend auf den Controllingkontext umgeschrieben. Es musste im Rahmen der Validierung des Messmodells ein Item eliminiert werden. Tabelle 23 zeigt sowohl die Items als auch die Gütekriterien, die als sehr gut zu bezeichnen sind.

Informationen zu den einzelnen Indikatoren des Faktors **„Zusammenarbeit zwischen Controllerbereich und Kunden"**			
Bezeichnung der Indikatoren	Item-to-Total-Korrelation	Indikator-reliabilität	t-Wert der Faktorladung
Der direkte Austausch mit unseren Controllern findet sehr häufig statt.	0,73	0,72	-
Der direkte Austausch mit unseren Controllern ist sehr intensiv.	0,68	0,90	20,5
Die Zusammenarbeit mit unseren Controllern ist persönlich und informell.	eliminiert		
Die Zusammenarbeit mit unseren Controllern ist von einer offenen und konstruktiven Atmosphäre geprägt; gemeinsame Lösungen stehen hierbei im Vordergrund.	0,83	0,45	16,61
Informationen zum Faktor **„Zusammenarbeit zwischen Controllerbereich und Kunden"**			
Cronbach'sches Alpha	0,84	AGFI	-*
Erklärte Varianz	0,66	CFI	-*
χ^2/df	-*	TLI	-*
RMSEA	-*	Faktorreliabilität	0,86
GFI	-*	Durchschnittliche erfasste Varianz	0,69
* Für die Berechnung dieser Maße ist die Existenz von Freiheitsgraden im Modell notwendig. Bei drei Indikatoren hat ein konfirmatorisches Modell keine Freiheitsgrade. Eine Berechnung dieser Kriterien ist daher nicht sinnvoll.			

Tabelle 23: Informationen zum Konstrukt „Zusammenarbeit zwischen Controllerbereich und Kunden"

5.1.2.3 Controllerbereichsexterne Einflussfaktoren

Die in dieser Arbeit untersuchten controllerbereichsexternen Einflussfaktoren betrachten den Controllerbereich in seiner für ihn externen unternehmensinternen Umwelt. Dabei konnten sowohl die Gestaltungsfreiheit des Controllerbereichs als auch die interne Großzügigkeit als Faktoren identifiziert werden, die im Rahmen des strategischen Managements von Controllerbereichen diskutiert werden.[954]

Die Operationalisierung des Konstruktes der Gestaltungsfreiheit des Controllerbereichs beruht auf den konzeptionellen Arbeiten von WEBER (2004) und DAVID (2005). Eine hohe Gestaltungsfreiheit des Controllerbereichs liegt dann vor, wenn von Role Making gesprochen werden kann.[955] In diesem Fall verfügt der Controllerbereich sowohl über die Möglichkeit als auch den Willen, seinen Aufgabenbereich sowie die Rolle und damit seine Position im Unternehmen gegenüber anderen Funktionsbereichen weitgehend selbst zu bestimmen und auszuführen. Die Operationalisierung erfolgte anhand von sechs Indikatoren, von denen drei eliminiert werden mussten. Die

954 Vgl. David (2005).
955 Vgl. Abschnitt 3.3.3.1.

Gütekriterien des Modells sind als mäßig zu bezeichnen und können Tabelle 24 entnommen werden. Es wurde darauf verzichtet, weniger Indikatoren zu eliminieren, nur um alle Gütekriterien angeben zu können, da die Indikatorreliabilitäten die in der Literatur genannten Grenzwerte in Teilen zu weit unterschritten hätten. Die Ergebnisse der Operationalisierung sind ähnlich denen, die KNOLLMANN (2007) in seiner Studie erreichen konnte. Insgesamt ist daher eine Weiterentwicklung des Konstruktes Gestaltungsfreiheit des Controllerbereichs anzustreben.

Informationen zu den einzelnen Indikatoren des Faktors **„Gestaltungsfreiheit des Controllerbereichs"**			
Bezeichnung der Indikatoren	Item-to-Total-Korrelation	Indikator-reliabilität	t-Wert der Faktorladung
Unser Controlling definiert seinen Aufgabenbereich größtenteils selbst.	0,47	0,64	-
Unser Controlling nutzt konsequent Freiheiten zur Gestaltung des eigenen Tätigkeitsgebietes.	0,51	0,49	8,16
Unser Controlling nimmt nur Aufgaben wahr, die ihm vom Management zugewiesen worden sind.	eliminiert		
Wie die Dinge angegangen werden, liegt in der freien Entscheidung der jeweiligen Controller.	0,63	0,19	7,6
Bei kleineren Angelegenheiten können unsere Controller Entscheidungen treffen, auch ohne vorher ihren Vorgesetzten konsultiert zu haben.	eliminiert		
Ein Controller, der eigenständige Entscheidungen treffen will, wäre in unserem Controlling genau richtig.	eliminiert		
Informationen zum Faktor **„Gestaltungsfreiheit des Controllerbereichs"**			
Cronbach'sches Alpha	0,67	AGFI	-*
Erklärte Varianz	0,44	CFI	-*
χ^2/df	-*	TLI	-*
RMSEA	-*	Faktorreliabilität	0,68
GFI	-*	Durchschnittliche erfasste Varianz	0,43
* Für die Berechnung dieser Maße ist die Existenz von Freiheitsgraden im Modell notwendig. Bei drei Indikatoren hat ein konfirmatorisches Modell keine Freiheitsgrade. Eine Berechnung dieser Kriterien ist daher nicht sinnvoll.			

Tabelle 24: Informationen zum Konstrukt „Gestaltungsfreiheit des Controllerbereichs"

Der zweite betrachtete Aspekt der Controllerbereichsumwelt ist die interne Großzügigkeit. Ihre Operationalisierung beruht auf der konzeptionellen Arbeit von DAVID (2005). Die interne Großzügigkeit bildet entsprechend die Marktsituation des Controllerbereichs im Unternehmen ab, die durch Wettbewerbskräfte in Anlehnung an die „Fivc Forces" von PORTER (1999) bestimmt werden.[956] Die konzeptionelle Arbeit von DAVID (2005) beschreibt umfassend zu jeder potenziellen Wettbewerbskraft, welche Aspekte in diesem Bereich eine Rolle spielen könnten.[957] Die Kernaspekte einer jeden Wettbewerbskraft wurden im Rahmen der Operationalisierung herausgegriffen. Die Konzeptualisierung DAVIDs (2005) legt eine Operationalisierung des Gesamtkonstrukts als formatives Konstrukt nahe, da die verschiedenen Wettbewerbskräfte gemeinsam das Ausmaß der internen Großzügigkeit bestimmen. Entsprechend werden die einzelnen Konstrukte operationalisiert und dann zu einem formativen Konstrukt zusammengeführt, wie es auch schon bei dem Konstrukt des Controllerbereichserfolgs vorgenommen wurde.[958] Da es sich bei der internen Großzügigkeit um ein vollständig neues Konstrukt handelt und nicht auf eine bestehende Operationalisierung zurückgegriffen werden konnte, mussten teilweise, hinsichtlich der Gütekriterien der einzelnen Konstrukte, Einschränkungen hingenommen werden. Das als MIMIC-Modell[959] erstellte Gesamtmodell weist hingegen gute Werte auf.

Die Operationalisierung des Ausmaßes der *Wettbewerbskraft der Kunden* basiert auf den Überlegungen DAVIDs (2005), dass diese elementar von der Nachfrageentwicklung nach Controllerbereichsdienstleistungen abhängt.[960] Wenn die Nachfrage sowohl durch bestehende Kunden als auch durch neue Kunden stark ansteigt, verlieren die ursprünglichen Kunden an Macht, da der Controllerbereich nicht mehr alleine von wenigen Kunden und ihrer limitierten Nachfrage abhängt. Die Umwelt des Controllerbereichs wird entsprechend großzügiger. Die Gütekriterien sind der nachfolgenden Tabelle zu entnehmen. Die Elimination von zwei Indikatoren basierte auf der zu geringen Item-to-Total-Korrelation. Es wäre auch möglich gewesen, das Konstrukt mit vier Indikatoren zu verwenden, allerdings hätte dann ein Indikator die erforderliche Indikatorreliabilität weit unterschritten und auch der in der Literatur geforderte Mindestwert der erklärten Varianz wäre unterschritten worden. Somit wurde nicht zugunsten des Ausweises der Gütekriterien der zweiten Generation auf mäßige Kriterien gesetzt.

---

956 Die Kategorien „potenzielle Konkurrenten" und „bestehende Wettbewerber" werden bei David (2005) nicht separat betrachtet, sondern miteinander verbunden. Daher sind insgesamt nur vier und nicht fünf Aspekte, von denen Großzügigkeit ausgehen kann, im Umfeld des Controllerbereichs zu identifizieren.

957 Vgl. David (2005), S. 116-140.

958 Vgl. Abschnitt 5.1.1.

959 Vgl. Abschnitt 5.1.1.6.

960 Vgl. David (2005), S. 123.

Informationen zu den einzelnen Indikatoren des Faktors **„Ausmaß der Wettbewerbskraft der Kunden"**			
Bezeichnung der Indikatoren	Item-to-Total-Korrelation	Indikator-reliabilität	t-Wert der Faktorladung
Der Bedarf an Leistungen, die nur vom Controlling erbracht werden können, wird in den nächsten Jahren ansteigen.	eliminiert		
Die zunehmende Komplexität und Dynamik der Umwelt wird den Bedarf an Controllingleistungen ansteigen lassen.	0,68	0,71	-
Der zunehmende Kostendruck wird den Bedarf an Controllingleistungen auch auf unteren Hierarchieebenen ansteigen lassen.	0,8	0,67	8,26
Das zukünftige Wachstum unseres Unternehmens wird den Bedarf an Controllingleistungen ansteigen lassen.	0,67	0,38	7,45
Ich werde immer Leistungen aus unserem Controlling für meine Arbeit benötigen und nachfragen.	eliminiert		
Informationen zum Faktor **„Ausmaß der Wettbewerbskraft der Kunden"**			
Cronbach'sches Alpha	0,8	AGFI	-*
Erklärte Varianz	0,6	CFI	-*
χ^2/df	-*	TLI	-*
RMSEA	-*	Faktorreliabilität	0,8
GFI	-*	Durchschnittliche erfasste Varianz	0,58
* Für die Berechnung dieser Maße ist die Existenz von Freiheitsgraden im Modell notwendig. Bei drei Indikatoren hat ein konfirmatorisches Modell keine Freiheitsgrade. Eine Berechnung dieser Kriterien ist daher nicht sinnvoll.			

Tabelle 25: Informationen zum Konstrukt „Ausmaß der Wettbewerbskraft der Kunden"

Die zweite *Wettbewerbskraft* geht von den *bestehenden und potenziellen neuen Wettbewerbern* aus. Ihre Wettbewerbskraft liegt darin, die Aufgaben, die der Controllerbereich erfüllt, ebenso gut oder sogar besser erfüllen zu können.[961] Falls dem Controllerbereich Alleinstellungsmerkmale hinsichtlich der Erfüllung seiner Aufgaben und Leistungen zugeordnet werden können,[962] ist von einer geringen Wettbewerbskraft der Wettbewerber auszugehen und die Umwelt des Controllerbereichs kann als großzügig beschrieben werden. Die Gütekriterien sind als

[961] Vgl. David (2005), S. 132, insbesondere Fußnote 506.

[962] Es kann auch von einer durch das Management wahrgenommenen Konkurrenzlosigkeit des Controllerbereichs gesprochen werden.

noch akzeptabel zu bezeichnen, auch wenn die Indikatorreliabilität eines Indikators zu wünschen übrig lässt.

Informationen zu den einzelnen Indikatoren des Faktors **„Ausmaß der Wettbewerbskraft bestehender und potenzieller neuer Wettbewerber“**			
Bezeichnung der Indikatoren	Item-to-Total-Korrelation	Indikator-reliabilität	t-Wert der Faktorladung
Keine anderen Bereiche/Abteilungen wären in der Lage, die Aufgaben des Controllings zu übernehmen.	0,52	0,6	-
Keine anderen Bereiche/Abteilungen bieten gleichartige Leistungen wie unser Controlling an.	0,5	0,66	10,62
Es kommt so gut wie **nie** vor, dass ich aus anderen Bereichen/Abteilungen (z. B. Rechnungswesen) Leistungen anfordere, die ich auch vom Controlling erhalten könnte.	eliminiert		
Ich kann mir unser Unternehmen ohne Controlling nicht vorstellen.	0,69	0,3	9,64
Unser Controlling ist immer mein erster Ansprechpartner für betriebswirtschaftliche Fragen.	eliminiert		
Informationen zum Faktor **„Ausmaß der Wettbewerbskraft bestehender und potenzieller neuer Wettbewerber“**			
Cronbach'sches Alpha	0,71	AGFI	-*
Erklärte Varianz	0,5	CFI	-*
χ^2/df	-*	TLI	-*
RMSEA	-*	Faktorreliabilität	0,74
GFI	-*	Durchschnittliche erfasste Varianz	0,51
* Für die Berechnung dieser Maße ist die Existenz von Freiheitsgraden im Modell notwendig. Bei drei Indikatoren hat ein konfirmatorisches Modell keine Freiheitsgrade. Eine Berechnung dieser Kriterien ist daher nicht sinnvoll.			

Tabelle 26: Informationen zum Konstrukt „Ausmaß der Wettbewerbskraft bestehender und potenzieller neuer Wettbewerber“

Als dritte *Wettbewerbskraft* konnten die *Lieferanten* und ihre Lieferantenstärke identifiziert werden. Hier ist im Hinblick auf die Großzügigkeit der Umwelt zu klären, inwieweit der Controllerbereich auf seine Lieferanten angewiesen bzw. abhängig von ihnen ist. Als Lieferanten von Informationen, auf die sich diese Arbeit beschränkt,[963] kommen andere Funktionsbereiche im Unternehmen, aber auch der Kunde selbst in

[963] Vgl. David (2005), S. 136.

Betracht.[964] Hierbei ist es von Interesse, inwiefern der Controllerbereich freien Zugriff auf Informationen hat. Die Operationalisierung sowie die Gütekriterien sind Tabelle 27 zu entnehmen. Da es bei der Validierung des Konstruktes mit all seinen ursprünglichen Indikatoren immer zu Über- oder Unterschreitungen der in der Literatur geforderten Höchst- oder Mindestwerte kam, musste das Konstrukt auf zwei Indikatoren reduziert werden. Für kommende Arbeiten besteht hier somit weiterer Forschungsbedarf hinsichtlich der Operationalisierung. Die Gütekriterien, die bei einem Konstrukt mit zwei Indikatoren noch zu berechnen sind, weisen allerdings gute Werte auf.

[964] Vgl. David (2005), S. 137, der aus Sicht eines zentralen Controllerbereichs als besonders wichtige Lieferanten die Unternehmensleitung, das Rechnungswesen und – sofern vorhanden – einen dezentralen Controllerbereich aufzählt.

Informationen zu den einzelnen Indikatoren des Faktors **„Ausmaß der Wettbewerbskraft der Lieferanten“**			
Bezeichnung der Indikatoren	Item-to-Total-Korrelation	Indikator-reliabilität	t-Wert der Faktorladung
Unser Controlling ist in seiner Arbeit **nicht** sehr stark auf die Informationsbereitschaft des Managements angewiesen.	eliminiert		
Unser Controlling verfügt über sämtliche notwendigen Zugriffsrechte auf Informationen aus anderen Bereichen (z. B. die des Rechnungswesens), die es für seine Arbeit benötigt.	0,6	-*	-*
Unser Controlling darf aus anderen Bereichen/Abteilungen (z. B. Marketing) Informationen, die es für seine Arbeit benötigt, direkt abfragen.	0,6	-*	-*
Unser zentrales Controlling hat ein fachliches Weisungsrecht gegenüber dem dezentralen Controlling.	eliminiert		
Andere Abteilungen/Bereiche wie z. B. das dezentrale Controlling und das Rechnungswesen unterstützen das zentrale Controlling bei dessen Arbeit.	eliminiert		
Informationen zum Faktor **„Ausmaß der Wettbewerbskraft der Lieferanten“**			
Cronbach'sches Alpha	0,75	AGFI	-*
Erklärte Varianz	0,6	CFI	-*
χ^2/df	-*	TLI	-*
RMSEA	-*	Faktorreliabilität	-*
GFI	-*	Durchschnittliche erfasste Varianz	-*
* Für die Berechnung dieser Maße ist die Existenz von Freiheitsgraden im Modell notwendig. Bei drei Indikatoren hat ein konfirmatorisches Modell keine Freiheitsgrade. Eine Berechnung dieser Kriterien ist daher nicht sinnvoll.			

Tabelle 27: Informationen zum Konstrukt „Ausmaß der Wettbewerbskraft der Lieferanten“

Die vierte und letzte *Wettbewerbskraft*, die das Umfeld des Controllerbereichs prägt, sind die *Substitute* und ihre Substitutionsstärke. Substitute sind als Ersatzleistungen zu verstehen, die anstelle der Controllerbereichsleistungen von den Kunden mit dem gleichen Nutzenziel in Anspruch genommen werden könnten. Dabei spielt die Bereitschaft, auf alternative Dienstleister und Dienstleistungen umzusteigen, eine zentrale Rolle.[965] Inbegriffen sind auch Kostenüberlegungen hinsichtlich der

[965] Vgl. David (2005), S. 139.

Umstellung und die Einschätzung von Preis-Leistungsverhältnissen bezüglich der alternativen Dienstleister und ihrer Leistungen. Tabelle 28 können die Gütekriterien entnommen werden, die als zufriedenstellend zu bezeichnen sind.

Informationen zu den einzelnen Indikatoren des Faktors **„Ausmaß der Wettbewerbskraft der Substitute“**			
Bezeichnung der Indikatoren	Item-to-Total-Korrelation	Indikator-reliabilität	t-Wert der Faktorladung
Ich kann mir nicht vorstellen, zukünftig Controllingberichte ausschließlich selbstständig aus unserem Informationssystem herunterzuladen.	eliminiert		
Unser Controlling ist nicht einmal in Teilen durch Managementinformationssysteme zu ersetzen.	eliminiert		
Ich kann mir keinen adäquaten Ersatz für unser Controlling vorstellen.	eliminiert		
Ich kann mir nicht vorstellen, dass in Zukunft die Steuerung des Unternehmens durch marktähnliche Strukturen im Unternehmen („interne Märkte“) geschehen wird und nicht mehr durch Pläne und Budgets.	0,66	0,52	-
„Interne Märkte“ würden den Planungs- und Kontrollaufwand erheblich erhöhen.	0,64	0,57	11,29
Keine Alternative zu unserem bestehenden Controlling könnte ein besseres Preis-Leistungsverhältnis anbieten.	0,7	0,42	15,25
Informationen zum Faktor **„Ausmaß der Wettbewerbskraft der Substitute“**			
Cronbach'sches Alpha	0,75	AGFI	-*
Erklärte Varianz	0,51	CFI	-*
χ^2/df	-*	TLI	-*
RMSEA	-*	Faktorreliabilität	0,75
GFI	-*	Durchschnittliche erfasste Varianz	0,51
* Für die Berechnung dieser Maße ist die Existenz von Freiheitsgraden im Modell notwendig. Bei drei Indikatoren hat ein konfirmatorisches Modell keine Freiheitsgrade. Eine Berechnung dieser Kriterien ist daher nicht sinnvoll.			

Tabelle 28: Informationen zum Konstrukt „Ausmaß der Wettbewerbskraft der Substitute“

Nachdem die einzelnen Bestandteile des Modells beleuchtet worden sind, schließt sich die Betrachtung des Gesamtmodells an. Hierbei wird wie in Abschnitt 5.1.1.6

vorgegangen und zunächst die Diskriminanzvalidität überprüft. Anschließend wird ein Index der internen Großzügigkeit gebildet und dieser validiert, um die Konvergenzvalidität zu überprüfen. Abschließend wird entsprechend die Inhaltsvalidität des Modells überprüft und beurteilt.

Beurteilung der Diskriminanzvalidität

Die Beurteilung der Diskriminanzvalidität erfolgt anhand der Überprüfung des Fornell/Larcker-Kriteriums. Die nachstehende Tabelle zeigt, dass das Kriterium erfüllt ist und somit auch von einer ausreichenden Diskriminanzvalidität ausgegangen werden kann.

Faktor	Ausmaß der Wettbewerbskraft der...	Kunden	Wettbewerber	Lieferanten	Substitute
Ausmaß der Wettbewerbskraft der...	**DEV**	**0,58**	**0,51**	**0,59**	**0,51**
Kunden	**0,58**	-			
Wettbewerber	**0,51**	0,08	-		
Lieferanten[966]	**0,59**	0,004	0,06	-	
Substitute	**0,51**	0,1	0,15	0,01	-

Tabelle 29: Fornell/Larcker-Kriterium der Faktoren der „Internen Großzügigkeit"

Beurteilung der Konvergenzvalidität

Auch bei der Beurteilung der Diskriminanzvalidität werden die gleiche Methode und das gleiche Vorgehen wie bei der Beurteilung des Controllerbereichserfolgs verwendet.[967] Die einzelnen reflektiv gemessenen Faktoren werden entsprechend zu einem formativen Gesamtkonstrukt zusammengefasst und bilden ein „reflective first-order, formative second-order construct".[968] Die nachstehende Tabelle zeigt die Gütekriterien, die das MIMIC-Modell der internen Großzügigkeit erzielen konnte. Die Gütekriterien gelten dabei abermals als erster Hinweis dafür, wie gut das formative Konstrukt die interne Großzügigkeit abbildet.

[966] Da für das Zwei-Indikatoren-Konstrukt „Ausmaß der Wettbewerbskraft der Lieferanten" keine DEV ausgewiesen werden konnte, wurde im Rahmen der Betrachtung des Fornell-Larcker-Kriteriums auf die DEV zurückgegriffen, die sich bei der Betrachtung des Konstruktes interne Großzügigkeit als Konstruktverbund ergibt.

[967] Vgl. Abschnitt 5.1.1.6.

[968] Jarvis/Mackenzie/Podsakoff (2003), S. 205.

Gütekriterium	χ^2/df	RMSEA	GFI	AGFI	CFI	TLI
Ausprägung im Messmodell	2,76	0,055	0,96	0,94	0,96	0,94
Ausprägung zu den **Teildimensionen des Controllerbereichserfolgs**						
Ausmaß der Wettbewerbskraft der...	Ursprünglicher Schätzwert	Mittelwert der erzeugten Fälle	Standard-abweichung		t-Wert	
Kunden	-0,036	-0,036	0,037		0,98	
Wettbewerber	0,32	0,32	0,042		7,68	
Lieferanten	0,26	0,26	0,041		6,38	
Substitute	0,18	0,18	0,038		4,71	

Tabelle 30: Informationen zum Messmodell „Interne Großzügigkeit"

Die Gütekriterien des Messmodells sind sehr zufriedenstellend und es ist festzustellen, dass das Modell eine hohe Validität besitzt. Allerdings geht aus der obigen Tabelle ebenfalls hervor, dass das ursprünglich konzeptualisierte und hypothetisierte Vier-Faktoren-Modell nicht bestätigt werden kann. Der t-Wert der Teildimension „Kunde" weist lediglich einen Wert von 0,98 auf. Dies zeigt an, dass diese Teildimension keinen signifikanten Beitrag zur Bildung des Gesamtmodells leistet. Da das Messmodell dieser Dimension zufriedenstellende Gütekriterien aufweist, liegt der Schluss nahe, dass die Wettbewerbskraft, die vom Kunden selbst ausgeht, eine sehr geringe Bedeutung in der Unternehmenspraxis hat.

Die verbleibenden drei Faktoren tragen in unterschiedlichem Ausmaß zur Bildung des Gesamtkonstruktes bei. Die Wettbewerbskraft der bestehenden und potenziellen neuen Wettbewerber besitzt, was auch intuitiv angenommen wird, den größten Anteil an der Bildung der internen Großzügigkeit. Demgegenüber geht von der Wettbewerbskraft der Substitute der geringste Einfluss für die Abbildung des Gesamtkonstruktes aus. Festzuhalten bleibt, dass die Schätzwerte und damit der Beitrag zum Gesamtkonstrukt für alle drei verbliebenen Dimensionen im Vergleich zum Gesamtkonstrukt des Controllerbereichserfolgs relativ nah beieinander liegen. Die folgende Abbildung stellt das Konstrukt noch einmal graphisch dar.

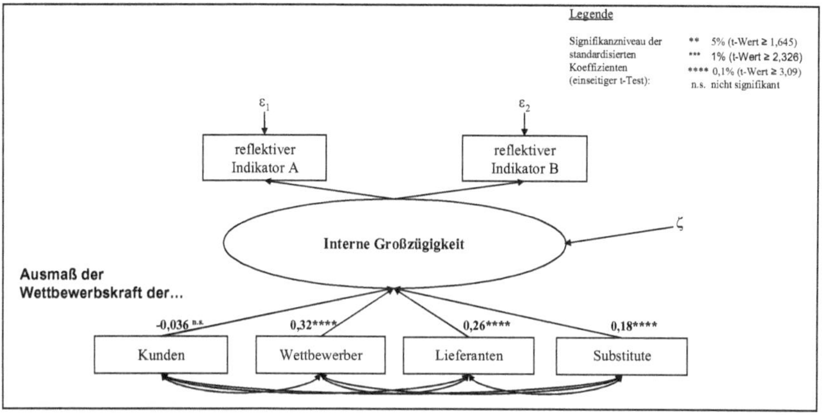

Abbildung 10: MIMIC-Modell der internen Großzügigkeit

Beurteilung der Inhaltsvalidität

Abschließend ist noch die Inhaltsvalidität zu überprüfen. Hierzu wurde analog zum Vorgehen bei der Bestimmung der Inhaltsvalidität des Controllerbereichserfolgs ein Strukturmodell entwickelt, das aus dem Index der internen Großzügigkeit und einem Faktor besteht, der die interne Großzügigkeit direkt misst. Die Gütebeurteilung der direkten Messung ist Tabelle 31 zu entnehmen. Das Ergebnis der Messung ist als zufriedenstellend zu bezeichnen.

Informationen zu den einzelnen Indikatoren des Faktors **„Direkte Erfassung der internen Großzügigkeit"**			
Bezeichnung der Indikatoren	Item-to-Total-Korrelation	Indikator-reliabilität	t-Wert der Faktorladung
Unser Controlling ist innerhalb des Unternehmens durch seine angebotenen Leistungen so gut positioniert, dass es sich um seine Stellung keine Sorgen machen muss.	0,62	-*	-*
Unser Controlling braucht sich selbst in Zeiten von Reorganisations- und Restrukturierungsprojekten nicht mehr Sorgen um seine Existenz im Unternehmen zu machen als andere Bereiche auch.	0,62	-*	-*
Informationen zum Faktor **„Direkte Erfassung der internen Großzügigkeit"**			
Cronbach'sches Alpha	0,77	AGFI	-*
Erklärte Varianz	0,62	CFI	-*
χ^2/df	-*	TLI	-*
RMSEA	-*	Faktorreliabilität	-*
GFI	-*	Durchschnittliche erfasste Varianz	-*
* Für die Berechnung dieser Maße ist die Existenz von Freiheitsgraden im Modell notwendig. Bei drei Indikatoren hat ein konfirmatorisches Modell keine Freiheitsgrade. Eine Berechnung dieser Kriterien ist daher nicht sinnvoll.			

Tabelle 31: Informationen zum Konstrukt „Direkte Erfassung der internen Großzügigkeit"

Das Ergebnis der Schätzung des Strukturmodells in Smart-PLS 2.0 liefert annehmbare Ergebnisse. Der Pfadkoeffizient zwischen dem Index der internen Großzügigkeit und der direkten Erfassung des Konstruktes beträgt 0,52. Der im Rahmen des Prozesses generierte
t-Wert beträgt 17,59. Der R^2-Wert ist mit 27,49 % als nicht allzu hoch einzustufen, kann im Vergleich zu anderen Skalen, wie beispielsweise der SERVQUAL-Skala, aber als durchaus passabel angesehen werden.[969]

5.1.3 Unternehmenserfolg: Erfolgswirkung des Controllerbereichserfolgs

Die Erfolgswirkung des Controllerbereichserfolgs wird aus den in Abschnitt 3.4 genannten Gründen anhand seiner Wirkung auf den Unternehmenserfolg überprüft. Die Konzeptualisierung geht im Kern auf RUEKERT/WALKER/ROERING (1985) zurück. Die Operationalisierung basiert grundlegend auf IRVING (1995) sowie auf jüngeren Arbeiten von SPILLECKE (2006) und SORG (2007), die die

[969] Vgl. Parasuraman/Zeithaml/Berry (1988), S. 34, die für die erklärte Varianz Werte im Durchschnitt von 36 % erreichen.

Operationalisierung von IRVING (1995) leicht modifiziert haben.[970] Der Unternehmenserfolg setzt sich demnach aus der Anpassungsfähigkeit des Unternehmens, dem kunden- und marktbezogenen Erfolg des Unternehmens, dem wirtschaftlichen Erfolg des Unternehmens sowie aus der Güte der Entscheidungen im Unternehmen zusammen, wobei die Integration des letzten Aspekts eine Erweiterung des Konzeptes von RUEKERT/WALKER/ROERING (1985) darstellt.[971]

5.1.3.1 Anpassungsfähigkeit des Unternehmens

Die Anpassungsfähigkeit des Unternehmens ist als die Fähigkeit des Unternehmens zu verstehen, sich auf Veränderungen in seiner Umwelt einzustellen und zu reagieren. Die Operationalisierung erfolgt durch vier Items, von denen lediglich eines eliminiert werden musste. Die Gütekriterien sind als sehr zufriedenstellend zu betrachten und können der folgenden Tabelle entnommen werden.

Informationen zu den einzelnen Indikatoren des Faktors **„Anpassungsfähigkeit des Unternehmens"**			
Bezeichnung der Indikatoren	Item-to-Total-Korrelation	Indikator-reliabilität	t-Wert der Faktorladung
Hohe Anpassungsfähigkeit der Organisation	eliminiert		
Schnelle Anpassung der Produkte an neue Kundenbedürfnisse	0,85	0,59	-
Schnelle Reaktion auf neue Entwicklungen am Markt	0,73	0,95	20,84
Schnelle Nutzung neuer Marktchancen	0,85	0,57	19,28
Informationen zum Faktor **„Anpassungsfähigkeit des Unternehmens"**			
Cronbach'sches Alpha	0,87	AGFI	-*
Erklärte Varianz	0,7	CFI	-*
χ^2/df	-*	TLI	-*
RMSEA	-*	Faktorreliabilität	0,87
GFI	-*	Durchschnittliche erfasste Varianz	0,7
* Für die Berechnung dieser Maße ist die Existenz von Freiheitsgraden im Modell notwendig. Bei drei Indikatoren hat ein konfirmatorisches Modell keine Freiheitsgrade. Eine Berechnung dieser Kriterien ist daher nicht sinnvoll.			

Tabelle 32: Informationen zum Konstrukt „Anpassungsfähigkeit des Unternehmens"

---

[970] Darüber hinaus fand das Konstrukt auch bei Krohmer (1999), Pflesser (1999), Becker (1999), Reitmeyer (2000), Dehler (2001), Bauer (2002) und Sandt (2004) Anwendung.

[971] Vgl. Abschnitt 3.4.

5.1.3.2 Kunden- und marktbezogener Erfolg des Unternehmens

Das Konstrukt des kunden- und marktbezogenen Erfolgs des Unternehmens lässt sich nach RUEKERT/WALKER/ROERING (1985) und IRVING (1995) durch das Halten bestehender Kunden und das Erzielen einer hohen Kundenzufriedenheit bzw. eines hohen Kundennutzens charakterisieren. Damit unmittelbar verknüpft ist die Erreichung eines angestrebten Marktwachstums oder die Erreichung bzw. das Halten eines angestrebten Marktanteils. Die Darstellung des Konstruktes erfolgte in dieser Arbeit bislang als zwei getrennt Konstrukte,[972] da aufbauend auf den jüngsten Erkenntnissen von SPILLECKE (2006) das Konstrukt sich als ein zweifaktorielles Konstrukt zeigte. Im Rahmen der explorativen Faktorenanalyse, die auf Basis der erhobenen Daten durchgeführt wurde, konnte die zweifaktorielle Struktur von SPILLECKE (2006) jedoch nicht bestätigt werden.[973] Entsprechend werden die Gütekriterien des einfaktoriellen kunden- und marktbezogenen Erfolgs des Unternehmens gemeinsam ausgewiesen und können der nachstehenden Tabelle entnommen werden. Die Gütekriterien sind zufriedenstellend und insbesondere die Faktorreliabilität weist einen sehr guten Wert auf.

---

[972] Vgl. Abschnitt 3.4 zur Konzeptualisierung des Unternehmenserfolgs und Abschnitt 3.2 zur Konzeptualisierung des Controllerbereichserfolgs.

[973] Die konzeptionelle Trennung beider Faktoren ist dennoch nicht falsch, da sie als eigenständige, eng verknüpfte Faktoren zu verstehen sind. Insbesondere die Trennung der beiden Faktoren im Rahmen der Konzeptualisierung des Controllerbereichserfolgs ist sinnvoll, da die Kunden- und Marktsituation des Controllerbereichs zwar ähnlich, aber nicht identisch mit der von Unternehmen ist. Zudem wird die konzeptionelle Trennung der beiden Faktoren im Kontext des Controllerbereichserfolgs durch die empirischen Ergebnisse gestützt.

Informationen zu den einzelnen Indikatoren des Faktors **„Kunden- und marktbezogener Erfolg des Unternehmens“**			
Bezeichnung der Indikatoren	Item-to-Total-Korrelation	Indikator-reliabilität	t-Wert der Faktorladung
Erzielung von hoher Markt-/Kundenzufriedenheit	eliminiert		
Erzielung eines hohen Nutzens für die Kunden	eliminiert		
Bindung bestehender Kunden	0,72	0,3	-
Erreichung des angestrebten Wachstums	0,54	0,79	9,75
Erreichung des angestrebten Marktanteils	0,56	0,71	10,11
Informationen zum Faktor **„Kunden- und marktbezogener Erfolg des Unternehmens“**			
Cronbach'sches Alpha	0,76	AGFI	-*
Erklärte Varianz	0,57	CFI	-*
χ^2/df	-*	TLI	-*
RMSEA	-*	Faktorreliabilität	0,8
GFI	-*	Durchschnittliche erfasste Varianz	0,6
* Für die Berechnung dieser Maße ist die Existenz von Freiheitsgraden im Modell notwendig. Bei drei Indikatoren hat ein konfirmatorisches Modell keine Freiheitsgrade. Eine Berechnung dieser Kriterien ist daher nicht sinnvoll.			

Tabelle 33: Informationen zum Konstrukt „Kunden- und marktbezogener Erfolg des Unternehmens“

5.1.3.3 Wirtschaftlicher Erfolg des Unternehmens

Zur Ermittlung des wirtschaftlichen Erfolgs von Unternehmen steht eine große Anzahl an Kennzahlen zur Verfügung. Es besteht die Möglichkeit, diese als subjektive oder aber als objektive Größe zu erfassen. Aufgrund der in Abschnitt 2.2.2.2 erläuterten Vor- und Nachteile und der empirischen Erkenntnisse, dass zwischen den beiden Größen hohe Korrelationen bestehen, werden subjektive Größen verwendet. Im Rahmen dieser Arbeit wurde die Umsatzrendite im Vergleich zum Wettbewerb als subjektive Größe abgefragt. Die Befragung zielte sowohl auf die Erfassung des subjektiven Niveaus der Umsatzrendite im Vergleich zum Wettbewerb als auch deren Entwicklung über die letzten drei Jahre hinweg. Die einzelnen Indikatoren und die entsprechenden Gütekriterien gibt Tabelle 34 an. Es musste keine Modifikation des Messmodells vorgenommen werden. Die ursprünglichen Indikatoren liefern sehr zufriedenstellende Werte.

Informationen zu den einzelnen Indikatoren des Faktors **„Wirtschaftlicher Erfolg des Unternehmens“**			
Bezeichnung der Indikatoren	Item-to-Total-Korrelation	Indikator-reliabilität	t-Wert der Faktorladung
Unsere Umsatzrendite war im letzten Geschäftsjahr im Vergleich zu unseren Wettbewerbern...	0,8	0,85	-
Unsere Umsatzrendite war im Durchschnitt der letzten drei Geschäftsjahre im Vergleich zu unseren Wettbewerbern...	0,84	0,73	25,48
Die Entwicklung unserer Umsatzrendite war in den letzten drei Jahren im Vergleich zu der unserer Wettbewerber...	0,88	0,61	22,56
Informationen zum Faktor **„Wirtschaftlicher Erfolg des Unternehmens“**			
Cronbach'sches Alpha	0,89	AGFI	-*
Erklärte Varianz	0,73	CFI	-*
χ^2/df	-*	TLI	-*
RMSEA	-*	Faktorreliabilität	0,89
GFI	-*	Durchschnittliche erfasste Varianz	0,74
* Für die Berechnung dieser Maße ist die Existenz von Freiheitsgraden im Modell notwendig. Bei drei Indikatoren hat ein konfirmatorisches Modell keine Freiheitsgrade. Eine Berechnung dieser Kriterien ist daher nicht sinnvoll.			

Tabelle 34: Informationen zum Konstrukt „Wirtschaftlicher Erfolg des Unternehmens“

5.1.3.4 Güte der Entscheidungen im Unternehmen

Zur Operationalisierung des Konstrukts der Güte der Entscheidung wird auf eine subjektive Betrachtung der Güte der Entscheidungen abgestellt, da objektive Kriterien zum einen fehlen und zum anderen auf Basis der Literatur zur Entscheidungsqualität festgehalten werden konnte, dass Entscheidungsqualität unmittelbar mit der individuellen Präferenzstruktur des Entscheiders verknüpft ist.[974] Die Operationalisierung des Konstruktes geht im Kern auf SANDT (2004) zurück. Verwendet wird in dieser Arbeit allerdings eine erweiterte Form, wie sie bei SPILLECKE (2006) zu finden ist.[975] Entlang der Phasen des Führungszyklus werden bei der Operationalisierung die Aspekte des Inputs, des Prozesses und des Outputs der Entscheidungsfindung berücksichtigt. Im Messmodell musste ein Indikator aufgrund einer zu geringen Item-to-Total-Korrelation eliminiert werden. Das modifizierte Modell weist sowohl hervorragende lokale als auch globale Gütekriterien auf; Tabelle 35 gewährt einen Überblick hierüber.

---

974 Schopphoven (1996), S. 112.

975 Vgl. Sandt (2004), S. 194 und Spillecke (2006), S. 165 und ebenso die dort angegebene Literatur, sowie Sorg (2007), S. 182 f.

Informationen zu den einzelnen Indikatoren des Faktors **„Güte der Entscheidungen im Unternehmen"**			
Bezeichnung der Indikatoren	Item-to-Total-Korrelation	Indikator-reliabilität	t-Wert der Faktorladung
Mit der **Informationsgrundlage** bei wichtigen Entscheidungen in unserem Hause bin ich sehr zufrieden.	0,79	0,57	-
Mit dem **Prozess** der Entscheidungsfindung bin ich sehr zufrieden.	0,79	0,61	16,91
Mit den **Ergebnissen** wichtiger Entscheidungen bin ich sehr zufrieden.	0,8	0,53	16,03
Mit der **Umsetzung** wichtiger Entscheidungen bin ich sehr zufrieden.	eliminiert		
Mit der **Kontrolle** wichtiger Entscheidungen bin ich sehr zufrieden.	0,8	0,52	15,82
Informationen zum Faktor **„Güte der Entscheidungen im Unternehmen"**			
Cronbach'sches Alpha	0,83	AGFI	0,98
Erklärte Varianz	0,56	CFI	1,0
χ^2/df	1,68	TLI	1,0
RMSEA	0,03	Faktorreliabilität	1,0
GFI	1,0	Durchschnittliche erfasste Varianz	0,83
			0,56

Tabelle 35: Informationen zum Konstrukt „Güte der Entscheidungen im Unternehmen"

Die Zusammenführung der einzelnen Konstrukte zu einem Gesamtmodell des Unternehmenserfolgs erfolgt in Anlehnung an frühere Arbeiten nicht durch die Bildung eines formativen Gesamtkonstrukts, sondern durch die Zusammenfassung zu einem (reflektiven) Konstruktverbund.[976] Das Gesamtmodell weist insgesamt sehr zufriedenstellende Ergebnisse auf. Einzig die Indikatorreliabilität eines Indikators erreicht nicht das geforderte Mindestniveau. Hinsichtlich der Konzeptualisierung des Gesamtmodells als reflektives Modell ist anzumerken, dass dies der gängigen Vorgehensweise entspricht. Zudem soll die Wirkung des Controllerbereichserfolgs auf die einzelnen Bestandteile des Unternehmenserfolg ausgewiesen werden, was durch eine Zusammenfassung zu einem gesamthaften Modell nicht mehr möglich wäre. Für weitere Forschungsvorhaben wäre es dennoch interessant, das Konstrukt mittels eines MIMIC-Modells als formatives Gesamtmodell zu erforschen.[977]

---

[976] Vgl. beispielsweise Spillecke (2006), S. 169.

[977] Insbesondere vor dem Hintergrund, dass der Controllerbereichserfolg auf diese Weise sehr gut erfasst und gemessen werden konnte.

Informationen zum **Konstruktverbund der Unternehmenserfolgsdimensionen**					
Cronbach'sches Alpha	0,87	AGFI			0,96
χ^2/df	1,52	CFI			0,99
RMSEA	0,03	TLI			0,98
GFI	0,98				
Informationen zu den einzelnen Faktoren und Indikatoren					
Bezeichnung des Faktors	Indikator	Indikator-reliabilität	t-Wert der Faktorladung	Faktor-reliabilität	Durchschnittlich erfasste Varianz
Anpassungs-fähigkeit	1	0,41	8,89	0,76	0,52
	2	0,48	9,43		
	3	0,68	9,76		
kunden- und marktbe-zogener Erfolg	1	0,3	-	0,8	0,6
	2	0,79	9,67		
	3	0,71	9,53		
wirtschaftlicher Erfolg	1	0,85	9,52	0,89	0,74
	2	0,73	9,29		
	3	0,62	9,34		
Güte der Entscheidungen im Unternehmen	1	0,57	9,63	0,83	0,56
	2	0,59	9,44		
	3	0,55	9,69		
	4	0,53	9,39		

Tabelle 36: Informationen zu dem Konstruktverbund „Unternehmenserfolg"

Die Ergebnisse der Konstruktmessungen sind allesamt als reliabel und valide zu bezeichnen. Entsprechend können die Konstrukte auf ihre Interdependenzen im Strukturmodell und somit die aufgestellten Hypothesen überprüft werden. Die Ergebnisse der Dependenzanalysen und der Hypothesenprüfung werden nachfolgend vorgestellt.

5.2 Ergebnisse der Hypothesenüberprüfung

Im Folgenden werden die in Abschnitt 3.5 aufgestellten Hypothesen empirisch überprüft. Dabei kommt im Rahmen der Dependenzanalyse das in Abschnitt 4.3.3 beschriebene Partial-Least-Squares-Verfahren zum Einsatz. Nachfolgend wird zunächst die Auswirkung der Einflussfaktoren auf den Controllerbereichserfolg betrachtet, bevor die Auswirkungen des Controllerbereichserfolgs auf den Unternehmenserfolg untersucht werden.

5.2.1 Empirische Überprüfung der Auswirkung der Einflussfaktoren auf den Controllerbereichserfolg

In Abschnitt 3.3 wurden die in dieser Arbeit zu untersuchenden Einflussfaktoren des Controllerbereichserfolgs hergeleitet. Es wurden sechs Einflussfaktoren vorgestellt, von denen jeweils zwei einer Betrachtungsdimension angehören. Im Folgenden werden die Wirkungen der einzelnen Faktoren auf den gesamtheitlich abgebildeten Controllerbereichserfolg im Strukturmodell dargestellt. Abbildung 11 zeigt das in PLS generierte Strukturmodell [978] und die Wirkungsbeziehungen entsprechend der formulierten Hypothesen (H1 bis H5 und E1). Die Gütekriterien des Strukturmodells sowie die Wirkungen der einzelnen Einflussfaktoren auf die Bestandteile des Controllerbereichserfolgs können Tabelle 37 entnommen werden, da sie, wie in Abschnitt 3.5 erläutert, aufgrund der Komplexität nicht als einzelne Hypothesen formuliert wurden.

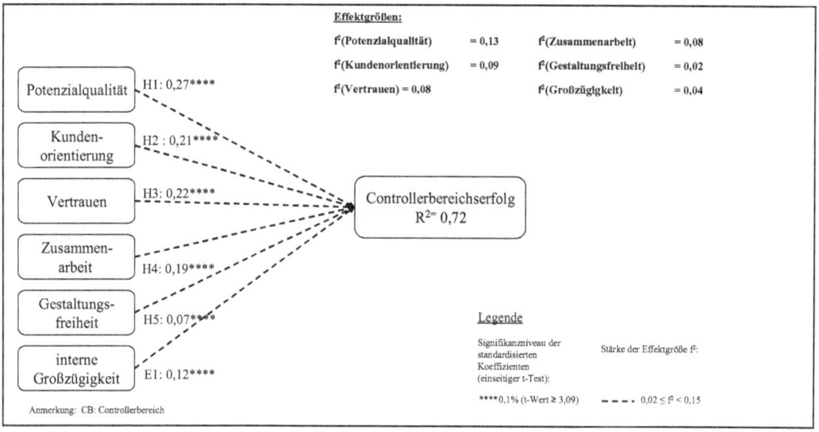

Abbildung 11: Strukturmodell zur Wirkung der Einflussfaktoren auf den Controllerbereichserfolg

[978] Übersichtshalber wird hier nur der linke Teil des Strukturmodells dargestellt. Das in PLS generierte Strukturmodell umfasst auch die Wirkungsbeziehungen des Controllerbereichserfolgs auf den Unternehmenserfolg, die im nächsten Abschnitt vorgestellt werden.

Informationen zum Strukturmodell **„Wirkung der Einflussfaktoren auf den Controllerbereichserfolg"**					
Wirkungsbeziehung	**Ursprünglicher Schätzwert**	**Mittelwert der erzeugten Fälle**	**Standard abweichung**	**t-Wert**	**Effektgröße f^2**
Potenzialqualität →[979] Controllerbereichserfolg	**0,27**	**0,27**	**0,04**	**6,84**	**0,13**
Potenzialqualität→ Anpassungsfähigkeit des CB[980]	0,26	0,26	0,04	6,34	0,07
Potenzialqualität→ kundenbezogener Erfolg des CB	0,25	0,25	0,04	6,29	0,09
Potenzialqualität→ marktbezogener Erfolg des CB	0,25	0,025	0,05	5,40	0,07
Potenzialqualität→ wirtschaftlicher Erfolg des CB	0,29	0,29	0,05	6,06	0,08
Potenzialqualität→ Verwendung von CBL[981] zur Entscheidungsfindung	0,07	0,07	0,05	1,45	0,01
Kundenorientierung → Controllerbereichserfolg	**0,21**	**021**	**0,04**	**5,45**	**0,10**
Kundenorientierung → Anpassungs-fähigkeit des CB	0,30	0,30	0,05	5,60	0,11
Kundenorientierung → kundenbezogener Erfolg des CB	0,24	0,24	0,04	6,61	0,10
Kundenorientierung → marktbezogener Erfolg des CB	0,25	0,24	0,04	3,43	0,03
Kundenorientierung → wirtschaftlicher Erfolg des CB	0,18	0,18	0,05	3,90	0,04
Kundenorientierung → Verwendung von CBL zur Entscheidungsfindung	0,01	0,01	0,05	0,17	0

979 Die Pfeile zeigen die Wirkungsrichtung an.

980 CB steht für Controllerbereich.

981 CBL steht für Controllerbereichsleistungen

Wirkungsbeziehung	Ursprünglicher Schätzwert	Mittelwert der erzeugten Fälle	Standard abweichung	t-Wert	Effektgröße f2
Vertrauen → Controllerbereichserfolg	**0,22**	**0,22**	**0,04**	**6,26**	**0,08**
Vertrauen → Anpassungsfähigkeit des CB	0,04	0,05	0,05	0,90	0,00
Vertrauen → kundenbezogener Erfolg des CB	0,23	0,23	0,04	6,07	0,07
Vertrauen → marktbezogener Erfolg des CB	0,21	0,21	0,05	4,65	0,05
Vertrauen wirtschaftlicher Erfolg des CB	0,22	0,22	0,05	4,80	0,05
Vertrauen → Verwendung von CBL zur Entscheidungsfindung	0,08	0,09	0,06	1,45	0,01
Zusammenarbeit → Controllerbereichserfolg	**0,19**	**0,19**	**0,04**	**5,63**	**0,08**
Zusammenarbeit → Anpassungsfähigkeit des CB	0,10	0,10	0,04	2,46	0,00
Zusammenarbeit → kundenbezogener Erfolg des CB	0,15	0,15	0,04	4,21	0,03
Zusammenarbeit → marktbezogener Erfolg des CB	0,20	0,20	0,04	4,75	0,05
Zusammenarbeit → wirtschaftlicher Erfolg des CB	0,09	0,09	0,04	2,32	0,01
Zusammenarbeit → Verwendung von CBL zur Entscheidungsfindung	0,36	0,35	0,05	7,42	0,11
Gestaltungsfreiheit → Controllerbereichserfolg	**0,08**	**0,08**	**0,02**	**3,13**	**0,02**
Gestaltungsfreiheit → Anpassungsfähigkeit des CB	0,27	0,27	0,04	7,39	0,13
Gestaltungsfreiheit → kundenbezogener Erfolg des CB	0,08	0,08	0,03	3,27	0,02

Wirkungsbeziehung	Ursprünglicher Schätzwert	Mittelwert der erzeugten Fälle	Standard abweichung	t-Wert	Effektgröße f2
Gestaltungsfreiheit → marktbezogener Erfolg des CB	-0,01	-0,01	0,03	0,50	0,0
Gestaltungsfreiheit → wirtschaftlicher Erfolg des CB	0,06	0,06	0,03	1,78	0,01
Gestaltungsfreiheit → Verwendung von CBL zur Entscheidungsfindung	0,01	0,01	004	0,34	0,00
Interne Großzügig-keit → Controllerbereichserfolg	**0,12**	**0,12**	**0,03**	**3,82**	**0,04**
Interne Großzügig-keit → Anpassungs-fähigkeit des CB	-0,01	-0,01	0,04	0,24	0,00
Interne Großzügig-keit → kunden-bezogener Erfolg des CB	0,09	0,09	0,03	2,83	0,02
Interne Großzügig-keit → markt-bezogener Erfolg des CB	0,17	0,1	0,04	4,31	0,05
Interne Großzügig-keit → wirt-schaftlicher Erfolg des CB	0,07	0,07	0,04	1,85	0,01
Interne Großzügig-keit → Verwendung von CBL zur Entscheidungs-findung	0,22	0,22	0,05	4,64	0,05

Tabelle 37: Informationen zur Wirkung der Einflussfaktoren auf den Controllerbereichserfolg

Die Grundhypothese, die den Wirkungsbeziehungen zwischen den Einflussfaktoren und dem Controllerbereichserfolg zugrunde gelegt wurde, lautet, dass sämtliche Wirkungsbeziehungen positiv ausgerichtet sind. Diese konnte durch die empirische Überprüfung gestützt werden.

Hypothese H1 unterstellte hierbei einen positiven Zusammenhang zwischen der Potenzialqualität des Controllerbereichs und dem Controllerbereichserfolg. Der Pfadkoeffizient von 0,27, der auf dem 0,1 %-Niveau signifikant ist, unterstützt diese Hypothese. Die ausgewiesene Effektgröße von 0,13 weist auf einen moderaten Einfluss der Determinante auf den Controllerbereichserfolg hin. Die Betrachtung der Wirkungszusammenhänge zwischen der Potenzialqualität des Controllerbereichs und den einzelnen Dimensionen des Controllerbereichserfolgs zeigt ausgeprägte (Pfadkoeffizienten von 0,26; 0,25; 0,25; 0,29), signifikant positive Wirkungen (0,1 %-Niveau) auf sämtliche Bestandteile des Controllerbereichserfolgs mit Ausnahme der

Verwendung von Controllerbereichsleistungen zur Entscheidungsfindung, deren Pfadkoeffizient mit 0,07 zwar weiterhin positiv, aber eher gering ausfällt, und dessen Wirkung nur auf einem 10 %-Signifikanzniveau bestätigt werden kann.[982]

Hypothese H2 geht von einem positiven Zusammenhang zwischen der internen Kundenorientierung des Controllerbereichs und dem Controllerbereichserfolg aus. Auf Basis des Pfadkoeffizienten von 0,21, der auf einem Signifikanzniveau von 0,1 % fußt, kann die Hypothese gestützt werden. Die Effektgröße von 0,10 weist auf einen moderaten Einfluss der Determinante hin. Auffällig ist bei der Betrachtung der Wirkungszusammenhänge zwischen der internen Kundenorientierung und den einzelnen Bestandteilen des Controllerbereichserfolgs, dass die Wirkung der Kundenorientierung auf die Verwendung von Controllerbereichsleistungen zur Entscheidungsfindung des Controllerbereichserfolgs nicht signifikant ist.

Der positive Zusammenhang zwischen dem Vertrauen und dem Controllerbereichserfolg, der in Hypothese H3 angenommen wurde, konnte ebenfalls gestützt werden. Der Pfadkoeffizient von 0,22, der sich auf dem 0,1 %-Niveau als signifikant erweist, bildet die Grundlage für die Stützung der Hypothese. Der Einfluss des Vertrauens auf den Controllerbereichserfolg ist als moderat zu bezeichnen (Effektgröße von 0,08). Bemerkenswert ist der schwache Einfluss (Effektgröße von 0,01) des Vertrauens auf die Verwendung von Controllerbereichsleistungen zur Entscheidungsfindung. So sollte doch gerade die Wirkung zwischen diesen beiden Konstrukten stärker ausgeprägt sein, da durch das Vertrauen des Kunden in den Controllerbereich die Controllerbereichsleistungen zur Entscheidungsfindung stärker genutzt werden sollten.

Die Zusammenarbeit zwischen Kunden und Controllerbereich, die sich positiv auf den Erfolg des Controllerbereichs auswirken sollte, wurde in H4 formuliert. Der Pfadkoeffizient von 0,19, der auf dem 0,1 %-Niveau signifikant ist, stützt diese Hypothese. Der Einfluss der Zusammenarbeit insgesamt auf den Erfolg des Controllerbereichs ist mit einem f^2-Wert von 0,08 wiederum als moderat einzustufen. Im Gegensatz zum erwarteten starken Einfluss des Vertrauens auf die Verwendung von Controllerbereichsleistungen zur Entscheidungsfindung, der nicht nachgewiesen werden konnte, ist erfreulicherweise eine relativ starke Wirkung der Zusammenarbeit auf die Verwendung von Controllerbereichsleistungen zur Entscheidungsfindung festzustellen.

In Hypothese H5 wurde eine positive Wirkung der Gestaltungsfreiheit, die dem Controllerbereich vom Management zugestanden wird, auf den Controllerbereichserfolg postuliert. Auch in diesem Fall kann die formulierte Hypothese gestützt werden, wenn auch der Pfadkoeffizient mit einem Wert von 0,08 auf einem 0,1 %-Signifikanzniveau relativ niedrig ausfällt. Die Effektgröße von 0,02 ist als gering zu bezeichnen. Entsprechend der Konzeptualisierung der Dimensionen des Controller-

982 Im Folgenden werden nur noch die Ergebnisse bezüglich der formulierten Hypothesen dargestellt. Auf die Wirkungszusammenhänge zwischen den Einflussfaktoren und den einzelnen Dimensionen des Controllerbereichserfolgs wird nur in besonderen Fällen eingegangen.

bereichserfolgs und der Einflussfaktoren kann die stärkste Wirkung der Gestaltungsfreiheit auf die Anpassungsfähigkeit des Controllerbereichs festgestellt werden (Pfadkoeffizient: 0,27; Effektgröße: 0,13). Der ausgewiesene negative, wenn auch nicht signifikante Einfluss der Gestaltungsfreiheit auf den marktbezogenen Erfolg ist dahingehend interpretierbar, dass der Dienstleister sobald er vom Kunden zu viel Freiraum erhält, dieser ihn offenbar auch falsch nutzen kann. Dabei bietet der Controllerbereich dann beispielsweise Dienstleistungen an, die vom Kunden als nicht relevant erachtet und dementsprechend auch nicht genutzt werden. Dieses empirische Ergebnis unterstützt die Aussagen im Rahmen der Diskussion nach dem „richtigen" Grad des Role Taking/Role Making in einem Unternehmen, dass ein zu starkes Role Making sich negativ auf das Unternehmen auswirken kann.[983]

Abschließend sind noch die Ergebnisse der explorativen Fragestellungen darzustellen. Die erste explorative Fragestellung, die die Wirkung der internen Großzügigkeit auf den Controllerbereich beinhaltet, kann auf Basis der empirischen Ergebnisse wie folgt beantwortet werden: Eine geringe interne Großzügigkeit wirkt positiv auf den Controllerbereichserfolg. Ein Pfadkoeffizient von 0,12, der auf dem 0,1 %-Niveau signifikant ist, lässt diese Aussagen zu, auch wenn die Effektgröße als gering einzustufen ist. Den Überlegungen entsprechend zeigen sich relativ starke Wirkungen hinsichtlich einer geringen internen Großzügigkeit sowohl auf den marktbezogenen Erfolg (Pfadkoeffizient: 0,17; Effektgröße: 0,05) als auch auf die Verwendung von Controllerbereichsleistungen zur Entscheidungsfindung (Pfadkoeffizient: 0,22; Effektgröße: 0,05). Gemäß den im Vorfeld angestellten Überlegungen zeigt sich eine negative, wenn auch nicht signifikante Wirkung einer geringen internen Großzügigkeit auf die Anpassungsfähigkeit des Controllerbereichserfolgs.

Um die explorative Fragestellung E2 beantworten zu können, wurde die relative Bedeutung der Betrachtungsdimensionen der Einflussfaktoren anhand der Effektgröße f^2 überprüft, die Auskunft darüber zu geben vermag, ob und in welchem Maße eine unabhängige latente Variable einen Einfluss auf eine abhängige latente Variable ausübt.[984] Hierbei wurden wiederum die Wirkungsbeziehungen sowohl auf den gesamten Controllerbereichserfolg als auch auf seine Teildimensionen untersucht. Die Ergebnisse der Untersuchung sind der folgenden Tabelle zu entnehmen.

---

[983] Vgl. Weber (2004), S. 541; Weber/Schäffer (2006), S. 387; Rambusch/Sill (2007).
[984] Vgl. zur Effektgröße die Ausführungen in Abschnitt 4.3.3.3.

Informationen zur relativen Bedeutung der Einflussfaktordimensionen auf den Controllerbereichserfolg	
Wirkungsbeziehung	**Effektgröße f^2**
CB interne Einflussfaktoren → Controllerbereichserfolg	**0,26**
CB interne Einflussfaktoren → Anpassungsfähigkeit des CB	0,23
CB interne Einflussfaktoren → kundenbezogener Erfolg des CB	0,23
CB interne Einflussfaktoren → marktbezogener Erfolg des CB	0,11
CB interne Einflussfaktoren → wirtschaftlicher Erfolg des CB	0,14
CB interne Einflussfaktoren → Verwendung von CBL zur Entscheidungsfindung	0,01
Interaktionseinflussfaktoren → Controllerbereichserfolg	**0,20**
Interaktionseinflussfaktoren → Anpassungsfähigkeit des CB	0,02
Interaktionseinflussfaktoren → kundenbezogener Erfolg des CB	0,14
Interaktionseinflussfaktoren → marktbezogener Erfolg des CB	0,13
Interaktionseinflussfaktoren → wirtschaftlicher Erfolg des CB	0,07
Interaktionseinflussfaktoren → Verwendung von CBL zur Entscheidungsfindung	0,14
CB externe Einflussfaktoren → Controller-bereichserfolg	**0,05**
CB externe Einflussfaktoren → Anpassungsfähigkeit des CB	0,14
CB externe Einflussfaktoren → kundenbezogener Erfolg des CB	0,03
CB externe Einflussfaktoren → marktbezogener Erfolg des CB	0,04
CB externe Einflussfaktoren → wirtschaftlicher Erfolg des CB	0,01
CB externe Einflussfaktoren → Verwendung von CBL zur Entscheidungsfindung	0,05

Tabelle 38: Informationen zur relativen Bedeutung der Einflussfaktordimensionen auf den Controllerbereichserfolg

Aus der vorangestellten Tabelle wird ersichtlich, dass die Einflussfaktoren, die der controllerbereichsinternen Dimension angehören, mit einem f^2-Wert von 0,26 gemeinschaftlich den stärksten Einfluss auf den gesamten Controllerbereichserfolg ausüben. Darüber hinaus ist ein relativ starker Einfluss der controllerbereichsinternen Einflussfaktoren auf die einzelnen Faktoren des Controllerbereichserfolgs festzustellen. Sie besitzen den stärksten Einfluss auf drei (Anpassungsfähigkeit, kundenbezogener Erfolg und wirtschaftlicher Erfolg) der fünf Faktoren des Controllerbereichserfolgs. Den mit Abstand schwächsten Einfluss auf den Controllerbereichserfolg sowohl insgesamt als auch auf die einzelnen Faktoren üben die controllerbereichsexternen Dimensionen aus. Die Einflussfaktoren der Interaktionsdimension spielen insbesondere eine wichtige Rolle für den Einfluss auf den marktbezogenen Erfolg.

Nach der Darstellung der empirischen Ergebnisse zu den Einflussfaktoren des Controllerbereichserfolgs folgen im nächsten Abschnitt die Ergebnisse der empirischen Überprüfung der Erfolgswirkung des Controllerbereichserfolgs.

5.2.2 Empirische Überprüfung der Auswirkungen des Controllerbereichserfolgs auf den Unternehmenserfolg

Der Unternehmenserfolg, wie er in dieser Arbeit untersucht wird, wurde in Abschnitt 3.4 konzeptualisiert und in Abschnitt 5.1.3 operationalisiert. Die Basishypothese bezüglich der Wirkung des Controllerbereichserfolgs auf den Unternehmenserfolg lautet, dass der Controllerbereichserfolg den Unternehmenserfolg positiv beeinflussen sollte. Für die empirische Überprüfung wurde ein Strukturmodell in PLS generiert, das in der folgenden Abbildung dargestellt ist. Anzumerken ist, dass nicht die Wirkung des Controllerbereichserfolgs auf den Unternehmenserfolg als Ganzes, sondern die Wirkungen auf die einzelnen Bestandteile des Unternehmenserfolgs untersucht wird. Diese Vorgehensweise erlaubt festzustellen, auf welchen Bestandteil des Konstruktverbundes der Controllerbereichserfolg den stärksten Einfluss ausübt. Eine Übersicht über die Gütekriterien des Modells und der Wirkungen gibt Tabelle 39.

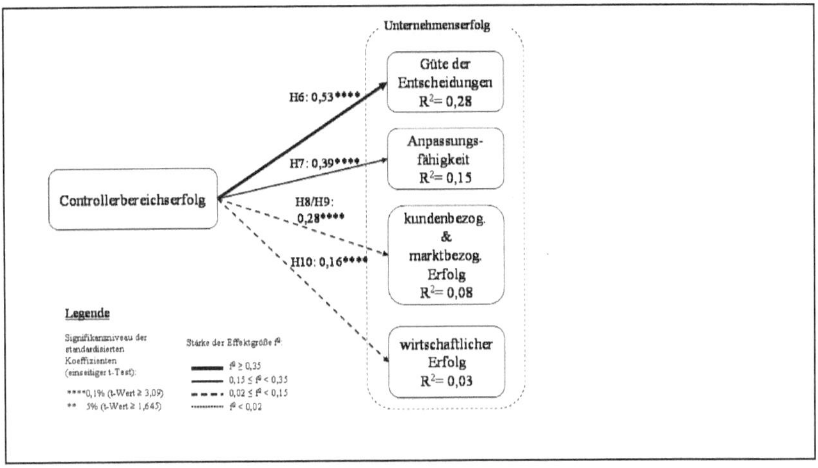

Abbildung 12: Strukturmodell zur Wirkung des Controllerbereichserfolgs auf den Unternehmenserfolg

Informationen zum Strukturmodell **„Wirkung des Controllerbereichserfolgs auf den Unternehmenserfolg“**					
Wirkungsbeziehung	**Ursprünglicher Schätzwert**	**Mittelwert der erzeugten Fälle**	**Standard abweichung**	**t-Wert**	**Effektgröße f^2**
Controllerbereichserfolg → Güte der Entscheidungen im U.[985]	0,53	0,53	0,03	15,38	0,39
Controllerbereichserfolg → Anpassungsfähigkeit des U.	0,39	0,38	0,04	8,85	0,15
Controllerbereichserfolg → kunden- und marktbezogener Erfolg des U.	0,28	0,28	0,04	6,34	0,08
Controllerbereichserfolg → wirtschaftlicher Erfolg des U.	0,16	0,17	0,04	4,24	0,03

Tabelle 39: Informationen zur Wirkung des Controllerbereichserfolgs auf den Unternehmenserfolg

Hypothese H6 unterstellt einen positiven Zusammenhang zwischen dem Controllerbereichserfolg und der Güte der Entscheidungen im Unternehmen. Wie den Werten der obigen Tabelle zu entnehmen ist, kann diese Hypothese gestützt werden. Der Pfadkoeffizient beträgt 0,53 und ist auf dem 0,1 %-Niveau signifikant. Diese Werte sind die stärksten, die im Rahmen der Untersuchung aufgetreten sind. Die Effektgröße ist mit 0,39 substanziell und auch sie stellt den höchsten Wert dar, der in der Untersuchung ermittelt werden konnte. Diese starken Ausprägungen lassen darauf schließen, dass der Controllerbereich mit seinen Dienstleistungen genau an der Basis der unternehmerischen Tätigkeit – bei der Entscheidungsfindung – ansetzt und diese unterstützt.

Hypothese H7 hält fest, dass die Anpassungsfähigkeit von Unternehmen in einem positiven Verhältnis zum Controllerbereichserfolg steht. Auch dieser unterstellte Zusammenhang kann auf Basis der empirischen Ergebnisse gestützt werden (Pfadkoeffizient: 0,39 auf einem 0,1 %-Signifikanzniveau). Die Effektgröße von 0,15 ist als relativ stark anzusehen. Dieses Ergebnis stützt somit die Hypothese, dass erfolgreiche Controllerbereiche einem Unternehmen helfen, anpassungsfähig zu bleiben und so die Zukunft des Unternehmens zu sichern.

Ein positiver Zusammenhang zwischen dem Controllerbereichserfolg und dem kunden- und marktbezogenen Erfolg des Unternehmens ist in den Hypothesen H8 und H9 beschrieben.[986] Auch dieser Zusammenhang kann mit den Daten der empirischen Untersuchung gestützt werden. Sowohl der relativ hohe Pfadkoeffizient von 0,28 als

[985] U. steht für Unternehmen.

[986] Wie in Abschnitt 5.1.3.2 festgestellt wurde, bilden diese beiden Faktoren ein gemeinsames Konstrukt und werden daher gemeinsam betrachtet.

auch die Effektgröße von 0,08, die als moderat einzustufen sind, fielen höher aus als erwartet. Schließlich besteht zwischen der Arbeit des Controllerbereichs und dem Erfolg, der mit dem Kunden und am Markt erzielt wird, nur eine mittelbare Beziehung.

Besonders erfreulich ist die Tatsache, dass Hypothese H10 durch die empirischen Daten erstmalig unterstützt werden konnte. H10 unterstellt einen positiven Zusammenhang zwischen dem Controllerbereichserfolg und dem wirtschaftlichen Erfolg des Unternehmens. Der Zusammenhang kann mit einem Pfadkoeffizienten von 0,16 auf einem 0,1 %-Niveau als signifikant beschrieben werden. Der Controllerbereichserfolg ist in der Lage, rund 3 % der Varianz des wirtschaftlichen Erfolgs des Unternehmens zu erklären. Dies ist, wenn auch auf den ersten Blick geringfügig erscheinend, doch ein beachtlicher Anteil, den alleine der Controllerbereich durch seine Dienstleistungen zum Unternehmenserfolg beizutragen vermag.

Des Weiteren wurden aufgrund der Integration der Güte der Entscheidungen im Unternehmen in den Konstruktverbund des Unternehmenserfolgs die Hypothesen H11 bis H16 aufgestellt, die sich mit den Wirkungsbeziehungen zwischen den einzelnen Dimensionen des Unternehmenserfolgs auseinandersetzen. Das in PLS erstellte Strukturmodell ist in Abbildung 13 zu sehen, die entsprechende Tabelle mit allen Gütekriterien ist im Anschluss daran dargestellt. Es wird ersichtlich, dass der Controllerbereichserfolg über die starke Wirkung, die er auf die Güte der Entscheidungen im Unternehmen direkt ausübt, zusätzlich eine indirekte.

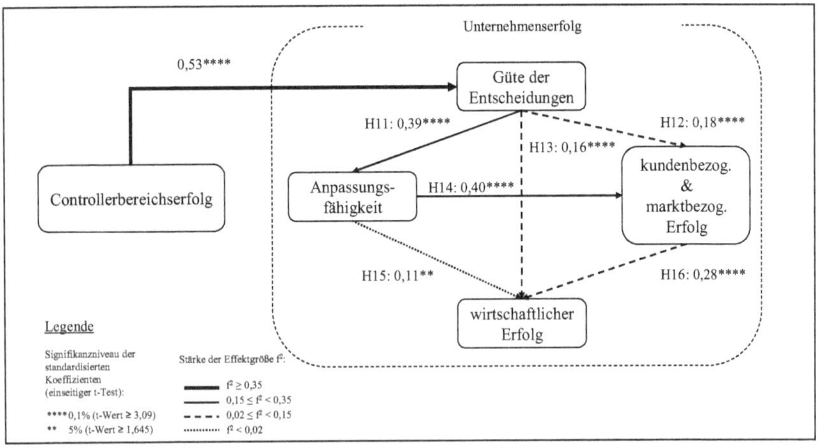

Abbildung 13: Strukturmodell zur Wirkung der Unternehmenserfolgsdimensionen untereinander

Informationen zum Strukturmodell **„Wirkung der Unternehmenserfolgsdimensionen untereinander"**					
Wirkungsbeziehung	**Ursprünglicher Schätzwert**	**Mittelwert der erzeugten Fälle**	**Standardabweichung**	**t-Wert**	**Effektgröße f^2**
Güte der Entscheidungen im U.→ Anpassungsfähigkeit des U.	0,39	0,39	0,04	9,28	0,15
Güte der Entscheidungen im U. → kunden- und marktbezogener Erfolg des U.	0,18	0,18	0,04	4,57	0,03
Güte der Entscheidungen im U. → wirtschaftlicher Erfolg des U.	0,16	0,16	0,05	3,55	0,02
Anpassungsfähigkeit des U. → kunden- und marktbezogener Erfolg des U.	0,40	0,40	0,04	10,69	0,16
Anpassungsfähigkeit des U. → wirtschaftlicher Erfolg des U.	0,11	0,11	0,05	2,29	0,01
Kunden- und marktbezogener Erfolg des U. → wirtschaftlicher Erfolg des U.	0,28	0,28	0,04	6,76	0,07

Tabelle 40: Informationen zur Wirkung der Unternehmenserfolgsdimensionen untereinander

Die Hypothesen H11 bis H13, die alle eine positive Wirkung der Güte der Entscheidungen im Unternehmen auf die anderen Bestandteile des Unternehmenserfolgs unterstellen, können angenommen werden. Die Pfadkoeffizienten (H11: 0,39; H12: 0,18; H 13: 0,16) sind auf dem 0,1 %-Niveau signifikant. Die Effektgrößen, die diesen Zusammenhängen zuzuordnen sind, sind moderat bis schwach.

Weitere drei Zusammenhänge, die die restlichen Interdependenzen zwischen den Bestandteilen des Unternehmenserfolgs beschreiben, sind in den Hypothesen H14 bis H16 festgehalten. Auch diese können allesamt angenommen werden und zeigen sich konsistent mit den Ergebnissen anderer Studien, die diese Zusammenhänge ebenfalls überprüft haben.[987]

Abschließend ist festzuhalten, dass alle aufgestellten Hypothesen durch die empirische Untersuchung gestützt werden konnten. Einen tabellarischen Überblick über das

[987] Vgl. Spillecke (2006), S. 191; Sorg (2007), S. 193 ff.

Ergebnis des Hypothesentests und die Ergebnisse der explorativen Fragestellungen bietet Tabelle 41.

Ergebnisse des Hypothesentests			
Hypothesen-nummer	**Hypothese**	**Hypothese konnte empirisch unterstützt werden?**	
		ja	**nein**
H1	Potenzialqualität (+) → CBE[988] (+)	✓	
H2	Interne Kundenorientierung (+) → CBE (+)	✓	
H3	Vertrauen (+) → CBE (+)	✓	
H4	Zusammenarbeit (+) → CBE (+)	✓	
H5	Gestaltungsfreiheit (+) → CBE (+)	✓	
H6	CBE (+) → Güte der Entscheidungen im U.[989] (+)	✓	
H7	CBE (+) → Anpassungsfähigkeit des U. (+)	✓	
H8	CBE (+) → kundenbezogener Erfolg des U. (+)	✓	
H9	CBE (+) → marktbezogener Erfolg des U. (+)	✓	
H10	CBE (+) → wirtschaftlicher Erfolg des U. (+)	✓	
H11	Güte der Entscheidungen im U. (+) → Anpassungsfähigkeit des U. (+)	✓	
H12	Güte der Entscheidungen im U. (+) → kunden- und marktbezogener Erfolg des U. (+)	✓	
H13	Güte der Entscheidungen im U. (+) → wirtschaftlicher Erfolg des U. (+)	✓	
H14	Anpassungsfähigkeit des U. (+) → kunden- und marktbezogener Erfolg des U. (+)	✓	
H15	Anpassungsfähigkeit des U. (+) → wirtschaftlicher Erfolg des U. (+)	✓	
H16	Kunden- und markt- bezogener Erfolg des U. (+) → wirtschaftlicher Erfolg des U. (+)	✓	
Ergebnisse der explorativen Fragestellungen			
E1	Interne Großzügigkeit → CB[990]	Interne Großzügigkeit (-) → CB (+)	
E2	Relative Wirkung der Einflussfaktorgruppen auf den CB	CB interne Faktoren > interaktionsbezogenen Faktoren > CB externe Faktoren	

Tabelle 41: Ergebnisse des Hypothesentest und der explorativen Fragestellungen

Im nächsten Abschnitt werden die Kernergebnisse der empirischen Überprüfung zusammenfassend dargestellt.

---

988 CBE steht für Controllerbereichserfolg.

989 U. steht für Unternehmen.

990 CB steht für Controllerbereich.

5.3 Zusammenfassung der empirischen Ergebnisse

In Kapitel 5 wurden die empirischen Ergebnisse des in Kapitel 3 hergeleiteten Messmodells zur Erfassung des Controllerbereichserfolgs, seiner Einflussfaktoren sowie das Strukturmodell, das die Wirkungsbeziehungen der einzelnen Konstrukte untereinander überprüft, vorgestellt.

Als Basis des Messmodells zur Erfassung des Controllerbereichserfolgs diente ein aus der Organizational-Effectiveness-Forschung entlehntes Modell, das um eine Dimension erweitert und im Rahmen des Kapitels 3 konzeptualisiert wurde. Die Beurteilung der Validität und Reliabilität des gesamten Messmodells anhand der Gütekriterien der ersten und zweiten Generation ist als sehr zufriedenstellend zu werten. Im Rahmen der empirischen Validierung ließ sich die angenommene Faktorenstruktur bestätigen. Es wurde hierbei deutlich, dass den Dimensionen interner kundenbezogener Erfolg, interner marktbezogener Erfolg und wirtschaftlicher Erfolg bei der Indexbildung das höchste Gewicht zukommt, so dass diese drei Dimensionen die stärkste Bedeutung für die Darstellung des Controllerbereichserfolgs aus Sicht des Managements besitzen.

Um die Wirkung der Einflussfaktoren überprüfen zu können, wurden diese operationalisiert. Die Messmodelle der Einflussfaktoren, die der controllerbereichsinternen Perspektive zugeordnet werden können, Potenzialqualität und interne Kundenorientierung, wiesen zufriedenstellende Ergebnisse auf. Ihre Wirkung auf den Controllerbereichserfolg konnte als die stärkste Wirkung der betrachteten Einflussfaktoren identifiziert werden.
Die Einflussfaktoren Zusammenarbeit und Vertrauen, die die Interaktion zwischen Controllerbereich und Kunden beschreiben, konnten ebenfalls gute Gütekriterien erzielen. Die unterstellte Wirkung auf den Controllerbereichserfolg ist demnach bekräftigt. Ihr Einfluss ist weniger stark als der der ersten Gruppe an Einflussfaktoren. Sie wirken aber stärker als die zuletzt betrachtete Gruppe an Einflussfaktoren.
Die letzte Einflussfaktorengruppe besteht ebenfalls aus zwei Faktoren, interne Großzügigkeit und Gestaltungsfreiraum. Beide Messmodelle erzielten zufriedenstellende Gütekriterien. Allerdings ist festzuhalten, dass die Operationalisierung der internen Großzügigkeit für bessere Messerfolge noch verändert werden sollte. Darüber hinaus ist anzumerken, dass die konzeptualisierte Faktorenstruktur nicht gänzlich bestätigt werden konnte. Ein Faktor, die Wettbewerbsmacht der Kunden, zeigte keine signifikante Wirkung bei der Bildung des Indexes zur internen Großzügigkeit. Die verbleibenden drei Faktoren tragen etwa zu gleichen Teilen zur Abbildung der internen Großzügigkeit bei. Die Wirkung der beiden controllerbereichsexternen Einflussfaktoren erwies sich als signifikant und im Vergleich zu den anderen beiden betrachteten Gruppen an Einflussfaktoren als am wenigsten stark ausgeprägt.

Die Überprüfung der Wirkung des Controllerbereichserfolgs auf den Unternehmenserfolg wies sehr erfreuliche Werte auf. Dabei ist die Wirkung auf die Dimension der Güte der Entscheidungen im Unternehmen am stärksten ausgeprägt. Controllerbereiche sind demnach Dienstleister, deren Leistungen vornehmlich zur Entscheidungsfindung bei ihren Kunden beitragen. Die zweitstärkste Wirkung geht vom Controllerbereichserfolg auf die Anpassungsfähigkeit des Unternehmens aus. Entsprechend dienen Controllerbereiche mit ihren Leistungen dem Unternehmen auch, indem sie das Unternehmen unterstützen sich an wandelnde Umstände anpassen, um so überlebensfähig zu bleiben. Eine ebenfalls positive, aber nicht mehr allzu starke Wirkungsbeziehung konnte zwischen dem Controllerbereichserfolg und dem kunden- und marktbezogenen Erfolg des Unternehmens identifiziert werden. Dass diese Wirkungsbeziehung nicht so stark ausgeprägt ist, dürfte daran liegen, dass die Leistungen anderer Bereiche wie beispielsweise des Marketings oder der Produktion einen direkten und damit unweigerlich viel stärkeren Einfluss auf die Kunden und den Markt ausüben. Letztlich konnte auch eine positive Wirkung auf den wirtschaftlichen Erfolg des Unternehmens festgestellt werden, der als nicht unerheblich einzustufen ist. Dieses Ergebnis ist insbesondere aufgrund der Tatsache bemerkenswert, dass viele andere Bereiche und Komponenten den Unternehmenserfolg direkt oder auch indirekt beeinflussen.

6 Zusammenfassung und Implikationen der Arbeit

In diesem letzten Kapitel werden zunächst die wesentlichen Erkenntnisse der Untersuchung zusammengefasst. Die zentralen Ergebnisse werden aus einer wissenschaftlichen Perspektive sowohl bezüglich des Inhalts als auch der Methodik bewertet und daraus weiterer Forschungsbedarf abgeleitet. Abschließend werden Implikationen, die aus dieser Arbeit für die Unternehmenspraxis hervorgehen, dargestellt.

6.1 Vorgehen und zentrale Ergebnisse der Arbeit

Der Ausgangspunkt der Untersuchung bestand in der Erkenntnis, dass Controllerbereiche in Unternehmen keine unangefochtene Stellung mehr einnehmen. Sie sind vielmehr einem internen Wettbewerb ausgesetzt und müssen einem steigenden Rechtfertigungsdruck standhalten. Diese Entwicklung ist vor allem auf steigende Kosten, die die Gemeinkostenbereiche insgesamt und somit auch Controllerbereiche verursachen, zurückzuführen. Für viele Unternehmen stellt sich daher die Frage nach der Leistungsfähigkeit bzw. dem Erfolg von Controllerbereichen.

Die Betrachtung der englischsprachigen Controllingliteratur zeigt, dass die Diskussion sich primär mit Techniken, Werkzeugen und Instrumenten des Management Accounting auseinandersetzt und somit keine Hilfestellung zur Erfassung des Controllerbereichserfolgs bieten kann. Die Analyse der deutschen Controllingliteratur zeigt, dass bislang nur wenige Arbeiten sich umfassend mit dem Controllerbereichserfolg beschäftigt haben. In der praxisnahen Literatur wird jedoch immer wieder gefordert, die erbrachten Leistungen von Controllerbereichen nachweisbar und messbar zu machen, andernfalls droht ihnen, Ziel eines Outsourcing- oder Offshoring-Projektes zu werden.

Ein wesentliches Ziel der Arbeit bestand somit darin, ein grundlegendes Verständnis des Wesens und der Bedeutung von Controllerbereichserfolg zu schaffen. Es wurden vier Forschungsfragen im Rahmen der Untersuchung formuliert, aufgrund deren Beantwortung sowohl das Ziel der Arbeit erreicht als auch die Einbettung des Controllerbereichserfolgs in den Unternehmenskontext beleuchtet werden konnte.

Um die Forschungsfragen insgesamt beantworten zu können, wurde ein sachanalytisches Vorgehen gewählt und mit einer großzahligen empirischen Untersuchung zu einem umfassenden Forschungsansatz verbunden. Dabei wurde aufbauend auf den Erkenntnissen der Literatur die Konzeptualisierung des Controllerbereichs herausgearbeitet. Ebenso erfolgte die Ableitung der Einflussfaktoren und des Unternehmenserfolgs auf Basis einer sachanalytischen Vorgehensweise. Demgegenüber wurde die Überprüfung der hypothetisierten Zusammenhänge zwischen den einzelnen Komponenten auf Basis einer empirischen Erhebung als schriftliche Online-Befragung durchgeführt, in der Manager gebeten wurden, ihre Einschätzung bezüglich der jeweils abgefragten Aspekte anzugeben. An der Umfrage nahmen insgesamt 607 Manager teil. 580 der ausgefüllten Fragebogen konnten zur Überprüfung des abgeleiteten Modells mit seinen hypothetisierten Zusammenhängen verwendet werden. Die

Validierung der theoretisch abgeleiteten Mess- und Strukturmodelle wurde unter Zuhilfenahme der statistischen Software AMOS 5.0 und Smart-PLS 2.0 durchgeführt.

Im Folgenden werden die Forschungsfragen einzeln noch einmal vorgestellt, um darauf einzugehen wie zu ihrer Beantwortung vorgegangen wurde und welche Ergebnisse erlangt werden konnten.

Forschungsfrage 1a: Was bedeutet Controllerbereichserfolg und welche Anforderungen muss ein Konstrukt zur Messung des Controllerbereichserfolgs erfüllen?

Zur Beantwortung der *Forschungsfrage 1a* wurde als strukturelle Basis zur Erfassung des Controllerbereichserfolgs und der Anforderungen an ein solches Erfolgskonzept Literatur der Organizational-Effectiveness-Forschung verwendet. Hierbei konnte festgestellt werden, dass insbesondere die Anzahl, Ausrichtung und Beschaffenheit der Erfolgsmaße die Güte und die Adäquanz der Erfolgsmaße bestimmen. Auch konnte darüber hinaus festgestellt werden, dass, um den Controllerbereichserfolg annähernd umfassend abbilden zu können, ein multivariat-integriertes Modell als Ansatz zu wählen ist.

Forschungsfrage 1b: Kann das Konstrukt Controllerbereichserfolg vom Controllingverständnis unabhängig konzeptualisiert und operationalisiert werden?

Die Beantwortung der *Forschungsfrage 1b* basiert auf den Erkenntnissen der ersten Forschungsfrage. Somit wurde zur Konzeptualisierung und Operationalisierung des Controllerbereichserfolgs ein mehrdimensionales, komplexes Konstrukt entwickelt, das die grundlegenden Erkenntnisse der Organizational-Effectiveness-Forschung auf den Controllerbereich überträgt. Das entwickelte Fünf-Faktoren-Modell beinhaltet sowohl Elemente des goal model, des system model als auch des decision process model, die als die elementaren Modelle der Erfolgsfaktorenforschung identifiziert werden konnten. Die einzelnen Faktoren beschreiben die Anpassungsfähigkeit, den kundenbezogenen Erfolg, den marktbezogenen Erfolg, den wirtschaftlichen Erfolg des Controllerbereichs sowie die Verwendung von Controllerbereichsleistungen zur Entscheidungsfindung. Die Faktoren wurden mit einer Vielzahl von Indikatoren abgebildet und mittels Gütekriterien der ersten und zweiten Generation validiert. Daran anschließend wurden die Faktoren zu einem formativen Gesamtmodell Controllerbereichserfolg zusammengeführt. Das angenommene Fünf-Faktoren-Modell konnte aufgrund der statistischen Auswertungen gestützt werden. Es wurde deutlich, dass drei der fünf Faktoren besonders stark zur Bildung des Gesamtmodells beitragen, wohingegen die anderen zwei Faktoren in der Bedeutung vergleichsweise abfallen.

Forschungsfrage 2: Wie wirken controllerbereichsinterne und -externe Determinanten sowie Aspekte der Interaktion zwischen Controllerbereich und Unternehmen auf den Controllerbereichserfolg?

Zur Beantwortung der *Forschungsfrage 2* wurde mithilfe kausalanalytischer Verfahren die Wirkung ausgewählter Einflussfaktoren auf den Controllerbereichserfolg untersucht. Es konnte gezeigt werden, dass alle auf einer Literaturanalyse ausgewählten Einflussfaktoren einen signifikant positiven Einfluss auf den Controllerbereichserfolg ausüben. Allerdings sind hinsichtlich der Stärke der Einflüsse Unterschiede auszumachen. So konnte für die Potenzialqualität des Controllerbereichs der stärkste Einfluss auf den Controllerbereichserfolg nachgewiesen werden. Das Vertrauen, das der Kunde dem Controllerbereich entgegenbringt, weist den zweitstärksten Einfluss auf, gefolgt von der Kundenorientierung und der Zusammenarbeit von Kunde und Controllerbereich. Vergleichsweise am schwächsten wirkte die Gestaltungsfreiheit des Controllerbereichs auf den Controllerbereichserfolg. Da auf konzeptioneller Ebene keine eindeutige Wirkungsrichtung der internen Großzügigkeit auf den Controllerbereichserfolg festgestellt werden konnte, wurde dieser Wirkungszusammenhang als erste von zwei explorativen Fragestellungen in die Arbeit aufgenommen. Es zeigte sich, dass eine positive Wirkung von einer geringen internen Großzügigkeit des Controllerbereichs auf den Controllerbereichserfolg ausgeht. Die zweite explorative Fragestellung untersuchte, welche der drei Einflussfaktorengruppen den relativ stärksten Einfluss auf den Controllerbereichserfolg ausübt. Das Ergebnis zeigt, dass dies die Gruppe der Faktoren ist, die vom Controllerbereich intern gesteuert werden kann (Potenzialqualität und Kundenorientierung). Die Gruppe der Interaktionsfaktoren erwies sich als nächstwichtige Einflussfaktorengruppe, wohingegen der relative Einfluss der controllerbereichsexternen Faktoren am schwächsten ausgeprägt ist.

Forschungsfrage 3: Welchen Einfluss übt der Controllerbereichserfolg auf den Unternehmenserfolg aus?

Abschließend wurden zur Beantwortung der *Forschungsfrage 3* ebenfalls Verfahren der Kausalanalyse verwendet. Hierbei wurde untersucht, inwieweit der Controllerbereichserfolg einen Einfluss auf die Bestandteile des Unternehmenserfolgs ausübt. Zur Überprüfung wurden die Wirkungen, die vom Gesamtmodell des Controllerbereichserfolgs auf die Komponenten des Unternehmenserfolgs ausgehen, betrachtet. Zur Messung des Unternehmenserfolgs wurde auf ein statistisch validiertes Modell zurückgegriffen, das bereits mehrfach Verwendung in der Controllingforschung fand. Allerdings wurde es um eine weitere Komponente des Erfolgs (Güte der Entscheidungen im Unternehmen) erweitert. Es konnte gezeigt werden, dass die hypothetisierten positiven Wirkungen auf alle Bestandteile des Unternehmenserfolgs statistisch untermauert werden konnten. Zudem wurde deutlich, dass Unterschiede bezüglich der Wirkungsstärke existieren. Die stärkste Wirkung des Controllerbereichserfolgs konnte auf die Güte der Entscheidungen im Unternehmen festgestellt werden. Die relativ schwächste Wirkung wurde hingegen auf den wirtschaftlichen Erfolg des Unternehmens identifiziert. Nichtsdestotrotz ist es bemerkenswert, dass ein solcher hypothetisierter Zusammenhang empirisch gestützt werden konnte. Zudem ist festzuhalten, dass der zuletzt beschriebene Zusammenhang noch zusätzlich durch die indirekte Wirkung des Controllerbereichserfolgs insbesondere über die Güte der Entscheidungen im Unternehmen auf die er die stärkste Wirkung ausübt, unterstützt wird.

6.2 Wissenschaftliche Bewertung der Arbeit und weiterer Forschungsbedarf

Nachdem das Vorgehen und die zentralen Ergebnisse der Untersuchung vorgestellt wurden, bewerten die folgenden Abschnitte die Arbeit aus einer wissenschaftlichen Perspektive.

6.2.1 Wissenschaftliche Bewertung der Arbeit

Die wissenschaftliche Bewertung der Arbeit wird einerseits hinsichtlich des Beitrags, den sie zur Controllingforschung insgesamt leistet, und andererseits hinsichtlich der verwendeten Methoden und Verfahren vorgenommen. Dabei wird auch darauf eingegangen, welchen Restriktionen die Arbeit unterliegt.

6.2.1.1 Inhaltliche Bewertung

Die Strukturierung der inhaltlichen Bewertung der Arbeit folgt den formulierten Forschungsfragen. Entsprechend wird jeweils eine Bewertung der Erfassung des Controllerbereichserfolgs, der Messmodellentwicklung, der Einflussfaktoren und der Wirkungsanalysen vorgenommen.

Wie in Abschnitt 2.2.3 dargestellt, ist das Konzept des Controllerbereichserfolgs in der relevanten Literatur bislang nur ansatzweise durchdrungen. Es lässt sich feststellen, dass in der Literatur bei der Betrachtung des Controllerbereichserfolgs bisher immer nur jeweils ein Aspekt von Erfolg berücksichtigt wurde. Zudem wurde kein universeller Ansatz gesucht, sondern immer ein Ansatz, der auf ein bestimmtes Controllingverständnis rekurriert. Ein erster inhaltlicher Beitrag zur Controllingforschung liegt somit darin, dass erstmalig das Konzept Controllerbereichserfolg vom Controllingverständnis unabhängig und durch Rückgriff auf Erkenntnisse der Unternehmenserfolgsforschung in einem multivariat-integrierten Modell ausgearbeitet wurde, das eine Vielzahl von Perspektiven des Erfolgs berücksichtigt.

Auch stellen die Konzeptualisierung und Operationalisierung des Controllerbereichserfolgs eine Erweiterung des gegenwärtigen Forschungsstandes dar. Die Entwicklung eines Fünf-Faktoren-Modells zur Abbildung von Controllerbereichserfolg ist in der heutigen wissenschaftlichen Diskussion der umfassendste Ansatz in der Controllingforschung. Durch die Verwendung eines solchen komplexen Konstruktes ist es möglich, drei verschiedene Modelle der Erfolgsforschung zu integrieren. Ihre Verwendung ermöglicht es, vergangenheitsbezogene Aspekte wie die Zielerreichung sowohl im Sinne von Effektivitäts- als auch Effizienzbetrachtungen, aber auch zukunftsbezogene Aspekte wie die Anpassungsfähigkeit in einem Modell zu vereinen. Die Operationalisierung des Konstruktes erfolgt als Konstrukt höherer Ordnung mit reflektiven Indikatoren auf der Ebene der individuellen Faktoren und einer formativen Bildung auf der übergeordneten Ebene.[991] Dadurch konnte auch ein Beitrag zur Erfolgsforschung insgesamt geleistet werden, denn es gelang somit erstmalig, ein sehr komplexes Erfolgskonstrukt in einem einzigen, validen Messinstrument zusammen-

[991] Vgl. Albers/Götz (2006).

zuführen. Darüber hinaus konnten durch die Vorgehensweise auch Rückschlüsse auf die Bedeutung der einzelnen Bestandteile des Erfolgskonstrukts gezogen werden.

Es ist jedoch anzumerken, dass aufgrund der Neuentwicklung des Messmodells und des damit einhergehenden Mangels an vergleichbaren Ergebnissen Interpretationen des Indexes erschwert werden. Unklar bleibt, wie die Ergebnisse, die für den Controllerbereichserfolg gültig sind, sich bei der Anwendung auf andere Gemeinkostenbereiche im Unternehmen, wie beispielsweise auf das externe Rechnungswesen, verändern würden. Möglicherweise spielen Faktoren, die im Controllerbereichserfolgskonstrukt nur von geringer Bedeutung sind, dann eine dominante Rolle. Gleiches gilt für eine mögliche Anwendung auf den gesamten Unternehmenserfolg. Es lassen sich folglich keine Aussagen darüber treffen, ob die Bedeutungsverteilung der einzelnen Dimensionen des Erfolgskonstrukts eine controllingspezifische Verteilung darstellt oder aber verallgemeinert werden kann.

Weitere Erkenntnisse ergeben sich aus der Betrachtung der Wirkung der vorgestellten Einflussfaktoren auf den Controllerbereichserfolg. Die beiden controllerbereichs-externen Einflussfaktoren wurden im Rahmen der Untersuchung neu operationalisiert. Die Gütekriterien weisen zufriedenstellende Ergebnisse auf, so dass künftige Forschungsvorhaben auf diesen aufbauen können. Die unterstellten positiven Zusammenhänge zwischen den Einflussfaktoren und dem Controllerbereichserfolg konnten durch die empirischen Überprüfungen gestützt werden. Allerdings ist im Rahmen der Diskussion der Einflussfaktoren kritisch anzumerken, dass aufgrund der Beschränkungen, die mit einer Fragebogenerhebung einhergehen, keine vollständige Analyse aller möglichen Einflussfaktoren des Controllerbereichserfolgs vorgenommen werden konnte.
Ein weiterer inhaltlicher Erkenntnisbeitrag wird im Rahmen der Untersuchung dadurch geliefert, dass eine Wirkungsanalyse des Controllerbereichserfolgs auf den Unternehmenserfolg durchgeführt wurde. Basis dieser Betrachtung bildete die Ressourcenabhängigkeitsperspektive, da es für die Überlebensfähigkeit des Controllerbereichs im Unternehmenskontext von elementarer Bedeutung ist, die Auswirkungen dieses Erfolgs greifbar werden zu lassen.[992] Es konnte erstmalig unter Verwendung eines komplexen und damit viele Dimensionen umfassenden Controllerbereichserfolgskonstrukts eine positive Wirkung auf den Unternehmenserfolg empirisch gestützt werden. Die starke Wirkung des Controllerbereichserfolgs auf die Güte der Entscheidungen im Unternehmen ist auf Basis der Controllerbereichsleistungen nachvollziehbar, die das Management bei seiner Arbeit unterstützen und somit zur Entscheidungsfindung im Unternehmen beitragen.[993] Es wurde zudem erstmals in der Controllingliteratur ein direkter Zusammenhang zwischen dem Erfolg des Controllerbereichs und dem wirtschaftlichen Erfolg des Unternehmens überprüft und empirisch untermauert. Diese Wirkungsbeziehung scheint auf den ersten Blick erstaunlich, ist jedoch aufgrund der Aufgaben von Controllerbereichen nachvollziehbar. So sind Controllerbereiche in ihrer täglichen Arbeit u. a. mit Themen der Kostenrechnung, mit Kalkulationen, mit Investitionen und Budgets betraut. Controller-

[992] Vgl. Moorman/Rust, die diese Vorgehensweise im Marketingkontext wählten.
[993] Vgl. Indjejikian/Matejka (2006).

bereiche sind in ihrer Tätigkeit somit direkt mit Kosten und Aufwänden, die im Unternehmen entstehen, verbunden Sie können diese folglich auch beispielsweise durch Kostensenkungsprogramme oder die Aufdeckung und Beseitigung von Ineffizienzen direkt beeinflussen und damit auch den wirtschaftlichen Erfolg von Unternehmen beeinflussen.

6.2.1.2 Methodische Bewertung

Hinsichtlich der methodischen Anforderungen an eine wissenschaftliche empirische Untersuchung kann die vorliegende Arbeit als den Ansprüchen gerecht eingestuft werden.

Aufgrund der zweistufigen Herangehensweise zur Erfassung des Untersuchungsgegenstands ist gewährleitstet, dass die Arbeit nicht auf einer sachanalytisch-konzeptionellen Ebene stehen bleibt, sondern darüber hinaus die getroffenen konzeptionellen Überlegungen mittels einer empirischen Analyse überprüft.

Mit dem PLS-Ansatz als Methodik der Kausalanalyse wird ein empirisches Verfahren verwendet, das aufgrund seiner Vorteile gegenüber rein kovarianzbasierten Schätzungen immer häufiger in empirischen Arbeiten eingesetzt wird.[994] Zur Validierung der formativen Messmodelle wird ebenfalls PLS verwendet. Dahingegen werden die Gütekriterien für reflektive Konstrukte mittels „klassischer" kovarianzbasierter Verfahren ermittelt. Somit lassen sich die reflektiv operationalisierten Konstrukte auch im Rahmen weiterer Forschungsvorhaben, die auf kovarianzbasierten Verfahren aufbauen, verwenden. Der Einsatz von MIMIC-Modellen im Rahmen der formativ gebildeten Konstrukte lässt darüber hinaus eine inhaltliche Validierung der Konstrukte zu.

Die Befragung und damit die Beurteilung des Controllerbereichserfolgs richten sich an die Kunden der Controllerbereiche und nicht an Controller oder Controllerbereichsleiter selbst, so dass keine Bewertung der eigenen Leistung vorgenommen wurde. Dennoch ist aufgrund der Befragung von nur einer Person pro Unternehmen die Gefahr eines informant bias gegeben, auch wenn verschiedene Schritte unternommen wurden, diesen auszuschließen oder mindestens zu vermindern.[995] Darüber hinaus ist auch durch die Befragung nur einer Person sowohl bezüglich der abhängigen als auch der unabhängigen Variablen ein common method bias nicht auszuschließen. Allerdings wurden auch hier die Empfehlungen der Literatur zur Minimierung des bias bei der Fragebogengestaltung berücksichtigt.[996]

Eine weitere Restriktion dieser Arbeit ist auf die zugrunde liegende Datenstruktur zurückzuführen. Diese enthält, um die Komplexität und den Aufwand der Datenerhebung zu begrenzen, nur deutsche Unternehmen. Die Untersuchung ist somit

---

[994] Vgl. Abschnitt 4.3.3 zum PLS-Ansatz und seinen Vorteilen.

[995] Vgl. zum Informant Bias Ernst (2001) und zu den getroffenen Gegenmaßnahmen die Ausführungen in Abschnitt 4.1.1.

[996] Vgl. zum Common Method Bias Nunally/Bernstein (1994), S. 418, und zu den getroffenen Gegenmaßnahmen die Ausführungen in Abschnitt 4.1.2.

als nationale Analyse zu verstehen, die keine Aussagen über die Gültigkeit der Ergebnisse im internationalen Kontext zulässt. Zudem wurden auf Basis konzeptioneller Überlegungen die Branchen Bank und Versicherung ausgeschlossen, so dass die Ergebnisse auch für diese Bereiche keine Gültigkeit besitzen.

Abschließend ist anzumerken, dass das Untersuchungsdesign eine zeitpunktbezogene Querschnittsanalyse darstellt. Somit sind keine dynamischen Effekte in das Untersuchungsmodell eingeflossen. Die verwendeten Dependenzanalysen berücksichtigen darüber hinaus ausschließlich lineare Zusammenhänge zwischen Variablen.

6.2.2 Darstellung des weiteren Forschungsbedarfs

Wie bei der Diskussion der inhaltlichen Bewertung der Arbeit bereits angesprochen, ist durch die Erstmaligkeit dieser Erfolgsmessung kein Referenzpunkt in der Literatur vorhanden, der die Interpretation der Ausprägung des Controllerbereichserfolgs erlaubt. Um verlässliche Aussagen zur Universalität dieser Erfolgsmessung treffen zu können, sollte das Messmodell auch in anderen Kontexten eingesetzt werden, beispielsweise auf den gesamten Unternehmenserfolg bezogen oder auch in Bezug auf weitere (Gemeinkosten-)Bereiche in Unternehmen. Anschließend sollte ein Abgleich der erzielten Resultate vorgenommen werden.

Weiterer inhaltlicher Forschungsbedarf besteht hinsichtlich der möglichen Einflussfaktoren. Zwar weisen die hohen Werte der Bestimmtheitsmaße darauf hin, dass die betrachteten Einflussfaktoren einen wesentlichen Teil der unterschiedlichen Ausprägungen des Controllerbereichserfolgs erklären können, jedoch sollten in folgenden Untersuchungen aufgrund der potenziellen Vielzahl von Einflussfaktoren weitere Einflussfaktoren miteinbezogen werden. Hierbei sollten insbesondere Einflussfaktoren der controllerbereichsinternen und der Interaktionsperspektive aufgrund ihrer relativen Bedeutung, die sich im Rahmen dieser Studie zeigte untersucht werden.

Bezüglich der Auswirkungen des Controllerbereichserfolgs könnte bei weiteren Forschungsvorhaben die Wirkung auf den Erfolg der Kunden im Sinne einer Zielerreichungsquote der Kundenziele untersucht werden.

Neben den aufgeführten inhaltlichen Aspekten des weiteren Forschungsbedarfs ergeben sich auch Ansatzpunkte für weitere Forschungsvorhaben in methodischer Hinsicht.

Um sowohl das Problem des informant bias als auch das Problem des common method bias zu entkräften, wäre es hilfreich, wenn Folgestudien mehrere Personen im Unternehmen sowohl zu den abhängigen als auch zu den unabhängigen Variablen befragen würden.

Ebenso sind dyadische Erhebungsformen denkbar, die es ermöglichen, den Abgleich zwischen der Kunden- und der Dienstleistersicht bezüglich des Konzepts des Controllerbereichserfolgs herzustellen.

Auch wäre eine Ausweitung des Umfangs der Erhebung möglich, die dann alle Branchen miteinbezieht. Auch ist eine Erhebung im internationalen Kontext denkbar. Eine länderübergreifende Studie könnte vor allem herangezogen werden, um Gemeinsamkeiten und Unterschiede zwischen den Ländern aufzudecken. Bei der Auswahl der Länder sollten die grundlegenden Controllingverständnisse des jeweiligen Landes sowie kulturelle Faktoren berücksichtigt werden. Ebenso wäre eine Untersuchung des Controllerbereichserfolgskonzepts in deutschstämmigen Unternehmen im Ausland denkbar, so dass sich potenzielle Unterschiede in den Ergebnissen zum Großteil auf kulturelle Gegebenheiten der jeweiligen Länder zurückführen lassen sollten.

Obwohl das entwickelte Controllerbereichserfolgskonzept nicht auf einem spezifischen Controllingverständnis beruht, könnte in nachfolgenden Arbeiten das zugrunde liegende Controllingverständnis als moderierende Variable untersucht werden.

Zudem könnten weitere Forschungsvorhaben als Längsschnittstudien konzipiert werden. Dadurch ließe sich der Controllerbereichserfolg im Zeitverlauf darstellen und es könnten periodenübergreifende Effekte berücksichtigt werden.

6.3 Implikationen für die Unternehmenspraxis

Neben der wissenschaftlichen Bewertung der Arbeit sollen mögliche Implikationen für die Unternehmenspraxis aus den Ergebnissen der Arbeit abgeleitet werden. Basis der Ableitung der Implikationen bilden die folgenden drei Ergebnisse:

- Aus der Sicht des Managements setzt sich der Controllerbereichserfolg vorrangig aus den Komponenten interner kundenbezogener Erfolg, interner marktbezogener Erfolg und wirtschaftlicher Erfolg des Controllerbereichs zusammen.

- Sowohl controllerbereichsinterne Einflussfaktoren als auch Interaktionsfaktoren zwischen Kunden und Controllerbereich üben einen signifikanten, positiven Einfluss auf den Controllerbereichserfolg aus.

- Die Wirkung des Controllerbereichserfolgs ist besonders stark auf die Güte der Entscheidungen im Unternehmen ausgeprägt.

Die Erkenntnis, dass Manager sowohl den internen kundenbezogenen, den internen marktbezogenen als auch den wirtschaftlichen Erfolg zur Beurteilung des Erfolgs des Controllerbereichs heranziehen, legt den Schluss nahe, dass Controllerbereiche sich insbesondere auf diese Aspekte des Controllerbereichserfolgs stützen und dort auch vorrangig ansetzen sollten, um den Erfolg zu steigern. Der kundenbezogene Erfolg setzt sich nach der Konzeptualisierung der Arbeit sowohl aus der Prozess- und Ergebnisqualität als auch der internen Kundenzufriedenheit zusammen. Entsprechend sollten Controllerbereiche bemüht sein, die Prozesse und ihre Dienstleistungen/Produkte einer Qualitätskontrolle zu unterziehen, ähnlich wie in einem Produktionsbetrieb. Die Qualitätsstandards sind anhand der individuellen Bedürfnisse der jeweiligen Kunden festzulegen und in regelmäßigen Abständen zu überprüfen und zu hinterfragen.

Der marktbezogene Erfolg stellt die Nachfrage nach Controllerbereichsleistungen dar und ist somit eng mit dem kundenbezogenen Erfolg verknüpft. Um die Nachfrage des Managements nach Controllerbereichsleistungen zu steigern, könnte neben den beim kundenbezogenen Erfolg erwähnten Faktoren, die als Hygienefaktoren einzustufen sind,[997] auch der Versuch unternommen werden, Begeisterungsfaktoren in die erbrachten Dienstleistungen einzubauen. Dies könnte in Form von Sonderanalysen, Beratung oder auch Hinweisen zu Abweichungsursachen geschehen, wobei die Bedürfnisse des jeweiligen Kunden zu berücksichtigen sind.

Der subjektiv empfundene wirtschaftliche Erfolg des Controllerbereichs bildet den dritten Faktor, der wesentlich zum Controllerbereichserfolg aus Sicht des Managements beiträgt. Hierbei ist darauf zu achten, dass Controllerbereiche effizient mit den ihnen zur Verfügung gestellten Ressourcen umgehen. Entsprechend sollte der Ressourceneinsatz sich ausschließlich an den Zielen und Aufgaben des Bereichs orientieren. Dies beinhaltet sowohl den Abbau von Überkapazitäten als auch eine sinnvolle Allokation der Ressourcen, die der Befriedigung der Anforderungen und Bedürfnisse der Kunden dient.

Die positive Wirkungsbeziehung zwischen den controllerbereichsinternen Einflussfaktoren und dem Controllerbereichserfolg lässt ebenfalls Implikationen für die Unternehmenspraxis zu. So kann der Controllerbereichserfolg direkt, d. h. aus dem Controllerbereich heraus durch die Verbesserung der Potenzialqualität gesteigert werden. Sie zielt dabei auf die sachlichen, organisatorischen und persönlichen Leistungsvoraussetzungen des Controllerbereichs ab. Anknüpfungspunkte zur Steigerung der Potenzialqualität lassen sich somit beispielsweise bei Auswahl- und Einstellungsverfahren neuer Mitarbeiter, der Ausbildung und Weiterentwicklung der vorhandenen Mitarbeiter, der intensiven Überprüfung von Neu- oder auch Ersatzinvestitionen hinsichtlich der Informationssysteme, aber auch bei der Entwicklung von Anreizsystemen zur Steuerung der Leistungsbereitschaft finden.

Die Kundenorientierung trägt, den empirischen Ergebnissen der Arbeit nach, auch dazu bei, den Controllerbereichserfolg zu steigern. Aufgrund der Auseinandersetzung sowohl mit den angebotenen Produkten als auch mit den Kunden können eventuell unter Zuhilfenahme einfacher Marketinginstrumente die Bedürfnisse der Kunden sehr schnell analysiert und ihnen realisiert werden. Mögliche Marketinginstrumente, die zur Kundenanalyse herangezogen werden können, sind sowohl die Kundensegmentierung, die Erstellung eines Produktportfolios sowie der Verknüpfung dieser beiden, als auch die Erstellung von Wichtigkeit/Zufriedenheitsmatrizen.

---

[997] Hygienefaktoren sind als Faktoren zu verstehen, die als Basis vorhanden sein müssen, damit Leistung als akzeptabel angesehen wird. Begeisterungsfaktoren gehen über dieses Mindestmaß der Anforderungen und Erwartungen hinaus.

Die Interaktionseinflussfaktoren zeigen eine etwas schwächere, aber dennoch erwähnenswerte Wirkung auf den Controllerbereichserfolg. Die Interaktion mit dem Kunden kann nicht alleine vom Controllerbereich beeinflusst werden, sondern wird entscheidend von den Kunden selbst geprägt. Entsprechend sollten Controllerbereiche ihr Möglichstes tun, um das ihnen entgegengebrachte Vertrauen und die Zusammenarbeit mit den Kunden zu stärken.

Abschließend gehen von den Ergebnissen der Arbeit auch praktische Implikationen hinsichtlich des Selbstverständnisses von Controllerbereichen aus. Der von Controllerbereichen hervorgebrachte Einfluss auf den Unternehmenserfolg ist hauptsächlich auf die Güte der Entscheidungen im Unternehmen gerichtet, die ihrerseits wiederum, wie konzeptualisiert, hypothetisiert und empirisch untermauert[998], die restlichen Faktoren des Unternehmenserfolgs maßgeblich beeinflusst. Entsprechend sollten Controllerbereiche sich als Unterstützer und Vorbereiter von Entscheidungen im Unternehmen verstehen. Sie sollten ihre Bemühungen dementsprechend daraufhin ausrichten, dass aufgrund ihres Mitwirkens im Unternehmen möglichst gute Entscheidungen getroffen werden, die den gesamten Unternehmenserfolg positiv beeinflussen.

[998] Vgl. Abschnitt 3.4 bezüglich der Konzeptualisierung, Abschnitt 3.5 bezüglich der Hypothesenformulierung und Abschnitt 5.2.2 bezüglich der empirischen Ergebnisse.

7 Anhang: Fragebogen

WHU – Otto Beisheim School of Management
Lehrstuhl für Controlling und Telekommunikation
Burgplatz 2, Vallendar
Erfolg des Controllings

- Eine Bewertung aus Sicht des Managements-

WHU
Excellence in Management Education

Wir bitten Sie um ca. 20 Minuten Ihrer Zeit. Dafür bieten wir Ihnen:

- **einen exklusiven Benchmarking-Bericht**, aus dem Sie z. B. den Erfolgsgrad Ihrer Controllingabteilung im Branchenvergleich ersehen können,
- **ein Gratisexemplar des Controlling-Standardwerkes** "Einführung in das Controlling" (aktuelle 10. Auflage, 650 Seiten) von Prof. Dr. J. Weber
- **eine Einladung für eine eintägige Fortbildung an der WHU** für Sie oder einen Mitarbeiter Ihrer Controllingabteilung.

Ihre Angaben werden anonym ausgewertet und streng vertraulich behandelt!

Rückfragen beantwortet Ihnen sehr gerne:
Dipl.-Kffr. Frauke Sill

0261/6509 – 472
controllingforschung@whu.edu

Wir bedanken uns für Ihr Vertrauen und Ihre Mitarbeit!

Prof. Dr. Jürgen Weber

Dipl.-Kffr. Frauke Sill

Bitte vor Ausfüllen des Fragebogens lesen!

Allgemeine Hinweise zum Fragebogen

- Dieser Fragebogen dient **rein wissenschaftlichen Zwecken** im Rahmen unserer Forschung. Grundsatz unserer wissenschaftlichen Arbeit ist es, konkrete Handlungsempfehlungen für die Unternehmenspraxis zu erarbeiten.
- Wir sichern Ihnen ausdrücklich zu, dass alle Angaben **streng vertraulich** behandelt werden. Alle Antworten werden **anonym** ausgewertet. Die Angaben bzgl. Ihres Namens und Ihrer Anschrift verwenden wir ausschließlich für die Zusendung der Incentives.
- Sollten Sie nicht der **richtige Ansprechpartner** für dieses Thema sein, leiten Sie den Fragebogen bitte an eine geeignete Person in Ihrem Unternehmen weiter.
- Für **Rückfragen** steht Ihnen Dipl.-Kffr. Frauke Sill unter der Rufnummer 0261/6509 – 472 oder per E-Mail unter **controllingforschung@whu.edu** gerne zur Verfügung.

Wichtige Hinweise zur Beantwortung der Fragen

- Unter Controlling wird in dieser Studie der Personenkreis im Unternehmen verstanden, der sich mit Informationsversorgung, Planung, Kontrolle sowie betriebswirtschaftlichen Analysen beschäftigt.
- Bitte beziehen Sie Fragen zu Ihrem Unternehmen und/oder Controlling immer auf Ihre Geschäftseinheit/Unternehmensbereich/Sparte/Division etc. beziehungsweise **auf den Teilbereich des Unternehmens, für den Sie (mit)verantwortlich sind.**
- Im Verlauf des Fragebogens werden verschiedene Sachverhalte durch **ähnliche Fragestellungen** erfasst. Wir bitten Sie hierfür um Verständnis, da dies aus methodischen Gründen erforderlich ist.
- Die Fragen beziehen sich oftmals auf „Unsere Controller" respektive „Unser Controlling". Falls Sie nicht alle Controller bewerten können, beziehen Sie bitte die Fragen auf den **Controller, mit dem Sie am meisten zu tun haben bzw. auf Ihre(n) Ansprechpartner im Controlling.**
- Die **Vollständigkeit Ihrer Antworten** ist für den Erfolg der Studie von größter Bedeutung. Sollten Sie keine bzw. wenige Informationen zur Beantwortung einer Frage haben, so bitten wir Sie bewusst um **Ihre subjektive Einschätzung**.

Vielen Dank für Ihre Unterstützung!

A. Angaben zum Controlling in Ihrem Unternehmen

1. Wie beurteilen Sie die Haltung gegenüber der Institution Controlling im Allgemeinen in Ihrem Unternehmen?	*Trifft gar nicht zu* … *Trifft voll zu*
Bitte beziehen Sie Fragen zu Ihrem Unternehmen und/oder Controlling immer auf Ihre Geschäftseinheit/Unternehmensbereich/Sparte/Division etc. beziehungsweise auf den Teilbereich des Unternehmens, für den Sie (mit)verantwortlich sind.	
Controlling wird als sehr nützlich angesehen.	O O O O O
Controlling wird als sehr sinnvoll angesehen.	O O O O O
Controlling wird als Unterstützung für die tägliche Arbeit angesehen.	O O O O O
Controlling wird als „ökonomisches Gewissen" des Unternehmens angesehen.	O O O O O
Controlling wird als reiner „Mehraufwand-Generator" angesehen.	O O O O O
Controlling wird als „Bremser" angesehen.	O O O O O

2. Inwieweit treffen folgende Aussagen hinsichtlich des Potenzials Ihres Controllings zu?	*Trifft gar nicht zu* … *Trifft voll zu*
Die technische Ausstattung ermöglicht unserem Controlling eine problemlose Erfüllung seiner Aufgaben.	O O O O O
Die personelle Ausstattung unseres Controllings ist ausreichend.	O O O O O
Die fachliche Kompetenz unserer Controller erscheint mir sehr hoch.	O O O O O
Die Leistungsbereitschaft unserer Controller erscheint mir sehr hoch.	O O O O O
Unser Controlling kennt die wichtigen Besonderheiten unseres Geschäfts sehr gut.	O O O O O
Unser Controlling ist mit den Dienstleitstungen/Produkten unseres Unternehmes bestens vertraut.	O O O O O

3. Inwieweit vertrauen Sie Ihrem Controlling?	*Trifft gar nicht zu* … *Trifft voll zu*
Ich habe das Gefühl, dass unser Controlling die Interessen des Unternehmens sehr gut vertritt.	O O O O O
Ich bin davon überzeugt, dass unser Controlling sein Möglichstes tut, um auftretende Probleme zu beseitigen.	O O O O O
Ich gebe vertrauliche Informationen an unsere Controller weiter.	O O O O O
Ich spreche mit unseren Controllern über aktuelle Ereignisse im Unternehmen.	O O O O O
Unser Controlling ist bei auftretenden Problemen ehrlich zu mir.	O O O O O
Unser Controlling ist ein absolut vertrauenswürdiger Partner.	O O O O O

4. Wie sieht die Zusammenarbeit zwischen Ihnen und Ihrem Controlling aus?	*Trifft gar nicht zu* … *Trifft voll zu*
Der direkte Austausch mit unseren Controllern findet sehr häufig statt.	○ ○ ○ ○ ○
Der direkte Austausch mit unseren Controllern ist sehr intensiv.	○ ○ ○ ○ ○
Die Zusammenarbeit mit unseren Controllern ist persönlich und informell.	○ ○ ○ ○ ○
Die Zusammenarbeit mit unseren Controllern ist von einer offenen und konstruktiven Atmosphäre geprägt; gemeinsame Lösungen stehen hierbei im Vordergrund.	○ ○ ○ ○ ○

5. In welchem Umfang kann Ihr Controlling seinen Aufgabenbereich selbst gestalten?	*Trifft gar nicht zu* … *Trifft voll zu*
Unser Controlling definiert seinen Aufgabenbereich größtenteils selbst.	○ ○ ○ ○ ○
Unser Controlling nutzt konsequent Freiheiten zur Gestaltung des eigenen Tätigkeits-gebietes.	○ ○ ○ ○ ○
Unser Controlling nimmt nur Aufgaben wahr, die ihm vom Management zugewiesen worden sind.	○ ○ ○ ○ ○
Wie die Dinge angegangen werden, liegt in der freien Entscheidung der jeweiligen Controller.	○ ○ ○ ○ ○
Bei kleineren Angelegenheiten können unser Controller Entscheidungen treffen, auch ohne vorher ihren Vorgesetzten konsultiert zu haben.	○ ○ ○ ○ ○
Ein Controller, der eigenständige Entscheidungen treffen will, wäre in unserem Controlling genau richtig.	○ ○ ○ ○ ○

6. Wie schätzen Sie die Kundenorientierung Ihres Controllings ein?	*Trifft gar nicht zu* … *Trifft voll zu*
Unser Controlling richtet sich sehr stark nach seinen internen Kunden, dem Management, aus.	○ ○ ○ ○ ○
Unser Controlling ist bestrebt, die Wünsche des internen Kunden, dem Management, zu erfüllen.	○ ○ ○ ○ ○
Unser Controlling spricht mit seinem Kunden, dem Management, um dessen Bedürfnisse zu verstehen.	○ ○ ○ ○ ○
Die interne Kundenorientierung (Ausrichtung am Management) ist sehr hoch.	○ ○ ○ ○ ○

7. Wie viele Vollzeitmitarbeiter sind in etwa in Ihrem Controlling beschäftigt?
____

B. Angaben zur Positionierung des Controllings in Ihrem Unternehmen

8. Inwieweit stimmen Sie den folgenden Aussagen über das Controlling Ihres Unternehmens zu?	*Trifft gar nicht zu* … *Trifft voll zu*
Bitte beziehen Sie Fragen zu Ihrem Unternehmen und/oder Controlling immer auf Ihre Geschäftseinheit/Unternehmensbereich/Sparte/Division etc. beziehungsweise auf den Teilbereich des Unternehmens, für den Sie (mit)verantwortlich sind.	
Austausch/Zusammenarbeit des Controllings mit anderen Bereichen/Abteilungen	
Unser Controlling ist in seiner Arbeit **nicht** sehr stark auf die Informationsbereitschaft des Managements angewiesen.	O O O O O
Unser Controlling verfügt über sämtliche notwendigen Zugriffsrechte auf Informationen aus anderen Bereichen (z. B. die des Rechnungswesens), die es für seine Arbeit benötigt.	O O O O O
Unser Controlling darf aus anderen Bereichen/Abteilungen (z. B. Marketing) Informationen, die es für seine Arbeit benötigt, direkt abfragen.	O O O O O
Unser zentrales Controlling hat ein fachliches Weisungsrecht gegenüber dem dezentralen Controlling.	O O O O O
Andere Abteilungen/Bereiche wie z. B. das dezentrale Controlling und das Rechnungswesen unterstützen das zentrale Controlling bei dessen Arbeit.	O O O O O

Alleinstellungsmerkmal des Controllings	
Keine anderen Bereiche/Abteilungen wären in der Lage, die Aufgaben des Controllings zu übernehmen.	O O O O O
Keine anderen Bereiche/Abteilungen bieten gleichartige Leistungen wie unser Controlling an.	O O O O O
Es kommt so gut wie **nie** vor, dass ich aus anderen Bereichen/Abteilungen (z. B. Rechnungswesen) Leistungen anfordere, die ich auch vom Controlling erhalten könnte.	O O O O O
Ich kann mir unser Unternehmen ohne Controlling nicht vorstellen.	O O O O O
Unser Controlling ist immer mein erster Ansprechpartner für betriebswirtschaftliche Fragen.	O O O O O

Alternativen zum bestehenden Controlling	
Ich kann mir nicht vorstellen, zukünftig Controllingberichte ausschließlich selbstständig aus unserem Informationssystem herunterzuladen.	O O O O O
Unser Controlling ist nicht einmal in Teilen durch Managementinformationssysteme zu ersetzen.	O O O O O
Ich kann mir keinen adäquaten Ersatz für unser Controlling vorstellen.	O O O O O
Ich kann mir nicht vorstellen, dass in Zukunft die Steuerung des Unternehmens durch marktähnliche Strukturen im Unternehmen („interne Märkte") geschehen wird und nicht mehr durch Pläne und Budgets.	O O O O O
„Interne Märkte" würden den Planungs- und Kontrollaufwand erheblich erhöhen.	O O O O O
Keine Alternative zu unserem bestehenden Controlling könnte ein besseres Preis-Leistungsverhältnis anbieten.	O O O O O

Weiterhin Frage 8: Inwieweit stimmen Sie den folgenden Aussagen über das Controlling Ihres Unternehmens zu?	*Trifft gar nicht zu* … *Trifft voll zu*
Bitte beziehen Sie Fragen zu Ihrem Unternehmen und/oder Controlling immer auf Ihre Geschäftseinheit/Unternehmensbereich/Sparte/Division etc. beziehungsweise auf den Teilbereich des Unternehmens, für den Sie (mit)verantwortlich sind	

Zukünftiges Ausmaß der Nachfrage nach Controllingleistungen	
Der Bedarf an Leistungen, die nur vom Controlling erbracht werden können, wird in den nächsten Jahren ansteigen.	○ ○ ○ ○ ○
Die zunehmende Komplexität und Dynamik der Umwelt wird den Bedarf an Controllingleistungen ansteigen lassen.	○ ○ ○ ○ ○
Der zunehmende Kostendruck wird den Bedarf an Controllingleistungen auch auf unteren Hierarchieebenen ansteigen lassen.	○ ○ ○ ○ ○
Das zukünftige Wachstum unseres Unternehmens wird den Bedarf an Controllingleistungen ansteigen lassen.	○ ○ ○ ○ ○
Ich werde immer Leistungen aus unserm Controlling für meine Arbeit benötigen und nachfragen.	○ ○ ○ ○ ○

Bevorzugte Darbietungsart der Controllingleistungen	
Unternehmensweite Standards hinsichtlich der Controllingleistungen würden meine Arbeit erheblich erleichtern.	○ ○ ○ ○ ○
Ich bevorzuge es, individualisierte Controllingleistungen im Vergleich zu reinen Standardberichten zu erhalten.	○ ○ ○ ○ ○
Standardberichte decken nie meinen Informationsbedarf in vollem Umfang ab.	○ ○ ○ ○ ○
Ich bevorzuge es, Erläuterungen zu den Controllingleistungen zu erhalten, anstatt Berichte nur auf den Schreibtisch zu bekommen.	○ ○ ○ ○ ○
Die Controllingleistungen wären für mich ohne Erläuterungen durch die Controller nicht so einfach nachzuvollziehen.	○ ○ ○ ○ ○

9. Wie schätzen Sie die Stellung Ihres Controllings im Unternehmen insgesamt ein?	*Trifft gar nicht zu* … *Trifft voll zu*
Bitte beziehen Sie Fragen zu Ihrem Unternehmen und/oder Controlling immer auf Ihre Geschäftseinheit/Unternehmensbereich/Sparte/Division etc. beziehungsweise auf den Teilbereich des Unternehmens, für den Sie (mit)verantwortlich sind	
Unser Controlling ist innerhalb des Unternehmens durch seine angebotenen Leistungen so gut positioniert, dass es sich um seine Stellung keine Sorgen machen muss.	○ ○ ○ ○ ○
Unser Controlling braucht sich selbst in Zeiten von Reorganisations- und Restrukturierungsprojekten nicht mehr Sorgen um seine Existenz im Unternehmen zu machen als andere Bereiche auch.	○ ○ ○ ○ ○

C. Angaben zur Leistungsfähigkeit des Controllings in Ihrem Unternehmen

10. Wie schätzen Sie die Flexibilität Ihres Controllings entlang den folgenden Kriterien ein?	*Trifft gar nicht zu* … *Trifft voll zu*
Bitte beziehen Sie Fragen zu Ihrem Unternehmen und/oder Controlling immer auf Ihre Geschäftseinheit/Unternehmensbereich/Sparte/Division etc. beziehungsweise auf den Teilbereich des Unternehmens, für den Sie (mit)verantwortlich sind	
Unser Controlling passt seine Leistungen schnell an neue Managerbedürfnisse an.	○ ○ ○ ○ ○
Unser Controlling hat häufig neue Ideen, wie es die von ihm erbrachten Leistungen verbessern kann.	○ ○ ○ ○ ○
Unser Controlling hält mich über neue und relevante Entwicklungen im Controlling-umfeld auf dem Laufenden.	○ ○ ○ ○ ○
Unser Controlling passt seine Leistungen stets selbstständig unternehmensinternen und -externen Veränderungen an.	○ ○ ○ ○ ○
Mit der Flexibilität des Controllings bin ich insgesamt sehr zufrieden.	○ ○ ○ ○ ○

11. Wie schätzen Sie die Leistung Ihres Controllings bezüglich der Prozessqualität ein?	*Trifft gar nicht zu* … *Trifft voll zu*
Aus meiner Sicht läuft die Erbringung der Controllingleistungen stets sehr zügig ab.	○ ○ ○ ○ ○
Die Leistungen aus unserem Controlling beinhalten in ausreichendem Maß Erläuterungen bzw. Beratung.	○ ○ ○ ○ ○
Unser Controlling ist Rückfragen gegenüber jederzeit offen.	○ ○ ○ ○ ○
Zugesagte Termine für Leistungen des Controllings werden in der Regel eingehalten.	○ ○ ○ ○ ○
Mit der Prozessqualität des Controllings bin ich insgesamt sehr zufrieden.	○ ○ ○ ○ ○

12. Wie schätzen Sie die Leistung Ihres Controllings bezüglich der Ergebnisqualität ein?	*Trifft gar nicht zu* … *Trifft voll zu*
Die vom Controlling generierten Leistungen besitzen einen Detaillierungsgrad, der angemessen ist.	○ ○ ○ ○ ○
Die vom Controlling generierten Leistungen sind frei von subjektiven Einflüssen der Controller.	○ ○ ○ ○ ○
Die vom Controlling generierten Leistungen sind aktuell.	○ ○ ○ ○ ○
Die vom Controlling generierten Leistungen sind fehlerfrei.	○ ○ ○ ○ ○
Die vom Controlling generierten Leistungen sind leicht verständlich.	○ ○ ○ ○ ○
Die vom Controlling generierten Leistungen stellen für mich das notwendige Wissen bereit, um das Unternehmen steuern zu können.	○ ○ ○ ○ ○
Unser Controlling verwendet nachvollziehbare Methoden und Techniken.	○ ○ ○ ○ ○
Unser Controlling liefert mir häufig wichtige Erkenntnisse.	○ ○ ○ ○ ○
Mit der Ergebnisqualität des Controllings bin ich insgesamt sehr zufrieden.	○ ○ ○ ○ ○

13. Inwieweit treffen die folgenden Aussagen für Ihr Controlling zu?	*Trifft gar nicht zu* … *Trifft voll zu*
Unser Controlling setzt zur Erreichung seiner Aufgaben und Ziele nur die notwendigen Ressourcen ein.	○ ○ ○ ○ ○
Unser Controlling passt die Ressourcen mittelfristig entsprechend den Aufgaben und verfolgten Zielen an.	○ ○ ○ ○ ○
Unser Controlling führt nur Arbeiten/Tätigkeiten durch, die im direkten Zusammenhang mit seinen Zielen stehen.	○ ○ ○ ○ ○
Unser Controlling ist jeden Euro wert, den es uns kostet.	○ ○ ○ ○ ○

14. Wie zufrieden sind Sie mit Ihrem Controlling?	*Trifft gar nicht zu* … *Trifft voll zu*
Unser Controlling kommt meiner Idealvorstellung einer Controllingabteilung sehr nahe.	○ ○ ○ ○ ○
Unser Controlling erfüllt meine Erwartungen immer zur vollsten Zufriedenheit.	○ ○ ○ ○ ○
Unser Controlling stiftet mit seinen Leistungen einen hohen Nutzen.	○ ○ ○ ○ ○
Ich wüsste spontan nichts, was ich an unserem Controlling verändern würde.	○ ○ ○ ○ ○
Mit unserem Controlling bin ich insgesamt sehr zufrieden.	○ ○ ○ ○ ○

15. Welche Rolle spielt das Controlling bei Ihrer Entscheidungsfindung im Rahmen von wirtschaftlichen Fragestellungen?	*Trifft gar nicht zu* … *Trifft voll zu*
Unser Controlling spielt eine sehr wichtige Rolle bei meiner Entscheidungsfindung.	○ ○ ○ ○ ○
Unser Controlling hat einen starken Einfluss auf meine Entscheidungsfindung.	○ ○ ○ ○ ○
Meine Entscheidungen treffe ich immer erst nach Rücksprache mit dem Controlling.	○ ○ ○ ○ ○
Meine Entscheidungen spiegeln i. d. R. die Beurteilung aus Controlling-Sicht wider.	○ ○ ○ ○ ○
Ich lege großen Wert auf die Meinung des Controllings bei der Entscheidungsfindung.	○ ○ ○ ○ ○
Ich hole häufig Informationen aus dem Controlling ein, bevor ich eine Entscheidung treffe.	○ ○ ○ ○ ○

16. Wie beurteilen Sie Ihre persönliche Einstellung gegenüber Ihrem Controlling?	*Trifft gar nicht zu* … *Trifft voll zu*
Ich schätze die Arbeit unseres Controllings sehr.	○ ○ ○ ○ ○
Ich messe unserem Controlling einen hohen Stellenwert bei.	○ ○ ○ ○ ○
Ich sehe ganz klar die Notwendigkeit unseres Controllings.	○ ○ ○ ○ ○
Ich frage aktiv die Leistungen aus unserem Controlling nach.	○ ○ ○ ○ ○
Ich baue auf die Leistungen des Controllings.	○ ○ ○ ○ ○

17. Wie schätzen Sie den Erfolg Ihres Controllings ein?	*Trifft gar nicht zu* … *Trifft voll zu*
Der Erfolg unseres Controllings ist im gesamten Unternehmen anerkannt.	O O O O O
Der Erfolg unseres Controllings ist im gesamten Unternehmen spürbar.	O O O O O
Der Erfolg unseres Controllings wirkt sich positiv auf andere Unternehmensbereiche aus.	O O O O O
Der Erfolg unseres Controllings steht außer Frage.	O O O O O
Der Erfolg unseres Controllings ist unbestritten.	O O O O O
Der Erfolg unseres Controllings gibt ihm Recht.	O O O O O
Unser Controlling ist insgesamt sehr erfolgreich.	O O O O O

D. Angaben zu Ihrem Unternehmen

18. Inwieweit treffen die folgenden Aussagen auf Ihre Geschäftseinheit zu?	*Trifft gar nicht zu* … *Trifft voll zu*
Bitte beziehen Sie Fragen zu Ihrem Unternehmen und/oder Controlling immer auf Ihre Geschäftseinheit/Unternehmensbereich/Sparte/Division etc. beziehungsweise auf den Teilbereich des Unternehmens, für den Sie (mit)verantwortlich sind	
Wichtigste Ressourcen des Unternehmens	
Die für unser Unternehmen wichtigsten Ressourcen (Rohstoffe, Personal, Finanzmittel) können sehr **schnell** beschafft werden.	○○○○○
Die für unser Unternehmen wichtigsten Ressourcen können sehr leicht in der **nötigen Qualität** beschafft werden.	○○○○○
Die für unser Unternehmen wichtigsten Ressourcen können sehr leicht in der **benötigten Menge** beschafft werden.	○○○○○
Produkte/Dienstleistungen des Unternehmens	
Der Absatz unserer Produkte reagiert nur sehr schwach auf **Preisänderungen** unserer Wettbewerber.	○○○○○
Der Absatz unserer Produkte reagiert nur sehr schwach auf **Werbemaßnahmen** unserer Wettbewerber.	○○○○○
Der Absatz unserer Produkte reagiert nur sehr schwach auf **Produktverbesserungen** unserer Wettbewerber.	○○○○○
Ergebnis des Unternehmens	
Unser Ergebnis ist gegenüber Schwankungen allgemein wirtschaftlicher Faktoren (z. B. Konjunktur) recht stabil.	○○○○○
In allgemein wirtschaftlich schwierigen Zeiten (z. B. Rezessionen) können wir trotzdem ein zufriedenstellendes Ergebnis erzielen.	○○○○○

19. Wie schätzen Sie den Erfolg Ihres Unternehmens entlang den folgenden Kriterien ein?	*Sehr schlecht* … *Sehr gut*
Erzielung von hoher Markt-/Kundenzufriedenheit	○○○○○
Erzielung eines hohen Nutzens für die Kunden	○○○○○
Bindung bestehender Kunden	○○○○○
Erreichung des angestrebten Wachstums	○○○○○
Erreichung des angestrebten Marktanteils	○○○○○

20. Wie schätzen Sie die Flexibilität Ihres Unternehmens entlang den folgenden Kriterien ein?	*Sehr schlecht* … *Sehr gut*
Hohe Anpassungsfähigkeit der Organisation	○○○○○
Schnelle Anpassung der Produkte an neue Kundenbedürfnisse	○○○○○
Schnelle Reaktion auf neue Entwicklungen am Markt	○○○○○
Schnelle Nutzung neuer Marktchancen	○○○○○

21. Wie verhält sich nach Ihrer Einschätzung der Erfolg Ihres Unternehmens im Vergleich zu dem Ihrer Wettbewerber?	*Sehr viel schlechter* … *Sehr viel besser*
Unsere Umsatzrendite war **im letzten Geschäftsjahr** im Vergleich zu unseren Wettbewerbern ...	O O O O O
Unsere Umsatzrendite war im **Durchschnitt der letzten drei Geschäftsjahre** im Vergleich zu unseren Wettbewerbern ...	O O O O O
Die **Entwicklung unserer Umsatzrendite** war in den letzten drei Jahren im Vergleich zu der unserer Wettbewerber ...	O O O O O

22. Wie würden Sie die Qualität der Entscheidungen in Ihrem Unternehmen beurteilen?	*Trifft gar nicht zu* … *Trifft voll zu*
Mit der **Informationsgrundlage** bei wichtigen Entscheidungen in unserem Hause bin ich sehr zufrieden.	O O O O O
Mit dem **Prozess** der Entscheidungsfindung bin ich sehr zufrieden.	O O O O O
Mit den **Ergebnissen** wichtiger Entscheidungen bin ich sehr zufrieden.	O O O O O
Mit der **Umsetzung** wichtiger Entscheidungen bin ich sehr zufrieden.	O O O O O
Mit der **Kontrolle** wichtiger Entscheidungen bin ich sehr zufrieden.	O O O O O

8 Literaturverzeichnis

Ahn, Heinz (2003): Effektivitäts- und Effizienzsicherung. Controlling-Konzept und Balanced Scorecard, Frankfurt a. M. et al. 2003.

Ahn, Heinz/Dyckhoff, Harald (1997): Organisatorische Effektivität und Effizienz, in: Wirtschaftswissenschaftliches Studium, H. 1, Januar 1997, S. 2-6.

Ahlert, Dieter/Evanschitzky, Heiner/Hesse, Josef (2005): Zwischen Relevance und Rigor. Der erfolgreiche Einsatz der Erfolgsforschung in Wissenschaft und Praxis, in: Wirtschaftswissenschaftliches Studium, 34. Jg. (2005), H. 7, S. 362-367.

Ahlert, Dieter/Schröder, Hendrik (2001): Strategische Erfolgsforschung und Benchmarking in Handel und Distribution, 2. Auflage, Münster 2001.

Albach, Hans (1993): Betriebswirtschaftslehre als Wissenschaft: Entwicklungstendenzen in der Betriebswirtschaftslehre, in: Zeitschrift für Betriebswirtschaft, Ergänzungsheft, H. 3 (1993), S. 7-26.

Albe, Frank (1996): Total Dynamic Controlling zwischenbetrieblicher Kooperation, Northeim 1996

Albers, Sönke/Götz, Oliver (2006): Messmodelle mit Konstrukten zweiter Ordnung in der betriebswirtschaftlichen Forschung, in: Die Betriebswirtschaft, 66. Jg. (2006), H. 6, S. 669-677.

Albers, Sönke/Hildebrandt, Lutz (2006): Methodische Probleme bei der Erfolgsfaktorenforschung – Messfehler, formative versus reflektive Indikatoren und die Wahl des Strukturgleichungs-Modells, in: Zeitschrift für betriebswirtschaftliche Forschung, 58. Jg. (2006), Februar, S. 2-33.

Albert, Hans (1964): Probleme der Theoriebildung. Entwicklung, Struktur und Anwendung sozialwissenschaftlicher Theorien, in: Albert, Hans (Hrsg.): Theorie und Realität, Tübingen 1964.

Aldrich, Howard E. (1972): Technology and Organizational Structure: A Reexamination of the Findings of the Aston Group, in: Administrative Science Quarterly, vol. 17 (1972), no. 1, S. 26-43.

Aldrich, Howard E. (1976): Resource Dependence and Interorganizational Relations, in: Administration and Society, vol. 7 (1976), February, S. 419-454.

Aldrich, Howard E. (1999): Organization Evolving, London 1999.

Aldrich, Howard E./Pfeffer, Jeffrey (1976): Environments of Organizations, in: Annual Review of Sociology, vol. 2 (1976), August, S. 79-105.

Amit, Raphael/Livant, Joshua (1988): Diversification strategies, business cycle, and economic performance, in: Strategic Management Journal, vol. 9 (1988), no. 2, S. 99-110.

Amshoff, Bernhard (1993): Controlling in deutschen Unternehmen: Realtypen, Kontext, Effizienz, 2. Auflage, Wiesbaden 1993.

Anderson, Eugene W./Sullivan, Mary, W (1993): The Antecedents and Consequences of Customer Satisfaction for Firms, in : Marekting Science, vol 12 (1993), no. 2, S. 125-143.

Anderson, James C./Gerbing, David W. (1988): Structural Equation Modeling in Practice: A Review and Recommended Two-Step Approach, in: Psychological Bulletin, vol. 103 (1988), no. 3, S. 411-423.

Anderson, James C./Narus, James A. (1986): Toward a Better Understanding of Distribution Channel Working Relationships, in: Backhaus, Klaus/Wilson, David T. (Hrsg.): Industrial Marketing: A German-American Perspective, Berlin 1986, S. 320-336.

Anderson, James C./Gerbing, David W./Hunter, John E. (1987): On the Assessment of Unidimensional Measurement: Internal and External Consistency, and Overall Consistency Criteria, in: Journal of Marketing Research, vol. 24 (1987), November, S. 432-437.

Anderson, John C./O'Reilly III, Charles A. (1981): Effects of an Organizational Control System on Managerial Satisfaction and Performance, in: Human Relations, vol. 34 (1981), no. 6, S. 491-501.

Ansoff, Harry I. (1965): Corporate Strategy, New York 1965.

Anthony, Robert N. (1965): Planning and Control Systems, Boston 1965.

Arbuckle, James L./Wothke, Werner (1999): Amos 4.0 User's Guide, Chicago 1999.

Armstrong, Scott, J./Overton, Terry S. (1977): Estimating nonresponse bias in mail surveys, in: Journal of Marketing Research, vol. 24 (1977), no. 3, S. 396-402.

Athenstaedt, Ursula/Freudenthaler, Heribert H./Mikula, Gerold (2002): Die Theorie sozialer Interdependenz, in: Frey, Dieter/Irle, Martin (Hrsg.): Theorien der Sozialpsychologie – Band II: Gruppen-, Interaktions- und Lerntheorien, Bern et al. 2002.

Atteslander, Peter (2003): Methoden der empirischen Sozialforschung, 10. Auflage, Berlin 2003.

Aust, René (1999): Kostenrechnung als unternehmensinterne Dienstleistung, Wiesbaden 1999.

Auzair, Sofiah Md./Langfield-Smith, Kim (2005): The effect of service process type, business strategy and life cycle stage on bureaucratic MCS in service organisations, in: Management Accounting Research, vol. 16 (2005), no. 4, S. 399-421.

Backhaus, Klaus/Blechschmidt, Boris/Eisenbeiß, Maik (2006): Der Stichprobeneinfluss bei Kausalanalysen, in: Die Betriebswirtschaft, 66. Jg. (2006), H. 6, S. 711-726.

Backhaus, Klaus/Erichson, Bernd/Plinke, Wulff/Weiber, Rolf (2006): Multivariate Analysemethode: Eine anwendungsorientierte Einführung, Berlin/Heidelberg 2006.

Baetge, Jörg/Kirsch, Hans-Jürgen/Thiele, Stefan (2005): Bilanzen, 8. Auflage, Düsseldorf 2005.

Bagozzi, Richard P. (1979): The Role of Measurement in Theory Construction and Hypothesis Testing – A Holistic Model, in: Ferrel, O. C./Brown, Stephen W./Lamp, Charles W. (Hrsg.): Conceptual and Theoretical Developments in Marketing, Chicago: American Marketing Association, S. 15-32.

Bagozzi, Richard P. (1980): Causal Models in Marketing, New York et al. 1980.

Bagozzi, Richard P. (1981): Evaluating Structural Equation Models with Unobservable Variables and Measurement Error: A Comment, in: Journal of Marketing Research, vol. 18 (1981), no. 3, S. 375-381.

Bagozzi, Richard P. (1984): A Prospectus for Theory Construction in Marketing, in: Journal of Marketing, vol. 48 (1984), no. 1, S. 11-29.

Bagozzi, Richard P./Baumgartner, Hans (1994): The Evaluation of Structural Equation Models and Hypothesis Testing, in: Bagozzi, Richard P. (Hrsg.): Principles in Marketing Research, Cambridge 1994, S. 386-422.

Bagozzi, Richard P./Fornell, Claes (1982): Theoretical Concepts, Measurements, and Meaning, in: Fornell, Claes (Hrsg.), A Second Generation of Multivariate Analysis Volume 2: Measurement and Evaluation, New York 1982.

Bagozzi, Richard P./Phillips, Lynn W. (1982): Representing and Testing Organizational Theories: A Holistic Construal, in: Administrative Science Quarterly, vol. 27 (1982), September, S. 459-489.

Bagozzi, Richard P./Yi, Youjae (1988): On the Evaluation of Structural Equation Models, in: Journal of Academic Marketing Science, vol. 16 (1988), no. 1, S. 74-94.

Bagozzi, Richard P./Yi, Youjae/Phillips, Lynn W. (1991): Assessing Construct Validity in Organizational Research, in: Administrative Science Quarterly, vol. 36 (1991), no. 3, S. 421-458.

Bain, Joe S. (1956): Barriers to new competition, Cambridge 1956.

Bain, Joe S. (1968): Industrial organization, 2. Auflage, New York/London/Sydney 1968.

Baines, Annette/Langfield-Smith, Kim (2003): Antecedents to management accounting change: a structural equation approach, in: Accounting, Organizations & Society, vol. 28 (2003), S. 675-698.

Balderjahn, Ingo (1986): Das umweltbewusste Konsumentenverhalten – Eine empirische Studie, Berlin 1986.

Bamberg, Günter/Coenenberg, Adolf G. (2000): Betriebswirtschaftliche Entscheidungslehre, 10. Auflage, München 2000.

Barclay, Donald/Higgins, Christopher/Thompson, Ronald (1995): The Partial Least Squares (PLS) Approach to Causal Modeling: Personal Computer Adoption and Use as an Illustration in: Technology Studies, vol. 2 (1995), S. 285-309.

Barnard, Chester I. (1938): Functions of the Executive, Cambridge 1938.

Barney, Jay B. (1986): Strategic Factor Markets: Expectations, Luck and Business Strategy, in: Management Science, vol. 32 (1986), S. 1231-1241.

Barney, Jay B. (1991): Firm Resources and Sustained Competitive Advantage, in: Journal of Management, vol. 17 (1991), no. 1, S. 99-120.

Barney, Jay B. (2001): Is the Resourced-Based "View" A Useful Perspective For Strategic Management Research? Yes, in: Academy of Management Review, vol. 26 (2001), no. 1, S. 41-56.

Barney, Jay B. (2002): Gaining and sustaining competitive advantage, 2. Auflage, Upper Saddle River 2002.

Barney, Jay B./Wright, Mike/Ketchen, David J. Jr. (2001): The resourced-based view of the firm: Ten years after 1991, in: Journal of Management, vol. 27 (2001), S. 625-641.

Bassen, Alexander/Kleinschmidt, Maik/Prigge, Stefan/Zöllner, Christine (2006): Deutscher Corporate Governance Kodex und Unternehmenserfolg, in: Die Betriebswirtschaft, 66. Jg. (2006), H. 4, S. 375-401.

Bateson, E./Wirtz, J. (1991): Modelling Consumer Satisfaction – A Review, Working Paper, Center for Business Strategy, London Business School, London 1991.

Bauer, Matthias (2000): Kundenzufriedenheit in industriellen Geschäftsbeziehungen – Kritische Ereignisse, nichtlineare Zufriedenheitsbildung und Zufriedenheitsdynamik, Wiesbaden 2000.

Bauer, Michael (2002): Controllership in Deutschland: Zur erfolgreichen Zusammenarbeit von Controllern und Managern, Wiesbaden 2002.

Bauer, Raymond A. (1960): Consumer Behavior as Risk-Taking, in: Hancock, Robert S. (Hrsg.): Proceedings of the 43th Conference of the American Marketing Association, Chicago 1960, S. 389-398.

Baysinger, Barry D./Hoskisson, Robert E. (1989): Diversification strategy and R&D intensity in large multiproduct firms, in: Academy of Management Journal, vol. 32 (1989), no. 2, S. 310-332.

Bea, Franz X./Göbel, Elisabeth (2002): Organisation, 2. Auflage, Stuttgart 2002.

Bea, Franz X./Haas, Jürgen (1999): Strategisches Management, 3. Auflage, Stuttgart 1999.

Bearden, William O./Teel, Jesse E. (1983): Selected Determinants of Consumer Satisfaction and Complaint Reports, in: Journal of Marketing Research, vol. 20 (1983), February, S. 21-28.

Bearden, William O./Sharma, Subhash/Teel, Jesse E. (1982): Sample Size Effects on Chi Square and Other Statistics Used in Evaluating Causal Models, in: Journal of Marketing Research, vol. 19 (1982), no. 4, S. 425-430.

Becker, Jan (1999): Marktorientierte Unternehmensführung: Messung – Determinanten – Erfolgsauswirkungen, Wiesbaden 1999.

Becker, Wolfgang (1996): Funktionsprinzipien des Controlling, in Schulte, Christof (Hrsg.): Lexikon des Controlling, München/Wien 1996, S. 271-275.

Becker, Wolfgang/Benz, Karsten (1996): Ergebnisse einer empirischen Untersuchung zur Effizienz des Controlling, in: Bamberger Betriebswirtschaftliche Beiträge Nr. 114, Bamberg 1996.

Becker Wolfgang/Benz, Karsten (1997): Effizienz-Verständnis und Effizienz-Instrumente des Controlling. Ergebnisse einer empirischen Untersuchung in deutschen Unternehmen, in: Die Betriebswirtschaft, 57. Jg. (1997), H. 5, S. 655-671.

Beckford, John (2002): Quality (Routledge), Oxfordshire 2002.

Bei, Lien-Ti/Chiao, Yu-Ching (2001): An Integrated Model for the Effects of Perceived Product, Perceived Service Quality, and Perceived Price Fairness on Consumer Satisfaction and Loyalty, in: Journal of Consumer Satisfaction, Dissatisfaction and Complaining Behavior, vol. 14 (2001), S. 125-140.

Bentler, Peter M./Bonett, Douglas G. (1980): Significance Tests and Goodness of Fit in the Analysis of Covariance Structures, in: Psychological Bulletin, 88. Jg. (1980), H. 3, S. 588-606.

Benz, Karsten (1998): Effizienz des Controlling: Analytische und empirische Ableitung von Merkmalen der Controlling Effizienz, Bamberg 1998.

Berekoven, Ludwig/Eckert, Werner/Ellenrieder, Peter (2001): Marktforschung: methodische Grundlagen und praktische Anwendung, Wiesbaden 2001.

Bernauer, Dieter (2007): Erfolgsfaktoren eines effizienten und effektiven Controllings, in Zeitschrift für Controlling und Management, 51. Jg. (2007), H. 1, S. 43-46.

Betzin, Jörg/Henseler, Jörg (2005): Einführung in die Funktionsweise des PLS-Algorithmus, in: Bliemel, Friedhelm/Eggert, Andreas/Fassott, Georg/Henseler, Jörg (Hrsg.): Handbuch der PLS-Pfadmodellierung: Methode, Anwendung, Praxisbeispiele, Stuttgart 2005.

Bhargava, Mukesh/Dubelaar, Chris/Ramaswami, Sridhar (1994): Reconciling Diverse Measures of Performance – A Conceptual Framework and Test of a Methodology, in: Journal of Business Research, vol. 31 (1994), S. 235-246.

Bhote, Keki R. (1996): Beyond Customer Satisfaction to Customer Loyalty. The Key to Greater Profitability, New York 1996.

Bierhoff, Hans W. (1994): Austauschtheorien, in: Frey, Dieter/Grief, Siegfried (Hrsg.): Sozialpsychologie: Ein Handbuch in Schlüsselbegriffen, Weinheim 1994, S. 136-141.

Binder, Christoph (2006): Die Entwicklung des Controllings als Teildisziplin der Betriebswirtschaftslehre. Eine explorativ-deskriptive Untersuchung, Wiesbaden 2006.

Birl, Holger (2007): Kooperation von Controllerbereich und Innenrevision. Messung, Auswirkungen, Determinanten, Wiesbaden 2007.

Bitner, Mary J./Booms, Bernard H./Tetreault, Mary S. (1990): The Service Encounter: Diagnosing Favorable and Unfavorable Incidents, in: Journal of Marketing, vol. 54 (1990), January, S. 71-84.

Blau, Peter M. (1964): Exchange and Power in Social Life, New York 1964.

Blau, Peter M. (2002): Exchange and Power in Social Life, 6. Auflage, New Brunswick et al. 2002.

Bliemel Friedhelm/Eggert, Andreas/Fassott, Georg/Henseler, Jörg (2005): Die PLS-Pfadmodellierung: Mehr als eine Alternative zur Kovarianzstrukturanalyse, in: Bliemel, Friedhelm/Eggert, Andreas/Fassott, Georg/Henseler, Jörg (Hrsg.): Handbuch der PLS-Pfadmodellierung: Methode, Anwendung, Praxisbeispiele, Stuttgart 2005.

Bohrnstedt, George W. (1977): Reliability and Validity Assessment in Attitude Measurement, in: Summers, Gene F. (Hrsg.): Attitude Measurement, Chicago 1970, S. 80-99.

Bollen, Kenneth A. (1989): Structural Equations with Latent Variables, New York et al. 1989.

Bollen, Kenneth A. (1990): Overall fit in covariance structure models: Two types of sample size effects, in: Psychological Bulletin, 107. Jg. (1990), S. 256-259.

Bollen, Kenneth A./Lennox, Richard (1991): Conventional Wisdom on Measurement: A Structural Equation Perspective, in: Psychological Bulletin, vol. 110 (1991), no. 2, S. 305-314.

Bontis, Nick (1998): Intellectual Capital: An Exploratory Study that Develops Measures and Models, in: Management Decision, vol. 36 (1998), no. 2, S. 63-76.

Bortz, Jürgen (2003): Lehrbuch der empirischen Forschung – Für Sozialwissenschaftler, Berlin 2003.

Boss, Wayne R. (1978): Trust and Managerial Problem Solving Revisited, in: Group & Organization Studies, vol. 3 (1978), no. 3, S. 331-342.

Brady, Michael K./Cronin, Joseph J. Jr. (2001): Some New Thoughts on Conceptualizing Perceived Service Quality: A Hierarchical Approach, in: Journal of Marketing, vol. 54 (2001), no. 3, S. 34-49.

Braunstein, Christine (2001): Einstellungsforschung und Kundenbindung: Zur Erklärung des Treueverhaltens von Konsumenten, Wiesbaden 2001.

Brockhoff, Klaus (1991): Forschungs- und Entwicklungscontrolling zur Steigerung der Forschungs- und Entwicklungseffektivität, in: Controlling, 3. Jg. (1991), S. 60-66.

Brockhoff, Klaus (1994): Management von Schnittstellen unter besonderer Berücksichtigung der Koordination von Marketingbereichen mit Forschung und Entwicklung. Vorgelegt in der Sitzung vom 30. April 1994 in Kiel, abgedruckt in: Berichte aus den Sitzungen der Joachim Jungius-Gesellschaft der Wissenschaften e. V., Hamburg, 12. Jg. (1994), Nr. 2, Göttingen 1994.

Brockhoff, Klaus (1999): Forschung und Entwicklung, 5. Auflage, München/Wien/Oldenburg 1999.

Brockhoff, Klaus/Hauschildt, Jürgen (1993): Schnittstellen-Management – Koordination ohne Hierarchie, in: Zeitschrift für Führung und Organisation, 62. Jg. (1993), H. 6, S. 396-403.

Brosius, Felix (2004): SPSS 12, Bonn 2004.

Bruhn, Manfred (1999a): Internes Marketing als Forschungsgebiet der Marketingwissenschaft – Eine Einführung in die theoretischen und die praktischen Probleme, in: Bruhn, Manfred (Hrsg.): Internes Marketing. Integration der Kunden- und Mitarbeiterorientierung. Grundlagen – Implementierung – Praxisbeispiele, 2. Auflage, Wiesbaden 1999, S. 15-44.

Bruhn, Manfred (1999b): Verfahren zur Messung der Qualität interner Dienstleistungen – Ansätze für einen Methodentransfer aus dem (externen) Dienstleistungsmarketing, in: Bruhn, Manfred (Hrsg.): Internes Marketing. Integration der Kunden- und Mitarbeiterorientierung. Grundlagen – Implementierung – Praxisbeispiele, 2. Auflage, Wiesbaden 1999, S. 537-575.

Bruhn, Manfred (2001): Relationship Marketing – Das Management von Kundenbeziehungen, München 2001.

Bryant, Lisa/Jones, Denis A./Widener, Sally K. (2004): Managing Value Creation within the Firm: An Examination of Multiple Performance Measures, in: Journal of Management Accounting Research, vol. 16 (2004), S. 107-131.

Bünting, Hans F. (1995): Organisatorische Effektivität von Unternehmungen. Ein zielorientierter Ansatz, Wiesbaden 1995.

Busz, M./Cohen, R./Poser, U./Schümer, A./Schümer, R./Sonnenfeld, C. (1972): Die soziale Bewertung von 880 Eigenschaftsbegriffen sowie die Analyse der Ähnlichkeitsbeziehungen zwischen einigen dieser Begriffe, in: Zeitschrift für experimentelle und angewandte Psychologie (1972), H. 19, S. 282-308.

Butler, John K., Jr. (1991): Toward Understanding and Measuring Conditions of Trust: Evolution of a Conditions of Trust Inventory, in: Journal of Management, vol. 17 (1991), no. 3, S. 643-663

Buttle, Francis. (1995): What Future for SERVQUAL? Marketing for Today and the 21st Century, in: Proceedings of the 24th Annual Conference of the European Marketing Academy (1995), S. 211-230.

Cameron, Kim S. (1978): Measuring Organizational Effectiveness in Institutions of Higher Education, in: Administrative Science Quarterly, vol. 23 (1978), S. 604-632.

Cameron, Kim S. (1979): Evaluating Organizational Effectiveness in Organized Anarchies, Paper präsentiert beim Treffen der Academy of Management, Atlanta, USA, August 1979.

Cameron, Kim S./Whetten, David A.(1983): Organizational Effectiveness: One Model or Several?, in: Cameron, Kim S./Whetten, David A. (Hrsg.): Organizational Effectiveness. A Comparison of Multiple Models, New York et al. 1983, S. 1-24.

Campell, John P. (1977): On the Nature of Organizational Effectiveness, in: Goodman, Paul S./Pennings, Johannes M. (Hrsg.): New Perspective on Organizational Effectiveness, San Francisco 1977, S. 13-55.

Capon, Noel/Farley, John U./Hoenig, Scott (1990): Determinants of Financial Performance: A Meta-Analysis, in: Management Science, vol. 36 (1990), no. 10, October, S. 1143-1159.

Carman, James M. (1990): Consumer Perceptions of Service Quality: An Assessment of the SERVQUAL Dimensions, in Journal of Retailing, vol. 66 (1990), no. 1, S. 33-55.

Carmines, Edward G./Zeller, Richard A. (1979): Reliability and Validity Assessment, Newbury Park et al. 1979.

Cassel, Claes M./Hackl, Peter/Westlund, Anders (1999): Robustness of Partial Least-Squares Method for Estimating Latent Variable Quality Structures, in: Journal of Applied Statistics, vol. 26 (1999), no. 4, S. 435-446.

Cassel, Claes M./Hackl, Peter/Westlund, Anders (2000): On Measurement of Intangible Assets: A Study of Robustness of Partial Least Squares, in: Total Quality Management, vol. 11 (2000), no. 7, S. 897-909.

Chenhall, Robert H./Langfield-Smith, Kim (1998a): Factors influencing the role of management accounting in the development of performance measures within organizational change programs, in: Management Accounting Research, vol. 9 (1998), no. 4, S. 361-386.

Chenhall, Robert H./Langfield-Smith, Kim (1998b): Adoption and benefits of management accounting practices: an Australian study, in: Management Accounting Research, vol. 9 (1998), no. 1, S. 1-19.

Chenhall, Robert H./Langfield-Smith, Kim (2007): Multiples Perspectives of Performance Measures, in: European Management Journal, vol. 25 (2007), no. 4, S. 266-282.

Chia-Hui, Ho/Chang-Jung, Christian (2006): Exchange-based Value Creation System for Networking Relationships Management, in: The Journal of American Academy of Business, vol. 9 (2006), no. 1, S. 202-209.

Chin, Wynne W./Newsted Peter R. (1999): Structural Equation Modeling Analysis with Small Samples Using Partial Least Squares, in: Hoyle, Rick H. (Hrsg.), Statistical Strategies for Small Sample Research, Thousand Oaks 1999.

Chu, Suh Y./Fang, Wen C. (2006): Exploring the Relationships of Trust and Commitment in Supply Chain Management, in: The Journal of American Academy of Business, vol. 9 (2006), no. 1, S. 224-228.

Churchill Jr, Gilbert A. (1979): A Paradigm for Developing Better Measures of Marketing Constructs, in: Journal of Marketing Research, vol. 16 (1979), no. 1, S. 64-73.

Churchill Jr., Gilbert A. (1991): Marketing Research – Methodological Foundations, 5. Auflage, Fort Worth et al. 1991.

Churchill Jr., Gilbert A. /Surprenant, Carol (1982): An Investigation into the Determinants of Customer Satisfaction, in: Journal of Marketing Research, vol. 19 (1982), November, S. 491-504.

Connolly, Terry/Conlon Edward J./Deutsch, Stuart J. (1980): Organizational Effectiveness: A Multiple-Constituency-Approach, in: Academy of Management Review, vol. 5 (1980), no. 2, S. 211-217.

Corsten, Daniel (2003): Zur empirischen Methode in der Logistikforschung – Bestandsaufnahme und Leitfaden zur Konzeptualisierung und Operationalisierung von Logistikkonstrukten, in: Logistik Management, 5. Jg. (2003), H. 3, S. 49-60.

Cronbach, Lee J. (1951): Coefficient Alpha and the Internal Structure of Tests, in: Psychometrika, vol. 16 (1951), no. 3, S. 297-334.

Cronin, Joseph J./Taylor, Steven A. (1992): Measuring Service Quality: A Reexamination and Extension, in: Journal of Marketing, vol. 56 (1992), July, S. 55-68.

Cronin, Joseph J./Taylor, Steven A. (1994): SERVPERF Versus SERVQUAL: Reconciling Performance-based and Perception-Minus-Expectations Measurement of Service Quality, in: Journal of Marketing, vol. 58 (1994), January, 125-131.

Cross, Richard/ Smith, Janet (1996): Customer Bonding: pathway to lasting customer loyalty, Chicago 1996.

Cyert, Richard M./March, James G. (1963): A Behaviroal Theory of the Firm, Englewood Cliffs, 1963.

Dabholkar, Pratibha A (1993): Customer Satisfaction and Service Quality: Two Constructs or One?, in: Cravens, D./Dickson, P. (Hrsg.): AMA Educator's Proceedings, American Marketing Association, vol. 4, Chicago 1993, S. 10-18.

Dabholkar, Pratibha A./Overby, Jeffrey W: (2005): Linking process and outcome to service quality and customer satisfaction evaluations: An investigation of real estate agent service, in: International Journal of Service Industry Management, vol. 16 (2005), no. 1, S. 10-27.

Dabholkar, Pratibha A./Thorpe, Dayle I./Rentz, J. O. (1996): A measure of service quality for retail stores: scale development and validation, in: Journal of the Academy of Marketing Science, vol. 24 (1996), no. 1, S. 3-16.

Dalton, Dan R./Todor, William D./Spendolini, Michael J./Fielding, Gordon J./Porter, Lyman W. (1980): Organizational Structure and Performance: A Critical Review, in: Academy of Management Review, vol. 5 (1980), no.1, S. 49-64.

David, Ulrich (2005): Strategisches Management von Controllerbereichen. Konzept und Fallstudien, Wiesbaden 2005.

Day, George S. (1994): The Capabilities of Market-Driven Organizations, in: Journal of Marketing, vol. 58 (1994), October, S. 37-52.

Day, Ralph L. (1977): Towards a Process Model of Consumer Satisfaction, in: Hunt, Harold K. (Hrsg.): Conceptualization and Measurement of Consumer Satisfaction and Dissatisfaction, Cambridge 1977, S. 153-183.

Day, Ralph L. (1984): Modeling Choices Among Alternative Responses to Dissatisfaction, in: Advances in Consumer Research, Ann Arbor 1984, S. 496-499.

DeBusk, Gerald K./Killough, Larry N./Brown, Robert M. (2005): Financial Measures Bias in the Use of Performance Measurement Systems, in: Advances in Management Accounting, vol. 14 (2005), S. 61-89.

Degner, Mirko (2004): Unternehmenserfolg und soziale Verantwortung: Unternehmenskultur und Human Resource Management und deren Einfluss auf den ökonomischen Erfolg und das subjektive Erleben der Beschäftigten, Frankfurt a. M. 2004.

Dehler, Markus (2001): Entwicklungsstand der Logistik. Messung – Determinanten – Erfolgswirkungen, Wiesbaden 2001.

Deng, Shengliang/Dart, Jack (1994): Measuring Market Orientation: A Multifactor, Multiitem Approach, in: Journal of Marketing Management, vol. 10 (1994), S. 725-742.

Deshpandé, Rohit (1999): Developing A Market Orientation, Thousand Oaks et al. 1999.

Deshpandé, Rohit/Farley, John U./Webster Frederick E. Jr. (1993): Corporate Culture, Customer Orientation, and Innovativeness in Japanese Firms: A Quadrad Analysis, in: Journal of Marketing, vol. 57 (1993), January, S. 23-37.

Dess, Gregory G. (1987): Consensus on strategy formulation and organizational performance: competitors in a fragmented industry, in: Strategic Management Journal, vol. 8 (1987), S. 259-277.

Dess, Gregory G./Beard, Donald W. (1984): Dimensions of Organizational Task Uncertainty, in: Administrative Science Quarterly, vol. 29 (1984), March, S. 52-73.

Dess, Gregory G./Robinson, Richard B. (1984): Measuring organizational performance in the absence of objective measures. The case of the privately-held firm and the conglomerate business unit, in: Strategic Management Journal, vol. 5 (1984), no. 3, S. 265-273.

DeVellis, Robert F. (1991): Scale Development – Theory and Applications, Newbury Park 1991.

Diamantopoulos, Adamantios (1999): Viewpoint: Export Performance Measurement: Reflective vs. Formative Indicators, in: International Marketing Review, vol. 16 (1999), no. 6, S. 444-457.

Diamantopoulos, Adamantios/Hart, Susan (1993): Linking Market Orientation and Company Performance: Preliminary Evidence on Kohli and Jaworski's Framework, in: Journal of Strategic Marketing, vol. 1 (1993), No. 2, S. 93-121.

Diamantopoulos, Adamantios/Winklhofer, Heidi (2001): Index of Construction with Formative Indicators: An Alternative to Scale Development, in: Journal of Marketing Research, vol. 38 (2001), S. 269-277.

Diekmann, Andreas (2004): Empirische Sozialforschung. Grundlagen, Methoden, Anwendungen, 12. Auflage, Reinbek bei Hamburg 2004.

Dinkelbach, Werner (1982): Entscheidungsmodelle, Berlin/New York 1982.

Donabedian, Avedis (1980): The Definition of Quality and Approaches to its Assessment: Explorations in Quality Assessment and Monitoring Volume 1, Ann Arbor 1980.

Doney, Patricia M./Cannon, Joseph P. (1997): An Examination of the Nature of Trust in Buyer-Seller Relationships, in: Journal of Marketing, vol. 61 (1997), no. 2, S. 35-51.

Drucker, Peter F. (1974): Management: Tasks, Responsibilities, Practices, New York 1974.

Dwyer, F. Robert/Schurr, Paul H./Oh, Sejo (1987): Developing Buyer-Seller Relationships, in: Journal of Marketing, vol. 51 (1987), no. 2, S. 11-27.

Dyckhoff, Harald/Gilles, Roland (2004): Messung der Effizienz und Effektivität produktiver Einheiten, in: Zeitschrift für Betriebswirtschaft, 74. Jg. (2002), H. 8, S. 765-784.

Efron, Bradley/Gong, Gail (1983): A Leisurely Look at the Bootstrap, the Jackknife and Cross-Validation, in: The American Statistician, vol. 37 (1983), no. 1, S. 36-48.

Efron, Bradley/Tibshirani, Robert J. (1993): An Introduction to the Bootstrap, New York 1993.

Eggert, Andreas (1999): Kundenbindung aus Kundensicht: Konzeptualisierung – Operationalisierung – Verhaltenswirksamkeit, Dissertation am Fachbereich Sozial- und Wirtschaftswissenschaften der Universität Kaiserslautern.

Eggert, Andreas/Fassott, Georg (2003): Zur Verwendung formativer und reflektiver Indikatoren in Strukturgleichungsmodellen: Ergebnisse einer Metaanalyse und Anwendungsempfehlungen, Arbeitspapier, Kaiserslautern 2003.

Emerson, Richard M. (1962): Power-Dependence Relations, in: American Sociological Review, vol. 27 (1962), no. 2, S. 31-41.

Ernst, Holger (2001): Erfolgsfaktoren neuer Produkte: Grundlagen für eine valide empirische Forschung, Wiesbaden 2001.

Esser, Hartmut (1986): Können Befragte lügen? – Zum Konzept des „wahren Wertes" im Rahmen der handlungstheoretischen Erklärung von Situationseinflüssen bei der Befragung, in: Kölner Zeitschrift für Soziologie und Sozialpsychologie, 38. Jg. (1986), S. 280-313.

Exner, Karin (2003): Controlling in der New Economy – Herausforderungen, Aufgaben, Instrumente, Wiesbaden 2003.

Exner-Merkelt, Karin/Keinz, Peter (2005): Wie effektiv ist Controlling in der Praxis?, in: Controlling, 17. Jg. (2005), H. 1, S. 15-21.

Fassott, Georg (2006): Operationalisierung latenter Variablen in Strukturgleichungsmodellen: Eine Standortbestimmung, in: Zeitschrift für betriebswirtschaftliche Forschung, 58. Jg. (2006), Februar, S. 67-88.

Fassott, Georg/Eggert, Andreas (2005): Zur Verwendung formativer und reflektiver Indikatoren in Strukturgleichungsmodellen: Bestandsaufnahmen und Anwendungsempfehlungen, in: Bliemel, Friedhelm/Eggert, Andreas/Fassott, Georg/Henseler, Jörg (Hrsg.): Handbuch der PLS-Pfadmodellierung: Methode, Anwendung, Praxisbeispiele, Stuttgart 2005.

Fearman, Sue R./Quinn Robert, E. (1985): Effectiveness: The Perspective From Organizational Theory, in: The Review of Higher Education, vol. 9 (1985), no. 1, S. 83-100.

Fessmann, Klaus-Dieter (1980): Organisatorische Effizienz in Unternehmungen und Unternehmungsteilbereichen, Düsseldorf 1980.

Feyerabend, Paul K. (1965): Problems of Empiricism, in: Colodny, Robert G. (Hrsg.): Beyond the Edge of Certainty, Englewood Cliffs 1965, S. 145-260.

Förster, Friedrich/Fritz, Wolfgang/Silberer, Günter/Raffée, Hans (1984): Der LISREL Ansatz der Kausalanalyse und seine Bedeutung für die Marketing-Forschung, in: Zeitschrift für Betriebswirtschaft, 54. Jg. (1984), H. 4, S. 346-367.

Foreman, Susan K./Money, Arthur H. (1995): Internal Marketing: Concepts, Measurement and Application, in: Journal of Marketing Management, vol. 11 (1995), no. 8, S. 755-768.

Fornell, Claes (1986): A Second Generation of Multivariate Analysis: Classification of Methods and Implications for Marketing Research, Working Paper, Ann Arbor 1986.

Fornell, Claes/Bookstein, Fred L. (1982): Two Structural Equation Models: LISREL and PLS Applied to Consumer Exit-Voice Theory, in: Journal of Marketing Research, vol. 19 (1982), no. 4, S. 440-452.

Fornell, Claes/Cha, Jaesung (1994): Partial Least Squares, in: Bagozzi, Richard P. (Hrsg.): Advanced Methods of Marketing Research, Cambridge 1994, S. 52-78.

Fornell, Claes/Larcker, David F. (1981): Evaluating Structural Equation Models with Unobservable Variables and Measurement Error, in: Journal of Marketing Research, vol. 18 (1981), no. 1, S. 39-50.

Frank, Stefan/Reitmeyer, Thorsten (2003): Gestaltung und Erfolgsfaktoren der Kostenrechnung im Mittelstand, in: Weber, Jürgen/Kunz, Jennifer (Hrsg.) Empirische Controllingforschung: Begründung – Beispiele – Ergebnisse, Wiesbaden 2003, S. 129-151.

Freeman, R. Edward (1984): Strategic Management: A Stakeholder Approach, Boston et al. 1984.

Freiling, Jörg (2001): Ressourcenorientierte Reorganisation: Problemanalyse und Change Management auf der Basis des Resource-based View, Wiesbaden 2001.

Frese, Erich (1992): Organisationstheorie – Historische Entwicklung – Ansätze – Perspektiven, 2. Auflage, Wiesbaden 1992.

Frese, Erich (1997): Unternehmensinterne Märkte – Konzeptionelle Überlegungen zu einem aktuellen Thema, in Küpper, Hans-U. /Troßmann, Ernst (Hrsg.): Das Rechnungswesen im Spannungsfeld zwischen strategischem und operativem Management: Festschrift für Marcell Schweitzer zum 65. Geburtstag, Berlin 1997, S. 130-146.

Frese, Erich (1998): Grundlagen der Organisation. Konzept – Prinzipien – Strukturen, 7. Auflage, Wiesbaden 1998.

Frese, Erich/Noetel, Wolfgang (1992): Kundenorientierung in der Auftragsabwicklung: Strategie, Organisation und Informationstechnologie, Stuttgart 1992.

Fridl, Birgit (2003): Controlling, Stuttgart 2003.

Fritz, Wolfgang (1992): Marktorientierte Unternehmensführung und Unternehmenserfolg, Stuttgart 1992.

Fritz, Wolfgang (1996): Market orientation and corporate success: findings from Germany, in: European Journal of Marketing, vol. 30 (1996), no. 8, S. 59-74.

Fuchs-Wegner, Gertrud /Welge, Martin K. (1974): Kriterien für die Beurteilung und Auswahl von Organisationskonzepten, in: Zeitschrift für Organisation und Führung, 43. Jg. (1974), H. 4, S. 71-82 und 163-170.

Gäfgen, Gérard (1974): Theorie der wirtschaftlichen Entscheidung, 3. Auflage, Tübingen 1974.

Galbraith, Jay R. (1977): Organizational design: An information processing view, Reading 1977.

Galbraith, Jay R. (1973): Designing Complex Organizations, Reading 1982.

Ganesan, Shankan (1994): Determinants of Long-Term Orientation in Buyer-Seller Relationships, in: Journal of Marketing, vol. 58 (1994), April, S. 1-19.

Garvin, David A. (1988): Managing Quality: The Strategic and Competitive Edge, New York 1988.

Gasparski, Wojciech (1969): Zum Effizienzbegriff, in: Kommunikation, 5. Jg. (1969), S. 81-99.

George, William R./Grönroos, Christian (1999): Internes Marketing: Kundenorientierte Mitarbeiter auf allen Unternehmensebenen, in: Bruhn, Manfred (Hrsg.): Internes Marketing. Integration der Kunden- und Mitarbeiterorientierung. Grundlagen – Implementierung – Praxisbeispiele, 2. Auflage, Wiesbaden 1999, S. 45-68.

Georgopoulos, Basil S./Tannenbaum, Arnold S. (1957): The study of organizational effectiveness, in: American Sociological Review, vol. 22 (1957), S. 534-540.

Gerbing, David W./Anderson, James C. (1988): An Updated Paradigm for Scale Development Incorporating Unidimensionality and Its Assessment, in: Journal of Marketing Research, vol. 25 (1988), no. 2, S. 186-192.

Geyskens, Inge/Steenkamp, Jan B./Kumar, Nirmalya (1999): A Meta-Analysis of Satisfaction in Marketing Channel Relationships, in: Journal of Marketing Research, vol. 36 (1999), no. 2, S. 223-238.

Giere, Jens/Wirtz, Bernd W./Schilke, Oliver (2006): Mehrdimensionale Konstrukte. Konzeptionelle Grundlagen und Möglichkeiten ihrer Analyse mithilfe von Strukturgleichungsmodellen, in: Die Betriebswirtschaft, 66. Jg. (2006), H. 6, S. 678-695

Giering, Annette (2000): Der Zusammenhang zwischen Kundenzufriedenheit und Kundenloyalität. Eine Untersuchung moderierender Effekte, Wiesbaden 2000.

Giese, Joan L./Cote, Joseph A. (2000): Defining Consumer Satisfaction, in: Academy of Marketing Science Review, (2000), no. 1, S. 1-24.

Gleich, Ronald (1997): Performance Measurement im Controlling, in: Gleich, Ronald/Seidenschwarz, Werner (Hrsg.): Die Kunst des Controlling. Prof. Dr. Péter Horváth zum 60. Geburtstag, München 1997, S. 343-365.

Gleich, Ronald/Haindl, Michael (1996): Performance Measurement im Controlling am Beispiel eines Unternehmens der chemischen Industrie, in: Controlling (1996) H. 4, S. 262-271.

Götz, Oliver/Liehr-Gobbers, Kerstin (2004a): Analyse von Strukturgleichungsmodellen mit Hilfe der Partial-Least-Squares-(PLS-)Methode, in: Die Betriebswirtschaft, 42. Jg. (2004), H. 6, S. 714-738.

Götz, Oliver/Liehr-Gobbers, Kerstin (2004b): Der Partial-Least-Squares-(PLS-) Ansatz zur Analyse von Strukturgleichungsmodellen, IfM-Arbeitspapiere, Nr. 2, Münster 2004.

Goodman, Paul S./Atkins, Robert S./Schoorman, David F. (1983): On the demise of Organizational Effectiveness Studies, in: Cameron, Kim S./Whetten, David A. (Hrsg.): Organizational Effectiveness. A Comparison of Multiple Models, New York et al. 1983, S. 163-183.

Graen, George B./Scandura, Terri A. (1987): Towards a psychology of dyadic organizing, in: Research in Organizational Behavior, vol. 9 (1987), S. 175-208.

Greenwood, John D. (1989): Explanation and Experiment in Social Psychological Science, New York 1989.

Greinke, Helmut (1986): Entscheidungsverlauf und Entscheidungseffizienz, eine Experimentaluntersuchung, Krefeld 1986.

Gremler, Dwayne D., Bitner, Mary Jo, Evans, Kenneth R. (1994): Internal Service Encounter, in: International Journal of Service Industry Management, vol. 5 (1994), no. 2, S. 34-56.

Grochla, Erwin (1972): Unternehmensorganisation. Neue Ansätze und Konzeptionen, Reinbek bei Hamburg 1972.

Grönroos, Christian (1984): A Service Quality Model and its Marketing Implications, in: European Journal of Marketing, vol. 18 (1984), no. 4, S. 36-44.

Grönroos, Christian (1990): Service Management and Marketing: Managing the Moments in Truth in Service Competition, Lexington 1990.

Grund, Michael (1998): Interaktionsbeziehungen im Dienstleistungsmarketing: Zusammenhänge zwischen Zufriedenheit und Bindung von Kunden und Mitarbeitern, Wiesbaden 1998.

Günther, Thomas (1991): Erfolgswirkung des Strategischen Controlling. Ergebnisse einer empirischen Untersuchung zur Beziehung von Strategischem Controlling und Unternehmenserfolg in deutschen Unternehmen, in: Zeitschrift für Betriebswirtschaft, Ergänzungsheft 3 (1991), S. 61-87.

Gzuk, Roland (1975): Messung der Effizienz von Entscheidungen. Beitrag zu einer Methodologie der Erfolgsfeststellung betriebswirtschaftlicher Entscheidungen, Tübingen 1975.

Haeger, Bernd (2006): Harmonisierung von Rechnungswesen und Controlling bei E.ON, in: Wagenhofer, Alfred (Hrsg.): Controlling und IFRS-Rechnungslegung: Konzepte, Schnittstellen, Umsetzung, Göttingen 2006, S. 243-266.

Hahn, Dietger/Hungenberg, Harald (2001): PuK, Planung und Kontrolle, Planungs- und Kontrollsysteme, Planungs- und Kontrollrechnung; Wertorientierte Controllingkonzepte, Wiesbaden 2001.

Hair, Joseph F./Anderson, Ralph E./Tatham, Ronald/Black, William C. (1998): Multivariate Data Analysis, 5. Auflage, Upper Saddle River 1998.

Hall, Richard H. (1962): Intraorganizational Structural Variation: Application of the Bureaucratic Model, in: Administrative Science Quarterly, vol. 7 (1962), no. 3, S. 295-308.

Hall, Richard H. (1963): The Concept of Bureaucracy: An Empirical Assessment, in: American Journal of Sociology, vol. 69 (1963), no. 1, S. 32-40.

Haller, Sabine (1993): Methoden zur Beurteilung von Dienstleistungsqualität – Überblick zum State of the Art, in: Zeitschrift für Betriebswirtschaftliche Forschung, 45. Jg. (1993), H. 1, S. 19-40.

Hammann, Peter/Erichson, Bernd (2000): Marktforschung, Stuttgart 2000.

Harms, Rainer/Dummer, Rita (2007): Die Kano-Methode zur Messung der Kundenzufriedenheit, in: Das Wirtschaftsstudium, 36. Jg. (2007), H. 7, S. 929-934.

Haring, Nikolai/Prantner, Renate (2005): Konvergenz des Rechnungswesens. State-of-the-Art in Deutschland und Österreich, in: Controlling (2005), H. 3, März, S. 147-154.

Harris, Lloyd C. (2001): Market Orientation and Performance: Objective and Subjective Empirical Evidence from UK Companies, in: Journal of Management Studies, vol. 38 (2001), no. 1, S. 17-43.

Hart, Stuart/Banbury, Catherine (1994): How Strategy-Making Processes can make a difference, in: Strategic Management Journal, vol. 15 (1994), S. 251-269.

Hartung, Willy (2002): Leistungsmessung und Leistungssteigerung des Controllings, in: Controlling, (2002), H. 8/9, S. 501-506.

Haugland, Sven A./Myrtveit, Ingunn/Nygaard, Arne (2007): Market orientation and performance in the service industry: A data envelopment analysis, in: Journal of Business Research, vol. 60 (2007), no. 11, S. 1191-1197.

Hauser, Robert M./Goldberger, Arthur S. (1972): The Treatment of Unobservable Variables in Path Analysis, in: Costner, Herbert L. (Hrsg.): Sociological Methodology, San Francisco 1972, S. 81-117.

Heeler, Roger M./Ray, Michael L. (1972): Measure Validation in Marketing, in: Journal of Marketing Research, vol. 9 (1972), no. 4, S. 361-370.

Heidenreich, Klaus (1995): Entwicklung von Skalen, in: Roth, Erwin. (Hrsg.): Sozialwissenschaftliche Methoden, 4. Auflage, München 1995, S. 407-439.

Heigl, Anton (1989): Controlling – Interne Revision, 2. Auflage, Stuttgart et al. 1989.

Heinen, Edmund (1976): Grundfragen der entscheidungsorientierten Betriebswirtschaftslehre, München 1976.

Heitmann, Mark (2004): Entscheidungszufriedenheit. Grundidee, theoretisches Konzept und empirische Befunde, Wiesbaden 2004.

Henri, Jean-Francois (2004): Performance Measurement and Organizational Effectiveness: Bridging the Gap, in: Managerial Finance, vol. 30 (2004), no. 6, S. 93-123.

Henseler, Jörg (2005): Einführung in die PLS-Pfadmodellierung, in: Wirtschaftswissenschaftliches Studium, 34. Jg. (2005), H. 2, S. 70-75.

Hentschel, Bert (1990): Die Messung wahrgenommener Dienstleistungsqualität mit SERVQUAL: Eine kritische Auseinandersetzung, in: Marketing ZFP, 12. Jg. (1990), H. 4, S. 230-240.

Herrmann, Andreas/Homburg, Christian (2000): Marktforschung: Ziele, Vorgehensweisen und Methoden, in: Herrmann, Andreas/Homburg, Christian (Hrsg.): Marktforschung: Methoden, Anwendung, Praxisbeispiele, 2. Auflage, Wiesbaden 2000, S. 13-32.

Herrmann, Andreas/Huber, Frank/Kressmann, Frank (2006): Varianz- und kovarianzbasierte Strukturgleichungsmodelle – Ein Leitfaden zu deren Spezifikation, Schätzung und Beurteilung, in: Zeitschrift für betriebswirtschaftliche Forschung, 58. Jg. (2006), Februar, S. 34-66.

Herzog, Andreas (1999): Gestaltung von Controllership. Die Zuordnung von Aufgaben zu Controllern, Wiesbaden 1999.

Hildebrandt, Lutz (1983): Konfirmatorische Analysen von Modellen des Konsumentenverhaltens, Berlin 1983.

Hildebrandt, Lutz (1998): Kausalanalytische Validierung in der Marketingforschung, in: Hildebrandt, Lutz/Homburg, Christian (Hrsg.): Die Kausalanalyse: Ein Instrument der empirischen betriebswirtschaftlichen Forschung, Stuttgart 1998, S. 85-110.

Hildebrandt, Lutz/Temme, Dirk (2006): Probleme der Validierung mit Strukturgleichungsmodellen, in: Die Betriebswirtschaft, 66. Jg. (2006), H. 6, S. 618-639.

Hinterhuber, H. H./Friedrich, St. A. (1999): Markt- und ressourcenorientierte Sichtweise zur Steigerung des Unternehmenswertes, in: Hahn, Dietger/Taylor, Bernard (Hrsg.): Strategische Unternehmensplanung – Strategische Unternehmensführung: Stand und Entwicklungstendenzen, 8. Auflage, Heidelberg 2006, S. 990-1018.

Hofer, Charles W. (1983): ROVA: A new measure for assessing organizational performance, in: Advances in strategic management, vol. 2 (1983), S. 43-55.

Hoffmann, F. (1972): Merkmale der Führungsorganisation amerikanischer Unternehmen –Auszüge aus den Ergebnissen einer Forschungsreise 1970, in: Zeitschrift für Organisation, 41. Jg. (1972), S. 3-8, 85-89, 145-148.

Homans, George C. (1958): Social Behavior as Exchange, in: American Journal of Sociology, vol. 63 (1958), no. 5, S. 597-606.

Homburg, Christian (1992): Die Kausalanalyse – Eine Einführung, in: Wirtschaftliches Studium, 21. Jg. (1992), H. 10, S. 499-508.

Homburg, Christian (2000): Kundennähe von Industriegüterunternehmen: Konzeption –Erfolgsauswirkungen – Determinanten, 3. Auflage, Wiesbaden 2000.

Homburg, Christian/Baumgartner, Hans (1995a): Beurteilung von Kausalmodellen. Bestandsaufnahme und Anwendungsempfehlungen, in: Marketing ZFP, 17. Jg. (1995), H. 3, S. 162-176.

Homburg, Christian/Baumgartner, Hans (1995b): Die Kausalanalyse als Instrument der Marketingforschung: Eine Bestandsaufnahme, in: Zeitschrift für Betriebswirtschaft, 65. Jg. (1995), H. 11, S. 1091-1108.

Homburg, Christian/Baumgartner, Hans (1998): Beurteilung von Kausalmodellen: Bestandsaufnahme und Anwendungsempfehlungen, in: Hildebrandt, Lutz/Homburg, Christian (Hrsg): Die Kausalanalyse: Ein Instrument der empirischen betriebswirtschaftlichen Forschung, Stuttgart 1998, S. 343-369.

Homburg, Christian/Faßnacht, Martin (2001): Kundennähe, Kundenzufriedenheit und Kundenbindung bei Dienstleistungsunternehmen, in: Bruhn, Manfred/Meffert, Heribert (Hrsg.): Handbuch Dienstleistungsmanagement: Von der strategischen Konzeption zur praktischen Umsetzung, 2. Auflage, Wiesbaden 2001, S. 441-463.

Homburg, Christian/Giering, Annette (1996): Konzeptualisierung und Operationalisierung komplexer Konstrukte. Ein Leitfaden für die Marketingforschung, in: Marketing – Zeitschrift für Forschung und Praxis, 18. Jg. (1996), Nr. 1, S. 5-24.

Homburg, Christian/Giering, Annette (1998): Konzeptualisierung und Operationalisierung komplexer Konstrukte. Ein Leitfaden für die Marketingforschung, in: Hildebrandt, Lutz/Homburg, Christian (Hrsg.): Die Kausalanalyse, Stuttgart 1998, S. 111-146.

Homburg, Christian/Hildebrandt, Lutz (1998): Kausalanalytische Validierung in der Marketingforschung, in: Hildebrandt, Lutz/Homburg, Christian (Hrsg): Die Kausalanalyse: Ein Instrument der empirischen betriebswirtschaftlichen Forschung, Stuttgart 1998, S. 15-43.

Homburg, Christian/Klarmann, Martin (2006): Die Kausalanalyse in der empirischen betriebswirtschaftlichen Forschung – Problemfelder und Anwendungsempfehlungen, in: Die Betriebswirtschaft, 66. Jg. (2006), H. 6, S. 727-748.

Homburg, Christian/Pflesser, Christian (2000): Strukturgleichungsmodelle mit latenten Variablen: Kausalanalyse, in: Herrmann, Andreas/Homburg, Christian (Hrsg.): Marktforschung: Methoden, Anwendungen, Praxisbeispiele, Wiesbaden 2000, S. 633-661.

Homburg, Christian/Weber, Jürgen (1999): Kundenorientiertes Rechnungswesen als Beispiel für interne Kunden-Lieferanten-Beziehungen, in: Bruhn, Manfred (Hrsg.): Internes Marketing. Integration der Kunden- und Mitarbeiterorientierung. Grundlagen – Implementierung – Praxisbeispiele, Wiesbaden 1999, S. 577-599.

Homburg, Christian/Giering, Annette/Hentschel, Frederike (1998): Der Zusammenhang zwischen Kundenzufriedenheit und Kundenbindung, Nr. 9 der Wissenschaftlichen Schriftenreihe des Zentrums für Marktorientierte Unternehmensführung (ZMU), Vallendar 1998.

Homburg, Christian/Krohmer, Harley/Workmann Jr., John P. (2000): Machtstrukturen in Unternehmen: Bestandsaufnahme und systematische Erklärungsansätze für den Marketingbereich, in: DBW, 60. Jg. (2000), H. 1, S. 78-96.

Hope, Jeremy/Fraser, Robin (2003): Beyond Budgeting. How Managers Can Break Free from the Annual Performance Trap, Boston 2003.

Horváth, Péter (1978): Controlling – Entwicklung und Stand einer Konzeption zur Lösung der Adaptions- und Koordinationsprobleme der Führung, in: Zeitschrift für Betriebswirtschaft, 48. Jg. (1978), S. 194-208.

Horváth, Péter (1998): Controlling, 7. Auflage, München 1998.

Horváth, Péter (2006): Controlling, 10. Auflage, München 2006.

Hoskisson, Robert E. /Hitt, Michael A./Johnson, Richard A./Moesel, Douglas D. (1993): Construct validity of an objective (entropy) categorical measure of diversification strategy, in: Strategic Management Journal, vol. 14 (1993), no. 3, S. 215-235.

Hoskisson, Robert, E./Hitt, Michael A./Wan, William P./Yiu, Daphne (1999): Theory and research in strategic management: Swing of a pendulum, in: Journal of Management, vol. 25 (1999), no. 3, S. 417-456.

Howard, John A./Sheth, Jagdish N. (1969): The Theory of Buyer Behavior, New York et al. 1969.

Hu, Li-tze/Bentler, Peter. M. (1995): Evaluating model fit, in: Hoyle, Rick H. (Hrsg.): Structural Equation Modeling: Concepts, Issues, and Applications, London 1995, S. 76-99.

Hu, Li-tze/Bentler, Peter M. (1999): Cutoff Criteria for Fit Indexes in Covariance Structure Analysis: Conventional Criteria Versus New Alternatives, in: Structural Equation Modeling, vol. 6 (1999), no. 1, S. 1-55.

Hunold, Claus (2003): Erfolgsfaktoren kommunaler Kostenrechnung, Wiesbaden 2003.

Hunt, Shelby (1984): Should Marketing Adopt Relativism?, in: Anderson, P./Ryan, M. (Hrsg.): Scientific Methods in Marketing, Chicago 1984.

Hunt, Shelby (1990): Truth in Marketing Theory and Research, in: Journal of Marketing, vol. 54 (1990), no. 7, S. 1-15.

Hunt, Shelby (2002): Foundations of Marketing Theory: Toward a General Theory of Marketing, New York 2002.

Hüttner, Manfred/Schwarting, Ulf (2000): Exploratorische Faktorenanalyse, in: Herrmann, Andreas/Homburg, Christian (Hrsg.) Marktforschung: Methoden – Anwendungen – Praxisbeispiele, Wiesbaden 2000, S. 381-412.

Iacobucci, D. K./Grayson, K. A. /Ostrom, A. L. (1994): The Calculus of Service Quality and Customer Satisfaction: Theoretical and Empirical Differentiation and Integration, in: Swartz, T./Bowen, D./Brown, S. (Hrsg.): Advances in Service Marketing and Management, 3, S. 1-67.

Indjejikian, Raffi J./Matejka, Michal (2006): Organizational Slack in Decentralizes Firms: The Role of Business Unit Controllers, in: The Accounting Review, vol. 81 (2006), no. 4, S. 849-872.

Irving, Edward L. (1995): Marketing Quality Practices, Chapel Hill 1995.

Jacoby, Jacob (1978): Consumer Research – A State of the Art Review, in: Journal of Marketing, vol. 42 (1978), no. 2, S. 87-96.

Jarvis, Cheryl B./Mackenzie, Scott B./Podsakoff, Philip M. (2003): A Critical Review of Construct Indicators and Measurement Model Misspecification in Marketing and Consumer Research, in: Journal of Consumer Research, vol. 30 (2003), no. 2, S. 199-218.

Jaworski, Bernard J./Kohli, Ajay K. (1993): Market Orientation: Antecedents and Consequences, in: Journal of Marketing, vol. 57 (1993), July, S. 53-70.

Jenner, Thomas (1999): Determinanten des Unternehmenserfolges. Eine empirische Analyse auf Basis eines holistischen Untersuchungsansatzes, Stuttgart 1999.

Jöreskog, Karl G. (1966): Testing a Simple Structure Hypothesis in Factor Analysis, in: Psychometrika, vol. 31 (1966), no. 2, S. 165-178.

Jöreskog, Karl G. (1967): Some Contributions to Maximum Likelihood Factor Analysis, in: Psychometrika, vol. 32 (1967), no. 4, S. 443-482.

Jöreskog, Karl G. (1969): A General Approach to Maximum Likelihood Factor Analysis, in: Psychometrika, vol. 34 (1969), no. 3, S. 183-202.

Jöreskog, Karl G./Sörbom, Dag (1982): Recent Developments in Structural Equation Modeling, in: Journal of Marketing Research, vol. 19 (1982), no. 4, S. 404-416.

Jöreskog, Karl G./Wold, Hermann (1982): The ML and PLS-Techniques for Modeling with Latent Variables: Historical and Comparative Aspects, in: Jöreskog, Karl G./Wold, Hermann (Hrsg.): Systems under Indirect Observation: Causality-Structure-Prediction, Part I, Amsterdam et al. 1982, S. 263-270.

Jungermann, Helmut/Pfister, Hans-Rüdiger/Fischer, Katrin (1998): Die Psychologie der Entscheidung: Eine Einführung, Heidelberg/Berlin 1998.

Kahn, Kenneth B. (1996): Interdepartmental Integration: A Definition with Implications for Product Development Performance, in: Journal of Product Innovation Management, vol. 13 (1996), no. 1, S. 137-151.

Kahn, Kenneth B./Mentzer, John T. (1996): Logistics and Interdepartmental Integration, in: International Journal of Physical Distribution & Logistics, vol. 26 (1996), no. 8, S. 6-14.

Kanter, Rosabeth M. (1983): The Change Masters: Innovations for Productivity in the American Corporation, New York 1983.

Kaplan, Robert S./Norton, David P.(1996): Translating Strategy into Action: The Balanced Scorecard, Boston 1996.

Karlshaus, Jan Thido (2000): Die Nutzung von Kostenrechnungsinformationen im Marketing: Bestandsaufnahme, Determinanten und Erfolgsauswirkungen, Wiesbaden (2000).

Kast, Fremont E./Rosenzweig, James E. (1972): General System Theory: Applications for Organization and Management, in: Academy of Management Journal, vol. 15 (1972), no. 4, S. 447-465.

Katz, Daniel/Kahn, Robert L. (1978): The Social Psychology of Organizations, 2. Auflage, New York et al. 1978.

Keats, Barbara W./Hitt, Michael A. (1988): A Causal Model of Linkages among Environmental Dimensions, Macro Organizational Characteristics, and Performance, in: Academy of Management Journal, vol. 31 (1988), no. 3, S. 570-598.

Keenly, Michael (1980): Organizational Analogy: A comparison of organismic and social contract models, in: Administrative Science Quarterly, vol. 25 (1980), S. 337-362.

Kelley, Harold H./Thibaut, John W. (1969): Group Problem Solving, in: Lindzey, Gardner/Aronson, Elliot (Hrsg.): Handbook of Social Psychology, vol. 4, Reading 1969, S. 1-101.

Kelley, Harold H./Thibaut, John W. (1978): Interpersonal Relations – A Theory of Interdependence, New York 1978.

Kelley, Scott W./Davis, Mark A. (1994): Antecedents to Customer Expectations for Service Recovery, in: Journal of the Academy of Marketing Science, vol. 22 (1994), no. 1, S. 51-62.

Kenis, Izzettin (1979): Effects of Budgetary Goal Characteristics in Managerial Attitudes and Performance, in: Accounting Review, vol. 54 (1979), no. 4, S. 707-721.

Kenning, Peter (2002): Customer Trust Management: Ein Beitrag zum Vertrauensmanagement im Lebensmitteleinzelhandel, Wiesbaden 2002.

Kern, Egbert (1990): Der Interaktionsansatz im Investitionsgütermarketing: Eine konfirmatorische Analyse, Berlin 1990.

Kiedaisch, Ingo (1997): Internationale Kunden-Lieferanten-Beziehungen – Determinanten –Steuerungsmechanismen – Beziehungsqualität, Wiesbaden 1997.

Kieser, Alfred (2001): Der situative Ansatz, in: Kieser, Alfred/Woywode, Michael (Hrsg.): Organisationstheorien, 4. Auflage, Stuttgart/Berlin/Köln 2001, S. 169-198.

Kieser, Alfred/Kubicek, Herbert (1992): Organisation, 3. Auflage, Berlin, New York 1992.

Kieser, Alfred/Walgenbach, Peter (2003): Organisation, 4. Auflage, Stuttgart 2003.

Kirsch, Werner/Schneider, Jürgen (1973): Das Role-Set des Projektmanagers beim Marketing von Investitionsgütern, Mannheim 1973.

Klee, Alexander (2000): Strategisches Beziehungsmanagement: Ein integrativer Ansatz zur Steuerung der Qualität von Geschäftsbeziehungen auf industriellen Märkten, Aachen 2000.

Klingebiel, Norbert (1996): Lean Management – Business Reengineering. Identische und abweichende Anforderungen an die Controlling-Funktion, in: Zeitschrift für Planung, 7. Jg. (1996), H. 7, S. 253-269.

Klingebiel, Norbert/Andreas, Jörn (2006): Outsourcingvarianten im Rechnungswesen, in: Zeitschrift für Controlling & Management, 50. Jg. (2006), H. 1, S. 36-42.

Kloyer, Martin (1995): Management von Franchisenetzwerken - Eine Resource-Dependence-Perspektive, Wiesbaden 1995.

Knyphausen-Aufseß, Dodo zu (1997): Auf dem Weg zu einem ressourcenorientierten Paradigma: Resource Dependence-Theorie der Organisation und resourced-based View des strategischen Managements im Vergleich, in: Ortmann, Günther/Sydow, Jörg/Türk, Klaus (Hrsg.): Theorien der Organisation – Die Rückkehr der Gesellschaft, Opladen 1997, S. 452-480.

Knollmann, Ramon (2007): Kooperation von Controllerbereich und Strategieabteilung Messung – Wirkungen – Determinanten, Wiesbaden 2007.

Knopf, Rainer H./Börsig, Clemens/Esser, Werner-M./Kirsch, Werner (1976): Die Effizienz von Reorganisationsprozessen aus der Sicht der Praxis, München 1976.

Koch, Jörg (2004): Marktforschung: Begriffe und Methoden, 4. Auflage, München et al. 2004.

Kohli, Ajay K./Jaworski, Bernard J. (1990): Market Orientation: The Construct, Research Propositions, and Managerial Implications, in: Journal of Marketing, vol. 54 (1990), April, S. 1-18.

Kohli, Ajay K./Jaworski Bernard J./Kumar Ajith (1993): MARKOR: A Measure of Market Orientation, in: Journal of Marketing Research, vol. 30 (1993), November, S. 467-477.

Kotarbinski, Tadeusz (1965): Praxiology. An Introduction to the Science of Efficient Action, Oxford u. a. 1965.

Kotler, Philip/Bliemel, Friedhelm (2001): Marketing Management, 10. Auflage, Stuttgart 2001.

Krafft, Manfred (1999): Der Kunde im Fokus: Kundennähe, Kundenzufriedenheit, Kundenbindung – und Kundenwert?, in: Die Betriebswirtschaft, 59. Jg. (1999), S. 511-530.

Krafft, Manfred/Götz, Oliver/Liehr-Gobbers, Kerstin (2005): Die Validierung von Strukturgleichungsmodellen mit Hilfe des Partial-Least-Squares-(PLS-) Ansatzes, in: Bliemel, Friedhelm/Eggert, Andreas/Fassott, Georg/Henseler, Jörg (Hrsg.): Handbuch der PLS-Pfadmodellierung: Methode, Anwendung, Praxisbeispiele, Stuttgart 2005, S. 71-86.

Kreuter, Andreas (1997): Verrechnungspreise in Profit-Center-Organisationen, München/Mering 1997.

Kreutz, Henrik/Titscher, Stefan (1974): Die Konstruktion von Fragebögen, in: Van Koolwijk, Jürgen/Wieken-Mayser, Maria (Hrsg.): Erhebungsmethoden: Die Befragung, München/Wien 1974, S. 24-82.

Kroeber-Riel, Werner/Weinberg, Peter (1999): Konsumentenverhalten, 7. Auflage, München 1999.

Krohmer, Harley (1999): Marktorientierte Unternehmenskultur als Erfolgsfaktor der Strategieimplementierung, Wiesbaden 1999.

Kronast, Matthias (1989): Controlling – Notwendigkeit eines unternehmensspezifischen Selbstverständnisses, München 1989.

Kristensen, Kai/Westlund, Anders H. (2004): Accountable Business Performance Measurement for Sustainable Business Excellence, in: Total Quality Management, vol 15 (2004), no. 5-6, S. 629-643.

Kühn, Richard (1991): Methodische Überlegungen zum Umgang mit der Kundenorientierung im Marketing-Management, in: Marketing ZFP, 13. Jg. (1991), H. 2, S. 97-107.

Künzel, Hansjörg (1999): Management interner Kunden-Lieferanten-Beziehungen, Wiesbaden 1999.

Küpper, Hans-U. (1987): Konzeption des Controlling aus betriebswirtschaftlicher Sicht, in: Scheer, August-W. (Hrsg.): Rechnungswesen und EDV, 8. Saarbrücker Arbeitstagung, Heidelberg, S. 82-116.

Küpper, Hans-U. (2005): Controlling: Konzeption, Aufgaben, Instrumente, 4. Auflage, Stuttgart 2005.

Küpper, Hans-U./Weber, Jürgen/Zünd, André (1990): Zum Verständnis und Selbstverständnis des Controlling, in: Zeitschrift für Betriebswirtschaft, 60. Jg. (1990), S. 281-293.

Kumar, Nirmalya/Stern, Louis W./Anderson, James C. (1993): Conducting Interorganizational Research Using Key Informants, in: Academy of Management Journal, vol. 36 (1993), no. 6, S. 1633-1651.

Kurrle, Axel (1995): Controlling und Effizienz. Die Messung der Effizienz des Controlling in der Industrie auf der Grundlage einer empirischen Einzelanalyse, Bielefeld 1995.

LaBarbera, P./Mazursky, D. (1983): A Longitudinal Assessment of Consumer Satisfaction, Dissatisfaction: The Dynamic Aspect of the Cognitive Process, in: Journal of Marketing Research, vol. 20 (1983), November, S. 393-404.

Lambe, C. Jay/Wittmann, C. Michael/Spekman, Robert E. (2001): Social Exchange Theory and Research on Business-to-Business Relational Exchange, in: Journal of Business-to-Business Marketing, vol. 8 (2001), no. 3, S. 1-36.

Landsberg, Georg von/Mayer, Elmar (1988): Berufsbild des Controllers, Stuttgart 1988.

Langenbach, Wilm (2001): Rationalitätssicherung durch externe Märkte, in: Weber, Jürgen/Schäffer, Utz (Hrsg.): Rationalitätssicherung der Führung. Beiträge zu einer Theorie des Controlling, Wiesbaden 2001, S. 195-232.

Lasslop, Ingo (2003): Effektivität und Effizienz von Marketing-Events. Wirkungstheoretische Analyse und empirische Befunde, Wiesbaden 2003.

Laux, Helmut (2005): Entscheidungstheorie, 6. Auflage, Berlin/Heidelberg/New York 2005.

Lazarsfeld, Paul F. (1967): Methodische Probleme der empirischen Sozialforschung, in: Hartmann, Heinz (Hg.): Moderne amerikanische Soziologie: Neuere Beiträge zur soziologischen Theorie, Stuttgart 1967, S. 95-117.

Lewin, Arie Y./Minton, John W. (1986): Determining Organizational Effectiveness: Another Look, And An Agenda For Research, in: Management Science, vol. 32 (1986), no. 5, S. 514-538.

Liedtke, Udo (1991): Controlling und Informationstechnologie: Auswirkungen auf die organisatorische Gestaltung, München 1991.

Lindskold, Sven (1978): Trust development, the GRIT Proposal and the Effects on Conciliatory Acts on Conflict and Cooperation, in: Psychological Bulletin, vol. 85 (1978), no. 4, S. 772-793.

Lings, Ian N. (2004): Internal market orientation: Construct and consequences, in: Journal ofBusiness Research, vol. 57 (2004), S. 405-413.

Lohmöller, Jan B. (1989): Latent Variable Path Modeling with Partial Least Squares, Heidelberg 1989.

Lucas Jr., Henry C. (1974): System Quality, User Reactions and the Use of Information Systems, in: Management Informatics, vol. 3 (1974), no. 4, S. 207-212.

Luck, David J./Rubin, Ronald S. (1987): Marketing Research, 7. Auflage, Engelwood Cliffs 1987.

Luhmann, Niklas (1989): Vertrauen: Ein Mechanismus der Reduktion sozialer Komplexität, 3. Auflage, Stuttgart 1989.

Lumpkin, G. T./Dess, Gregory G. (1995): Simplicity as a strategy-making process: The effects of stage of organizational development and environment on performance, in: Academy of Management Journal, vol. 38 (1995), no. 5, S. 1386-1407.

Lynch, R. L./Cross, K. F. (1995): Measure up! How to measure corporate performance, Cambridge 1995.

MacCullum, Robert C./Brown, Michael W./Sugawara, Hazuki M. (1996): Power Analysis and Determination of Sample Size for Covariance Structure Modelling, in: Psychological Methods, vol. 1 (1996), no. 2, S. 130-149.

Mahoney, Joseph T./Pandian, J. Rajendran (1992): The Resourced Based View within the Conversation of Strategic Management, in: Strategic Management Journal, vol. 13 (1992), no. S. 363-380.

Mahoney, Thomas A./Weitzel, William (1978): Kriterien der Effizienz organisatorischer Strukturen, in: Grochla, Erwin (Hg.): Elemente der organisatorischen Gestaltung, Reinbek bei Hamburg 1978, S. 176-210.

Malhotra, Naresh K. (1993): Marketing Research – An Applied Orientation, Englewood Cliffs 1993.

March, James G. (1990): Entscheidung und Organisation. Kritische und konstruktive Beiträge, Entwicklungen und Perspektiven, Wiesbaden 1990.

March, James G./Olsen, J. P. (1976): Ambiguity and choice in organizations, Oslo 1976.

March, James G./Sutton, Robert I. (1997): Organizational Performance as a Dependent Variable, in: Organization Science, vol. 8 (1997), no. 6, S. 698-710.

Marsh, Herbert W./Balla, John R./McDonald, Roderick P. (1988): Goodness-of-Fit indexes in Confirmatory Factor Analysis: The Effect of Sample Size, in: Psychological Bulletin, vol. 103 (1988), no. 3, S. 391-410.

Marsh, Herbert W./Hau, Kit-Tai/Balla, John R./Grayson, David (1998): Is More Ever Too Much? The Number of Indicators per Factor in Confirmatory Factor Analysis, in: Multivariate Behavioral Research, vol. 33 (1998), no. 2, S. 181-200.

Mason, Edward S. (1939): Price and production policies of large scale enterprises, in: American Economic Review, vol. 29 (1939), no. 1 (supplement), S. 61-74.

Matthes, Alexandra, K. (2006): Die Wirkung von Vertrauen auf die Ex-Post-Transaktionskosten in Kooperation und Hierarchie, Wiesbaden 2006.

Mayer, Roger C./Davis, James H./Schoorman, F. David. (1995): An Integrative Model of Organizational Trust, in: Academy of Management Review, vol. 20 (1995), no. 3, S. 709-734.

McIntyre, Shelby H. (1982): An experimental study of the impact of judgement-based marketing-models, in: Management Sciences, vol. 28 (1982), no. 1, S. 17-33.

Meffert, Heribert/Bruhn, Manfred (2003): Dienstleistungsmarketing: Grundlagen – Konzepte – Methoden, 4. Auflage, Wiesbaden 2003.

Merchant, Kenneth A. (1981): The Design of the Corporate Budgeting System: Influences on Managerial Behavior and Performance, in: Accounting Review, vol. 56 (1981), no. 4, S. 813-829.

Mia, Lokmann/Chenhall, Robert H. (1994): The Usefulness of management accounting systems, functional differentiation and managerial effectiveness, in: Accounting, Organizations & Society, vol. 19 (1994), no. 1, S. 1-13.

Miles, Robert H. (1980): Macro Organizational Behavior, Santa Monica 1980.

Möllering, Guido/Sydow, Jörg (2006): Organisationen vertrauen – Organisationales Vertrauen in Kunden-Lieferanten-Beziehungen, in: Bauer, Hans H./Neuman, Marcus M./Schüle, Anja (Hrsg.): Konsumentenvertrauen: Konzepte und Anwendungen für ein nachhaltiges Kundenbindungsmanagement, München 2006, S. 63-75.

Moers, Frank (2005): Discretion and bias in performance evaluation: the impact of diversity and subjectivity, in: Accounting, Organizations and Society, vol. 30 (2005), no. 1, S. 67-80.

Moorman, Christine/Rust, Roland T. (1999): The Role of Marketing, in: Journal of Marketing, vol. 63 (Special Issue 1999), S. 180-197.

Moorman, Christine/Zaltman, Gerald/Deshpandé, Rohit (1992): Relationships Between Providers and Users of Market Research: The Dynamics of Trust within and Between Organizations, in: Journal of Marketing Research, vol. 29 (1992), August, S. 314-328.

Morgan, Robert M./Hunt, Shelby D. (1994): The Commitment-Trust Theory of Relationship Marketing, in: Journal of Marketing, vol. 58 (1994), no. 3, S. 20-38.

Mosiek, Thomas (2002): Interne Kundenorientierung des Controlling, Frankfurt a. M. 2002.

Müller, Werner/Fickel, Thomas (1997): Outsourcing von Controllingaufgaben, in: Controller Magazin, (1997), H. 2, S. 109-111.

Mummendey, Hans D. (1999): Die Fragebogen-Methode – Grundlagen und Anwendungen in Persönlichkeits-, Einstellungs- und Selbstkonzeptforschung, 3. Auflage, Göttingen et al. 1999.

Narver, John C./Slater, Stanley F. (1990): The Effect of a Market Orientation on Business Profitability, in: Journal of Marketing, vol. 54 (1990), October, S. 20-35.

Narver, John C./Slater, Stanley F. (1999): The Effect of Market Orientation on Business Profitability, in: Deshpandé, Rohit (Hrsg.): Developing A Market Orientation, Thousand Oaks et al. 1999, S. 45-77.

Neuberger, Oswald (2000): Das 360°-Feedback. Alle fragen? Alles sehen? Alles sagen? Schriftenreihe Organisation & Personal, Band 9, München et al. 2000.

Neuhaus, Patricia (1996): Interne Kunden-Lieferanten-Beziehungen, Wiesbaden 1996.

Nevitt, Jonathan/Hancock, Gregory R. (2001): Performance of bootstrapping approaches to model test statistics and parameter standard error estimation in structural equation modelling, in: Structural Equation Modeling, vol. 8 (2001), no. 3, S. 353-377.

Nicolai, Alexander (2004): Der „trade-off" zwischen „rigor" und „relevance" und seine Konsequenzen für die Managementwissenschaften, in: Zeitschrift für Betriebswirtschaft 74. Jg. (2004), H. 2, S. 99-118.

Nicolai, Alexander/Kieser, Alfred (2002): Trotz eklatanter Erfolgslosigkeit: Die Erfolgsfaktorenforschung weiter auf Erfolgskurs, in: Die Betriebswirtschaft, 62. Jg. (2002), H. 6, S.573-699.

Niedermayr, Rita (1994): Entwicklungsstand des Controlling. System, Kontext, Effizienz, Wiesbaden 1994.

Niedermayr, Rita (1995): Controller & Controlling, in: Controller Magazin, 20. Jg. (1996), Heft 6, S. 319-324.

Niedermayr, Rita (2000): Zukunft des Controlling – Controlling der Zukunft, in: Controller Verein (Hrsg.): Entwicklungstendenzen und Änderungsbedarf im Controlling – Sammelband zum 22. Congress der Controller, S. 58-70.

Nienhüser, Werner (1998): Macht bestimmt die Personalpolitik! – Erklärung der betrieblichen Arbeitsbeziehungen aus macht- und austauschtheoretischer Perspektive, in: Martin, Albert/Nienhüser, Werner (Hrsg.): Personalpolitik – Wissenschaftliche Erklärung und Personalpraxis, München/Mering 1998, S. 239-261.

Nieschlag, Robert/Dichtl, Erwin/Hörschgen, Hans (2002): Marketing, 19. Auflage, Berlin 2002.

Nöcker, Ralf (1999): Erfolg von Unternehmen aus betriebswirtschaftlicher Sicht, in: Moser, Klaus/Batinic, Bernad/Zempel, Jeannette (Hrsg.): Unternehmerisch erfolgreich handeln, Göttingen 1999, S. 53- 66.

Nüchter, Norbert P. (1999): Chef-Checklisten Controlling: So steigern Sie die Effizienz Ihres Unternehmens und sichern die Zukunft, Regensburg/Düsseldorf 1999.

Nunally, Jum C. (1967): Psychometric Theory, New York 1967.

Nunally, Jum C. (1978): Psychometric Theory, 2. Auflage, New York 1978.

Nunally, Jum C./Bernstein, Ira H. (1994): Psychometric Theory, New York 1994.

Offermann, Andreas (1985): Projekt-Controlling bei der Entwicklung neuer Produkte, Frankfurt a. M. 1985.

Oliver, Richard L. (1981): Measurement and Evaluation of Satisfaction Process in Retail Settings, in: Journal of Retail, vol. 57 (1981), Fall, S. 25-48.

Oliver, Richard L. (1993): A Conceptual Model of Service Quality and Service Satisfaction, Compatible Goals, Different Concepts, in: Advances in Service Marketing and Management, vol. 2 (1993), S. 65-85.

Parasuraman, A. (1987): Customer-Oriented Corporate Cultures are crucial to Service Marketing Success, in: Journal of Service Marketing, vol. 1 (1987), no. 1, S. 39-46.

Parasuraman, A./Zeithaml, Valarie A./Berry, Leonard L. (1985): A Conceptual Model of Consumer Research and Its Implications for Future Research, in: Journal of Marketing,
vol. 49 (1985), Fall, S. 49-51

Parasuraman, A./Zeithaml, Valarie A./Berry, Leonard L. (1988): SERVQUAL: A Multiple- Item Scale for Measuring Consumer Perceptions of Service Quality, in: Journal of Retailing, vol. 64 (1988), no. 1, S. 12-40.

Parhizgari, A. M./Gilbert, Ronald G. (2004): Measure of organizational effectiveness: private and public sector performance, in: Omega, vol. 32 (2004), S. 221-229.

Pearce, John A. II./Robbins, Keith D./Robinson Jr., Richard D. (1987): The impact of grand strategy and planning formality on financial performance, in: Strategic Management Journal, vol. 8 (1987), S. 125-134.

Peter, J. Paul (1979): Reliability: A Review of Psychometric Basics and Recent Marketing
Practices, in: Journal of Marketing Research, vol. 16 (1979), no. 1, S. 6-17.

Peter, J. Paul (1981): Construct Validity: A Review of basic Issues and Marketing Practices, in: Journal of Marketing Research, vol. 18 (1981), no. 5, S. 133-145.

Peter, J. Paul/Churchill Jr., Gilbert A. (1986): Relationships among Research Design Choices and Psychonometric Properties of Rating Scales: A Meta-Analysis, in: Journal of Marketing Research, vol. 23 (1986), no. 2, S. 1-10.

Petermann, Franz (1996): Psychologie des Vertrauens, 3. Auflage, Göttingen et al. 1996.

Peterson, Candida C./Peterson, James L. (1976): Linguistic Determinants of the Difficulty of True-False Test Items, in: Educational and Psychological Measurement, vol. 36 (1976), no. 1, S. 161-164.

Picot, Arnold (1991): Ökonomische Theorien der Organisation – Ein Überblick über neuere Ansätze und deren betriebswirtschaftliches Anwendungspotential, in: Ordelheide, Dieter/Rudolph, Bernd/Büsselmann, Elke (Hrsg.): Betriebswirtschaftslehre und ökonomische Theorie, Stuttgart 1991, S. 143-170.

Pfeffer, Jeffrey (1982): Organizations and Organization Theory, Boston 1982.

Pfeffer, Jeffrey (1992): Managing with Power – Politics and influence in Organizations, Boston et al. 1992.

Pfeffer, Jeffrey/Salancik, Gerald R. (1978): The External Control of Organizations – A Resource Dependence Perspective, New York et al.1978.

Pflesser, Christian (1999): Marktorientierte Unternehmenskultur: Konzeption und Untersuchung eines Mehrebenenmodells, Wiesbaden 1999.

Pinto, Mary B./Pinto, Jeffrey K. (1990): Project Team Communication and Cross-Functional Cooperation in New Program Development, in: Journal of Product Innovation Management, vol. 7 (1990), no. 1, S. 200-212.

Plinke, Wulff (1992): Ausprägungen der Marktorientierung im Investitionsgüter-Marketing, in: Zeitschrift für betriebswirtschaftliche Forschung, 44. Jg. (1992), H. 9, S. 830-846.

Porter, Lyman W./Lawler, Edward E. III./Hackman, J. Richard (1975): Behavior in organizations, New York 1975.

Porter, Michael E. (1980): Competitive Strategy, London/New York 1980.

Porter, Michael E. (1981): The Contributions of Industrial Organization to Strategic Management, in: Academy of Management Review, vol. 6 (1981), no. 4, S. 609-620.

Porter, Michael E. (1985): Competitive Advantage: Creating and Sustaining Superior Performance, New York/London 1985.

Porter, Michael E. (1990): The Competitive Advantage of Nations, New York 1990.

Porter, Michael E. (1991): Towards a Dynamic Theory of Strategy, in: Strategic Management Journal, vol. 12 (1991), S. 95-117.

Porter, Michael E. (1994): From Strategy to Advantage: The Evolving Competitive Paradigm, in: Duffy, Paula B. (Hrsg.): The Relevance of a Decade, Boston 1994, S. 243-286.

Porter, Michael E. (1999): Wettbewerbsstrategie: Methoden und Analyse von Branchen und Konkurrenten, 10. Auflage, Frankfurt am Main et al. 1999.

Powell, Thomas C. (1992a): Organizational alignment as competitive advantage, in: Strategic Management Journal, vol. 13 (1992), S. 119-134.

Powell, Thomas C. (1992b): Research Notes and Communications: Strategic planning as competitive advantage, in: Strategic Management Journal, vol. 13 (1992), S. 551-558.

Prahalad, C. K./Hamel, Gary (1990): The Core Competence of the Corporation, in: Harvard Business Review, vol. 68 (1990), no. 3, S. 79-91.

Preißler, Peter R. (2000): Controlling. Lehrbuch und Intensivkurs, 12. Auflage, München/ Wien/Oldenburg 2000.

Pugh, Derek S./Hickson, David J./Hinings, Christopher R./Turner, Christopher (1968): Dimensions of Organization Structure, in: Administrative Science Quarterly, vol. 13 (1968), no. 1, S. 65-105.

Pugh, Derek S./Hickson, David J./Hinings, Christopher R./Turner, Christopher (1969): The Context of Organization Structures, in: Administrative Science Quarterly, vol. 14 (1969), no. 1, S. 90-114.

Quinn, Robert E./Cameron, Kim S. (1983): Organizational life cycles and shifting criteria of effectiveness: Some preliminary evidence, in: Management Science, vol. 29 (1983), S. 33-51.

Quinn, Robert E./Rohrbaugh, John (1981): A competing value approach to organizational effectiveness, in: Public Productivity Review, vol. 5 (1981), S. 122-140.

Quinn, Robert, E./Rohrbaugh, John (1983): A spatial model of effectiveness criteria: Towards a competing values approach to organizational analysis, in: Management Science, vol. 29 (1983), no. 3, S. 363-377.

Raffée, Hans (1984): Gegenstand, Methoden und Konzepte der Betriebswirtschaftslehre, in: Bitz, M./Dellmann, K./Donsch, M./Egner, H. (Hrsg.): Vahlens Kompendium der Betriebswirtschaftslehre, München 1984, S. 1-46.

Rambusch, René/Sill, Frauke (2007): Role Making versus Role Taking im Controllerbereich, in: Controlling, H. 7 (2007), S. 375-381.

Rangone, Andrea (1997): Linking organizational effectiveness, key success factors and performance measures: an analytical framework, in: Management Accounting Research, vol. 8 (1997), S. 207-219.

Rasche, Christoph (1993): Kernkompetenzen, in: Die Betriebswirtschaft, 53. Jg. (1993), H. 3, S. 425-427.

Rasche, Christoph (1994): Wettbewerbsvorteile durch Kernkompetenzen: Ein ressourcen-orientierter Ansatz, Wiesbaden 1994.

Reger, Rhonda K./Duhaime, Irene M./Stimpert, J. L. (1992): Deregulation, strategic choice, risk and financial performance, in: Strategic Management Journal, vol. 13 (1992), no. 3, S. 189-204.

Reinartz, Werner/Krafft, Manfred/Hoyer, Wayne D. (2004): The CRM Process: Its Measurement and Impact on Performance, in: Journal of Marketing Research, vol. 41 (2004), August, S. 293-305.

Reinhart, Gunther/Schnauber, Herbert (1997): Interne und externe Kunden-Lieferanten-Beziehungen, Berlin et al. 1997.

Reitmeyer, Thorsten (2000): Qualität von Entscheidungsprozessen der Geschäftsleitung: Eine empirische Untersuchung mittelständischer Unternehmen, Wiesbaden 2000.

Ringle, Christian M. (2004a): Gütemaße für den Partial Least Squares-Ansatz zur Bestimmung von Kausalmodellen, Arbeitspapier Nr. 16 Hamburg: Institut für Industriebetriebslehre und Organisation, Universität Hamburg 2004.

Ringle, Christian M. (2004b): Kooperation in virtuellen Unternehmen: Auswirkungen auf die strategischen Erfolgsfaktoren in Partnerunternehmen, Wiesbaden 2004.

Ringle, Christian M./Boysen, Nils/Wende, Sven/Will, Alexander (2006): Messung von Kausalmodellen mit dem Partial-Least-Squares-Verfahren, in: wisu das Wirtschaftsstudium, 35. Jg. (2006), H. 1, S. 81-88.

Rippberger, Tanja (1998): Ökonomik des Vertrauens: Analyse eines Organisationsprinzips, München 1998.

Rojas, Ronald R. (2000): A Review of Models for Measuring Organizational Effectiveness Among For-Profit and Nonprofit Organizations, in: Nonprofit Management & Leadership, vol. 11 (2000), no. 1, S. 97- 104.

Robinson Jr., Richard B. /Pearce, John A. II. (1988): Planned Patterns of Strategic Behavior and their Relationship to Business-Unit Performance, in: Strategic Management Journal, vol. 9 (1988), no. 1, S. 43-60.

Rossiter, John R. (2002): The C-OAR-SE procedure for scale development in marketing, in: International Journal of Research in Marketing, vol. 19 (2002), S. 305-335.

Rowe, W. G./Morrow, J. L. (1999): A note on the dimensionality of the firm financial performance construct using accounting, market, and subjective measures, in: Canadian Journal of Administrative Sciences, vol. 16 (1999), S. 58-70.

Rudolph, Bettina (1998): Kundenzufriedenheit im Industriegüterbereich, Wiesbaden 1998.

Rühli, Edwin (1994): Der Resource Based View of Strategy, in: Gomez, Peter (Hrsg.): Unternehmerischer Wandel: Konzepte zur organisatorischen Erneuerung, Wiesbaden 1994, S. 31-57.

Ruekert, Robert W. (1992): Developing a market orientation: An organizational strategy perspective, in: International Journal of Research in Marketing, vol. 9 (1992), No. 3, S. 225-245.

Ruekert, Robert W./Churchill Jr., Gilbert A. (1984): Reliability and Validity of Alternative Measures of Channel Member Satisfaction, in: Journal of Marketing Research, vol. 21 (1984), no. 2, S. 226-233.

Ruekert, Robert W./Walker, Orville C./Roering, Kenneth J. (1985): The Organization of Marketing Activities: A Contingency Theory of Structure and Performance, in: Journal of Marketing, vol. 49 (1985), S. 13-25.

Rumelt, Richard P. (1984): Towards a Strategic Theory of the Firm, in Lamb, Robert B. (Hrsg.): Competitive Strategic Management, Englewood Cliffs 1984, S. 556-570.

Rusbult, Caryl E./Van Lange, Paul A. (1996): Interdependence Processes, in: Higgins, E. Tory/Kruglanski, Arie W. (Hrsg.): Social Psychology – Handbook of Basic Principles, New York/London 1996, S. 564-596.

Rust, Roland T./Oliver, Richard L. (1994): Service Quality: Insights and Managerial Implications from the Frontier, in: Rust, Roland T./Oliver, Richard L. (Hrsg.): Service Quality: New Directions in Theory and Practice, Thousand Oaks 1994, S. 1-19.

Said, Amal A./HassabElnaby, Hassan R./Wier, Beson (2003): An Empirical Investigation of the Performances Consequences of Nonfinancial Measures, in: Journal of Management Accounting Research, vol. 15 (2003), S. 193-223.

Sambamurthy, V./Chin, Wynne W. (1994): The Effects of Group Attitudes Towards Alternative GDSS Designs on the Decision-Making Performance of Computer Supported Groups, in: Decision Sciences, vol. 25 (1994), no. 2, S. 215-242.

Sander, K. (1990): Prozesse der Macht – Zur Entstehung, Stabilisierung und Veränderung der Macht von Akteuren in Unternehmen, Berlin et al. 1990.

Sandt, Joachim (2004): Management mit Kennzahlen und Kennzahlensystemen – Bestandsaufnahme, Determinanten und Erfolgswirkungen, Wiesbaden 2004.

Sathe, Vijay (1982): Controller Involvement in Management, Englewood Cliffs 1982.

Sauerwein, Elmar (2000): Das Kano-Modell der Kundenzufriedenheit: Reliabilität und Validität einer Methode zur Klassifizierung von Produkteigenschaften, Wiesbaden 2000.

Schäffer, Utz/Willauer, Bianca (2003): Prämissenkontrolle in deutschen Unternehmen –Ergebnisse einer empirischen Untersuchung, in: Weber, Jürgen/Kunz, Jennifer (Hrsg.): Empirische Controllingforschung: Begründung – Beispiele – Ergebnisse, Wiesbaden 2003, S. 15-51.

Scheffler, Hartmut (2000): Stichprobenbildung und Datenerhebung, in: Herrmann, Andreas/ Homburg, Christian (Hrsg.): Marktforschung: Methoden, Anwendung, Praxisbeispiele, 2. Auflage, Wiesbaden 2000, S. 61-77.

Schenk, Roland (1998): Beurteilung des Unternehmenserfolges, in: Frese, Michael (Hrsg.): Erfolgreiche Unternehmensgründer: Psychologische Analysen und praktische Anleitungen für Unternehmer in Ost- und Westdeutschland, Göttingen 1998, S. 59-82.

Schmidt, Andreas (1986): Das Controlling als Instrument zur Koordination der Unternehmensführung: Eine Analyse der Koordinationsfunktion des Controlling unter entscheidungsorientierten Gesichtspunkten, Frankfurt a. M./Bern/New York 1986.

Schnell, Rainer/Hill, Paul B./Esser, Elke (2005): Methoden der empirischen Sozialforschung, 7. Auflage, München 2005.

Schoenberg, Richard (2006): Measuring the Performance of Corporate Acquisitions: An Empirical Comparison of Alternative Metrics, in: British Journal of Management, vol. 17 (2006), no. 4, S. 361-370.

Scholderer, Joachim/Balderjahn, Ingo/Paulssen, Marcel (2006): Kausalität, Linearität, Reliabilität: Drei Dinge, die Sie nie über Strukturgleichungsmodelle wissen wollten, in: Die Betriebswirtschaft, 66. Jg. (2006), H. 6, S. 640-649.

Schopphoven, Iris (1995): Messung von Entscheidungsqualität: Konzeptualisierung, Operationalisierung und Validierung eines Meßinstrumentariums für Entscheidungsqualität, Frankfurt a. M. et al. 1995.

Schreyögg, Georg (1978): Umwelt, Technologie und Organisationsstruktur. Eine Analyse des kontingenztheoretischen Ansatzes, Bern/Stuttgart 1978.

Schreyögg, Georg (1996): Organisation: Grundlagen moderner Organisationsgestaltung; mit Fallstudien, Wiesbaden 1996.

Schreyögg, Georg (1997): Kommentar: Theorien organisatorischer Ressourcen, in: Ortmann, Günther/Sydow, Jörg/Türk, Klaus (Hrsg.): Theorien der Organisation – Die Rückkehr der Gesellschaft, Opladen 1997, S. 481-486.

Schweitzer, Marcell (2001): Planung und Steuerung, in Bea, Franz Xaver/Dichtel, Erwin/Schweitzer, Marcell (Hrsg.): Allgemeine Betriebswirtschaftslehre, Band 2: Führung, 8. Auflage, Stuttgart 2001, S. 17-126.

Scott, W. Richard (1977): Effectiveness of Organizational Effectiveness Studies, in: Goodman, Paul. S./Pennings, Johannes M. (Hrsg.): New Perspectives on Organizational Effectiveness, San Francisco 1977, S. 63-95.

Seashore, Stanley E. (1979): Assessing Organizational Effectiveness with Reference to Member Needs, Paper präsentiert beim Treffen der Academy of Management, Atlanta, USA, August 1979.

Seashore, Stanley E. (1983): A Framework for an Integrated Model of Organizational Effectiveness, in: Cameron, Kim S./Whetten, David A. (Hrsg.): Organizational Effectiveness: A Comparison of Multiple Models, New York et al. 1983, S. 55-70.

Seashore, Stanley E./Yuchtman, Ephraim (1967): Factorial Analysis of Organizational Performance, in: Administrative Science Quarterly, (1967), S. 377-395.

Seibert, Siegfried (1987): Strategische Erfolgsfaktoren in mittleren Unternehmen: untersucht am Beispiel der Förderindustrie, Frankfurt a. M. 1987.

Shapiro, Benson P. (1988): What the Hell Is "Market Oriented"?, in: Harvard Business Review, vol. 66 (1988), November/December, S. 119-125.

Sharma, Subhash (1996): Applied Multivariate Techniques, New York et al. 1996.

Sheth, Jagdish N. (1971): The Multivariate Revolution in Marketing Research, in: Journal of Marketing, vol. 35 (1971), no. 1, S. 13-19.

Sieben, Günter/Schildbach, Thomas (1994): Betriebswirtschaftliche Entscheidungstheorie, 4. Auflage, Düsseldorf 1994.

Sierke, Bernt R. (2000): Outsourcing des Controlling als strategisches Problem meistern, in: Sierke, Bernt R. (Hrsg.): Zeitgerechtes Controlling, Wiesbaden 2000, S. 1-7.

Siguaw, Judy A./Diamantopoulos, Adamantios (1995): Measuring market orientation: some evidence on Narver and Slater's three-component scale, in: Journal of Strategic Marketing, vol. 3 (1995), S. 77-88.

Simon, Herbert A.: (1957): Models of man, New York 1957.

Simon, Herbert A./Guetzkow, Harold/Kozmetsky, George/Tyndall, Gordon (1954): Centralization vs. Decentralization in Organizing the Controller's Department, Reprint of ed. Published by Controllership Foundation (1954), Houston 1978.

Sinkula, James M./Baker, William E./Noordewier, Thomas (1997): A Framework for Market-Based Organizational Learning: Linking Values, Knowledge and Behavior, in: Journal of the Academy of Marketing Science, vol. 25 (1997), no. 4, S. 305-318.

Smith, Ken J./Carroll, Stephen J./Ashford, Susan J. (1995): Intra- and Interorganizational Cooperation: Toward a Research Agenda, in: Academy of Management Journal, vol. 38 (1995), no. 1, S. 7-23.

Sorg, Mascha (2007): Rationalitätssicherung durch Banken in mittelständischen Unternehmen. Eine empirische Studie der Einflussfaktoren und Auswirkungen, Wiesbaden 2007.

Spekman, Robert E. (1988): Strategic Supplier Selection: Understanding Long-Term Buyer Relationships, in: Business Horizons, vol. 31 (1988), no. 4, S. 75-81.

Spieker, Marc (2003): Rationalitätssicherung in der Willensbildung – Entscheidungsqualität in Gründerteams, in: Weber, Jürgen/Kunz, Jennifer (Hrsg.): Empirische Controllingforschung: Begründung – Beispiele – Ergebnisse, Wiesbaden 2003, S. 53-89.

Spieker, Marc (2004): Entscheidungsverhalten in Gründerteams: Determinanten, Parameter und Erfolgsauswirkungen, Wiesbaden 2004.

Spillecke, Dennis (2006): Interne Kundenorientierung des Controllerbereichs; Messung – Erfolgsauswirkungen – Determinanten, Wiesbaden 2006.

Staehle, Wolfgang H./Grabatin, Günther (1979): Effizienz von Organisationen, in: Die Betriebswirtschaft, 39. Jg. (1979), H. 1, S. 89-102.

Stauss, Bernd (1994): Der Einsatz der Critical Incident Technique im Dienstleistungsmarketing, in: Tomczak, Thorsten/Belz, Christian (Hrsg.): Kundennähe realisieren, St. Gallen 1994, S. 233-250.

Stauss, Bernd (1995): Internal services: classification and quality management, in: International Journal of Service Industry Management, vol. 6 (1995), No. 2, S. 62-78.

Stauss, Bernd/Hentschel, Bert (1990): Die Qualität von Dienstleistungen: Konzeption, Messung und Management, Diskussionsbeiträge der Wirtschaftswissenschaftlichen Fakultät Ingolstadt, Nr. 10, Ingolstadt 1990.

Stauss, Bernd/Neuhaus, Patricia (1995): Das Qualitative Zufriedenheitsmodell (QZM), Diskussionsbeiträge der Wirtschaftswissenschaftlichen Fakultät Ingolstadt, Nr. 66, Ingolstadt 1995.

Stauss, Bernd/Neuhaus, Patricia (1999): Interne Kundenzufriedenheit als Zielgröße einer Personalmanagement-Abteilung, in: Bruhn, Manfred (Hrsg.): Internes Marketing. Integration der Kunden- und Mitarbeiterorientierung. Grundlagen – Implementierung – Praxisbeispiele, 2. Auflage, Wiesbaden 1999, S. 133-173.

Steers, Richard M. (1975): Problems in the Measurement of Organizational Effectiveness, in: Administrative Science Quarterly, vol. 20 (1975), S. 546-558.

Steers, Richard M. (1977): Organizational Effectiveness: A Behavioral View, Santa Monica 1977.

Steinle, Claus/Thiem, Henning/Rohden, Holger (2000): Controlling als interne Service- Leistung, in: Controlling, 12. Jg. (2000), H. 6, S. 281-287.

Stier, Winfried (1999): Empirische Forschungsmethoden, 2. Auflage, Berlin et al. 1999.

Stoffel, Kurt (1995): Controllership im internationalen Vergleich, Wiesbaden 1995.

Stone, Robert N./Mason, Barry J. (1995): Attitude and Risk: Exploring the Relationship, in: Psychology & Marketing, vol. 12 (1995), no. 2, S. 135-153.

Stoner, James A. (1982): Management, 2. Auflage, Englewood Cliffs 1982.

Stratmann, Hans-Georg (1968): Die Kriterien der Leistungswirksamkeit im Rahmen der Gestaltung betriebswirtschaftlicher Organisationen, München 1968.

Tehrani, Minoo/Noubary, Reza (2005): A Statistical Conversion Technique: Objective and Perceptive Financial Measures of the Performance Construct, in: Organizational Research Methods, vol. 8 (2005), no. 2, S. 202-221.

Thibaut, John W./Kelley, Harold H. (1959): The Social Psychology of Groups, New York 1959.

Thiele, Michael (1997): Kernkompetenzorientierte Unternehmensstrukturen: Ansätze zur Neugestaltung von Geschäftsbereichsorganisationen, Wiesbaden 1997.

Thompson, James. D. (1967): Organization in action, New York, 1967.

Thorndike, Robert L. (1949): Personnel Selection: Test and Measurement Techniques, New York 1949.

Tichy, Noel M./Fombrun, Charles (1979): Network analysis in social settings, in: Human Relations, vol. 32 (1979), S. 923-965.

Tränkle, U. (1982): Über die Zusammenhänge zwischen der sprachlichen Schwierigkeit von Fragebogenitems, teststatistischen Gütekriterien und Beantwortungsverhalten, in: Diagnostica 28. Jg. (1982), H. 4, S. 289-306.

Trawick, I./Swan, J. (1980): Inferred and Perceived Disconfirmation in Consumer Satisfaction, in: Bagozzi, Richard P. (Hrsg.): Marketing in the 80's, Chicago 1980, S. 97-100.

Triandis, Harry (1975): Einstellungen und Einstellungsänderungen, Weinheim/Basel 1975.

Trilse, Ingo (2001): Weiterentwicklung von Controlling-Bereichen – ein Erfahrungsbericht aus der Bankenpraxis, in: krp – Kostenrechnungspraxis, 45. Jg. (2001), H. 2, S. 105-109.

Udy, Stanley Jr. (1958): „Bureaucratic“ Elements in Organizations: Some Research Findings, in: American Sociological Review, vol. 23 (1958), no. 4, S. 415-418.

Ullrich, Christian (2004): Die Dynamik von Coopetition – Möglichkeiten und Grenzen dauerhafter Kooperation, Wiesbaden 2004.

Utzig, Bernhard P. (1997): Kundenorientierung strategischer Geschäftseinheiten, Wiesbaden 1997.

Van de Ven, Andrew H./Ferry, Diane L. (1980): Measuring and Assessing Organizations, New York 1980.

Varadarajan, Rajan P. (2003): Musings on Relevance and Rigor of Scholarly Research in Marketing, in: Academy of Marketing Science, vol. 31 (2003), no. 4, S. 368-376.

Venkatraman, N./Grant, John H. (1986): Construct Measurement in Organizational Strategy Research: A Critique and Proposal, in: Academy of Management Review, vol. 11 (1986), no. 1, S. 71-87.

Venkatraman, N./Ramanujam, Vasudevan (1986): Measurement of Business Performance in: Strategy Research: A Comparison of Approaches, in: Academy of Management Review, vol. 11 (1986), no. 4, S. 801-814.

Währisch, Michael (1998): Organisation der Kostenrechnung als internes Dienstleistungszentrum, in: krp – Kostenrechnungspraxis, 42. Jg. (1998), H. 6, S. 331-342.

Wall, Toby D./Michie, Jonathan/Patterson, Malcolm/Wood, Stephan J./Sheehan, Maura/Clegg, Chris W./West, Michael (2004): On The Validity Of Subjective Measures Of Company Performance, in: Personnel Psychology, vol. 57 (2004), S. 95-118.

Wallenburg, Carl Marcus (2004): Kundenbindung in der Logistik. Eine empirische Untersuchung zu ihren Einflussfaktoren, Bern/Stuttgart/Wien 2004.

Walton, Eric J./Dawson, Sarah (2001): Managers' Perception of Criteria of Organizational Effectiveness, in: Journal of Management Studies, vol. 38 (2001), no. 2, S. 173-199.

Waniczek, Mirko (2004): Berichtswesen optimieren: So steigern Sie die Effizienz in Reporting und Controlling, Frankfurt a. M./Wien 2002.

Watts, Ross L./Zimmerman, Jerold L. (1990): Positive accounting theory: A ten year perspective, in: The Accounting Review, vol. 65 (1990), no. 1, S. 131-156.

Weber, Jürgen (1994): Effizienzsteigerung im Controllingbereich, in: Scheer, August.-W. (Hrsg.): Rechnungswesen und EDV, 15. Saarbrücker Arbeitstagung, Heidelberg, S. 73-93.

Weber, Jürgen (1997): Marktorientiertes Controlling, Advanced Controlling, Band 4, Vallendar 1997.

Weber, Jürgen (1998): Controlling im Wettbewerb – Der Konkurrenzkampf um den Einfluss auf die Unternehmensführung ist entbrannt, in: Frankfurter Allgemeine Zeitung, 26.10.1998, o. Jg., S. 36.

Weber, Jürgen (2002): Einführung in das Controlling, 9. Auflage, Stuttgart 2002.

Weber, Jürgen (2004): Einführung in das Controlling, 10. Auflage, Stuttgart 2004.

Weber, Jürgen (2005): Controller in der Krise, in: Zeitschrift für Controlling & Management, 49. Jg. (2005), Sonderheft 1, Editorial, S.1.

Weber, Jürgen (2008): Von Top-Controllern lernen. Controlling in den DAX 30- Unternehmen, Weinheim 2008.

Weber, Jürgen/Linder, Stefan (2003): Budgeting, better Budgeting oder beyond Budgeting? Konzeptionelle Eignung und Implementierbarkeit, Advanced Controlling, Band 33, Vallendar 2003.

Weber, Jürgen/Schäffer, Utz (1998): Sicherstellung einer angemessenen Rationalität der Führung als Funktion des Controlling, WHU-Forschungspapier Nr. 48, Vallendar 1998.

Weber, Jürgen/Schäffer, Utz (1999): Sicherstellung der Rationalität von Führung als Aufgabe des Controlling, in: Die Betriebswirtschaft, 59. Jg. (1999), H. 6, S. 731-747.

Weber, Jürgen/Schäffer, Utz (2001): Sicherstellung der Rationalität von Führung als Funktion des Controlling, in: Weber, Jürgen/Schäffer, Utz (Hrsg.): Rationalitätssicherung der Führung: Beiträge zu einer Theorie des Controlling, 1. Auflage, Wiesbaden 2001, S. 24-45.

Weber, Jürgen/Schäffer, Utz (2006): Einführung in das Controlling, 11. Auflage, Stuttgart 2006.

Weber, Jürgen/David, Ulrich/Prenzler, Carsten (2001): Controller Excellence: Strategische Neuausrichtung der Controller, Advanced Controlling, Band 23/24, Vallendar 2001.

Weber, Jürgen/Hamprecht, Markus/Goeldel, Hanns (1995): Benchmarking des Controlling: Ein Ansatz zur Effizienzsteigerung betrieblicher Controllingbereiche, in: krp – Kostenrechnungspraxis, 39. Jg. (1995), H. 1, S. 15-19.

Weber, Jürgen/Paefgen, Anne/Spillecke, Dennis (2004): Marketingstrategien für Controller, Advanced Controlling, Band 42, Vallendar 2004.

Weber, Jürgen/Weißenberger, Barbara E./Aust, René (1997): Benchmarking des Controllerbereichs: Ein Erfahrungsbericht, WHU-Forschungspapier Nr. 43, März 1997, Vallendar 1997.

Weber, Jürgen/Hunold, Claus/Prenzler, Carsten/Thust, Solveig (2001): Controllerorganisation in deutschen Unternehmen, Advanced Controlling, Band 18, Vallendar 2001.

Weber, Jürgen/Weißenberger, Barbara E./Guth, Sebastian/Spieker, Marc (2000): Accounting Excellence: Die Kostenrechnung auf dem Prüfstand, Advanced Controlling, Band 16, Vallendar 2000

Weber, Jürgen/Hirsch, Bernhard/Rambusch, René/Schlüter, Hendrik/ Sill, Frauke/Spatz, Almuth C. (2006): Controlling 2006 – Stand und Perspektiven, Vallendar 2006.

Weißenberger, Barbara (2006): Controller und IFRS: Konsequenzen einer IFRS-Finanzberichterstattung für die Aufgabenfelder von Controllern, in: Betriebswirtschaftliche Forschung und Praxis, 58. Jg. (2006), H. 4, S. 342-364.

Welge, Martin K. (1975): Profit-Center-Organisation, Wiesbaden 1975.

Welge, Martin K. (1988): Unternehmensführung. Band 3: Controlling, Stuttgart 1988.

Welge, Martin K. (1989): Organisation des Controlling, in: Controlling, 1. Jg. (1989), H. 3, S. 140-149.

Welge, Martin K./Al-Laham, Andreas (2003): Strategisches Management. Grundlagen – Prozess – Implementierung, 4. Auflage, Wiesbaden 2003.

Wernerfelt, Birger (1984): A Resource-based View of the Firm, in: Strategic Management Journal, vol. 5 (1984), S. 117-180.

Wieken, Klaus (1974): Die schriftliche Befragung, in: Van Koolwijk, Jürgen/Wieken-Mayser, Maria (Hrsg.): Erhebungsmethoden, München/Wien 1974, S. 146-161.

Wiersma, Elke (2008): An exploratory study of relative and incremental information content of two non-financial performance measures: Field study evidence on absence frequency and on-time delivery, in: Accounting, Organizations and Society, vol. 33 (2008), S. 249-265.

Wilson, Elizabeth J. (1995): Research Design Effects on the Reliability of Rating Scales in Marketing: An Update on Churchill and Peter, in: Advances in Consumer Research, vol. 22 (1995), no. 1, S. 360-365.

Winand, Udo/Pohl, Wilfried (1998): Die Vertrauensproblematik in elektronischen Netzwerken, in: Link, Jörg (Hrsg.): Wettbewerbsvorteile durch Online Marketing: Die strategischen Perspektiven elektronischer Märkte, Berlin et al. 1998, S. 243-260.

Winklhofer, Heidi/Diamantopoulos, Adamantios (2002): Managerial evaluation of sales forecasting effectiveness: A MIMIC modeling approach, in: International Journal of Research in Marketing, vol. 19 (2002), S. 151-166.

Wiswede, Günther (1977): Rollentheorie, Stuttgart et al. 1977.

Witt, Frank-J./Witt, Kerin (1990): Controller-Nutzen, in: Controller Magazin (1990), H. 5, S. 250-254.

Witt, Frank-J./Witt, Kerin (1991): Controller-Performance, in: Controller Magazin (1991), H. 1, S. 44-46.

Wöhe, Günter (1993): Einführung in die Allgemeine Betriebswirtschaft, 18. Auflage, München 1993.

Wold, Herman (1966): Estimation of Principle Components and Related Models by Iterative Least Squares, in: Krishnaiah, Paruchuri R. (Hrsg.): Multivariate Analysis: Proceedings of an International Symposium on Multivariate Analysis, held at Wright State University, Dayton, Ohio, June 14-19, 1965, New York 1966, S. 391-420.

Wold, Herman (1973): Nonlinear Iterative Partial Least Squares (NIPALS) Modeling: Some Current Developments, in: Krishnaiah, Paruchuri R. (Hrsg.): Multivariate Analysis: II. Proceedings of an International Symposium on Multivariate Analysis, held at Wright State University, Dayton, Ohio, June 19-24, 1972, New York 1973, S. 383-407.

Wold, Herman (1975): Path Models with Latent Variables: the NIPALS Approach, in: Blalock, Hubert M. (Hrsg.): Quantitative Sociology: International Perspectives on Mathematical and Statistical Modeling, New York 1975, S. 307-357.

Wold, Herman (1980): Model Construction and Evaluation when Theoretical Knowledge is Scare: Theory and Application of Partial Least Squares, in: Kmenta, Jan/Ramsey, James B. (Hrsg.): Evaluation of Econometric Models, New York (1980), S. 47-74.

Wold, Herman (1982a): Models for Knowledge, in: Gani, Joseph M. (Hrsg.): The Making of Statisticians, New York 1982, S. 190-212.

Wold, Herman (1982b): Soft Modelling: The Basic Design and Some Extensions, in: Jöreskog, Karl G./Wold, Herman (Hrsg.): Systems under Indirect Observation: Causality, Structure, Prediction, Band 2, Amsterdam 1982, S. 1-54.

Wolf, Joachim (2003): Organisation, Management, Unternehmensführung: Theorie und Kritik, Wiesbaden 2003.

Wolf, Joachim (2005): Organisation, Management, Unternehmensführung: Theorie und Kritik, 2. Auflage, Wiesbaden 2005.

Wolf, Martin (1985): Erfahrungen mit der Profit-Center-Organisation, Frankfurt am Main/Bern/New York 1985.

Woywode, Michael (2004): Wege aus der Erfolglosigkeit der Erfolgsfaktorenforschung, in: KfW Bankengruppe (Hrsg.): Was erfolgreiche Unternehmen ausmacht, Heidelberg 2004.

Wrzesniewski, Amy/Dutton, Jane E. (2001): Crafting a Job: Revisioning Employee as Active Crafters of Their Work, in: Academy of Management Journal, vol. 26 (2001), no. 2, S. 179-201.

Wullenkord, Axel/Kiefer, Andreas/Sure, Matthias (2005): Business Process Outsourcing – Ein Leitfaden zur Kostensenkung und Effizienzsteigerung im Rechnungs- und Personalwesen, München 2005.

Zeithaml, Valerie A. (1988): Consumer Perceptions of Price, Quality, and Value: A Means – End Model and Synthesis of Evidence, in: Journal of Marketing, vol. 52 (1988), July, S. 2-22.

Zeithaml, Valerie A./Parasuraman, A./Berry, Leonard L. (1985): Problems and Strategies in Services Marketing, in: Journal of Marketing, vol. 49 (1985), Spring, S. 33-46.

Zeithaml, Valerie A./Varadarajan, P. „Rajan"/Zeithaml, Carl P. (1988): The Contingency Approach: Its Foundations and Relevance to Theory Building and Research in Marketing, in: European Journal of Marketing, vol. 22 (1988), no. 7, S. 37-64.

Zellars, Kelly L./Fiorito, Jack (1999): Evaluations Of Organizational Effectiveness Among HR Managers: Cues And Implications, in: Journal of Managerial Issues, vol. 11 (1999), no. 1, S. 37-55.

Zenz, Andreas (1999): Strategisches Qualitätscontrolling. Konzeption als Metaführungslehre, Wiesbaden 1999.

Zmud, Robert W. (1978): An Empirical Investigation of the Dimensionality of the Concept of Information, in: Decision Sciences, vol. 9 (1978), no. 2, S. 187-195.

SPRINGER NATURE

GPSR Compliance

The European Union's (EU) General Product Safety Regulation (GPSR) is a set of rules that requires consumer products to be safe and our obligations to ensure this.

If you have any concerns about our products, you can contact us on ProductSafety@springernature.com

In case Publisher is established outside the EU, the EU authorized representative is:

Springer Nature Customer Service Center GmbH
Europaplatz 3
69115 Heidelberg, Germany

FSC
www.fsc.org
MIX
Papier | Fördert
gute Waldnutzung
FSC® C083411

Kolibri 360 GmbH
Ferdinand-Jühlke-Straße 7
99095 Erfurt, Deutschland
produktsicherheit@kolibri360.de